INDEPENDÊNCIA DO BRASIL

INDEPENDÊNCIA DO BRASIL

A HISTÓRIA QUE NÃO TERMINOU

Antonio Carlos Mazzeo

Luiz Bernardo Pericás

(orgs.)

Alexandre de Freitas Barbosa
Alexandre Macchione Saes
Camila Scacchetti
Fernando A. Novais
Francisco Vidal Luna
Guilherme Grandi
Herbert S. Klein
Íris Kantor
Lincoln Secco
Luciana Suarez Galvão
Marisa Midori Deaecto
Osvaldo Coggiola
Pablo Oller Mont Serrath
Pérola Maria Goldfeder Borges de Castro
Roberto Pereira Silva
Sergio Armando Diniz Guerra Filho
Vera Lucia Amaral Ferlini

BOITEMPO

Direção-geral Ivana Jinkings
Edição Pedro Davoglio
Coordenação de produção Livia Campos
Assistência editorial João Cândido Maia
Preparação Juliana Vaz e Mariana Echalar
Revisão Daniel Rodrigues Aurélio
Capa Maikon Nery
sobre ilustração de Angelo Agostini, *Revista Ilustrada*, anno 11, n. 439, Rio de Janeiro, 1886, p. 1
p. 2: Pedro Américo, *Independência ou Morte*, óleo sobre tela, 1888 (Museu Paulista da USP)
Diagramação Antonio Kehl

Equipe de apoio Camila Nakazone, Elaine Ramos, Erica Imolene, Frank de Oliveira, Frederico Indiani, Higor Alves, Isabella Meucci, Ivam Oliveira, Kim Doria, Lígia Colares, Luciana Capelli, Marcos Duarte, Marina Valeriano, Marissol Robles, Maurício Barbosa, Raí Alves, Thais Rimkus, Tulio Candiotto, Uva Costriuba

CIP-BRASIL. CATALOGAÇÃO NA PUBLICAÇÃO
SINDICATO NACIONAL DOS EDITORES DE LIVROS, RJ

I34
Independência do Brasil : a história que não terminou / Fernando Novais ... [et al.] ; organização Antonio Carlos Mazzeo , Luiz Bernardo Pericás. - 1. ed. - São Paulo : Boitempo, 2022.

Inclui bibliografia
ISBN 978-65-5717-175-2

1. Brasil - História - Independência, 1822. I. Novais, Fernando. II. Mazzeo, Antonio Carlos. III. Pericás, Luiz Bernardo. IV. Título.

22-79259 CDD: 981.04
CDU: 94(81).04

Gabriela Faray Ferreira Lopes - Bibliotecária - CRB-7/6643

1ª edição: agosto de 2022

BOITEMPO
Jinkings Editores Associados Ltda.
Rua Pereira Leite, 373
05442-000 São Paulo SP
Tel.: (11) 3875-7250 / 3875-7285
editor@boitempoeditorial.com.br
boitempoeditorial.com.br | blogdaboitempo.com.br
facebook.com/boitempo | twitter.com/editoraboitempo
youtube.com/tvboitempo | instagram.com/boitempo

Sumário

Apresentação

O livro que apresentamos ao leitor se propõe a resgatar o importante acúmulo das reflexões realizadas até agora sobre o processo de colonização e o caráter da Independência do Brasil. Esta explicitação proemial é necessária, pois nas análises históricas sempre partimos de estudos pregressos, ainda que possamos admitir e inserir em nossas ponderações novos aspectos e elementos que visam ampliar a abordagem histórico-crítica do tema em questão. Trabalhos fundamentais como os de Nelson Werneck Sodré, José Honório Rodrigues, Raymundo Faoro, Florestan Fernandes, Fernando A. Novais, Carlos Guilherme Mota, Celso Furtado, Emília Viotti da Costa, Maria Odila da Silva Dias, Paula Beiguelman e Caio Prado Júnior nos abriram perspectivas que possibilitaram o aprofundamento das análises sobre o processo da Independência e a formação do Estado nacional brasileiro, assim como abordagens teóricas que nos permitiram estabelecer rupturas com conceitos consagrados – como a teoria do feudalismo no Brasil –, com as interpretações conservadoras de nossa historiografia e mesmo dialogar de forma crítica com conhecidas abordagens, como aquelas sobre a presença de uma estrutura estamental (ou de estamentos burocráticos) na conformação da sociedade colonial e imperial brasileira.

Não restam dúvidas que a abertura desses caminhos permitiu a participação de intelectuais como os filósofos Leandro Konder, Carlos Nelson Coutinho e José Chasin, que trouxeram e atualizaram o debate proposto por V. I. Lênin sobre as vias de desenvolvimento no capitalismo – em especial, a elaboração sobre a "via prussiana", "via colonial" ou "via prussiano-colonial" de objetivação do capitalismo –, além das discussões sobre a "forma sociometabólica específica" instalada no Brasil colonial, como o "modo de produção escravista colonial", estimuladas pelas obras de autores como Ciro Flamarion Cardoso, Jacob Gorender e Décio Saes. Com essas contribuições, abriram-se outras tantas polêmicas que, sem dúvida, ainda estão longe de ter se esgotado, como verificamos nas análises dos sociólogos Maurício

Tragtenberg – que acentua a articulação do núcleo ideológico do poder "político-oligárquico" da burguesia brasileira fundamentados nas formas burocráticas de dominação – e Evaldo Amaro Vieira, que vê no pensamento autoritário de Jackson Figueiredo e de Oliveira Viana os fundamentos ideológicos do Estado nacional brasileiro e de sua classe dirigente.

Nas comemorações dos duzentos anos da Independência, questões como a "continuidade" de diferentes aspectos da dinâmica colonial no Brasil do século XIX (como a permanência da escravidão), o caráter da "ruptura" com a antiga metrópole, a discussão sobre a ideia de "revolução" e "contrarrevolução" no processo de emancipação política, as distintas facetas e variáveis do desenvolvimento econômico interno e a contínua "dependência" externa – com a posição subordinada e apendicular do país no campo internacional –, continuam atuais e ainda são alvo de disputas e controvérsias entre os estudiosos, assuntos que, por sinal, foram analisados por intelectuais brasileiros e estrangeiros ao longo de décadas, e ainda motivam os debates na atualidade. Nesse sentido, nossa intenção, ao convidar pesquisadores dos mais diversos ângulos da história da Independência, foi a de contribuir para o aprofundamento das reflexões sobre esse tema mais que controverso.

Abre essa coletânea o eminente historiador Fernando A. Novais com "Independência: dimensões e passagens", trabalho baseado em dois textos clássicos, publicados nas décadas de 1970 e 1980, unidos e reelaborados aqui como um novo ensaio, gentilmente cedido para este livro. Em seguida, o sociólogo e historiador Antonio Carlos Mazzeo discute a construção da autocracia burguesa no Brasil a partir dos elementos fundantes da morfologia societal resultante do período da colonização e, posteriormente, da *forma particular* de objetivação do capitalismo brasileiro. Os historiadores Osvaldo Coggiola e Luiz Bernardo Pericás, por sua vez, escrevem, respectivamente, nos ensaios "Crise do colonialismo e Independência do Brasil" e "Independência do Brasil: apontamentos", sobre o processo de emancipação política a partir de um panorama amplo e de longa duração em que as variáveis econômicas e sociais ganham destaque. Nesse sentido, a vertente econômica tem um papel proeminente nas discussões de Herbert S. Klein e Francisco Luna em seu "A economia brasileira no início do século XIX". Vera Ferlini e Pablo Oller Mont Serrath, com "A economia açucareira paulista e o processo de Independência", apontarão um caso específico da economia brasileira do período, com foco principal em São Paulo. Sérgio Guerra, por seu lado, se preocupará em apresentar outro estudo com enfoque regional, desta vez relacionado à luta pela Independência na Bahia e sua particularidade. A economia política das comunicações postais e informação geográfica entre 1798 e 1831 será o tema de Íris Kantor e Pérola Maria Goldfeder de Castro, enquanto Marisa Midori, de maneira panorâmica, discorre sobre o papel do livro na época, mostrando o desenvolvimento da imprensa, da tipografia, das livrarias, das bibliotecas e da organização do mercado editorial por aqui. Guilherme

Grandi, Luciana Suarez Galvão e Camila Scacchetti tratarão de um assunto bastante específico, que vai para além do período da emancipação política, ao discutir os conflitos em torno da arrecadação de tributos, outra contribuição no campo da história econômica. Finalmente, Lincoln Secco, Alexandre de Freitas Barbosa, Alexandre Saes e Roberto Pereira Silva discorrem sobre dois intelectuais clássicos, ambos fundamentais para se entender o Brasil e suas abordagens e interpretações em relação à formação histórica brasileira (e, dentro de seus estudos mais amplos, também sobre a Independência de nosso país), Caio Prado Júnior e Celso Furtado, completando, assim, esta obra.

Agora, a palavra é a do leitor.

Os organizadores

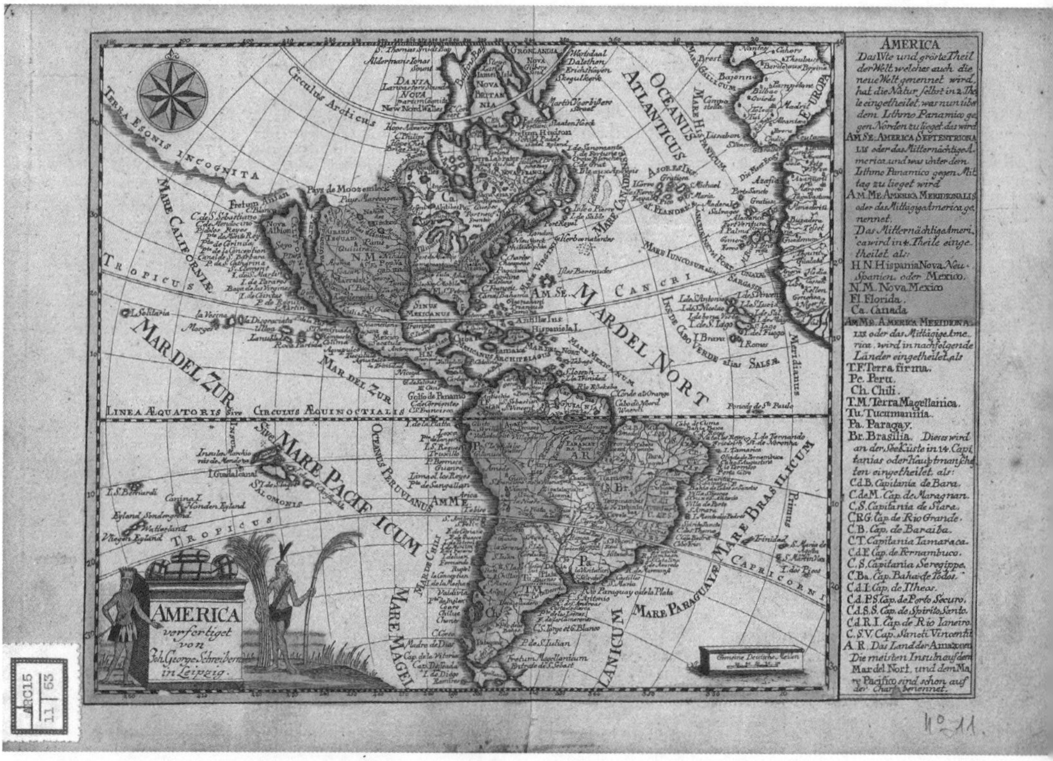

Mapa *America verfertiget*, de Joh George Schreibern, impresso em Leipzig em 1794.
A imagem está sob guarda da Biblioteca Nacional.

Independência: dimensões e passagens*

Fernando A. Novais

As dimensões da Independência

Neste pequeno estudo, procuraremos apenas apontar as conexões mais importantes que vinculam o movimento da Independência de nosso país ao processo mais amplo e profundo da crise geral do antigo sistema colonial da época mercantilista. Efetivamente, da mesma forma que é impossível uma compreensão verdadeira da forma que assumiu a colonização portuguesa nas terras americanas sem relacioná-la continuamente às coordenadas estruturais daquele sistema, como procuramos indicar em trabalhos anteriores, pela mesma razão não se pode entender a separação e autonomização da colônia sem inserir esses eventos nos mecanismos de superação do antigo colonialismo. É, contudo, evidente que não se pode pretender dominar, num rápido ensaio de dimensões reduzidas, todos os componentes de um processo tão vasto e complexo; tudo quanto tentaremos são considerações gerais, demarcando as principais linhas de força desse decisivo ponto de inflexão da história do Ocidente, com vistas a um equacionamento fecundo do problema que abra caminho para novas indagações.

Por outro lado, somente essa perspectiva possibilita superar certas distorções ou mesmo falácias a que não têm escapado os estudos correntes sobre a Independência do Brasil. Por exemplo, os estudos de história econômica, talvez por enfocarem uma única dimensão da realidade histórica, tendem muitas vezes a minimizar o significado da emancipação política: teria sido quase que simplesmente uma transferência de tutela, da portuguesa para a inglesa, a Inglaterra seria como que uma

* Texto baseado no capítulo de livro escrito por Fernando A. Novais, "As dimensões da Independência", em Carlos Guilherme Mota (org.), *1822: dimensões* (São Paulo, Perspectiva, 1972); e no artigo "Passagens para o Novo Mundo", *Novos Estudos Cebrap*, n. 9, 1984, p. 2-8. Os organizadores e a editora agradecem ao autor por ter cedido ambos os textos, publicando-os como um ensaio único neste livro. (N. E.)

nova "metrópole". Na realidade, nenhuma modificação fundamental teria ocorrido. Uma repercussão danosa dessa maneira de ver esse momento de nossa história é que os estudos de história econômica não se constituem, assim, em base para uma crítica das teorias do desenvolvimento, com as quais se procura equacionar a situação latino-americana contemporânea. Para o historiador, o pecado capital dessas teorias é justamente igualizar em categorias genéricas as mais díspares situações históricas (veja-se, por exemplo, a noção de "sociedade tradicional" nas etapas de Rostow). Para que os estudos históricos, a nosso ver, possam servir de base para a revisão crítica das teorias de desenvolvimento e subdesenvolvimento, devem eles orientar-se para a identificação da peculiaridade de cada situação histórica específica.

No polo oposto, os estudos tradicionais, mais antigos, de história geral do Brasil, por se aterem quase que exclusivamente aos aspectos políticos, acabam por conferir à emancipação política uma dimensão que ela não teve nem poderia ter. A análise por vezes minuciosa dos eventos políticos, centrada nos debates parlamentares do Primeiro Reinado, dão por vezes a impressão de que o centro de decisões de nossos destinos, em todos os níveis, se transferira realmente para dentro de nossas fronteiras, como se estivéssemos desvinculados do resto do mundo. Assim, a persistente dependência econômica acaba por parecer um resultado da inépcia da geração que promoveu a Independência, sem se levar em conta os parâmetros que balizavam a ação daqueles estadistas. A virtude necessariamente não está no meio, mas a procura de compreensão do passado tem de integrar (ou pelo menos tentar combinar) os vários níveis da realidade: os problemas econômico-sociais, o processo político, os quadros mentais disponíveis, a partir dos quais os atores do drama podiam apreender os problemas emergentes. O enfoque a partir da análise do "sistema" colonial e de sua crise talvez se possa constituir num caminho para essa compreensão.

Mas há ainda uma terceira distorção que importa caracterizar. Alguns autores portugueses e brasileiros assumem, ao estudar a formação brasileira, uma postura fundamentalmente inversa da perspectiva aqui assumida: o Brasil nunca teria sido colônia, o sistema colonial é um fantasma. Tal visão prende-se, por um lado, à identificação de certas peculiaridades da colonização portuguesa (em confronto com a de outras metrópoles europeias), que são reais, mas não anulam as linhas mestras do antigo sistema colonial (que é uma estrutura global, subjacente ao processo conjunto da colonização europeia da época moderna), antes devem ser compreendidas a partir dessas linhas mestras. Por outro lado, sobretudo em autores portugueses de linhagem tradicionalista, esse enfoque resulta da constatação de que Portugal não acompanhou, na época mercantilista, o ritmo de desenvolvimento econômico das principais potências europeias: em suma, posto que detentor de extensas colônias, não assimilou os estímulos econômicos para desencadear no fim do período um processo de industrialização. Ora, este é efetivamente um dos problemas capitais da história portuguesa: identificar os fatores pelos quais, apesar da exploração colonial, retrasou-se a metrópole em relação ao conjunto da economia europeia. Mas a historiografia conservadora prefere sair do problema negando-o: é que Portugal não explorava as colônias, ou mesmo quiçá nem tinha colônias. É, porém, evidente que, com essa atitude valorativa (colonização boa, colonização má), não se caminha no conhecimento do passado histórico.

Todavia, atente-se bem: se o Brasil nunca foi colônia, então a Independência torna-se um fenômeno incrivelmente nebuloso. Independência em relação a quê, ou a quem, se não havia "dependência"...? De fato, o afã de negar o sistema colonial leva necessariamente a caracterizar a Independência como uma secessão pura e simples. Mas os problemas continuam. Por que a parte, a maior parte, se separa do todo? Talvez por culpa das malignas "ideias francesas" que contagiaram ingratos súditos da protetora mãe-pátria; ou por causa dos "erros" dos governantes dessa fase conturbada, que não conseguiram timonear satisfatoriamente o barco do Estado. Mas é claro que com juízos de valor não se explicam fenômenos históricos. Os problemas persistem: por que tais ideias encontravam receptividade? Quais alternativas concretas se ofereciam aos estadistas que se debatiam com a crise? Positivamente, o maniqueísmo não é um bom método para interpretar a história.

No melhor dos casos, essa perspectiva distorcida nos afirma que o Brasil se separou porque amadurecera para a emancipação. Se, porém, nos aprofundarmos na análise desse "amadurecimento", esbarraremos inapelavelmente nos mecanismos profundos da crise do sistema colonial.

Que se deve, pois, entender por crise do sistema colonial?

Em primeiro lugar, não se pode pensar em crise de um sistema que não derive do próprio funcionamento desse mesmo sistema; noutros termos, o desarranjo não pode vir induzido de fora, pois nesse caso não se poderia falar em crise do sistema. Por esse motivo, o sistema colonial do Antigo Regime tem de ser apreendido como uma estrutura global subjacente a todo o processo de colonização da época moderna, como indicamos acima, e não apenas nas relações de cada metrópole com as respectivas colônias. Nessas relações particulares – ou, como se diz, nos sistemas coloniais português, espanhol, francês etc. – a crise dá sempre a impressão de vir de fora, porque na realidade procede do desequilíbrio do todo. Assim, é para os mecanismos profundos de estrutura que devemos nos voltar primeiramente, para depois irmos nos aproximando com segurança dos casos particulares.

Ora, encarada no conjunto, a colonização dos séculos XVI, XVII e XVIII (e o movimento colonizador foi certamente um dos aspectos mais salientes da época moderna) apresenta-se-nos essencialmente marcada pela sua dimensão mercantilista; quer dizer, a ocupação e a valorização econômica das novas áreas pelos europeus – a chamada europeização do mundo – assume a forma mercantilista nesse período.

E isso não decorre apenas da contemporaneidade dos dois fenômenos (expansão colonial e política mercantilista), já de si muito significativa, senão que se revela na análise genética (qual a posição e quais as relações com os demais componentes do Antigo Regime) da própria colonização europeia.

Examinada nas suas origens, a colonização mercantilista aparece como um desdobramento da expansão comercial. Isso significa que ela não se confunde com seu ponto de partida: e, de fato, com a colonização a ação econômica ultramarina dos europeus ultrapassa a órbita da circulação de mercadorias para a da sua produção (o que envolvia povoamento etc.); mas significa também que se mantinham aspectos essenciais do primeiro movimento: e, de fato, o sentido básico se mantém, as mercadorias são produzidas para o mercado europeu. Logo, a função no conjunto continua a mesma; que vinha da exploração puramente comercial, que fora o grande movimento (descobrimentos) pelo qual se superara a crise da economia mercantil europeia no fim da Idade Média e início da Moderna. Pela expansão (séculos XV e XVI) superara-se a depressão monetária europeia e reativara-se a acumulação de capital por parte da burguesia mercantil. Ao se desdobrar em colonização, o movimento expansionista apenas aprofunda ou antes amplia esse mecanismo: desenvolve-se para ativar a acumulação de capital comercial na Europa, isto é, a acumulação por parte da burguesia mercantil, que é uma forma de acumulação originária.

Analisada nas suas conexões com os demais componentes essenciais do mesmo conjunto (Antigo Regime), a mesma natureza da colonização se revela. Quais são, primeiramente, esses outros componentes? No plano político, a época moderna assiste ao predomínio do absolutismo, que foi a forma política preponderante nessa fase de formação dos Estados nacionais modernos; no nível econômico, a economia europeia assume a forma do chamado capitalismo comercial, fase intermediária e de formação do capitalismo, na qual as relações de mercado não dominam o conjunto da vida econômica, mas já o setor mercantil constitui-se no setor dinâmico da economia; na faixa da vida social, a sociedade estamental persiste, isto é, a estruturação a partir dos princípios do privilégio jurídico, mas já comportando numa das ordens (o terceiro estado) uma crescente diferenciação de classes: não é uma sociedade de classes, mas contém classes no seu bojo.

As inter-relações entre esses vários componentes do Antigo Regime não são difíceis de perceber. À "sociedade de ordens", já não feudal, ainda não burguesa, prende-se, de um lado, a forma ultracentralizada que assume o poder absolutista nos Estados monárquicos; de outro lado, os limites do desenvolvimento da economia de mercado ou a persistência de amplos setores pré-mercantis. A centralização absolutista e a teorização da origem extrassocial do poder (direito divino) aparecem como a única possibilidade de se manter a coesão numa sociedade tão essencialmente heterogênea, porque estruturada a partir de princípios distintos; a monarquia de direito divino absolutista se funda exatamente nesse relativo equilíbrio político de forças sociais, e o pressupõe. Com isso (persistência da nobreza, restos de relações servis, consumo suntuário não reprodutivo de parte do excedente etc.) ficam limitadas necessariamente as possibilidades de expansão do setor mercantil da economia e, pois, de ascensão da camada burguesa da sociedade; efetivamente, nessa primeira fase do capitalismo em formação, pelo fato de o lucro se realizar predominantemente na circulação sob a forma de capital comercial e, pois, a camada empresária não deter o domínio do parque produtor, o processo e o ritmo da acumulação se encontram de certo modo bloqueados, quer dizer, o setor de mercado da economia do Antigo Regime tem poucas condições de um intenso e rápido desenvolvimento autossustentado. Para manter-se crescendo, necessita de apoio extraeconômico, do Estado. Ora, exatamente, o Estado absolutista pode exercer essa função, dada a extrema centralização do poder; e mais: precisa exercê-la para fortalecer-se em relação aos outros Estados, pois nessa fase de formação os Estados se desenvolvem uns contra os outros. Daí a política econômica mercantilista, que no fundo visa essencialmente enriquecer o Estado para torná-lo forte, mas, ao fazê-lo, desenvolve a economia mercantil e acelera, pois, a acumulação de capital de forma primitiva. Assim se fecha o circuito das inter-relações.

Nesse contexto, a colonização aparece claramente como um elemento da política mercantilista, visando os mesmos fins. Aos elementos internos (toda a política de privilégios, monopólios etc.) da política econômica somam-se os externos, colonização e política colonial: a aceleração no ritmo da acumulação de capital é o objetivo de todo o movimento. Daí a extensão quase diríamos surpreendente que o fenômeno assumiu na época moderna. Os mecanismos pelos quais a colonização se ajusta às funções que exerce no conjunto maior é que se devem denominar sistema colonial; e são basicamente o regime do exclusivo metropolitano do comércio colonial e o escravismo africano e o tráfico negreiro. Por esses componentes estruturais básicos, a colonização se desenvolve dentro dos quadros de possibilidades do sistema: e, ao desenvolver-se, promove a aceleração de capital comercial na Europa.

Até aqui, as condições de equilíbrio. Mas o nosso problema é compreender a crise. Retomemos, portanto, a noção de crise engendrada no próprio sistema.

É que a contradição é inerente à sua natureza, quer dizer, ao funcionar desencadeia tensões que, acumulando-se, acabam por extravasar seu quadro de possibilidades. Não é possível explorar a colônia sem desenvolvê-la; isso significa ampliar a área ocupada, aumentar o povoamento, fazer crescer a produção. É certo que a produção se organiza de forma específica, dando lugar a uma economia tipicamente dependente, o que repercute na formação social da colônia. Mas, de qualquer modo, o simples crescimento extensivo já complica o esquema; a ampliação das tarefas administrativas vai promovendo o aparecimento de novas camadas sociais, dando lugar aos núcleos urbanos etc. Assim, a pouco e pouco se vão revelando oposições de interesse entre a colônia e a metrópole, e quanto mais o sistema funciona, mais o fosso se aprofunda. Por outro lado, a exploração colonial, quanto mais opera, mais estimula a economia central, que é o seu centro dinâmico. A industrialização é a espinha dorsal desse desenvolvimento, e quando atinge o nível de uma mecanização da indústria (Revolução Industrial), todo o conjunto começa a se comprometer porque o capitalismo industrial não se acomoda nem com as barreiras do regime de exclusivo colonial nem com o regime escravista de trabalho.

Tal é o mecanismo básico e estrutural da crise, no seu nível mais profundo, e ele não decorre de nenhum "erro" ou malevolência dos autores do drama, antes procede do próprio funcionamento necessário do sistema. É claro que não se pode nem de longe pretender explicar as ações humanas no curso dos acontecimentos direta e imediatamente por esses mecanismos de fundo. Mas, por outro lado e igualmente, não se pode prescindir deles numa compreensão global: eles são o ponto de partida, delimitam os marcos estruturais que condicionam imediata e indiretamente o curso da história. Quer dizer, a tarefa, verdadeiramente fascinante, do historiador será procurar as mediações que articulam os processos estruturais com a superfície flutuante dos acontecimentos.

Considerado o Antigo Regime como um todo interdependente, bastariam esses mecanismos de crise no setor colonial para comprometer o conjunto. Mas nas próprias metrópoles, isto é, no centro dinâmico do sistema, as contradições emergem de seu próprio funcionamento. Aplicada a política mercantilista pelos vários Estados, as relações internacionais tendem a um belicismo crônico, que só pode se resolver pela hegemonia final de um deles. Internamente, nos vários Estados, e em função dessa mesma desenfreada competição, a política de fomento econômico vai se tornando condição de sobrevivência. Ora, não se pode implementar essa política sem promover o progresso burguês, rompendo assim o equilíbrio de forças sobre o qual se fundava o Estado absolutista: o estatismo econômico vai assim deixando de ser visto como uma alavanca para o desenvolvimento pela camada burguesa em vias de dominar todo o processo de produção, e o intervencionismo do Estado absolutista começa a ser visto como entrave. A burguesia começa a tomar consciência de si mesma e se incompatibilizar com o Antigo Regime. No centro dinâmico e na periferia complementar, a velha estrutura, aparentemente tão sólida, se compromete e começa a vacilar nos seus alicerces. Abre-se a fase de reformas, alternativa para a revolução.

Nunca será demais insistir que esse esquema interpretativo não se propõe como sucedâneo dos estudos monográficos que devem iluminar cada processo específico; nem como modelo adaptável a toda e qualquer circunstância. Antes se apresenta como marco para as reflexões, ponto de partida e não de chegada. A tarefa decisiva, já o indicamos, consiste no estabelecimento das mediações que articulam a estrutura fundamental com a flutuação dos eventos. Para ser assim entendido, três observações parecem-nos indispensáveis.

Em primeiro lugar, o arcabouço básico não pode conter nem mesmo moldar todas as manifestações do fenômeno, sendo a realidade histórica sempre muito mais rica, quase diríamos infinita em suas possibilidades. Assim, na colonização da época moderna, nem todas as colônias se conformam segundo as linhas do sistema; é o caso das chamadas colônias de povoamento, que discrepam da tendência geral. Mesmo nas colônias de exploração, que são as típicas, nem todas as manifestações da vida econômica, política, religiosa etc. exprimem-se segundo as linhas de força do colonialismo mercantilista. Basta pensar em certos aspectos da colonização dos países ibéricos, por exemplo, a catequese. De qualquer modo, o que sustentamos é que é a partir do sentido mais profundo do fenômeno, que o esquema interpretativo procura descrever, que se pode analisar e compreender as variações, e não o contrário.

Também é indispensável ter presente, em segundo lugar, que os mecanismos acima descritos, por serem globais, só funcionam naturalmente no conjunto, isto é, encarando-se de um lado as economias coloniais periféricas e, de outro, as centrais europeias. As primeiras estimulavam o desenvolvimento econômico das segundas, dentro do sistema colonial do mercantilismo. Como, entretanto, a colonização se processou dentro de um quadro de aguda competição internacional, a assimilação dos estímulos advindos da exploração do Ultramar caía na arena das competições econômicas e políticas, podendo os estímulos transferir-se de umas para outras das metrópoles colonizadoras. Os exemplos de Portugal e Espanha vêm logo à mente.

Finalmente, a terceira observação – e ela é a mais importante para entendermos a crise e nela inserirmos os movimentos de independência – é que o sistema, por assim dizer, não precisa esgotar suas possibilidades para entrar em crise e se transformar. O que chamamos sistema colonial, na realidade, é subsistema de um conjunto maior, o Antigo Regime (capitalismo comercial, absolutismo, sociedade de "ordens", colonialismo) e se movimenta segundo os ritmos do conjunto, ao mesmo tempo que o impulsiona. Assim, não foi indispensável que se completasse a industrialização (no sentido de revolução industrial) de toda a economia central para que o sistema se desagregasse; bastou que o processo de passagem para o capitalismo industrial se iniciasse numa das metrópoles para que as tensões se agravassem de forma insuportável. É que, na realidade, o antigo sistema colonial se articula funcionalmente com o capitalismo comercial, e quando esse se supera, as peças do todo já não são as mesmas. Mais rigorosamente ainda, a competição entre as metrópoles europeias (inerente ao sistema, como indicamos) resolveu-se na segunda metade do século XVIII pela hegemonia inglesa; daí ser a Inglaterra a que primeiro abriu caminho no industrialismo moderno. Daí também, e contemporaneamente, essa nação ficar em posição de ajustar todo o sistema a seus interesses, a começar pelo enquadramento das colônias da Nova Inglaterra, até então bafejadas pela tolerância metropolitana.

É sabido que esse esforço por enquadrar essas colônias de povoamento nas linhas da política mercantilista engendrou as tensões que resultaram na Independência dos Estados Unidos da América.

A partir de então pode-se falar que a crise estava aberta – uma colônia que se torna nação independente ultrapassa totalmente o quadro de possibilidades do sistema. O último quartel do século XVIII e o primeiro do XIX foram efetivamente um longo período de reajuste do conjunto, com alternativas de movimentos reformistas e rupturas revolucionárias: a penosa superação, enfim, da dominação colonial nas Américas e do absolutismo político na Europa. Esse, a nosso ver, é o quadro de fundo *a partir* do qual se pode analisar o movimento de nossa Independência, para lhe dimensionar o verdadeiro significado histórico.

Passagens para o Novo Mundo

> A revolução retrocedeu pela passagem de Sua Majestade Fidelíssima para o Brasil, e a guerra do Rio da Prata reuniu de novo os elementos. [...] A revolução de Espanha e suas colônias, sendo da mesma origem, variou contudo nos resultados. Portugal, sem o poder real, o mais concentrado possível, não pode conservar suas colônias, e por consequência, sua independência.[1]

São expressões de um panfleto famoso, contemporâneo do movimento de emancipação política. Duas implicações são para reter desses passos do doutrinário coevo: escrevendo pouco depois da proclamação da Independência (7 de setembro de 1822), ele a via no contexto de um processo revolucionário mais amplo, que se iniciara muito antes, e cujo curso fora retardado pela migração da corte portuguesa para a América; e, caso único na história, a antiga colônia passando a cabeça do império, o conflito da separação assumia caráter peculiar. São, ainda hoje, questões preliminares a qualquer estudo que vise a uma síntese compreensiva da emancipação política da América portuguesa: situar o processo político da separação colônia-metrópole no contexto global de que faz parte, e que lhe dá sentido; acompanhar, só então, o encaminhamento das forças em jogo, marcando sua peculiaridade.

Assumindo essa postura, pode o historiador enfrentar o problema do recorte cronológico, ou antes, da periodização de seu objeto de análise. Pois é claro que a delimitação temporal flutua, alargando-se ou se contraindo, segundo a concepção que se encampe do fenômeno a ser estudado. E de fato, como indica a mais recente e alentada obra de conjunto sobre a história da Independência do Brasil[2],

---

[1] Francisco de Sierra y Mariscal, "Ideias sobre a Revolução do Brasil e suas consequências" (1823), *Anais da Biblioteca Nacional*, v. XLIII, 1920, p. 52 e 59.

[2] José Honório Rodrigues, *Independência: revolução e contra-revolução* (Rio de Janeiro, Francisco Alves, 1975), 5 v. Ver, especialmente, a discussão historiográfica no v. 5, p. 253-66.

a historiografia, desde o início, apresentou essa variação, seja na datação da abertura do processo, seja na de seu encerramento; ora englobando todo o período de "D. João VI no Brasil" e levando o estudo até os limites do período regencial, ora restringindo-se aos acontecimentos entre 1821 (volta do rei para a Europa) e 1825 (tratado de reconhecimento). Mais ainda, preferindo a segunda alternativa (período restrito), o autor da importante obra lembra que, na historiografia, os autores que preferem uma periodização mais longa vinculam-se a uma perspectiva conservadora que acentua a continuidade, enquanto a perspectiva liberal, por isso mesmo preferida, explicitaria a ruptura. Ora, colocada a questão nessa dicotomia, fica de fora um terceiro caminho, que precisamente nos parece o mais acertado: encarar a Independência como momento de um longo *processo de ruptura*, ou seja, a desagregação do sistema colonial e a montagem do Estado nacional.

Cumpre, portanto, explicitar, ainda que sinteticamente, a estrutura que se desagrega e a nova configuração que se vai formando, para situar e tentar compreender o processo de passagem, isto é, o *movimento da Independência*. Examinados isoladamente e em si mesmos, os eventos que levaram à separação entre a colônia e a metrópole, sem enquadrá-los no contexto maior de que fazem parte, têm dado lugar a uma visão do processo em que o acaso ganha importância, ou os "erros" ou "acertos" dos governantes passam a ser elementos decisivos de compreensão.

Tangida pela invasão das tropas napoleônicas, a corte portuguesa (protegida pela esquadra inglesa) migrou em fins de 1807 e inícios de 1808 para a colônia americana; ocupada a metrópole pelo invasor estrangeiro, não havia senão que montar, na nova sede, todo o aparato do Estado e abrir os portos da colônia ao comércio internacional (isto é, das "nações amigas"). Mas a expulsão do invasor na metrópole (1814), coincidindo com a elevação do Brasil à categoria de Reino Unido (1815), punha à luz a esdrúxula situação, em que se invertiam as posições; a insistência em mantê-la, por parte de D. João VI, levaria à Revolução Liberal de 1820 em Portugal, pressionado por uma opção. Para fugir a ela, teria o mesmo D. João VI, ao regressar à Europa, aconselhado seu filho, o príncipe regente D. Pedro, a cingir a coroa do Brasil "antes que algum aventureiro lance mão dela"; como o mesmo D. Pedro era o herdeiro da coroa portuguesa, o esquema dinástico se salvava, recompondo-se, com o tempo, a unidade. Mas a solução "dinástica" não resolvia os problemas do Estado: em que condições se manteria a unidade? Ora, nas Cortes de Lisboa, emanadas da Revolução Liberal, o problema não era apenas dinástico, mas político: assim, o que se intenta, uma vez imposta ao rei a volta à metrópole, é efetivamente a recolonização do Brasil; daí a reação das elites brasileiras, que conseguem envolver no seu movimento o príncipe D. Pedro, que guardara no espírito os conselhos do pai – e proclamou a Independência. Mas os problemas persistiam, nas suas dimensões dinástica e política, e a possibilidade da reunião das coroas acaba paulatinamente por incompatibilizar o príncipe com a nação recém-criada, ao mesmo tempo que abria caminho, em Portugal, para a reação absolutista de 1828. Enfim, o desenlace: abdicando em 1831, D. Pedro I (IV em Portugal) volta para disputar Portugal com seu irmão, o rei absolutista D. Miguel, a guerra prolongando-se até a vitória liberal em 1834. Pouco depois morria, aos 36 anos, esse quixotesco D. Pedro, proclamador da Independência do Brasil e implantador do liberalismo em Portugal, desamado em sua pátria de origem, que o acolheu, e herói na sua pátria de adoção, que o expulsou.

O afeto dos brasileiros e o desamor dos portugueses pela mesma personagem, envolvida na dramática sequência de acontecimentos, está a indicar a precariedade dessa visão do processo que se cristalizou na mentalidade coletiva dos dois povos, daí extravasando para a historiografia. Os descaminhos ideológicos da memória social são às vezes insólitos, e a vertente conservadora da historiografia tendeu sempre a enfatizar a importância da participação "portuguesa" na Independência do Brasil. Essa a sua peculiaridade: foi uma iniciativa da metrópole, uma realização de seu príncipe. Daí a supor e depois afirmar que a colonização portuguesa fora, na realidade, a criadora da nação, o passo é curto; assim, a história da colônia começa a ser lida como algo desde o início destinado a desaguar na Independência nacional, num curioso exercício de profecia do passado. A colonização não envolvia exploração (até porque a metrópole não se desenvolvera), mas o semear da futura nação que, como uma fruta, num dado momento, amadurece para a secessão.

Assim, os conflitos desaparecem, as tensões se esfumam, a ruptura se apaga; tudo se aplana na harmonia da continuidade. Mas, infelizmente, o curso da história envolve sempre, e ao mesmo tempo, continuidade (no nível dos eventos) e ruptura (no nível das estruturas), e sua compreensão pressupõe articular os dois níveis da realidade. Para tentar essa difícil articulação, é bom ter sempre presente que o movimento das estruturas cria o quadro de possibilidades dentro do qual se produzem os acontecimentos, pois se os homens fazem a história, não a fazem como querem. Dar sentido à série de eventos acima descrita implica, pois, situá-los nos movimentos de fundo, de que são a expressão superficial.

Atentemos, preliminarmente, para o ponto inicial e para o ponto final do processo. No início, a extensa colônia da pequena metrópole absolutista; no fim, a nova nação politicamente independente e a implantação do liberalismo na antiga metrópole. Há, portanto, uma certa ligação entre o vínculo colonial e o absolutismo, da mesma forma que entre independência e liberalismo; tanto que, ao se romper aquele vínculo, entra em colapso a monarquia absolutista na metrópole. E o movimento de independência foi precisamente o encaminhamento da passagem de uma para outra situação. Cumpre examinar, portanto, em sua estruturação interna, o contexto inicial do processo e depois analisar os mecanismos da passagem.

Colonialismo e absolutismo se articulam, na medida em que a colonização do Novo Mundo na época moderna desenvolveu-se predominantemente sob o patrocínio dos Estados absolutistas em formação na Europa. A rigor, a expansão ultramarina, que depois se desdobraria em colonização, ocorre paralela e contemporaneamente com a formação dos Estados nacionais, no regime de monarquias absolutistas; e ambos os processos – expansão ultramarina e formação das monarquias – reportam-se ao mesmo substrato comum: a crise do feudalismo, e são formas de superação dessa crise. A superação da crise do mundo feudal envolveu, como se sabe, um alargamento de mercados em escala mundial, tendo por centro a Europa, mas uma Europa dividida em Estados nacionais em franca competição. A centralização política, na medida em que se desenvolve, restabelece a ordem social estamental afetada pela crise e implementa a saída econômica em direção ao Oriente, à África, ao Novo Mundo. Na nova estrutura que se vai conformando, a circulação do capital comercial comanda o processo econômico, mas não domina a produção; vai depender do apoio do Estado para manter o ritmo de acumulação. O Estado absolutista, porque centralizado, tem condições de realizar essa política de expansão, ao mesmo tempo que precisa realizá-la, porque se forma em competição com os outros Estados. A política mercantilista estabelece, portanto, a conexão entre Estado centralizado e acumulação de capital comercial. Nesse contexto, a colonização vai assumindo sua forma mercantilista, isto é, vai se constituindo em ferramenta (entre outras) para a aceleração da acumulação primitiva de capital comercial nas áreas cêntricas. O mecanismo pelo qual se processava a acumulação originária da colônia para a metrópole era o regime do comércio exclusivo, o qual, para ser garantido, exigia a dominação política da metrópole sobre a colônia; como decorrência, para engendrar, nas colônias, uma produção mercantil que propiciasse a acumulação na metrópole, o trabalho se organiza em vários graus de compulsão, tendendo ao escravismo.

Tais são as peças do antigo sistema colonial: dominação política, comércio exclusivo, trabalho compulsório; assim se promovia a acumulação de capital no centro do sistema. Mas, ao promovê-la, criam-se ao mesmo tempo as condições para a emergência final do capitalismo, isto é, para a eclosão da Revolução Industrial. Dessa forma, o sistema de exploração colonial engendrava sua própria crise, pois o desenvolvimento do industrialismo torna-se pouco a pouco incompatível com o comércio exclusivo, a escravidão, enfim, com a dominação política, ou seja, com o antigo sistema colonial. Tal é o movimento contraditório do sistema: ao se desenvolver, desemboca em sua *crise*, encaminhando-se para sua superação. A qual não ocorre sem a superação, *pari passu*, do absolutismo, que lhe servia de base.

A crise do antigo sistema colonial[3] parece, portanto, ser o *mecanismo de base*, que antes buscávamos, que lastreia o fenômeno de separação das colônias, de que

---

[3] Fernando A. Novais, "Estrutura e dinâmica do antigo sistema colonial", *Cadernos Cebrap*, n. 17, 1974.

aqueles acontecimentos são uma manifestação específica. É dela que se tem de partir, se quisermos compreender a Independência do Brasil de forma a ultrapassar uma visão superficial dos eventos; o mecanismo de fundo oferece-nos o quadro estrutural e, por aproximações sucessivas, podemos focalizar outra vez os acontecimentos da separação entre a metrópole e a colônia. Tentemos, portanto, o caminho dessa reaproximação.

Trata-se, antes de tudo, de inserir o movimento de independência no quadro geral da crise do colonialismo mercantilista; e, num plano mais largo, da desintegração do Antigo Regime, como um todo. Pois que o sistema colonial era parte integrante e articulada nessa estrutura global – a que Immanuel Wallerstein chamou *modern world system* –, sua crise e superação correram paralelas com a desintegração do absolutismo. Os mecanismos de base, antes explicitados, operam no conjunto, mas expressam-se diversamente nos vários segmentos particulares. Assim, é o conjunto da exploração colonial que estimula o conjunto das economias cêntricas; mas, na assimilação desses estímulos, competem vigorosamente os vários Estados europeus. As vantagens da exploração de uma colônia necessariamente não se localizam na respectiva metrópole, podendo ser transferidos para outros polos. E esse é precisamente o caso dos países ibéricos, pioneiros na colonização, mas declinantes a partir do século XVII, e especialmente de Portugal. Seria ocioso retomar aqui os estudos sobre o "colonialismo informal" das relações anglo-portuguesas a partir dos tratados de 1641 e seguintes. Igualmente, a maneira pela qual a crise se manifesta no caso luso-brasileiro tinha de assumir forma peculiar: aparece como que induzida de fora para dentro, quando na realidade se processa do todo para a parte.

Mas essa posição de Portugal (e de suas colônias) no contexto do *modern world system* é já o primeiro passo em nossa análise. Em declínio desde o século XVII, a preservação da extensa colônia ia se tornando cada vez mais imprescindível para a manutenção do Estado metropolitano na Europa; a cessão de vantagens no comércio colonial era sua moeda nas negociações de alianças, sobretudo a aliança inglesa. Mas na medida em que o sistema se desenvolve e se encaminha para a constituição do capitalismo industrial, metrópole e colônia portuguesa não poderão ficar à margem: serão necessariamente afetadas, de um lado pelos influxos do industrialismo nascente, de outro pelo pensamento crítico do absolutismo, isto é, pelas incidências da Ilustração. Sob a pressão do industrialismo inglês, a presença da Ilustração francesa (por intermédio dos "estrangeirados"), enfim as hostes de Junot, nos desdobramentos da revolução em curso no Ocidente, Portugal vai sendo envolvido no torvelinho da crise do absolutismo e do colonialismo mercantilista. Não só Portugal, mas também o Brasil; o desenvolvimento econômico da colônia, ainda que dentro dos moldes de uma economia colonial típica, acabava por desencadear tensões que se agravam com a emergência do moderno industrialismo. Os colonos começam a se sentir mais "brasileiros" que portugueses na colônia – "não é das piores desgraças o viver em colônias"[4], diria um deles em 1802. O mesmo pensamento ilustrado que inspira reformas na metrópole estimula rebeldia e insurreições na colônia, e a mesma forma de pensar pode sofrer várias leituras, até mesmo contrastantes. Nada mais típico dessa ambiguidade do que as leituras metropolitana e colonial da obra entre todas famosa de Raynal.

Os mecanismos de fundo – a transição para o capitalismo – no seu processo essencialmente contraditório engendravam tensões que, a partir de um certo momento (segunda metade do século XVIII), desencadeiam conflitos que obrigam a reajustamentos no todo e nas partes. O fato de a transição se completar primeiro num ponto do sistema – a Inglaterra – complica inextricavelmente a trama de tensões e conflitos. A Independência dos Estados Unidos (1776, que é quando se publica *A riqueza das nações**, matriz da nova economia política) marca a abertura da crise do Antigo Regime e do antigo sistema colonial; na Europa e na América, no Velho e no Novo Mundo, desenvolvem-se paralelamente as reformas e desencadeiam-se as insurreições.

Reforma e revolução aparecem, assim, como vertentes do mesmo processo de reajustamento e ruptura na passagem para o capitalismo moderno, na segunda metade do século XVIII e primeira do século XIX. E, com efeito, o chamado "despotismo esclarecido" esforçava-se para promover, ao mesmo tempo, a modernização do absolutismo metropolitano e aberturas no sistema colonial. Portugal enveredou muito cedo por esse caminho, a partir do "consulado" pombalino (1750), mas é sobretudo a partir de 1777 (queda do Marquês de Pombal, com a morte de D. José) que se estimula mais claramente a nova política colonial do reformismo ilustrado. Tal reformismo, entretanto, não lograva abrandar, antes acentuava as tensões, e as "inconfidências" marcam o contraponto revolucionário do processo[5]. Essas são as linhas de força que se desenlaçam com a vinda da corte, em 1807, para o Brasil.

Pode-se agora, ainda que sinteticamente, delinear as forças em presença na abertura do processo de independentização da colônia. Os mecanismos de fundo, como se procurou indicar, acentuavam a tensão entre a colônia e a metrópole, que em determinadas condições podia chegar ao conflito; mas essa tensão básica se desdobra em outras. Efetivamente, no antigo sistema colonial entre a "metrópole", isto é, os colonizadores, e a "colônia", isto é, os colonizados, situavam-se os *colonos*,

---

[4] Luiz dos Santos Vilhena, *Recopilação de notícias soteropolitanas e brasílicas (1802)* (2. ed., Salvador, Braz do Amaral, 1921), p. 289.

* Adam Smith, *A riqueza das nações* (trad. Daniel Moreira Miranda, São Paulo, Edipro, 2022). (N. E.)

[5] Kenneth R. Maxwell, *Conflicts and Conspiracies: Brazil & Portugal (1707-1808)* (Cambridge, Cambridge University Press, 1973); e Fernando A. Novais, *Portugal e Brasil na crise do antigo sistema colonial (1777-1808)* (São Paulo, Hucitec, 1979).

ou seja, a camada dominante na colônia. Essa camada social é que encarnava (como projeto político) os interesses da "colônia" e se contrapunha à massa de escravizados, esta sim "colonizada". A tensão colônia-metrópole se desdobrava, pois, em tensão entre senhores e escravizados. Por outro lado, na metrópole, aos interesses ligados ao comércio colonial, empenhados na manutenção do pacto, associavam-se ou se opunham interesses de outros estratos sociais (campesinato, produtores independentes, plebe urbana etc.). O Estado reformista ilustrado procurava mediar e equilibrar esse feixe de interesses conflitantes. No caso de Portugal, a situação se complica, pois a essas forças se somam os interesses do industrialismo inglês em ascensão. No Brasil, entre a massa de escravizados e o senhoriato, toda uma heterogênea e flutuante camada de funcionários, profissionais liberais, plebe urbana etc. tende a tornar mais complexo o quadro de tensões no encaminhamento do processo.

Observado em conjunto, o complexo processo de desatamento dos laços coloniais da América que se desenrola a partir da segunda metade do século XVIII até as três primeiras décadas do XIX apresenta várias *vias de passagem*, que correspondem às diversas maneiras como se compuseram aquelas forças em jogo, qual das várias tensões predominou no conflito e, portanto, qual grupo ou classe social logrou a hegemonia. Tentemos fixar tais variações: a situação-limite, sem dúvida, é aquela em que a tensão entre senhores e escravizados se sobrepõe a todas as outras, e o processo se radicaliza e se aprofunda numa convulsão social; tal o caminho da revolução negra de São Domingos, liderada por Toussaint L'Ouverture e, depois, por Jean-Jacques Dessalines. O levante dos escravizados varreu a dominação dos colonos, resistiu à invasão inglesa e expulsou o exército enviado por Napoleão para a reconquista da ilha. No polo oposto, a tensão entre metrópole e colônia ganha a preeminência, mas é a metrópole que vence a contenda: é o caso das colônias inglesas das Antilhas, em que a metrópole – por ser o centro das transformações, em pleno curso da Revolução Industrial e predomínio econômico – consegue comandar o processo, abandonando o exclusivo, suprimindo o tráfico negreiro e depois a escravidão, e ainda podendo se dar ao luxo de manter o estatuto político das colônias. Entre as duas situações-limite, alinham-se aquelas em que a tensão metrópole-colônia foi a preponderante sobre as demais questões, mas são as colônias que levam a palma, e esse é o caso das colônias espanholas e portuguesas, como anteriormente já tinha sido o das treze colônias inglesas da América Setentrional. Deixemos de lado certas situações residuais, em que a metrópole, ainda que não hegemônica no conjunto, logra manter os laços coloniais, como é o caso de Cuba e Porto Rico, que se mantêm presas à Espanha.

Vale fixar, nessa medida, para uma aproximação maior do modelo luso-brasileiro, aquela terceira via a que nos referimos acima: a tensão metrópole-colônia sobreleva todas as demais e a colônia se independentiza, isto é, a camada social de colonos consegue assumir a hegemonia na condução do processo de passagem. Aqui, três possibilidades se abrem: primeira, a emancipação se dá sob a forma republicana de governo e abole-se a escravidão, como é o caso das colônias espanholas; segunda, sob a forma republicana, mantém-se a escravidão, como fora o caso dos Estados Unidos da América; terceira, a libertação da colônia mantém a monarquia e preserva a escravidão, como é o caso do Brasil. A composição de forças que pôde ir se articulando no curso do processo para chegar a tal resultado é o que podemos agora analisar.

Na segunda metade do século XVIII, impulsionadas pelos mecanismos estruturais da formação do capitalismo moderno, as tensões sociais agravam-se na Europa e nas colônias do Novo Mundo, e o encaminhamento político dessas tensões levou, de um lado, ao reformismo da Ilustração e, de outro, às tentativas revolucionárias. A partir da Independência dos Estados Unidos, agudizam-se as tensões e acelera-se o processo, para atingir na Revolução Francesa o seu ponto mais fundo de radicalização; ao mesmo tempo, estabilizando-se no Consulado, o movimento revolucionário tornar-se-á expansionista, atingindo Portugal (aliado da Inglaterra, que procurava conter esse expansionismo) em 1807. Reformas, insurreições, guerras internacionais pertencem, pois, ao mesmo e complexo processo de ruptura do Antigo Regime e de nascimento da sociedade burguesa contemporânea. Portugal e Brasil inserem-se nesse processo. O reformismo ilustrado, vigorosamente iniciado a partir de 1750 pelo Marquês de Pombal, não se atenua — antes acentua-se — após sua queda em 1777: sobretudo no que respeita à política colonial, inicia-se uma fase de maior flexibilidade, com o abandono das companhias privilegiadas de comércio e supressão dos estancos, ao mesmo tempo que se combate o contrabando e se estimula a diversificação da produção, a melhoria tecnológica etc. Correlatamente, em Portugal, prossegue-se o esforço industrialista (proibindo-se em 1785 as manufaturas têxteis na colônia) com vistas a superar o atraso, ao mesmo tempo que se procura, com inspiração nas memórias da Academia das Ciências de Lisboa, modernizar o país, removendo-se os arcaísmos. Todo esse esforço de recuperação, conduzido com persistência ao longo de anos, vinha obtendo êxito quando da invasão das tropas napoleônicas — o que altera substancialmente a situação, inviabilizando o esquema reformista e obrigando a duras opções.

Paralelamente, na colônia, a política reformista não conseguia distender as tensões. Até certo ponto, pode-se dizer que, ao contrário, o surto de relativo progresso aguçava ainda mais a tomada de consciência da exploração colonial, redobrando as inquietações. Estas tendem a se expressar em conflitos, como na América espanhola da mesma época: são as inconfidências. Se no Rio de Janeiro, em 1794, e em Pernambuco, em 1801, as tentativas são abortadas no nascedouro, em Minas Gerais (1789) e na Bahia (1798) o movimento vem à luz, sendo reprimido com rigor crescente. Se a inconfidência de Minas se inspirara, mais especificamente, na insurreição dos americanos do Norte, a revolução baiana "dos alfaiates" (depois chamada "primeira revolução social brasileira"), mais popular, mais radical, já traz fundas marcas da Revolução Francesa. De uma insurreição para outra, nota-se um aprofundamento no processo: o projeto dos revolucionários baianos envolvia nada menos que a libertação dos escravizados. É por aí que se pode compreender que, se a política do reformismo colonialista português não atenuava as tensões, o aprofundamento do processo revolucionário, este sim, terá assustado a camada dominante da colônia, de proprietários de terras e senhores de escravos, levando-a como que imperceptivelmente a se aproximar das posições reformistas do Estado metropolitano.

Assim, 1807-1808 marca efetivamente um ponto de confluência. Para o príncipe regente D. João, migrar para a América, em face da invasão francesa, significava preservar a dinastia à espera de melhores dias; à Inglaterra interessava não só proteger o aliado valioso na pugna com Napoleão, mas ainda aproveitar a oportunidade de penetrar mais abertamente nos mercados brasileiros, pois, ocupada a metrópole, tornava-se imperioso suspender o exclusivo do comércio da colônia. Mais ainda, na decisão da transferência da corte, aparentemente desconcertante, pesavam imperativos mais profundos de situação. É que, dada a posição que Portugal fora assumindo a partir do século XVII (a partir da Restauração de 1640), sua existência dependia mais e mais da colônia; era com esta, ou melhor, com as vantagens da exploração colonial, que Portugal jogava no sistema de alianças das relações internacionais. Cada vez mais, aproximar-se da França, contra a Inglaterra, significaria pôr em risco a colônia, dada a supremacia naval inglesa; aliar-se à Inglaterra punha em risco a metrópole, dada a supremacia continental francesa, aliada à Espanha depois de 1715. A diplomacia portuguesa procura continuamente a neutralidade, hesita, para finalmente aliar-se à Inglaterra, potência ascendente; e, em 1807, essa opção chega ao limite, com a migração da corte e a "inversão colonial".

Do ponto de vista da classe dominante dos colonos (proprietários de terras e de escravos), nessa conjuntura, tal opção vinha ao encontro de seus interesses e, a pouco e pouco, dessa convergência vai-se delineando um projeto de "império" com sede na América. A política do príncipe regente, depois D. João VI, no Brasil, pôs em andamento esse projeto; mal chegado, ainda na Bahia, edita o famoso alvará de abertura dos portos às nações amigas (janeiro de 1808). Não foi, como se poderia pensar, uma concessão à Inglaterra[6] – esta se sentia no direito de reivindicar a abertura apenas para si, substituindo-se à velha metrópole, pois fora a esquadra inglesa que garantira a vinda da corte. Não se pense tampouco que a Velha Albion era a única "nação amiga", pois no mesmo ano já estaria no Brasil o americano Henri Hill, para examinar as possibilidades do novo mercado[7]. Das pressões inglesas resultaria,

---

[6] Wanderley Pinho, *A abertura dos portos: Cairu, os ingleses, a Independência* (Salvador, Ed. Universidade da Bahia, 1961).

[7] Henri Hill, *A View of the Commerce of Brazil (1808)* (Salvador, Ed. Banco da Bahia, 1964).

sim, o tratado de 1810, no qual o comércio inglês torna-se efetivamente privilegiado no mercado brasileiro, mesmo em relação aos portugueses metropolitanos. O ano de 1810 aparece, assim, como a contrapartida de 1808.

Ao longo de toda uma década, ou seja, até a eclosão da Revolução Liberal portuguesa em 1820, implementa-se essa linha política, em que se casam os interesses do senhoriato brasileiro com a perspectiva do Estado metropolitano, agora assimilado e instalado na colônia. À abertura dos portos, segue-se o levantamento das proibições às manufaturas; mais do que isso, passa-se a uma política de incentivo direto às indústrias e decreta-se toda uma série de medidas de política econômica nesse sentido[8]. Ao mesmo tempo, a corte se instalava, centralizando um complexo aparelho de Estado, numa espécie de "naturalização" do governo português no Brasil. Ao lado dos vários departamentos da administração, organizam-se as forças armadas, criam-se as primeiras escolas superiores. A política externa se orientava na mesma linha, com a expedição à Guiana Francesa e reivindicações no Prata. Assim, em 1815, elevava-se a antiga colônia à condição de Reino Unido.

Não podia haver dúvida: a corte viera para ficar. Por tudo isso, "o que é de admirar é que só em 1820 tenha havido em Portugal uma revolução"[9].

Referências bibliográficas

COSTA, Emília Viotti da. Introdução ao estudo da emancipação política do Brasil. In: Carlos Guilherme Mota (org.). *Brasil em perspectiva*. 9. ed., São Paulo, Difel, 1978.

CUNHA, Pedro Octávio Carneiro da. A fundação de um Império Liberal. In: HOLANDA, Sérgio Buarque de et al. (orgs.). *História geral da civilização brasileira*, t. II, v. 1. São Paulo, Difel, 1962.

HILL, Henri. *A View of the Commerce of Brazil (1808)*. Salvador, Ed. Banco da Bahia, 1964.

MAXWELL, Kenneth R. *Conflicts and Conspiracies: Brazil & Portugal (1707-1808)*. Cambridge, Cambridge University Press, 1973.

NOVAIS, Fernando A. *Portugal e Brasil na crise do antigo sistema colonial (1777-1808)*. São Paulo, Hucitec, 1979.

________. Estrutura e dinâmica do antigo sistema colonial. *Cadernos Cebrap*, n. 17, 1974.

PINHO, Wanderley. *A abertura dos portos: Cairu, os ingleses, a Independência*. Salvador, Ed. Universidade da Bahia, 1961.

RODRIGUES, José Honório, *Independência: revolução e contra-revolução*. Rio de Janeiro, Francisco Alves, 1975, 5 v.

---

8 Emília Viotti da Costa, "Introdução ao estudo da emancipação política do Brasil", em Carlos Guilherme Mota (org.), *Brasil em perspectiva* (9. ed., São Paulo, Difel, 1978).

9 Pedro Octávio Carneiro da Cunha, "A fundação de um Império Liberal", em Sérgio Buarque de Holanda et al. (orgs.), *História geral da civilização brasileira*, t. II, v. 1 (São Paulo, Difel, 1962), p. 146.

SIERRA Y MARISCAL, Francisco de. Ideias sobre a Revolução do Brasil e suas consequências (1823). *Anais da Biblioteca Nacional*, v. XLIII, 1920.

VILHENA, Luiz dos Santos. *Recopilação de notícias soteropolitanas e brasílicas (1802)*. 2. ed., Salvador, Braz do Amaral, 1921.

Fundamentos históricos da autocracia burguesa no Brasil

Antonio Carlos Mazzeo

> *Como, pois, a escritura seja vida da memória e a memória uma semelhança da imortalidade a que todos devemos aspirar, pela parte que dela nos cabe, quis, movido por essas razões, fazer esta breve história, para cujo ornamento não busquei epítetos preciosos, nem outra formosura de vocábulos de que os eloquentes oradores costumam usar para com artifício de palavras engrandecer suas obras. Somente procurei escrever a verdade, num estilo fácil e chão, como meu fraco engenho me ajudou, desejoso de agradar a todos os que dela quiserem notícias.*
>
> Pero de Magalhães de Gândavo (1576)

O caráter da colonização portuguesa no Brasil: as determinações sociometabólicas

No continente americano, os Estados Unidos da América e o Brasil aparecem como dois casos extremos produzidos pela expansão colonial europeia, como resultantes da processualidade de *acumulação originária* do capital[1]. Segundo demonstrou Marx, o primeiro, *colônia britânica na América, como uma colônia de povoamento*[2]; o segundo, *constituinte da colonização ibérica* – em *particular* a portuguesa –, como *colônia de exploração*, em que se formam *progressivamente* núcleos de produção de mercadorias, direcionadas primordialmente ao mercado externo, definidos como *plantations*:

---

1 Ver Karl Marx, *El capital*, Libro I: *Capítulo VI (Inédito)* (Buenos Aires, Siglo XXI, 1974), p. 54 e seg. Como nos explica Marx em *O capital*: "Ela aparece como 'primitiva' [ou 'originária'] porque constitui a pré-história do capital e do modo de produção que lhe corresponde" (*O capital*, Livro I: *O processo de produção do capital*, trad. Rubens Enderle, São Paulo, Boitempo, 2013, p. 786).

2 Na definição marxiana das colônias britânicas da América: "Aqui, a massa dos colonos agrícolas, embora traga da mãe pátria um capital mais ou menos grande, *não é uma classe capitalista e muito menos a sua produção é capitalista*. São camponeses mais ou menos independentes, cuja meta principal é, antes de tudo, produzir sua própria manutenção, os meios de subsistência, cujo produto principal não visa o mercado ou o comércio. O excedente de seus produtos de consumo próprio é que vendem; trocam por mercadorias manufaturadas de importação etc." (Karl Marx, *Storia delle teorie economiche*, v. 2: *David Ricardo*, Turim, Einaudi, 1955, p 373; grifos nossos).

> No segundo tipo de colônia, as *plantations*, onde a especulação comercial está presente desde o início, e a produção se destina ao mercado mundial, existe um modo de produção capitalista, ainda que só no sentido formal [no sentido da subsunção formal do trabalho ao capital], já que a escravidão dos negros impede o trabalho assalariado livre que é a base da produção capitalista. Mas o negócio do tráfico de escravos é dirigido por capitalistas, o método de produção que introduzem não nasceu da escravidão, mas está enxertado nela. Neste caso, capitalistas e proprietários de terras são a mesma pessoa, e a existência de terra em grande quantidade que se apresenta perante o capital e o trabalho, não oferece resistência alguma às inversões de capitais e, portanto, nenhuma resistência à competição entre eles, tampouco se desenvolve aqui uma classe de arrendatários como coisa distinta dos proprietários de terras, enquanto persistem essas condições nada se interpõe nos caminhos dos preços de custos reguladores do valor de mercado.[3]

A ocupação das Américas ocorre como resultado *direto* da crise do feudalismo europeu de fins do século XIII, em decorrência de um crescimento econômico determinado pelos processos de expansão das formas dinamizadoras da produção agrícola, que finda por desarticular as relações de produção feudais. Objetivamente, a crise na funcionalidade econômica do feudalismo – em países importantes como Inglaterra e França, nas regiões centrais e setentrionais da Itália, na Espanha, em Portugal etc.[4] – possibilita que mercados se expandam e, de certo modo, encontrem novas formas produtivas; inicialmente eles incorrem nas velhas formas de produção, *mas dando a elas novos conteúdos* que se objetivam no âmbito do que Marx chamou de *subsunção formal do trabalho ao capital*. E, nesse processo, *as velhas formas de produção não capitalistas são integradas aos conteúdos capitalistas*[5]. Isso significa que a velha forma do artesanato feudal deixa de ser uma mera fonte de habilidade do

---

3 Ibidem, p. 374.

4 Ver Antonio Carlos Mazzeo, *Os portões do Éden: igualitarismo, política e Estado nas origens do pensamento moderno* (São Paulo, Boitempo, 2019), p. 89 e seg.

5 Como define Marx: "Inicialmente, o capital subordina o trabalho conforme as condições técnicas em que historicamente o encontra. Portanto, ele não altera de imediato o modo de produção. Razão pela qual a produção de mais-valor, na forma como a consideramos até agora, mostrou-se independente de qualquer mudança no modo de produção" (*O capital*, Livro I, cit., p. 382). No *Capítulo VI Inédito* do Livro I de *O capital*, Marx analisa o processo de subsunção formal do trabalho ao capital mais detalhadamente: "Não se efetuou [ali] a *priori* uma mudança essencial na forma e na maneira real do processo de produção. Ao contrário, está na natureza do caso que a subsunção do processo de trabalho ao capital opere sobre a base de um processo laboral preexistente, anterior a essa subsunção ao capital e configurado sobre a base de determinado *processo laboral existente*, como o trabalho artesanal ou do tipo de agricultura correspondente à pequena economia camponesa autônoma. Se nesses processos de trabalho tradicionais que ficam sob a direção capitalista operam-se modificações, estas aparecem como consequências gradativas da prévia subsunção de determinados processos de trabalho tradicionais, em relação ao capital" (*El capital*, cit., p. 55; grifos nossos).

trabalho, produtor de valor de uso, já que nela são introduzidas *outras condições* de produção, de grau mais complexo de individuação, em relação ao trabalho comunal, desenvolvendo-se na forma de trabalho livre. Essa característica urbano-artesanal, associada a uma estrutura econômica (agrária) em dissolução, possibilitará, inicialmente, o desenvolvimento de uma atividade de mercado, a princípio restrita e que atuará juntamente com formas econômicas preexistentes, as quais, em seguida, serão metamorfoseadas sob outras perspectivas e direcionadas à produção de mercadorias como valor de troca. Nesse contexto histórico-processual, até o tempo e a noção que dele se tem sofrem alterações. Por exemplo, na Alta Idade Média a hora de se recolher era saudada pelo *Angelus* católico, às 18 horas, momento em que "todos os seres da natureza se recolhem, no tempo místico, quando o sol está distante e todos se aproximam da morte". Como podemos verificar a partir das análises de Antonio Santoni Rugiu e Jacques Le Goff, com a intensificação da *subsunção formal do trabalho ao capital:* "o tempo do artesão [*já subsumido a uma produção direcionada ao valor de troca*] em certas esferas sociais substituiu a hora da igreja", quer dizer, o tempo passa a ser dinheiro[6].

Esse processo resulta da intensificação de demandas por mercadorias, determinado pela ampliação de um comércio à longa distância que passa a ocupar os ofícios rurais mais livres, porque menos controlados pelas guildas. Na área rural, surge o camponês arrendatário, no contexto de uma processualidade em que os antigos servos da gleba se transformam em trabalhadores livres. Essas atividades exigem a *existência prévia* de um mercado massivo. De modo que a degradação do trabalho servil e o surgimento das manufaturas, ao longo de aproximadamente trezentos anos, converteram gradativamente todas essas formas de produção em atividades capitalistas, em especial os trabalhadores livres situados fora das guildas, que passam a estabelecer relações de trabalho assalariado. Isso significa, portanto, que *há em movimento a emergência de uma nova ordem sociometabólica* determinada por um *impulso societal de nova característica histórica*[7]. E mesmo

---

6 Ver Antonio Santoni Rugiu, *Nostalgia do mestre artesão* (Campinas, Autores Associados, 1998), p. 50 e seg. Sobre os mercadores a partir do século XIV, ver Jacques Le Goff, *Mercadores e banqueiros na Idade Média* (trad. Antonio de Padua Danesi, São Paulo, Martins Fontes, 1991), p. 17 e seg. Leo Huberman, em seu já clássico livro introdutório *História da riqueza do homem* (trad. Waltensir Dutra, Rio de Janeiro, Zahar, 1977), sintetiza com eficácia esse processo histórico: "O progresso das cidades e o uso do dinheiro deram aos artesãos uma oportunidade de abandonar a agricultura e viverde seu ofício [...] As mercadorias, que antes eram feitas para serem vendidas comercialmente, mas apenas para atenderem às necessidades de casa, passaram a ser vendidas num mercado externo" (ibidem, p. 62-3).

7 Introduzimos o conceito de *impulso societal de nova característica histórica* (ver Antonio Carlos Mazzeo, *Os portões do Éden*, cit., p. 75, nota 26) com o intuito de sintetizar a análise marxiana sobre a contradição antagônica que o desenvolvimento dos meios de produção estabelece e desempenha nas processualidades sociometabólicas dos modos de produção. Como definiu Marx:

que a agricultura continue sendo a base produtiva da economia, verifica-se uma diversificação da produção e a intensificação do comércio age como fator dissolvente das relações feudais. Como ressaltou Maurice Dobb:

> Foi a ineficiência do feudalismo como sistema de produção, conjugada às necessidades crescentes da classe dominante quanto à renda, que se responsabilizou primariamente por seu declínio; essa necessidade de renda adicional promoveu um aumento da pressão sobre o produtor a um ponto que se tornou insuportável. A fonte da qual a classe dominante feudal extraía sua renda, e a única pela qual ela podia ser aumentada, era o tempo de trabalho excedente da classe servil, além daquele que se fazia necessário para promover a própria subsistência dela.[8]

Portanto, o contexto de necessidade (no sentido do conceito de *historische Notwendigkeit*) de aumento da produção e a inexistência de oferta de mão de obra irão determinar que os senhores feudais passem a explorar o tempo de trabalho excedente dos servos da gleba, alçando-os à condição de *trabalho forçado*, como ocorreu na Alemanha, uma *segunda servidão*[9], um embrião do que será, mais adiante, de modo ampliado e extremado, o caráter da escravidão presente no capitalismo-mercantil-

"O modo de produção da vida material condiciona, em geral, o processo da vida social, política e intelectual [...] Ao chegar a determinada fase de desenvolvimento as forças produtivas materiais da sociedade entram em contradição com as relações de produção existentes ou, o que nada mais é que sua expressão jurídica, com as relações de propriedade dentro das quais aquelas até então se tinham movido. De formas de desenvolvimento das forças produtivas, essas relações se transformam em suas travas. Sobrevém, então, uma época de revolução social. A transformação da base econômica impacta mais ou menos rapidamente toda a enorme superestrutura erguida sobre ela [...] Nenhuma formação social perece antes que estejam desenvolvidas todas as forças produtivas que a ela pertencem e jamais aparecem novas e mais adiantadas relações de produção antes que suas condições materiais de existência tenham sido geradas e amadurecidas no seio da velha sociedade" ("Prefacio de 1859", em *Contribución a la crítica de la economía política*, Buenos Aires, Estudio, 1970, p. 9).

8 Maurice Dobb, *A evolução do capitalismo* (trad. Affonso Blacheyre, 5. ed., Rio de Janeiro, Zahar, 1976), p. 60.

9 Ver Friedrich Engels, *Las guerras campesinas em Alemania* (Buenos Aires, Claridad, 1971) e as cartas de Friedrich Engels a Karl Marx de 15, 16 e 22 de dezembro de 1882 em Karl Marx e Friedrich Engels, *Correspondencia* (Buenos Aires, Cartago, 1973), p. 329, 330 e 333. Como discorre Engels: "Acredito que a opinião que aqui apresento, sobre as condições do campesinato na Idade Média e o surgimento de uma servidão secundária a partir de meados do século XV, é um conjunto indiscutível [...] a reintrodução generalizada da servidão é uma das razões pelas quais nenhuma indústria conseguiu se desenvolver na Alemanha nos séculos XVII e XVIII. Em primeiro lugar, a divisão do trabalho nas corporações era oposta à da manufatura: em vez da divisão do trabalho dentro da fábrica, o trabalho era dividido entre as corporações. Nessa fase houve na Inglaterra uma emigração para o campo onde não existiam corporações; na Alemanha, a transformação de camponeses e aldeões agrícolas em servos dificultou esse fenômeno. Mas, no fim, essa foi a causa da ruína da própria corporação, assim que a concorrência de manufaturas estrangeiras se fez sentir" ("Carta de Engels para Marx, 16 de dezembro de 1882").

-manufatureiro, inicialmente instalada nas ilhas europeias, como Chipre e Madeira e nas outras regiões onde a produção de alimentos destinava-se ao mercado europeu.

Essa característica de um processo produtivo em formação terá feições diversificadas, em que formas "antigas" de produção estarão *imbricadas* com as novas emergentes. E será exatamente nas colônias de "exploração" que teremos a implementação de formas produtivas "arcaicas", como a escravidão, que nesse âmbito histórico-processual adquire a forma de *trabalho forçado/coercitivo*. De modo que, apesar de ter se esgotado (com o fim do Império romano) nas estruturas produtivas mais importantes, como na agricultura em grande escala ou nas manufaturas urbanas, a escravidão *persiste* nas pequenas atividades agrícolas e manufatureiras, que ainda utilizavam escravos domésticos e de luxo, no âmbito contraditório de uma *forma-trabalho* que se movia pelas bordas das relações sociais do feudalismo[10].

Elementos conformadores da formação social-colonial brasileira

Após estabelecer contatos com as populações originárias, por intermédio da prática do escambo, com a perspectiva de consolidar a ocupação dos territórios de sua imensa colônia americana, Portugal intensificará essas atividades, *associando-as* a grupos mercantis, nacionais e estrangeiros, incentivando feitorias privadas – experiência exitosa implementada na África, quando lutavam com os mouros – e instalando feitorias em pontos estratégicos e, em cada uma delas, um feitor, funcionário do Estado português[11]. Nesse sentido e na direção de Alexander Marchant, podemos definir esse processo de exploração das "permutas" no Brasil – principalmente de pau-brasil – em três fases: a primeira, de 1500 a 1533; a segunda, de 1533 a 1549; a terceira, de 1549 a 1580[12]. De modo que fica evidente, desde o início, a presença do

[10] Referindo-se a esse contexto histórico, Engels afirma: "Mas a escravidão moribunda [no Império romano] deixou para trás seu ferrão venenoso na forma da proscrição do trabalho produtivo para os homens livres" (*A origem da família, da propriedade privada e do Estado*, trad. Nélio Schneider, São Paulo, Boitempo, 2019, p. 140).

[11] Ver Alexander Marchant, *Do escambo à escravidão: relações econômicas de portugueses e índios na colonização do Brasil (1500-1580)* (2. ed., São Paulo, Companhia Editora Nacional, 1980, Coleção Brasiliana, v. 225), p. 5 e seg. Como ressaltou Marchant: "Para dominar esse comércio, os portugueses dependiam da existência de feitorias situadas em pontos comerciais estratégicos, no litoral. À frente de cada feitoria ficava um feitor, funcionário do rei. Competia-lhe tratar com os comerciantes e comprar-lhes mercadorias ao preço mais baixo possível, conservar essas mercadorias e zelar pelo seu embarque para Portugal [...] A feitoria era uma unidade econômica que, por ser às vezes situada em território de povos hostis, frequentemente revestiu-se de importância política [...] Onde era possível, o comércio mediante tratados com os chefes nativos reduzias as possibilidades de constantes guerrilhas, as fortificações podiam ser ligeiras" (ibidem, p. 5).

[12] Ver idem, p. 10-1.

elemento que conformará a característica essencial da formação social colonial, isto é, a violenta *expropriação do trabalho*, inicialmente das populações originais, mais adiante, a partir de 1549, pela impulsão da ocupação da terra e, posteriormente, pela disseminação das *plantations* e de outras atividades desenvolvidas com a introdução de *trabalhadores escravizados*, sequestrados em suas aldeias no continente africano e trazidos para o Brasil para compor o contingente dos trabalhadores subsumidos à brutal *forma-trabalho forçado/escravo (a escravidão moderna)*, que em sua hegemonia coexistirá com outras formas de exploração do trabalho (no sentido da *subsunção formal do trabalho ao capital*) e, no caso das populações originais, propiciará a destruição das aldeias indígenas e a desintegração de suas sociedades na maioria das regiões da colônia. Os poucos sobreviventes passam a viver refugiados nas florestas, procurando evitar o contato com a sociedade colonial ou, ainda, sob a tutela subalternizada dos colonos ou dos jesuítas[13].

Mas a opção de D. João III (1502-1557) foi estabelecer uma ocupação sistemática do território americano, ampliando a presença portuguesa, inicialmente com as expedições de Martin Afonso de Souza, fundador de São Vicente (1532) e de Santo André (1553), que receberá, pelas várias tarefas executadas para El Rei, em 1534, o título de donatário da capitania de São Vicente, emblematicamente assumindo uma das quinze capitanias que seriam empreendimentos (de risco)[14] a cargo de fidalgos, classe que adquire robustez socioeconômica exatamente no período posterior à Revolução de Avis (1383-1385) e passa a constituir uma nobreza não somente titulada, como o antigo cavaleiro armado, mas também e fundamentalmente *provida de riquezas*. Como ressaltou Charles Boxer, por volta de 1415, ano da conquista de Ceuta

> [o] termo fidalgo (literalmente *filho de algo*), que era utilizado unicamente para indivíduos de sangue real ou ilustre, tornou-se sinônimo de *nobre*, tal como *fidalguia* se tornou sinônimo de *nobreza* [...] O *fidalgo-cavaleiro* era um cavaleiro de sangue ilustre ou nobre, enquanto o *cavaleiro-fidalgo* era um indivíduo de sangue plebeu, que tinha sido armado cavaleiro por serviços prestados à coroa [...] os membros da nobreza eram muito menos cavaleiros feudais que tivessem conquistado a sua posição por proezas realizadas no campo de batalha do que indivíduos que estavam "vivendo *à lei da nobreza*" [...] em casas solarengas nas suas próprias terras, com "servos, armas e cavalos" à sua disposição.[15]

---

[13] Ver Darcy Ribeiro, *As Américas e as civilizações* (Petrópolis, Vozes, 1979), p. 206 e seg.; e John Manuel Monteiro, *Negros da terra: índios e bandeirantes nas origens de São Paulo* (São Paulo, Companhia das Letras, 2009), p. 55.

[14] Sobre o caráter das capitanias hereditárias, ver, entre outros, as clássicas reflexões de Frédéric Mauro, *Do Brasil à América* (trad. Magda P. França de Almeida, São Paulo, Perspectiva, 1975), p. 98 e seg.

[15] Charles R. Boxer, *O império colonial português* (Lisboa, Edições 70, 1977), p. 26. Ver também Antonio Carlos Mazzeo, *Estado e burguesia no Brasil: origens da autocracia burguesa* (3. ed., São Paulo, Boitempo, 2015), p. 41 e seg. Como bem asseverou George Huppert: "o burguês de origem

De modo que desde o século XIV, em crescendo, a burguesia mercantil passa a ter papel intrínseco e preponderante na construção das políticas coloniais portuguesas. Na lógica da expansão do capitalismo mercantil, a colonização do Novo Mundo, juntamente com a progressão das manufaturas europeias, a dissolução das estruturas feudais na Inglaterra e na França, nos países nórdicos, nas regiões da Toscana e do *Settentrione*, a Segunda Servidão na Alemanha etc., faz com que o capital abandone a mera esfera da circulação e mergulhe cada vez mais na produção ampliada de mercadorias. Na *origem* do "sistema colonial", ela dá às ocupações coloniais ibéricas na América *formas de produção e estruturas societais particulares*, no âmbito da reprodução ampliada que ocorre sob a perspectiva de extensas processualidades de *subsunções formais* do trabalho ao capital que se objetivam de forma *desigual e combinada*, como a introdução do *repartimiento* (*mita* ou *cuatéquil*), que consistia na indicação de indígenas sorteados para atuar por um período, sob a forma-*trabalho forçado/coercitivo*, em geral na extração de minérios, ou ainda a utilização de trabalhadores negros escravizados, como no Brasil, Peru, na América Central e nas colônias inglesas situadas no sul da América do Norte.

Desse modo, é no escopo dessa conformação de exploração do trabalho das populações originárias americanas e africanas que a estrutura produtiva da colônia portuguesa integra-se como *elemento particular* no amplo processo produtivo mundial que irá reproduzir, ampliar e atualizar as formas de *trabalho forçado/coercitivo* inicialmente implementadas na Europa, no Chipre e na Madeira, e que, nas Américas, ligadas umbilicalmente ao tráfico de negros, vendidos aos produtores das *plantations*, adquirem a brutal *forma-trabalho forçado/escravo*. As *plantations* e a *escravidão* introduzem ainda, no âmbito do desenvolvimento *desigual e combinado* do capitalismo manufatureiro-mercantil, um *poderoso núcleo produtivo* para o mercado mundial que se apresenta como uma *imperiosidade do processo de acumulação de capital*[16]. O caráter do latifúndio escravista moderno delineará profundamente o desenvolvimento sócio-histórico do Brasil. Aliás, esse elemento estrutural da conformação da sociabilidade brasileira foi percebido por Gilberto Freyre: segundo ele, desde 1532 a colonização portuguesa caracteriza-se pela "predominância

mercantil, se estava insatisfeito com a sua condição, não necessariamente passou a sonhar com a sua própria transformação em *gentilhomme* [...] Nossa descoberta poderia ser, porém, que no século XVI o burguês descontente tinha diante dos olhos o melhor ideal de 'viver nobremente' [...] esse ideal era claramente distinto daquele do viver típico dos *gentilshommes de race*" (*Il borghese-gentiluomo: saggio sulla definizione di élite nella Francia del Rinascimento*, Bolonha, Il Mulino, 1978, p. 29).

[16] Ver, entre outros, o exaustivo trabalho de Robin Blackburn, *A construção do escravismo no Novo Mundo: do Barroco ao Moderno (1492-1800)* (trad. Maria Beatriz de Medina, Rio de Janeiro, Record, 2003), p. 203 e seg.

da família rural"[17], que tem ao mesmo tempo maneirismos aristocráticos e uma sede de lucros burguesa, constituindo um sincretismo entre a sociedade moderna que emergiu em Portugal após a formação de seu Estado nacional, e a fisionomia histórico-particular que se objetiva no Brasil[18].

No entanto, ressaltamos, os *sincretismos* que se materializam nas forças produtivas/relações sociais de produção específicas *determinam* também os elementos *particulares superestruturais/ideossocietais* da formação social brasileira. A "adaptação" da sociedade portuguesa no Brasil, entendida sob essa perspectiva, aparece, *in facto*, como uma *nova síntese* que dialeticamente constrói também, a partir do *particular-colonial*, um *elemento superestrutural específico*. A constituição do ser social de extração colonial conforma uma *particularidade histórica* cuja expressão ideológica se fundamenta na *dinâmica mesma* de seu movimento social de autorreposição, quer dizer, *o conjunto ideossocietal que emerge nessa particularidade reflete sua base material*[19]. Como acentuou György Lukács:

> toda ideologia possui o seu ser-precisamente-assim social: ela tem sua origem imediata e necessariamente no *hic et nunc* dos homens que agem socialmente em sociedade. Essa determinidade de todos os modos de exteriorização [*Äußerungsweisen*] humanos pelo *hic et nunc* do ser-precisamente-assim histórico-social de seu surgimento tem como consequência necessária que toda reação humana ao seu meio ambiente socioeconômico, sob certas circunstâncias, pode se tornar ideologia. Essa possibilidade universal de virar ideologia está ontologicamente baseada no fato de que o seu conteúdo (e, em muitos casos, também a sua forma) conserva dentro de si as marcas indeléveis de sua gênese.[20]

Assim, os elementos ideossocietais específicos historicamente delineados no âmbito de uma sociedade escravista e latifundiária aparecem tanto no plano da estrutura produtiva – forças produtivas/relações sociais de produção – como findam por determinar os aspectos particulares superestruturais da formação

---

[17] Ver Gilberto Freyre, *Casa-grande e senzala* (Rio de Janeiro, José Olímpio, 1984), p. 18 e seg.

[18] Como enfatizou Maria Isaura Pereira de Queiróz, o Brasil se caracterizou como "um país cuja vida foi, sob os trópicos, um prolongamento da vida europeia. O colonizador português, chegando ao país, pôde instalar-se como lhe pareceu melhor, porque aí encontrou algumas tribos nativas, de população pouco densa, esparsas sobre enorme extensão quase desabitada [...] no século XVII, a sociedade brasileira já se apresenta como uma sociedade portuguesa adaptada às condições geográficas e aos recursos naturais do território descoberto em 1500" (*Cultura, sociedade rural, sociedade urbana no Brasil*, Rio de Janeiro/São Paulo, LTC/Edusp, 1978, p. 71).

[19] Aqui no sentido da teoria do reflexo, desenvolvida por György Lukács em *Estetica: la peculiaridad de lo estético*, v. 1: *Cuestiones preliminares y de principio* (Barcelona, Grijalbo, 1966), a partir das reflexões esboçadas por Vladímir I. Lênin em *Obras completas*, t. XIV: *Materialismo y empirocriticismo* (Madri, Akal, 1977).

[20] György Lukács, *Para uma ontologia do ser social II* (trad. Nélio Schneider, Ivo Tonet e Ronaldo Vielmi Fortes, São Paulo, Boitempo, 2013), p. 465.

econômico-social brasileira. De modo que a "adaptação" da sociedade portuguesa no Brasil, vista a partir dessa óptica, aparece *in facto* como uma nova síntese que dialeticamente também constrói, a partir do *particular-específico-colonial*, uma superestrutura própria, sob a forma de uma sociedade conservadora, reacionária e rígida, cuja "classe dominante", por sua origem histórica mesma, nasce subordinada econômica e ideologicamente aos centros do capitalismo mundial. Nesse escopo, essa classe no poder detém ainda terras, riquezas, escravizados e o poder político[21].

O caráter "anômalo" da burguesia colonial brasileira

Como vimos, a expansão comercial europeia não começa no século XVI e sim antes, com o desenvolvimento de condições objetivas para tal, no bojo da desagregação do feudalismo, em que se desenvolveram novas formas produtivas, o que viabilizou também, no âmbito da navegação marítima, o desenvolvimento e o aprimoramento de técnicas de construção de navios, a descoberta de rotas – e a consequente elaboração de mapas por navegadores importantes, como o alemão Henricus Martellus Germanus e o florentino Paolo Toscanelli, que viveram no século XV – e a própria expansão marítima portuguesa, que contou com o apoio efetivo do infante D. João (futuro D. João II) e pôs em prática um plano coerente e com objetivos bem estruturados que propiciou as descobertas[22]. É no bojo dessa dinâmica expansionista que podemos dizer, na direção das reflexões marxianas, que no século XV e, principalmente, no século XVI surgiram na Europa as condições para a eclosão da "era capitalista"[23].

---

[21] "Como diz Caio Prado Jr., a sociedade colonial é o reflexo fiel de sua base material [...] Os poucos homens livres, na sociedade escravista brasileira, tinham suas vidas controladas pelo latifundiário; fossem eles da cidade ou do campo, sendo que nestes últimos a pressão e a dominação pessoal do latifundiário era mais intensa. Em suma, essa base material *sui generis*, composta por aspectos europeus e nativos [e africanos], marcará o pensamento dominante no Brasil durante muitos séculos. É nesse contexto histórico-social que se desenvolve a 'ideologia da conciliação" brasileira, expressão de uma burguesia débil economicamente – anômala [conceito cunhado por Marx em seus *Grundrisse*] – que, para se manter no poder, concilia sempre com os interesses externos e, internamente, pauta-se pela violenta repressão das massas populares que, em nível extremo, a escravidão encarna e expressa" (Antonio Carlos Mazzeo, *Estado e burguesia no Brasil*, cit., p. 79-80).

[22] Ver A. H. de Oliveira Marques, *História de Portugal: desde os tempos mais antigos até o governo do senhor Pinheiro Azevedo*, v. 1 (7. ed., Lisboa, Palas, 1977), p. 306 e seg.

[23] Como definiu Marx: "Embora os primórdios da produção capitalista já se nos apresentem esporadicamente, nos séculos XIV e XV, em algumas cidades do Mediterrâneo, a era capitalista só tem início no século XVI. [...] Na história da acumulação primitiva, o que faz época são todos os revolucionamentos que servem de alavanca à classe capitalista em formação, mas, acima de tudo, os momentos em que grandes massas humanas são despojadas súbita e violentamente de seus meios de subsistência e lançadas no mercado de trabalho como proletários absolutamente livres".

Essas atividades comerciais e manufatureiras se tornaram frenéticas, assim como a progressiva expansão marítima e a descoberta de rotas que facilitaram o desenvolvimento da circulação das mercadorias que constituíram o cerne da *emersão* de uma nova sociabilidade. Melhor seria dizer que, no escopo dessa processualidade, surge uma *nova forma* sociometabólica – determinada por um *impulso societal de nova característica histórica* – que se objetiva por meio do desenvolvimento de forças e de novas relações sociais de produção e das formas jurídico-políticas resultantes que organizarão os elementos *morfológico-produtivos* emergentes, quer dizer, estruturas econômicas regionais que tendiam à dilatação, de acordo com a extensão dos territórios em que se executavam as atividades produtivas. Na dinâmica desse processo é que surgem decisivamente os Estados nacionais e suas identidades culturais, expressando um novo quadro de poder no qual a velha nobreza divide a hegemonia com a burguesia ascendente, como fica visível já na formação pioneira do Estado nacional português e de outros que surgirão.

Mas o fundamental a ser destacado aqui é o "espírito burguês" que resulta da relativa racionalização advinda da produção manufatureira e das relações de mercado, nas quais aflora o conceito que Leo Kofler denomina "liberdade subjetiva". Esta é definida por ele como "racionalidade coisificada do todo social"[24], em que a nova complexidade societal forma também um conceito de "homem dinâmico"[25] (do Renascimento) e protagonista de seu momento histórico. Como afirmei em outro lugar:

> Pode-se dizer que, nos primeiros séculos do Renascimento, pelo menos até o século XVI, no plano subjetivo, a noção da liberdade do indivíduo e do dever cívico foi disseminada e se tornou visível até nas perspectivas da construção do espaço público [...] O conceito de individualidade, centrado na ideia da glorificação mundanizada do homem, construiu a noção de dignidade, ambas imediatamente referenciadas na cultura clássica grega, em especial na tragédia, que louvava o homem, sua capacidade de criação e sua identificação com o sagrado.[26]

Diz ainda Marx em nota: "A Itália [Centro e Norte], onde a produção capitalista se desenvolveu mais cedo, foi também o primeiro país a manifestas a dissolução das relações de servidão. O servo se emancipa, aqui, antes de ter garantido para si, por prescrição, qualquer direito à terra. Assim, sua emancipação o transforma imediatamente num proletário absolutamente livre" (*O capital*, Livro I, cit., p. 787 e nota 189, p. 788).

[24] Leo Kofler, *Contribución a la historia de la sociedad burguesa* (Buenos Aires, Amorrortu, 1971), p. 99 e seg.

[25] Sobre esse conceito, ver Agnes Heller, "Introduzione", em *L'uomo del Rinascimento: la rivoluzione umanista* (Florença, Nuova Italia, 1977); Eugenio Garin, *Ciência e vida no Renascimento italiano* (trad. Cecília Prado, São Paulo, Ed. Unesp, 1996), p. 58 e seg.; Antonio Carlos Mazzeo, *Os portões do Éden*, cit., p. 245 e seg.; Leonid Batkin, *L'idea di individualità nel Rinascimento italiano* (Roma, Laterza, 1992), p. 41 e seg.

[26] Antonio Carlos Mazzeo, *Os portões do Éden*, cit., p. 246-7.

Com isso queremos dizer que, no contexto de um novo modo de produção *emergente* – ou de uma *particularidade* que se dilata, absorvendo os elementos socioeconômicos feudais – marcado pela *subsunção formal do trabalho ao capital*, em direção ao *ir sendo* da objetivação de uma nova universalidade, temos ainda a construção de uma *Weltanschauung* (cosmologia) burguesa em movimento como um *vir-a-ser* (*werden*) permanente do processo de objetivação da sociabilidade centrada na produção de mercadorias.

O processo de colonização resultante desse movimento societal de grandes dimensões integra, portanto, um sistema que já se caracteriza como *reprodução ampliada* do capital e de produção de mercadorias[27]. Como ressaltou Fernand Braudel, referindo-se aos centros europeus, a introdução do dinheiro urbano (dos nobres e dos burgueses) começou muito cedo e em todos os cantos da Europa houve uma corrida por terras – o mote dos ambiciosos mercadores genoveses ou dos senhores napolitanos era: "*Chi ha dannari compra feudi ed è barone*" (Quem tem dinheiro compra feudos e se torna barão)[28]. Essa nova dinâmica *gera* a sociedade colonial como um elemento *específico-particular* no contexto das formações sociais coloniais em precipitação, logicamente inserido no âmbito histórico e frenético da organização de empresas para a exploração predatória das regiões recém-ocupadas.

Obviamente, nessas formações sociais que se conformarão como "sínteses coloniais" também se reproduziam, ainda que historicamente mediadas, os *elementos societais típicos do período da transição*, inclusive os fundamentos repressivos que os Estados absolutistas empregavam contra os camponeses e que na América aparecem *particularizados* na forma de repressão permanente aos negros escravizados e às populações originárias. Nesse sentido, e como reação à opressão que sofriam dos donos das *plantations*, a revolta dos negros escravizados na região dos Palmares ganha um significado da mais alta importância, pois, como sabemos, essas revoltas dos escravizados adquirem dimensões expressivas e crescem exatamente a partir da crise das atividades produtivas nos vários núcleos econômicos existentes nas diversas regiões da colônia. O Quilombo dos Palmares também nasce como resultado

[27] Nesse sentido, Marx ressalta que a "evolução do comércio e do capital comercial desenvolve por toda parte a orientação da produção para o valor de troca, aumenta seu volume, multiplica-a e cosmopolitiza-a, desenvolvendo o dinheiro em dinheiro mundial. Por isso, o comércio tem, em toda parte, uma ação mais ou menos dissolvente sobre as organizações preexistentes da produção, as quais, em todas as formas distintas, estão orientadas principalmente para o valor de uso. Em que medida ele provoca a dissolução do antigo modo de produção depende, antes de mais nada, da firmeza e da estrutura interna deste último. E onde esse processo de dissolução desembocará, isto é, que novo modo de produção ocupará o lugar do antigo, é algo que não depende do comércio, mas do caráter do próprio modo de produção antigo" (*O capital*, Livro III: *O processo global da produção capitalista*, trad. Rubens Enderle, São Paulo, Boitempo, 2014, p. 378).

[28] Fernand Braudel, *Civilização material, economia e capitalismo, séculos XV-XVII: os jogos das trocas* (trad. Telma Costa, São Paulo, Martins Fontes, 1998), p. 217.

da possibilidade de fugas organizadas em plantações desestruturadas, pois existia desde o começo do século XVII em proporções muito mais modestas. Mas após as invasões holandesas, a rebelião ganha qualidade organizativa, pois a economia açucareira pernambucana estava inteiramente desordenada. Objetivamente, a crise e a guerra entre portugueses e holandeses eram apenas o pano de fundo. A rebelião e a fuga, a construção de mocambos e o crescimento do quilombo palmarino foi consequência direta da escravidão, dos maus-tratos e das torturas que os escravizados sofriam. Os castigos constantes visavam, de um lado, o controle pela coerção e, de outro, o terror permanente como arma de persuasão para fazer os escravizados aceitarem sua condição de cativos. Por esse motivo, os negros em revolta atacavam as plantações de cana-de-açúcar e destruíam a produção, causando grandes perdas materiais aos portugueses e holandeses ali presentes. Com as devidas *diferenças e mediações históricas*, a rebelião palmarina aproxima-se das rebeliões camponesas da Alemanha do século XVI, cujas razões também se fundavam na exploração do trabalho campesino, na penúria das condições de vida e na introdução da "segunda servidão", com o *trabalho forçado/coercitivo*. Os ataques que esses movimentos camponeses fizeram às estruturas produtivas destruíram as condições econômicas dos feudos. Na Alemanha, os resultados foram mais fecundos, entre eles o fim do feudalismo. No caso do Brasil, o latifúndio não foi destruído, tampouco o escravismo. No entanto, ficou como herança a disposição de luta das populações da região, as diversas revoltas e rebeliões contra o Estado opressor realizadas pelos republicanos revolucionários em 1817 e 1824, a Revolução Praieira de 1848 e os movimentos sociais vindouros[29].

Nessas *sínteses societais* encontramos burgueses que se integram à nobreza graças ao dinheiro; negros submetidos ao *trabalho forçado/escravo* que produzem mais-valor absoluto; populações originárias reduzidas à escravidão ou em servidão compulsória; um tipo de "clientela" formada por homens livres que vivia em torno dos senhores; lavradores livres, pequenos comerciantes e agregados de todos os tipos; e também, *et pour cause*, uma complexa estratificação social em que já estavam presentes estruturas de *classes sociais*, mesmo que a presença de senhores de terras e de escravos pudesse "enevoar", no *plano fenomênico*, a *real condição* das classes sociais, também elas inseridas nas "incertas" condições *particulares* resultantes da *subsunção formal do trabalho ao capital*.

[29] Ver entre outros, Clóvis Moura, *Rebeliões da senzala* (3. ed., São Paulo, Ciências Humanas, 1981), p. 185 e seg.; Edison Carneiro, *O quilombo dos Palmares* (São Paulo, Martins Fontes, 2011), p. 30 e seg.; Friedrich Engels, *La guerra de los campesinos em Alemania* (Buenos Aires, Claridad, 1971).

A sociedade colonial brasileira como particularidade histórica

A sociedade colonial brasileira configura-se como uma *particularidade histórica* em que os elementos societais conformadores da *sociedade da passagem* estão presentes - juntamente com outros elementos sociais específicos[30] e, diga-se, não como "singularidades universalizantes", mas como *particularização concreta da universalidade*: "os universais concretos, que são determinados pelas 'engrenagens' da produção, devem, então, ser entendidos como *particularidades* que *materializam* o universal (a produção em geral). [...] a apreensão dessa interação dialética: *universalidade* - a produção em geral - e o modo de produção, a particularidade - a materialização do universal-abstrato (a formação social) que nos possibilita captar a totalidade em sua dimensão mais ampliada"[31]. Isso significa que, no plano dos países e das formações sociais coloniais integradas àquela vasta atividade ampliada de reprodução e acumulação de capitais e de produção de mercadorias - *determinadas pelas necessidades que se desdobravam daquele processo* -, ocorre, desde o início, uma *divisão internacional do trabalho* que, diga-se, definirá mais adiante, no contexto histórico do conjunto anatômico dessas formações sociais, o *aspecto morfológico* de sua *inserção* na economia capitalista mundial.

Como sociedade colonial, o "Portugal brasileiro dos trópicos" reproduzia-se como a face mais perversa do resultado da construção de uma *Weltanschauung* (cosmologia) e de sua consequente *Weltentstehung* (cosmogonia) que se constituem no Renascimento. Nele está presente, no "conceito" de "homem dinâmico", parte da divindade, que no âmbito ideossocietal aparece como uma "condição" humana "glorificada e mundanizada"[32], a base ideológica da expansão europeia,

---

30 Como bem acentua Fernando Novais, "as colônias eram vistas como prolongamento das metrópoles, o Novo Mundo só se distinguindo do Velho pela sua recentidade [...] Ora, a tal visão contrapunha-se a realidade da colonização, que ia configurando formas muito diferentes e, em certos sentidos, negadoras da Europa moderna. De fato, a colônia é tão diversa da metrópole quanto a região dependente é dominadora; contrastemos, por exemplo, a evolução da organização do trabalho num e noutro polo do sistema: enquanto na Europa se transita da servidão feudal para o salariato através do trabalho independente de camponeses e artesãos, no mundo colonial acentuava-se a dominância do trabalho compulsório e, no limite, a escravidão" ("Condições da privacidade na Colônia", em Laura de Mello e Souza (org.), *História da vida privada no Brasil: cotidiano e vida privada na América Portuguesa*, v. I, São Paulo, Companhia das Letras, p. 33).

31 Antonio Carlos Mazzeo, *Estado e burguesia no Brasil*, cit., p. 69.

32 "[...] essa condição humana não é celeste nem terrestre, tampouco mortal ou imortal; ao contrário, pode ser qualquer uma dessas coisas mediante sua vontade - ou seja, segundo suas potencialidades porque o homem possui dentro de si todas as possibilidades, o que abre a ideia de um homem divinizado em suas potencialidades e fundamentalmente livre e, ainda, situando-se no âmbito do platonismo, demonstra que essas virtudes dadas ao homem por Deus mantêm suas formas divinas" (Antonio Carlos Mazzeo, *Os portões do Éden*, cit., p. 248-9).

impregnada por um cristianismo *ocidentecêntrico* que permeará a relação desses homens com os povos do Novo Mundo e de outras regiões do planeta. No que se refere à constituição da reprodução de sua base material, temos, no Brasil, portanto, o estabelecimento de formas *não clássicas* que vão compor as relações sociais no processo de *longue durée* da objetivação do capitalismo. É nessa direção que se acentua a definição da sociedade colonial brasileira como o *reflexo fiel* de sua base material, em que o senhor de engenho é servido, obedecido e respeitado por muitos[33], enquanto na *forma-trabalho forçado/escravo* situa-se o *elemento basilar* do primeiro processo de exploração da terra e, posteriormente, a estrutura central da economia do Brasil e de seu processo de acumulação de capital, desde a segunda metade do século XIX até a abolição formal da escravidão (1888) e a proclamação da República (1889). Daí sua fundamental importância, pois nela reside a forma pela qual o Brasil se objetiva como capitalista, tanto no período da produção mercantil-manufatureira colonial (em que se situa o engenho) como na época do Reino Unido com Portugal e Algarves, até constituir-se em Estado nacional, alicerce da economia agrário-exportadora entre 1822 e 1888. Ainda sobre o trabalho forçado/escravo empregado no Brasil, seu objetivo era atender as demandas produtivas e o fornecimento de mão de obra. Nesse sentido, a escravidão moderna *materializa uma forma historicamente nova*[34].

O ser humano é transformado em uma "mercadoria de tipo especial". Seu comprador o faz trabalhar duramente todos os dias e fornece os meios de subsistência que lhe permitam trabalhar continuamente, ainda que, em sua *exterioridade*, esse período da jornada de trabalho apareça como trabalho "não retribuído". Além disso, o capital investido para comprar o escravizado adquire a forma de capital fixo que se repõe ao longo da existência desse indivíduo. Como ressaltou Ciro Flamarion Cardoso, na senda da reflexão marxiana: "Comprado pelo plantador

[33] Ver André João Antonil, *Cultura e opulência do Brasil* (São Paulo, Melhoramentos, 1976), p. 75; citado em Caio Prado Júnior, *Evolução política do Brasil e outros estudos* (São Paulo, Brasiliense, 1971), p. 25 e seg.

[34] Como definiu Marx, a "*escravidão* é uma categoria econômica como qualquer outra. Portanto, também possui seus dois lados. Deixemos o lado mau e falemos do lado bom da escravidão, esclarecendo naturalmente que se trata da escravidão direta, a dos negros no Suriname, no Brasil, nas regiões meridionais da América do Norte. A escravidão direta é o eixo da indústria burguesa, assim como as máquinas, o crédito etc. Sem escravidão, não teríamos o algodão; sem o algodão, não teríamos a indústria moderna. A escravidão deu valor às colônias, as colônias criaram o comércio universal, o comércio universal é a condição da grande indústria. Assim, a escravidão é uma categoria econômica da mais alta importância. [...] a escravidão, por ser uma categoria econômica, encontra-se em todas as partes, desde o princípio do mundo. Os povos modernos conseguiram apenas dissimulá-la em seus países e levá-la, sem nenhum disfarce, para o novo mundo" (*A miséria da filosofia*, trad. José Paulo Netto, São Paulo, Boitempo, 2017, p. 103-4).

como uma besta de carga ou uma ferramenta, o escravo é considerado por ele parte integrante dos instrumentos de produção, na mesma condição que um boi ou uma enxada, mero acessório da terra!"[35] No entanto, é mister ressaltar que o trabalhador escravizado é mais do que um "simples" componente dos instrumentos de produção, do capital constante. Como ser humano e contendo as potencialidades de transformação da matéria-prima, o escravizado, com seu trabalho, *cria valor*, repõe suas condições de existência material e *produz o mais-valor absoluto que é expropriado pelo plantador*. De modo que o trabalhador *escravizado tem seu preço determinado pelo mais-valor antecipado ou capitalizado que se espera retirar dele*[36]. Essa condição se expressa na forma de um ser que contém dois elementos determinados por sua característica especial de homem-mercadoria--instrumento[37]: de um lado, o trabalhador escravizado faz parte do capital fixo, por ser um "meio de produção", já que era considerado um "instrumento" - um "instrumento" que produz valor, posto para trabalhar o maior tempo possível, e que, comparativamente, se desgasta mais rapidamente do que outro inanimado; por outro lado, ele compõe o capital variável, porque *é humano, cria valor com seu trabalho* e recebe uma precária "forma de pagamento", que não é mais que o *próprio trabalho necessário para repor o seu desgaste*, durante a jornada de trabalho, a expropriação do mais-valor absoluto.

Essa sumaríssima, mas necessária caracterização do elemento basilar da *forma--trabalho vigente* na colônia e, posteriormente, no Brasil imperial nos dá os contornos de como o processo de produção estabelecido na periferia de um sistema, que rumava celeremente para se transformar numa economia mundial, conformará uma "via" *não clássica* para o desenvolvimento de um capitalismo *inserido subalternamente* na ordem econômica mundial. Esse elemento *histórico-particular*, que se funda em formas econômicas arcaicas e que, posteriormente, ruma para a modernização, parte de relações de produção estabelecidas em um contexto que Marx assinala, nos *Grundrisse*, por características que entende como excepcionais nas produções americanas estribadas no trabalho forçado/escravo: "Se atualmente não só chamamos os proprietários de plantações na América de capitalistas, mas

[35] Karl Marx, citado em Ciro Flamarion Cardoso, "O modo de produção escravista colonial na América", em Theo A. Santiago (org.), *América colonial* (Rio de Janeiro, Pallas, 1975), p. 90-1.

[36] Como ressalta Marx, o "preço que se paga pelo escravo não é outra coisa senão o mais-valor ou o lucro, antecipado e capitalizado, a ser extraído dele" (*O capital*, Livro III, cit., p. 871).

[37] Ver Karl Marx, *O capital*, Livro I, cit., p. 272. Como aprofunda Marx: "Essa é uma das circunstâncias que encarecem a produção baseada na escravidão. Nesta [...] o trabalhador é um *instrumentum vocale* [ferramenta falante], distinto do animal (o *instrumentum semivocale* [ferramenta semifalante]) e da ferramenta morta (o *instrumentum mutum* [ferramenta muda]). Mas ele mesmo faz questão de deixar claro ao animal e à ferramenta que não é um deles, mas um homem" (ibidem, nota 17, p. 272).

se eles de fato o *são*, isso se baseia no fato de que eles existem como uma *anomalia* no interior de um mercado mundial fundado no trabalho livre"[38].

Obviamente, essa forma societal estabelecida no Brasil (e, em outras localidades da América) é resultante de um Ocidente introduzido pelo amplo processo colonizador europeu. No caso brasileiro em particular, pela ocupação portuguesa de tipo mercantil e escravista que perdurará, com algumas flexibilizações, até fins do século XIX, quando houve a abolição da escravidão e a proclamação da República, ainda que do ventre desse "Ocidente arcaico" gestar-se-á objetivamente as condições para que o Brasil incorpore o *novo* Ocidente, surgido de uma ordem industrial e de direitos civis fundamentais, postos pelas revoluções burguesas dos séculos XVII e XVIII.

Voltando à composição estrutural das atividades econômicas primais, é necessário que posicionemos as atribuições postas pela dinâmica do mercado à colônia do Brasil. Por toda a sua importância e significado, o *engenho e a manufatura açucareira* são os que se destacam. A produção e o comércio de açúcar eram atividades altamente lucrativas, desenvolvidas no Mediterrâneo, em especial na Sicília, em Chipre e, depois, nas regiões atlânticas, como Açores, Madeira e Canárias. No Brasil, os portugueses e seus sócios estrangeiros investiram somas muito mais volumosas que em outras localidades europeias. Nessa perspectiva é que Portugal organizará a ocupação econômica da colônia, com empenho para que se tornasse produtora de bens rentáveis e de grande valor competitivo no mercado internacional. Nesse contexto é que o engenho[39] ganha a dimensão que irá delinear a "civilização brasileira do açúcar", na feliz definição de Vera Lucia Ferlini[40]. Se não se constituía na mais racionalizada das atividades econômicas do Brasil, as fainas produtoras centradas no engenho eram, no entanto, as que atribuíam seu caráter social à estrutura produtiva e, por sua complexidade e por ser uma *manufatura* em que atuavam muitos trabalhadores, em sua maioria escravizados que operavam diversas funções complexas,

---

[38] Idem, *Grundrisse: manuscritos econômicos de 1857-1858: esboços da crítica da economia política* (trad. Mario Duayer e Nélio Schneider, São Paulo/Rio de Janeiro, Boitempo/Ed. UFRJ, 2011), p. 422; grifo nosso.

[39] Como ressalta Alice P. Canabrava: "Nenhuma outra forma de exploração agrária no Brasil colonial resume tão bem as características básicas da grande lavoura como o engenho do açúcar [...] dado seu nível de capitalização, pois requeria, além dos trabalhos de cultivo do solo, uma série de outras operações demoradas e exaustivas para a manufatura do açúcar, o que implica em aparelhamento caro, mão de obra abundante. Por essa razão, nenhuma outra atividade de exploração agrícola da época foi tão complexa em seu funcionamento" ("A grande propriedade rural", em Sérgio Buarque de Holanda (org.), *História geral da civilização brasileira*, t. 1: *Época colonial*, v. 2: *Administração, economia, sociedade*, São Paulo, Difusão Europeia do Livro, 1960, p. 204-5). Sobre a complexidade do engenho no Caribe cubano, ver o exaustivo e importante trabalho de Manuel Moreno Fraginals, *O engenho: complexo socioeconômico açucareiro cubano*, trad. Sonia Rangel, São Paulo, Ed. Unesp/Hucitec, 1987), 3 v.

[40] Ver Vera Lucia Amaral Ferlini, *A civilização do açúcar* (São Paulo, Alameda, 2017).

exigiam um relevante núcleo populacional. Até a introdução da cultura do café, essa será a atividade civilizatória colonial mais significativa. Mas será a atividade cafeeira que criará as condições para a introdução do Brasil no *novo* Ocidente, por intermédio do império escravista e, em especial, do Segundo Reinado.

O processo que vai do período colonial ao fim do império, quando o Brasil se mantém como uma economia "estática" dentro da divisão econômica traçada pela economia mundial, sofre uma reviravolta com a industrialização proporcionada pelo café. Esse aspecto de ruptura é fundamental para que possamos fechar o painel relativo à processualidade histórica brasileira. Como primeira síntese aproximativa, podemos ressaltar que o segundo período do desenvolvimento econômico que se abre com a acumulação de capital proporcionada pelas atividades cafeeiras põe, para a burguesia brasileira, a "tarefa" de construir uma estrutura política que, inicialmente, mantém a produção escravista intacta, mas ao mesmo tempo *dibuja* possibilidades para o fim assinalado da produção baseada na *forma-trabalho forçado/escravo*. Nesse sentido, o Segundo Reinado consolidará, em moldes capitalistas, a "via" brasileira de objetivação do capitalismo que definimos como *prussiano-colonial*. Não como uma tipologia em moldes dos imperativos categóricos presentes nos kantianos e, em especial, em Weber, mas como uma *forma histórica resultante do próprio processo ontológico da objetivação do capitalismo brasileiro, em que se sobressai seu processo histórico de objetivação*. Em particular a *inserção tardia* no complexo produtivo industrial, resultante da massa de capital gerada pela cultura do café, consolidando um processo permanente de "modernização reacionária" que se concretiza em formas arcaicas, assentadas no braço do trabalhador negro escravizado[41].

Ao longo do caminho, desde a colônia até a constituição do primeiro período da industrialização e, por conseguinte, de modernização, é que se estrutura a "via" do capitalismo brasileiro e se pavimenta seu elemento de *manutenção do poder*, a *autocracia burguesa*. A "via" *prussiano-colonial* possui características particulares, uma especificidade determinada por seu processo mesmo (o *ser-precisamente-assim*) que podemos chamar de um "caso" *sui generis* de formação social de extração colonial, que inicialmente, no âmbito *fenomênico*, aproxima-se *formalmente* do caso prussiano, no qual temos a presença de uma nobreza transformista, a acumulação de capital pelo

---

[41] O "capitalismo brasileiro não seguiu os caminhos das formas engendradas nas formações sociais clássicas, quer dizer, o tipo de capitalismo francês e [...] inglês [...] na Inglaterra e na França, o desenvolvimento do capitalismo passou por revoluções burguesas [...] que destroçaram o poder feudal [...] outro caminho [...] é o que se deu na Alemanha [...] o processo de construção do capitalismo é dado numa acumulação de cunho agrário, onde a antiga nobreza *Junker* torna-se burguesa e onde [...] o processo de consolidação do modo de produção capitalista não passa por revoluções" (Antonio Carlos Mazzeo, *Burguesia e capitalismo no Brasil*, 2. ed., São Paulo, Ática, 1995, p. 21-2). Ver também, do mesmo autor, *Estado e burguesia no Brasil*, cit., p. 95 e seg.; *Sinfonia inacabada: a política dos comunistas no Brasil* (2. ed., São Paulo, Boitempo, 2022), p. 117 e seg.

campo, um capitalismo retardatário etc. Mas como, na óptica marxiana, o *aspecto formal não se dissocia de seu conteúdo*, elevando-se a dinâmica histórica brasileira à sua expressão *concreta*, podemos dizer que o *prussiano* aparece *apenas no sentido de caracterização* de um processo de acumulação capitalista tardia, consagrada pela análise lenineana como uma forma de desenvolvimento burguês que se enquadra nas grandes tendências gerais das análises da entificação do capitalismo[42]. De modo que, para melhor conceituar o processo de objetivação do capitalismo brasileiro, temos, antes de tudo, de relevar dimensionalmente a *particularidade histórica* da *extração colonial* da formação social brasileira. No caso alemão, a especificidade, o *elemento tardio* do processo de objetivação capitalista, reside na diferença entre as objetivações ocorridas nas formas clássicas da revolução burguesa (Inglaterra e França) e no percurso que a burguesia transformista e a nobreza *Junker* realizaram para montar um aparato econômico, de Estado e ideológico, que possibilitou que a Alemanha alcançasse rapidamente o estágio imperialista, a partir de um caldo de cultura fundado numa aliança que se consubstanciará na forma reacionária e chauvinista do *bismarkismo*.

No Brasil, diferentemente, o *tributo* do *novo* ao *velho* em seu processo *particular* de objetivação capitalista foi determinado pela interioridade latifundiário-escravista de sua base econômica, que, contrariamente à Alemanha, ruma para a *subsunção* de uma burguesia, também ela transformista, aos polos centrais do capitalismo e à *consolidação de uma economia que se conforma hipertardiamente como subsidiária da grande produção industrial*, enquanto *elo débil* do modo de produção capitalista, em seu conjunto anatômico. A elevação da *condição colonial* é fundamental para que se possa apreender a dimensão ontológica, enquanto elemento morfológico de gênese que se manteve (e vem sendo mantido) por uma burguesia débil e que, historicamente, não alcançou as condições materiais para transcender seu "transformismo incompleto". Entretanto, se temos identidades com o caso alemão, como uma unidade nacional imposta de cima para baixo por uma burguesia transformista, sem o povo e contra ele, essas semelhanças guardam diferenças estruturais em que a dimensão colonial do Brasil aparece nitidamente *transcendendo* a mera identidade fenomênica. É nessa direção que, levando em conta todos os elementos arrolados acima, entendemos que devemos conceituar objetivamente o processo brasileiro de entificação do capitalismo como *via prussiano-colonial*, porque expressa, de um lado, sua geneticidade – respeitando e absorvendo a legalidade histórica de sua *condição colonial* – e, por outro, releva sua condição de tardia e agrária do processo de acumulação e, posteriormente, de industrialização.

Sobre essa base econômico-social que se conformará no Brasil após 1808 fundar-se-á o que podemos didaticamente definir como o elemento ideossocietal,

---

[42] Ver Vladímir I. Lênin, *O programa agrário da social-democracia na primeira Revolução Russa de 1905-1907* (São Paulo, Ciências Humanas, 1980).

gestado embrionariamente no Primeiro Reinado, robustecido em seu caminho rumo à autocracia no período das regências e consolidado no Segundo Reinado. Em seu primeiro momento, fundado na *forma-trabalho forçado/escravo*, estabeleceu uma ampla *cultura coercitiva*, centrada na visão filosófica do romantismo para legitimar a unidade nacional, mas rapidamente, no Segundo Reinado, transforma-se na cruel "teoria" cientificista positivista, sob a tenebrosa influência de Gobineau, do higienismo e do darwinismo social. De qualquer maneira, o que se evidencia é que, desde o nascimento do Estado nacional, em 7 de setembro de 1822, a burguesia organizou um aparelho de Estado autocrático que, mais adiante, oscilou permanentemente entre a forma política bonapartista e a autocracia institucionalizada. Como assinalei em outro lugar, o prussianismo colonial não proporcionará as condições materiais para o desenvolvimento de uma sociedade civil (entendida aqui no âmbito da *bürgerliche Gesellschaft* de Marx) que rompa com a "via colonial" mediante uma revolução de caráter burguês, nos moldes das que surgiram na Inglaterra, na França e nos Estados Unidos. Assim, o liberalismo brasileiro, que norteou o processo de emancipação política e de consolidação do Estado nacional também ele aparece como uma *particularidade*, como *resultado* da determinação material escravista, reduzindo a universalidade abstrato-burguesa aos limites econômicos, porque os filosóficos e políticos eram contraditos pela escravidão.

De modo que o Estado nacional que se consolida, no Primeiro e, principalmente, no Segundo Reinado, será uma *continuidade reformada* do passado colonial, no escopo político nacional do *vir-a-ser* das bases indeléveis da autocracia burguesa que moldará a vida política nacional até os nossos dias.

Referências bibliográficas

ANTONIL, João André. *Cultura e opulência do Brasil.* São Paulo, Melhoramentos, 1976.

BATKIN, Leonid. *L'idea di individualità nel Rinascimento italiano.* Roma, Laterza, 1992.

BLACKBURN, Robin. *A construção do escravismo no Novo Mundo*: do Barroco ao Moderno (1492-1800). Trad. Maria Beatriz de Medina, Rio de Janeiro, Record, 2003.

BOXER, Charles R. *O império colonial português.* Lisboa, Edições 70, 1977.

CANABRAVA, Alice P. A grande propriedade rural. In: HOLANDA, Sérgio Buarque de (org.). *História geral da civilização brasileira*, t. 1: *Época colonial*, v. 2: Administração, economia, sociedade. São Paulo, Difusão Europeia do Livro, 1960.

CARNEIRO, Edison. *O Quilombo dos Palmares.* São Paulo, Martins Fontes, 2011.

DOBB, Maurice. *A evolução do capitalismo.* Trad. Affonso Blacheyre, 5. ed., Rio de Janeiro, Zahar, 1976.

ENGELS, Friedrich. *A origem da família, da propriedade privada e do Estado.* Trad. Nélio Schneider, São Paulo, Boitempo, 2019.

______. *Las guerras campesinas em Alemania.* Buenos Aires, Claridad, 1971.

FERLINI, Vera Lucia. *A civilização do açúcar*. São Paulo, Alameda, 2017.

FLAMARION CARDOSO, Ciro. O modo de produção escravista colonial na América. In: SANTIAGO, Theo A. (org.). *América colonial*. Rio de Janeiro, Pallas, 1975.

FREYRE, Gilberto. *Casa-grande e senzala*. Rio de Janeiro, José Olímpio, 1984.

GARIN, Eugenio. *Ciência e vida no Renascimento italiano*. Trad. Cecília Prada, São Paulo, Ed. Unesp, 1996.

HELLER, Agnes. *L'uomo del Rinascimento*: la rivoluzione umanista. Florença, Nuova Italia, 1977.

HUBERMAN, Leo. *História da riqueza do homem*. Trad. Waltensir Dutra, Rio de Janeiro, Zahar, 1977.

HUPPERT, George. *Il borghese-gentiluomo*: saggio sulla definizione di élite nella Francia del Rinascimento. Bolonha, Il Mulino, 1978.

KOFLER, Leo. *Contribución a la historia de la sociedad burguesa*. Buenos Aires, Amorrortu, 1971.

LE GOFF, Jacques. *Mercadores e banqueiros na Idade Média*. Trad. Antonio de Padua Danesi, São Paulo, Martins Fontes, 1991.

LÊNIN, Vladímir I. *O programa agrário da social-democracia na primeira Revolução Russa de 1905-1907*. São Paulo, Ciências Humanas, 1980.

______. *Obras completas*, t. XIV: *Materialismo y empirocriticismo*. Madri, Akal, 1977.

LUKÁCS, György. *Para uma ontologia do ser social II*. Trad. Nélio Schneider, Ivo Tonet e Ronaldo Vielmi Fortes, São Paulo, Boitempo, 2013.

______. *Estetica*: la peculiaridad de lo estético, v. 1: *Cuestiones preliminares y de principio*. Barcelona, Grijalbo, 1966.

MARCHANT, Alexander. *Do escambo à escravidão*: relações econômicas de portugueses e índios na colonização do Brasil (1500-1580). 2. ed., São Paulo, Companhia Editora Nacional, 1980. Coleção Brasiliana, v. 225.

MARX, Karl. *O capital*, Livro I: *O processo de produção do capital*. Trad. Rubens Enderle, São Paulo, Boitempo, 2013.

______. *Grundrisse*: manuscritos econômicos de 1857-1858: esboços da crítica da economia política. Trad. Mario Duayer e Nélio Schneider, São Paulo/Rio de Janeiro, Boitempo/Ed. UFRJ, 2011.

______. *El capital*, Libro I: *Capítulo VI (Inédito)*. Buenos Aires, Siglo XXI, 1974.

______; ENGELS, Friedrich. *Correspondencia*. Buenos Aires, Cartago, 1973.

______. *Contribución a la crítica de la economia política*. Buenos Aires, Estudio, 1970.

______. *Storia delle teorie economiche*, v. 2: *David Ricardo*. Turim, Einaudi, 1955.

MAURO, Frédéric. *Do Brasil à América*. Trad. Magda P. França de Almeida, São Paulo, Perspectiva, 1975.

MAZZEO, Antonio Carlos. *Sinfonia inacabada*: a política dos comunistas no Brasil. 2. ed., São Paulo, Boitempo, 2022.

______. *Os portões do Éden*: igualitarismo, política e Estado nas origens do pensamento moderno. São Paulo, Boitempo, 2019.

______. *Estado e burguesia no Brasil*: origens da autocracia burguesa. 3. ed., São Paulo, Boitempo, 2015.

______. *Burguesia e capitalismo no Brasil.* 2. ed., São Paulo, Ática, 1995.

MORENO Fraginals, Manuel. *O engenho*: complexo socioeconômico açucareiro cubano. Trad. Sonia Rangel, São Paulo, Ed. Unesp/Hucitec, 1987, 3 v.

MOURA, Clóvis. *Rebeliões da senzala.* São Paulo, Ciências Humanas, 1981.

NOVAIS, Fernando A. Condições da privacidade na colônia. In: MELLO E SOUZA, Laura de (org.). *História da vida privada no Brasil*: cotidiano e vida privada na América Portuguesa, v. 1. São Paulo, Companhia das Letras, 1977.

OLIVEIRA MARQUES, A. H. de. *História de Portugal*: desde os tempos mais antigos até o governo do senhor Pinheiro Azevedo, v. 1. 7. ed., Lisboa, Palas, 1977.

PEREIRA de Queiróz, Maria Isaura. *Cultura, sociedade rural, sociedade urbana no Brasil.* Rio de Janeiro/São Paulo, LTC/Edusp, 1978.

PRADO JÚNIOR, Caio. *Evolução política do Brasil e outros estudos.* São Paulo, Brasiliense, 1971.

______. *História econômica do Brasil.* 14. ed., São Paulo, Brasiliense, 1971.

RIBEIRO, Darcy. *As Américas e as civilizações.* Petrópolis, Vozes, 1979.

RUGIU, Antonio Santoni, *Nostalgia do mestre artesão.* Campinas, Autores Associados, 1998.

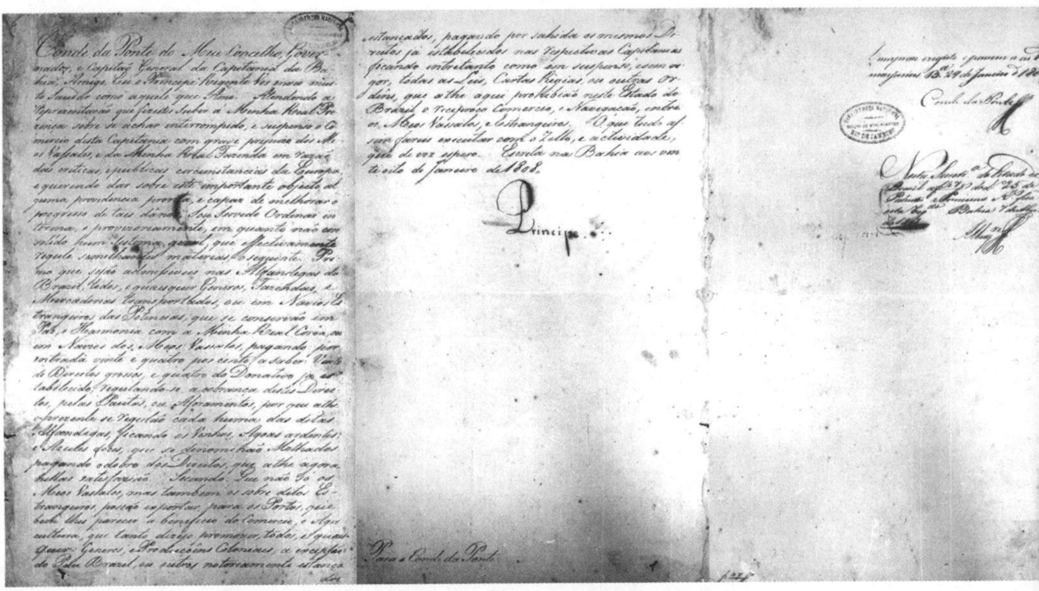

Decreto de abertura dos portos às nações amigas, assinado por Dom João VI em 28 de janeiro de 1808. O documento está sob os cuidados do Arquivo Nacional.

Crise do colonialismo e Independência do Brasil

Osvaldo Coggiola

A partir da segunda metade do século XVII, o desenvolvimento econômico das colônias americanas foi progressivamente obstaculizado por limites impostos pela colonização europeia. Um tecido social crescentemente autônomo estava se desenvolvendo nelas. Grande parte da produção colonial se assentava cada vez mais na economia de subsistência e no consumo internos. No Brasil, a economia exportadora dera lugar a um conjunto de atividades subsidiárias (criação de gado, agricultura, artesanato) de gêneros básicos, que se desenvolveu paralelamente ao monopólio metropolitano agroexportador. Quanto à estrutura de posse dos escravizados, havia "predominância quantitativa dos proprietários com reduzido número de cativos, cerca de quatro ou cinco, os quais detinham parcela substantiva do efetivo total da escravaria, por volta de 30% a 40% dos cativos"[1]. Nas Américas de colonização espanhola, o dinamismo de alguns itens de exportação, como os couros do Rio da Prata, o cacau da Venezuela, a prata do México, alentava indústrias artesanais que abasteciam as regiões exportadoras e os núcleos urbanos em expansão. Assim, driblando o monopólio metropolitano do comércio legal havia interstícios para primitivas atividades industriais voltadas para o mercado interno. O monopólio colonial começou a ser questionado. Se, por um lado, o contrabando não podia canalizar toda a expansão potencial do comércio externo, por outro, a coroa ibérica não podia permitir seu crescimento indefinido.

O comércio internacional das colônias americanas experimentou uma queda na segunda metade do século XVII: as exportações de ouro e prata desvalorizaram esses produtos na Europa, determinando uma queda na sua produção (as minas do Novo México tiveram, nesse período, uma redução de 21%). O transporte

[1] Julio Manuel Pires e Iraci del Nero da Costa, *O capital escravista-mercantil e a escravidão nas Américas* (São Paulo, EDUC/Fapesp, 2010), p. 19.

interoceânico espanhol declinou; o número de navios cruzando o Atlântico caiu de 1.363 na década de 1620 para 722 na década de 1640. Por volta de 1580, 134 mil peles eram exportadas anualmente; por volta de 1660, esse número caiu para 8 mil. O sistema colonial ibérico começou a enfrentar uma crise estrutural. Portugal, além disso, perdeu parte do controle sobre suas possessões na América como efeito do processo de subordinação econômica imposto pelos acordos comerciais celebrados com a Inglaterra, que culminaram com o Tratado de Methuen, em 1703.

O sistema de capitanias hereditárias implantado pela coroa portuguesa nos seus territórios americanos experimentava as dificuldades oriundas da falta de capitais: a nobreza portuguesa empobrecida, donatária das capitanias, carecia de recursos para colonizar suas posses. A confluência de interesses entre a coroa portuguesa e os colonos durou até inícios do século XVIII, quando se acentuaram a pressão fiscal e a centralização política com a criação dos "juízes de fora", o que fez surgir as primeiras divergências políticas entre os portugueses da América e os da Europa. As contradições externas tinham, nas colônias, expressão interna consoante com a posição ocupada pelos diversos setores sociais dentro do sistema colonial. Já em finais do século XVII explodiram revoltas contra o monopólio comercial português. Na Guerra dos Mascates, em 1711, se confrontaram no Brasil os "reinóis" contra os naturais da colônia. Quando a Real Fazenda não conseguia cobrar tributos eficazmente, contratava rendeiros ou contratadores de tributos para que estes, privadamente, os recolhessem. Esses agentes privados deveriam pagar um valor fixo à coroa e reter o restante, obtendo lucros. Mas quase sempre os contratadores ficavam devendo grandes quantias ao erário público.

A descoberta do ouro em finais do século XVII retirou do açúcar o primeiro lugar na geração de renda no Brasil: a produção de açúcar se retraiu até o fim do século XIX. O ouro brasileiro ia para Portugal e dali para a Inglaterra – para pagar o crônico déficit comercial português devido à sua carência de manufaturas. Brasil e Portugal não foram importantes apenas para as manufaturas inglesas, cujo crescimento estimularam na época em que o mercado europeu ainda tendia a recusá-las, mas apoiaram também seu desenvolvimento pela transferência de recursos financeiros. O ouro brasileiro, além de lubrificar a riqueza da Inglaterra, financiou parte do renascimento daquele país no comércio do Oriente. De lá, os fabricantes ingleses importavam tecidos de algodão mais leves para elaborá-los industrialmente e reexportá-los. Seu único meio de pagamento disponível era o ouro proveniente do Brasil[2].

Nas minas da colônia portuguesa não se empregava técnica complexa e mão de obra abundante. Tratava-se de um trabalho artesanal: retirar o metal de aluvião, de-

---

[2] Ver André Gunder Frank, *Acumulação mundial: 1492-1789* (Rio de Janeiro, Zahar, 1977); Virgílio Noya Pinto, *O ouro brasileiro e o comércio anglo-português: uma contribuição aos estudos da economia atlântica no século XVIII* (São Paulo, Companhia Editora Nacional, 1979).

positado no fundo dos rios, utilizando poucos escravizados. Para essa tarefa chegaram muitos colonos. O novo ciclo ampliou a área colonizada. Grandes ondas migratórias vieram ao Brasil de Portugal, das ilhas atlânticas, de outras partes da colônia e de países estrangeiros, em especial no século XVIII. De 1700 a 1760, por volta de 700 mil pessoas, oriundas principalmente de Portugal, migraram para cá, tendo como destino as Minas Gerais. A população total do Reino de Portugal não ultrapassava à época 2 milhões de habitantes. No início desse movimento migratório português em direção ao Brasil, a coroa viu com bons olhos a imigração para a zona mineradora, pois havia um excedente de população e desejava-se o crescimento da mineração na colônia.

Logo se observou, porém, que era necessário frear o fluxo populacional, que gerava o abandono dos campos em Portugal e em outras colônias, bem como o crescimento da inflação, devido à busca por produtos de primeira necessidade por parte dos mineradores com dinheiro em mãos: "Não era fácil abastecer centros populacionais nascidos quase da noite para o dia. Havia gente demais para ser alimentada, vestida, calçada e abrigada. O abastecimento das minas tornou-se um problema que por vezes se apresentou quase insolúvel, sobrevindo crises agudíssimas de fome, decorrentes da total carência dos gêneros mais indispensáveis à vida"[3]. As grandes crises de fome afligiram a zona mineradora, chegando a interromper os trabalhos mineiros para a produção de gêneros alimentares. As primeiras delas aconteceram quando os núcleos urbanos e as rotas para as Minas Gerais ainda eram extremamente precários. Outro problema foi o despovoamento de grandes áreas devido às migrações internas para a região das Minas.

Os senhores de engenho, abalados com a crise da cana de açúcar, passaram a vender grande parte de sua mão de obra escravizada para Minas. O contrabando de escravizados e de gêneros de consumo foi grande. Os principais problemas enfrentados pelos mineiros foram o afastamento dos centros de produção, a pequena produção nas zonas abastecedoras, a pouca tradição de comércio interno, a dificuldade de obtenção de moedas, os poucos e precários meios de transporte, as dificuldades na conservação de víveres e os pesados impostos de importação. A zona mineradora conseguiu, no entanto, garantir rotas de comércio que a mantinham abastecida. Isso se deveu principalmente à rápida concentração de capitais, que passaram a produzir também em função do mercado mineiro. Lentamente cessaram as crises de fome que geravam alta dos preços, paralisação dos trabalhos extrativos, dispersão dos mineradores, criação de roças locais, retorno de migrantes e mortes por inanição.

Nas áreas mineradoras, inicialmente, adotou-se o ouro em pó como moeda, mas esse sistema burlava facilmente o erário, que buscava principalmente o imposto do *quinto*. Procurou-se impedir a livre circulação do ouro em pó por meio da criação

---

[3] Mafalda P. Zemella, *O abastecimento da capitania das Minas Gerais no século XVIII* (São Paulo, Hucitec/Edusp, 1990), p. 59.

de casas de fundição: as barras de ouro com o selo real tornaram-se a moeda local, sendo o ouro em pó permitido somente em pequenas quantidades. O sistema de coleta de impostos era extremamente rígido na região: criou-se uma cota anual obrigatória de cem arrobas – aproximadamente uma tonelada e meia – de ouro. Quando a taxa não era alcançada, supunha-se que a evasão havia aumentado, e a quantia devida ao governo era dividida entre a população. Os mineiros passaram a comprar escravizados em um sistema de pagamento a prazo, com juros de 25% a 30% anuais. Muitos mineiros se endividaram e acabaram perdendo tudo o que tinham. Os escravizados muitas vezes escondiam parte do produto de seu trabalho: eles se revoltavam ou roubavam para tentar amenizar sua situação.

As repercussões da economia mineira brasileira na Europa foram enormes. No Brasil, o auge da mineração criou escassez de produtos e serviços, além de inflação nas demais capitanias da colônia portuguesa: "Outra característica da economia mineira, de profundas consequências para as regiões vizinhas, radicava em seu sistema de transporte. Localizada a grande distância do litoral, dispersa em região montanhosa, a população mineira dependia para tudo de um complexo sistema de transporte. A tropa de mulas constitui autêntica infraestrutura de todo o sistema. [...] Criou-se, assim, um grande mercado para animais de carga"[4]. A colônia se reformulou em torno do novo mercado, o que possibilitou o desenvolvimento de zonas especializadas na criação, engorda ou negociação de animais; o Rio Grande do Sul incorporou-se a ele como fornecedor de gado, charque e alimentos (suas primeiras indústrias foram a produção de ferramentas e implementos para o mundo rural e o beneficiamento de matérias-primas agropastoris). Tal especialização na produção acontecia em todas as regiões da colônia. Enquanto a área mais ao sul se afirmava cada vez mais como o centro produtor de animais de carga e de tração em grandes fazendas, a região de Curitiba passou a engordá-los.

O Rio de Janeiro vira o maior porto negreiro do mundo, fazendo com que o polo econômico da colônia se deslocasse do Nordeste para o Sudeste. O Rio transferia a mão de obra necessária para alimentar os mercados e as explorações mineiras do Sudeste; o Nordeste não conseguia acompanhar seu ritmo, facilitado pelo fato de as viagens entre a África e o Rio de Janeiro serem 40% mais curtas do que até as Antilhas, o outro grande centro consumidor de mão de obra escravizada[5]. O Rio de Janeiro se tornou a principal cidade da colônia portuguesa devido à influência do mercado consumidor mineiro; com a abertura do Caminho Novo entre Rio de Janeiro e Minas, o porto carioca tomou o lugar ocupado anteriormente pelo porto de Santos: o tempo de viagem entre a zona produtora e o núcleo exportador caiu

---

4 Celso Furtado, *Formação econômica do Brasil* (São Paulo, Companhia Editora Nacional, 1976), p. 115.

5 Ver Luiz Felipe de Alencastro, *O trato dos viventes* (São Paulo, Companhia das Letras, 2001).

drasticamente. São Paulo lutou pela extinção do novo caminho, mas as forças econômicas da metrópole o mantiveram. No entanto, com a descoberta de minas de ouro nas regiões de Goiás e Mato Grosso, estas se tornaram praticamente monopólios de paulistas e incentivaram um novo crescimento de São Paulo, que foi conquistando poder, consolidando-se em 1709 como uma província separada.

As conexões econômicas internas do Brasil colonial aumentaram com a ação dos *tropeiros*, responsáveis pela formação de um grande movimento de comércio que ligou diferentes áreas da colônia[6]. Sua ação teve como base a comercialização de bens importados da Europa, além do comércio de mulas provenientes das grandes fazendas no Rio Grande do Sul. A ação dos tropeiros, no século XVIII, com seus mercados em São Paulo e seu destino final nas Minas Gerais, resultou na unificação dos diversos núcleos coloniais portugueses e possibilitou a criação de um conjunto econômico colonial interligado: "Os preadores de gado, como Cristóvão Pereira e tantos outros que, no início do ciclo preador, são apenas caçadores nômades de rebanhos alçados, sentem necessidade, para maior êxito de suas empresas, da constituição de pontos permanentes de fixação, onde pudessem acurralar o gado preado"[7].

Os fazendeiros da fronteira do Rio Grande recebiam sesmarias desde 1738: a sesmaria virava *estância*, nascia a propriedade privada revestida das características jurídicas de doação governamental. O latifúndio, a fazenda, estava criado também no Sul. O processo de acumulação originária da economia pastoril mercantil sulina foi realizado por meio da expropriação de terras e gados, bem como do domínio da força de trabalho ameríndia. Em São Paulo, surgiram cidades especializadas em fornecer tropeiros. Nelas se concentrava grande parte da mão de obra que após as feiras era empregada para transportar as mulas. No início, os tropeiros se utilizavam do lombo escravo como meio de transporte para as suas mercadorias; com a abertura de novos caminhos e a melhora dos antigos, passaram a ser mais utilizadas as mulas. A mineração tornou possível a criação de um centro dinâmico na colônia, a partir do qual as relações comerciais entre regiões distantes formaram uma teia de interdependência entre mercado consumidor, centro produtor e centro de organização interna.

Ainda assim, mesmo com a grande imigração portuguesa do século XVIII, oito vezes mais africanos do que portugueses compunham a população do Brasil. A mestiçagem não aboliu nem abrandou a escravidão negra. O enfrentamento entre senhores e escravizados no Brasil tinha como pano de fundo o pacto colonial, que criava um atrito crescente dentro dos setores dominantes, entre os que dele usufruíam – as autoridades da nação colonizadora e a burguesia mercantil das

---

6 Ver Gabriel Passetti, "Interligando a colônia: a ação dos tropeiros no Brasil dos séculos XVIII e XIX", *Klepsidra*, São Paulo, FFLCH-USP, n. 4, out. 2000.

7 Oliveira Viana, *Populações meridionais do Brasil* (Brasília, Senado Federal, 2005), p. 84.

companhias metropolitanas – e os que pagavam os tributos e as manufaturas encarecidas pelo monopólio: os colonizadores já assentados. Necessidades de governo e de exploração dos territórios coloniais obrigaram a coroa a tolerar, paralelamente às autoridades diretamente nomeadas por ela (o vice-rei ou o governador geral), órgãos de representação restrita dos colonizadores, que criavam as condições institucionais para uma expressão política desses atritos. Para minimizá-los, os governadores e outros funcionários portugueses pediam mercês para determinados indivíduos e para eles próprios, e as distribuíam largamente com posterior confirmação pela coroa. Na metrópole, o Conselho Ultramarino procurava atender, na medida do possível, os pedidos, evitando que os requerentes voltassem ao Brasil sem ser "honrados", uma omissão que poderia ser um desestímulo caso houvesse necessidade dos colonos na defesa das posses portuguesas, como acontecera durante a guerra contra a Holanda[8].

Com a decadência da mineração, a zona das Minas Gerais tornou-se um importante centro agropecuário. O Brasil passou a manter uma ordem econômica e política com três centros (São Paulo, Minas Gerais e Rio Grande do Sul) no comando. Isso,

> por um lado, elevou substancialmente a rentabilidade da atividade pecuária, induzindo a uma utilização mais ampla das terras e do rebanho. Por outro, fez interdependentes as diferentes regiões, especializadas umas na criação, outras na engorda e distribuição e outras constituindo os principais mercados consumidores. É um equívoco supor que foi a criação que uniu essas regiões. Quem as uniu foi a procura de gado que se irradiava do centro dinâmico constituído pela economia mineira.[9]

A nova estrutura econômica interna não demorou a entrar em choque com as limitações impostas pelo pacto colonial. Na metrópole portuguesa, a monarquia lusitana tinha se tornado "o dispensador de todos os bens, o centro de aspirações das energias nacionais; favorecendo no máximo grau as tendências para o comunitarismo de estado"[10], uma monarquia em que toda riqueza nacional era propriedade do rei. Política semelhante foi utilizada nas colônias africanas. A economia colonial brasileira conhecera ciclos dependentes da conjuntura do mercado mundial e do poder aquisitivo da metrópole: o Nordeste viveu seu auge com a produção de açúcar nos séculos XVI e XVII, mas não escapou da decadência quando seu produto passou a sofrer concorrência das Antilhas Holandesas, no século XVIII.

A dominação política externa e a proteção ao comércio para favorecer à metrópole foram as principais causas das tensões no sistema colonial. O crescimento do potencial produtivo das colônias americanas apontava para a diversificação do

---

[8] Ver Cleonir Xavier de Albuquerque, *A remuneração de serviços da guerra holandesa: a propósito de um sermão do padre Vieira* (Recife, Universidade Federal de Pernambuco, 1968).

[9] Celso Furtado, *Formação econômica do Brasil*, cit, p. 215.

[10] António Sérgio, *Breve interpretação da história de Portugal* (Lisboa, Sá da Costa, 1974), p. 44.

comércio com várias metrópoles (suscitando o contrabando) e para o crescimento do comércio intercolonial, começando a se chocar com o "exclusivo metropolitano": foi nessa situação que se produziram as reformas dos Bourbon, na Espanha, e as reformas pombalinas em Portugal, que visaram, entre outras coisas, à diversificação do comércio colonial. Em 1750, a morte de D. João V levou D. José I ao trono, e Sebastião José de Carvalho e Melo, o Marquês de Pombal, ao governo. As reformas remetiam à relação entre Portugal e Inglaterra. A crise do ouro foi fator de transformação no Brasil, onde se produziu uma "substituição de importações" que gerou uma burguesia crescentemente incompatível com a política mercantilista pombalina.

A sociedade colonial cindia-se cada vez mais em interesses contrapostos. A formação de uma sociedade com um tecido econômico próprio, relações sociais cada vez mais complexas e ordem política interna, começou a entrar em conflito com a lógica do monopólio comercial em mãos metropolitanas e do monopólio político em mãos da administração colonial. No Brasil havia

> de um lado, brasileiros proprietários que se consideravam a nobreza da terra, educados num regime de vida larga e de grandes gastos. De outro, o *mascate*, o imigrante enriquecido, formado numa rude escola de trabalho e parcimônia, e que vem fazer sombra com seu dinheiro à posição social daqueles. A oposição ao negociante português - mascate, marinheiro, pé de chumbo, o epíteto com que o tratam varia - se generaliza, porque este, empolgando o comércio da colônia, o grosso como o de retalho, exclui dele o brasileiro, que vê se lhe cercearem os meios de subsistência; o conflito assim se aprofunda e se estende.[11]

Em Portugal, a reforma pombalina

> equivaleu a uma revolução liberal (com) a unificação da censura, a instituição de uma escola em cada centro local, a dotação do ensino com o "subsídio literário" (taxa), a criação de um magistério digno (professores régios, mais tarde, em São Paulo, "professores de palácio"), libertação do ensino eclesiástico dentro dos moldes de Coimbra, criação da imprensa régia e fundição de tipos, a instituição do concurso, a criação do ensino popular oficial e da fiscalização, a reforma da Universidade, com a transformação radical dos métodos das ciências e a criação das faculdades de matemática e filosofia (ciências), com o contrato de professores estrangeiros, a reedificação e construção da biblioteca, do observatório astronômico, do museu e do jardim botânico.[12]

A liberalização do comércio dentro dos quadros imperiais tropeçava em um obstáculo insuperável: a fraca industrialização dos países ibéricos, sua incapacidade de fornecer manufaturas em quantidade suficiente às colônias. A reforma de Pombal

---

[11] Caio Prado Júnior, *Formação do Brasil contemporâneo: colônia* (São Paulo, Brasiliense, 1971), p. 33.

[12] Brenno Ferraz do Amaral, *José Bonifácio* (São Paulo, Martins Fontes, 1968), p. 68.

deu resposta ao longo domínio educacional e cultural dos jesuítas em Portugal. Mas outra coisa era a reforma econômica, sobretudo nas colônias ibéricas em geral:

> Concebido unicamente no interesse da metrópole, o sistema colonial do antigo regime econômico era tanto mais dificilmente aplicável quanto, há mais de dois séculos, as metrópoles ibéricas eram incapazes de satisfazer as necessidades reais das suas colônias americanas. O monopólio de Sevilha, e depois o de Cádiz, que cedeu o lugar em 1765 a um monopólio mais amplo da Espanha, bem como o monopólio de Lisboa, não eram, em tais condições, senão um meio de exação fiscal, mais um, com o *quinto real* e o pesado aparelho da fiscalização castelhana e portuguesa que, sem proveito para a economia dos países produtores, drenava para a Europa parasita os metais preciosos que a técnica crioula e o sangue índio arrancavam às Rochosas e aos Andes.[13]

Às contradições econômicas (e crescentemente políticas) derivadas do monopólio metropolitano do comércio interoceânico cabe acrescentar aquelas nascidas das proibições e do monopólio do comércio intercolonial, que obstaculizavam a expansão de um mercado interno cada vez mais rentável. No Brasil, em 1765 foi liberado o comércio intercolonial, e em 1778 acabou o sistema de porto único. A morte do rei português, a demissão de Pombal e a Independência dos Estados Unidos levaram, na década de 1780, a um cenário político cada vez mais propício para a Independência brasileira. No século XIX, finalmente, os contratos de arrecadação privada de impostos foram abolidos por sua ineficácia e pelos prejuízos que acarretavam ao Tesouro português[14].

A Independência brasileira teve antecedentes em alguns movimentos: a revolta em Salvador contra a cobrança do imposto de importação e o monopólio do sal, em 1711, a revolta de Vila Rica contra os impostos extorsivos, em 1720, enfim, a Inconfidência Mineira, em 1789, na qual o programa de "Independência e República" foi formulado, iniciando a série de revoltas – Rio de Janeiro (1794), Bahia (1798), Pernambuco (1801) – que mostraram a extensão da agitação independentista, inclusive nas camadas superiores da sociedade colonial:

> Os colonos, que a princípio se consideravam os "portugueses do Brasil", acreditando que a única diferença entre os habitantes do Império era de área geográfica, perceberam, cada vez mais claramente, a incompatibilidade existente entre seus interesses e os da metrópole. A luta que inicialmente se manifestou como uma luta de vassalos contra o rei mudou de sentido, convertendo-se em luta de colonos contra a metrópole.[15]

---

[13] Pierre Chaunu, *História da América Latina* (São Paulo, Difel, 1978), p. 49.

[14] Ver Mauro de Albuquerque Madeira, *Letrados, fidalgos e contratadores de tributos no Brasil colonial* (Brasília, Unafisco/Sindifisco, 1993).

[15] Emília Viotti da Costa, *Da Monarquia à República: momentos decisivos* (São Paulo, Ciências Humanas, 1979), p. 24.

Clóvis Moura inquiriu a participação dos cativos negros nos principais movimentos políticos independentistas – Inconfidência Mineira, Revolução dos Alfaiates, Revolução de 1817 –, destacando que os negros "eram aliciados e engrossavam movimentos senhoriais"[16].

Os participantes da Inconfidência Mineira de 1789 eram, basicamente, membros endividados da classe abastada, em conflito com um governo cada vez mais rígido, principalmente na cobrança de tributos. Dentre os membros da conjuração que colocou na agenda política a Independência do Brasil, Joaquim Silvério dos Reis era contratador e devedor do erário, e teve suas dívidas perdoadas por sua "delação premiada". Kenneth Maxwell concluiu que a Inconfidência foi movida exclusivamente por homens que viam na proposta de um Estado independente a única solução para problemas bem menos nobres do que a constituição de uma nação. O nacionalismo era exaltado como veículo natural para uma revolução independentista: "A conspiração dos mineiros era, basicamente, um movimento de oligarcas e no interesse das oligarquias, sendo o nome do povo invocado apenas como justificativa"[17].

Tiradentes, o alferes Joaquim José da Silva Xavier, reunia as condições para ser eleito bode expiatório. Embora ocupasse lugar periférico entre os que compunham o grupo revolucionário, por ser indivíduo ainda em busca de ascensão social foi o único a ter sua sentença fatal efetivamente executada. Maxwell sugeriu que o herói não atuava além das questões práticas e que era posto de lado nas decisões do movimento pelos seus companheiros. A sua morte, usada como exemplo por um governo temeroso, fez dele um símbolo: ao ser interrogado, o inconfidente defendeu ferrenhamente os ideais de República e independência, trazendo para si toda a responsabilidade pela rebelião fracassada e revelando a coragem e a determinação que o transformaram em herói. Daí o forte papel simbólico que a Inconfidência Mineira assumiu na crise: ganhou destaque por ter sido pioneira no seu nacionalismo e na clareza com que atacou o sistema colonial[18].

A morte de Tiradentes não intimidou uma sociedade que passava a ver em Portugal um obstáculo para seu desenvolvimento, não mais uma matriz imprescindível. A Inconfidência trouxe à tona um sentimento cujo controle escapava a um mercantilismo metropolitano senil. Nas três décadas posteriores a 21 de abril de 1792, data de execução do patriota, foi gestada aquela independência concebida na

---

16 Clóvis Moura, *Rebeliões da senzala: quilombos, insurreições, guerrilhas* (Porto Alegre, Mercado Aberto, 1988), p 27.

17 Kenneth Maxwell, *A devassa da devassa: a Inconfidência Mineira: Brasil e Portugal 1750-1808* (Rio de Janeiro, Paz e Terra, 1995), p. 95.

18 Celia Galvão Quirino, "Inconfidentes mineiros: versos ternos, palavras duras", em Osvaldo Coggiola (org.), *A Revolução Francesa e seu impacto na América Latina* (São Paulo/Brasília, Nova Stella/Edusp/CNPq.), 1990.

clandestinidade mineira: foram anos, até a vinda da corte portuguesa para o Brasil, de conflitos políticos na Europa. Havia o contrabando de livros europeus de conteúdo "sedicioso". Na Bahia de fins do século XVIII, que foi teatro dos movimentos independentistas mais radicais,

> uma conspiração declaradamente revolucionária, igualmente abortada com violência pelas autoridades antes de sua eclosão, radicalizaria alguns dos elementos presentes no imaginário e na ação dos conspiradores de Minas Gerais... que agora gravitava em torno de uma ideia de "república" de clara inspiração francesa; do maior espectro social dos envolvidos, a incluir agora mais gente de mais baixa condição, inclusive "homens de cor".[19]

Na Bahia, as restrições ao lazer e às festas, a toda e qualquer manifestação de vida autônoma, e, ainda, ao exercício de atividades produtivas de subsistência tornavam insuportáveis as condições materiais de vida e trabalho, ameaçando a continuidade da sobrevivência dos contingentes escravizados, especialmente os que trabalhavam e viviam nos engenhos e propriedades de lavradores escravistas, o que motivou a insurgência escrava[20]. Na cidade de Salvador e nas vilas do Recôncavo se fez sentir a piora na vida dos escravizados, como reflexo da intensificação do regime de exploração.

Nesse contexto, urdiram-se tramas no interior da sociedade colonial. Uma intensa cultura política fermentava no que se escrevia, ouvia e dizia, na experiência contestatória dos grupos insatisfeitos – militares de várias patentes, intelectuais, clérigos, comerciantes e povo miúdo. Foi por meio das discussões desses círculos que as queixas contra o regime ganharam o estatuto de *res publica*, ultrapassando a conversa de letrados. Os pasquins tiveram a função de democratizar a informação, disseminando-a pela sociedade. Eles tratavam de independência, república, liberdade de comércio, pleno direito de propriedade, igualdade de todos perante a lei. Na revolta baiana, as punições impostas pelas autoridades aos sediciosos aumentavam conforme a cor e condição social do acusado: 66% dos considerados réus eram pardos; 66%, artesãos. Nenhum branco recebeu a pena máxima, como a morte ou o degredo, conforme aconteceu à totalidade dos pardos[21].

O que marcou o longo período da insurgência dos escravizados da Bahia, a partir de finais do século XVIII, foi a circunstância de que, derrotadas as tentativas

---

[19] João Paulo Pimenta, *Tempos e espaços das independências: a inserção do Brasil no mundo ocidental (1780-1830)* (São Paulo, Intermeios, 2017), p. 26.

[20] Ver João José Reis, "Recôncavo rebelde: revoltas escravas nos engenhos baianos", *Afro-Ásia*, Salvador, Universidade Federal da Bahia, n. 15, abr. 1992; José Alberto Bandeira Ramos, *A especificidade da insurgência escrava da Bahia (1789/1835)* (tese de doutorado em história, FFLCH-USP, 1998).

[21] Ver István Jancsó, *Na Bahia, contra o Império: história do ensaio de sedição de 1798* (São Paulo/Salvador, Hucitec/EDUFBA); Denise Moura, "Cultura política e sedição na Bahia de 1798", *Revista USP*, São Paulo, n. 39, set.-nov. 1998.

insurrecionais, o poder escravista não conseguia debelar o clima de rebeldia que se instalara na vida cotidiana das relações entre senhores e escravizados desde a última década do século XVIII, e mais intensamente a partir do esmagamento da Revolução dos Alfaiates. A Revolução dos Alfaiates teve caráter claramente popular, defendia não só a independência, mas também o fim da escravidão, um governo republicano e democrático com liberdades plenas, o livre comércio e a abertura dos portos.

O clima de insubordinação contaminou os quartéis, as ideias independentistas que já haviam contagiado Minas Gerais foram amplamente divulgadas, encontrando eco nas classes mais humildes. Influenciava o exemplo da Independência das treze colônias inglesas; ideias iluministas, republicanas e emancipacionistas eram difundidas por uma parte da elite culta, reunida em associações como a loja maçônica Cavaleiros da Luz. Os pontos básicos do programa da Conjuração Baiana eram: a abolição da escravatura; a proclamação da República; a diminuição dos impostos; a abertura dos portos; a igualdade legal; o aumento salarial. As sucessivas revoltas negras em Salvador (entre 1807 e 1835) explicam-se, sobretudo, devido ao contexto da região e da época: concentração significativa de "cativos ganhadores", protoassalariados negros ainda submetidos à escravidão; crise da ordem colonial.

A repressão ao movimento baiano foi violentíssima, e concluiu-se com a execução de suas lideranças negras e escravizadas:

> À execução dos réus seguiu-se o esquartejamento dos corpos. A cabeça de Lucas Dantas foi degolada, assim como as dos outros três, e depois espetada em um poste no Dique do Desterro. Os outros pedaços foram expostos no caminho do Largo de São Francisco, onde Lucas Dantas residiu. Em frente ao mesmo local, foi colocada a cabeça de Manuel Faustino dos Santos Lira, por ser ele frequentador assíduo daquela residência e por não ter endereço fixo. A cabeça de João de Deus foi exposta na rua Direita do Palácio, atual rua Chile; suas pernas, os braços e o tronco foram espalhados pelas ruas do Comércio, local de grande movimento da Cidade Baixa. No patíbulo ficaram espetadas as cabeças e as mãos de Luiz Gonzaga, por ter sido considerado pelas autoridades régias o responsável pelos pasquins que anunciaram à população a "projetada revolução".[22]

O principal episódio de uma revolução independentista e antiescravista no Brasil fora derrotado. O trabalhador escravizado rural, dedicado à produção agrícola, à mineração, à indústria precoce de transformação – categoria dominante do escravismo brasileiro – conhecia dificuldades para a organização de sua resistência. Afora as tribos indígenas, a população chegara à casa dos 4 milhões, com maioria de escravizados negros, trabalhadores semiescravos das fazendas de gado, reduzido número de trabalhadores livres e de artesãos, de pequenos proprietários rurais e

[22] Patrícia Valim, "Da contestação à conversão: a punição exemplar dos réus da Conjuração Baiana de 1798", *Topoi*, Rio de Janeiro, v. 10, n. 18, 2009, p. 17.

comerciantes, de funcionários públicos, soldados e intelectuais. As classes dominantes formavam uma pequena fração composta por senhores rurais escravistas e grandes negociantes. No entanto, a constituição de sociedades independentistas (o Areópago, os Cavaleiros da Luz, a atividade conspirativa da Sociedade Literária do Rio de Janeiro) demonstrava que a luta pela independência continuava a existir como movimento político difuso, em inícios do século XIX.

As transformações econômicas e políticas mundiais foram o pano de fundo dos abalos coloniais americanos. A adoção do padrão-ouro na Inglaterra ensejou o longo século de dominação britânica da economia mundial. A crise do antigo sistema colonial precedeu e acompanhou a vitória do capitalismo industrial nas metrópoles. O longo processo independentista americano (1776-1824) não implicou, porém, uma diminuição da escravidão colonial: "Dos 10.148.288 africanos de que se tem conhecimento embarcados em navios negreiros com destino às Américas entre 1514 e 1866 (de um total estimado em no mínimo 12.500.000), mais da metade, 5.131.385, foram embarcados depois de 4 de julho de 1776"[23]. Nos Estados Unidos e no Brasil, liberalismo econômico e escravidão pós-colonial (ou "segunda escravidão") não foram contraditórios. Com terras e capitais disponíveis, o braço escravizado tornava-se ainda mais imprescindível, o que foi evidenciado pela chegada ao Brasil e a Cuba de mais de 2,7 milhões de escravizados africanos entre 1801 e 1867: a escravidão no Novo Mundo "não era mais colonial, mas colonizadora"[24]. Ainda assim, em todo o continente americano, a luta pela independência das colônias se imbricou com a luta pela emancipação dos escravizados.

Ambos os processos possuíam raízes mundiais. As crises do antigo sistema colonial, e do sistema geopolítico europeu, propiciaram, na transição entre os séculos XVIII e XIX, a independência política das colônias americanas. Depois de três séculos de existência colonial, as novas sociedades americanas haviam experimentado transformações profundas. Os Estados nacionais latino-americanos surgiram ao longo dos primeiros quarenta anos do século XIX, como reflexo e resposta à crise política europeia – guerras napoleônicas e Congresso de Viena, em 1815 – e, também, à minguante presença econômica metropolitana nas colônias americanas, face à cada vez mais estreita relação entre elas e a ascendente economia britânica, que se encontrava em plena Revolução Industrial. O primeiro quartel do século XIX esteve marcado, no plano das relações internacionais, pela diminuição do papel da Espanha como grande potência, um fato de alcance histórico que preparou o século (1815-1914) de hegemonia inglesa no mundo, a *Pax Britannica*.

---

[23] Greg Grandin, *O império da necessidade: escravatura, liberdade e ilusão no Novo Mundo* (trad. Ana Deiró, Rio de Janeiro, Rocco, 2014), p. 75.

[24] Robin Blackburn, *A queda do escravismo colonial: 1776-1848* (trad. Maria Beatriz de Medina, Rio de Janeiro, Record, 2002), p. 29.

Depois da Independência dos Estados Unidos, em 1776, que compactuou com o instituto da escravidão, o primeiro golpe contra o regime escravista colonial americano foi a insurreição de São Domingos em 1791, que culminou na abolição da escravidão e na Independência do Haiti em 1804[25]. Na América de colonização espanhola, em geral, tendeu-se a conjugar a libertação dos cativos com a emancipação política das colônias. Nos Estados Unidos e no Brasil, ao contrário, suprimiu-se o elo colonial, mas manteve-se a escravidão; nas Índias Ocidentais britânicas e francesas, libertaram-se os escravizados, mas o domínio colonial persistiu; sob o jugo espanhol, somente Cuba permaneceu como colônia simultaneamente escravista. As áreas onde o sistema econômico baseado no trabalho escravo sobreviveu, ancoradas na crescente demanda de produtos das grandes lavouras (*plantations*), deram fôlego e vitalidade econômica ao comércio atlântico de escravizados.

Com a invasão francesa da Península Ibérica, para evitar que a família real portuguesa fosse aprisionada pelos invasores franceses e obrigada a abdicar, como acontecera com Fernando VII e Carlos IV de Espanha, toda a corte lisboeta fugiu para o Brasil, "a pérola da coroa portuguesa", contando com a proteção da armada inglesa. Instalaram-se no Rio de Janeiro em 1808, tornando a cidade a capital do Reino Unido de Portugal, Brasil e Algarves, para o qual se instituiu uma nova bandeira. A abertura dos portos brasileiros "às nações amigas", no mesmo ano, decorreu do encalhamento de mercadorias metropolitanas gerada pela crise europeia, e desferiu um golpe mortal ao pacto colonial. A transferência da corte portuguesa foi "operacional" para o sistema colonial português, e provocou mudanças na ordem econômica: "A nova condição do Rio de Janeiro implicou o fortalecimento de atividades comerciais – serviços, abastecimento de alimentos, de produtos de luxo e de escravos africanos –, algumas anteriormente existentes, outras agora criadas, que interligavam capitanias como o Rio Grande, São Paulo e Minas Gerais"[26]. No Período Joanino (1808-1821), além disso, houve mudanças administrativas, incluindo uma repactuação da dívida interna.

O tratado comercial de 1810 celebrado com a Grã-Bretanha, derivado da situação de quase protetorado inglês em que Portugal tinha sido posto, fixou uma pauta geral de tarifas de 24% sobre as importações dos países estrangeiros, de 16% para as importações de Portugal, e de 15% para as importações da Inglaterra (tarifa preferencial):

> A abertura comercial acarretou graves desequilíbrios na balança comercial em um montante total de 233.923 contos de réis, sem contar as despesas com a importação de escravos africanos. Esses déficits foram cobertos pelos capitais externos, sobretudo empréstimos públicos, que começam a afluir ao Brasil desde o início da

[25] Ver C. L. R. James, *Os jacobinos negros: Toussaint L'Ouverture e a revolução de São Domingos* (São Paulo, Boitempo, 2000).

[26] João Paulo Pimenta, *Tempos e espaços das independências*, cit., p. 76.

abertura do comércio para o exterior. Mas esses capitais produziam um equilíbrio provisório, implicando, ainda, o pagamento de juros e amortizações e assim gerando novos fatores de desequilíbrio em nossas contas externas.[27]

A antiga colônia portuguesa virava assim uma semicolônia inglesa: a vinda em massa de comerciantes ingleses desfavoreceu numerosos portugueses que haviam ficado isolados de seus fornecedores na metrópole ocupada por Napoleão. A aristocracia latifundiária sentiu-se solidária dos burocratas estatais preteridos, e vice-versa. Se o movimento pela Independência ampliou assim suas bases, ganhou ao mesmo tempo em profundidade:

> O ano de 1817 registra para o Nordeste um amplo movimento insurrecional, ao qual não estiveram indiferentes as massas populares. Não se tratava mais de movimentos circunscritos aos núcleos urbanos, ou às elites insatisfeitas com o peso da tributação. Um projeto revolucionário foi esboçado, e tentou-se a desarticulação da ordem escravocrata, sem êxito: o poder foi tomado a 6 de março e, em Recife, polo dinâmico da vasta hinterlândia, os insurgentes permaneceram 74 dias na direção da República.[28]

Uma testemunha julgou que o espírito da imitação foi o principal móbil de rebelião. As demais causas teriam sido acessórias. O exemplo da Revolução Americana teria pesado mais do que a Revolução Francesa. Era o federalismo da Constituição dos Estados Unidos que tinha a preferência dos independentistas brasileiros. Em Pernambuco e depois no Ceará, Paraíba e Rio Grande do Norte, movimentos de contestação ao despotismo bragantino, localizado no Rio de Janeiro, defenderam ideias republicanas e federalistas, incluindo a abolição da escravatura, e colocaram em pauta uma independência política imbricada com a transformação social. Os insurretos nordestinos agiram contra a indiferença da burocracia da corte com a situação da região: más condições de vida, infraestrutura precária, aumento dos impostos, destinados a sustentar uma aristocracia indolente e parasita. As mudanças na Europa pareciam reforçar o atraso de Portugal e, por conseguinte, oprimir ainda mais o Brasil, em especial o Nordeste, por conta da tributação sobre o açúcar e o algodão. O seminário de Olinda foi a base dos revolucionários; o parasitismo e a incúria da corte do Rio de Janeiro foram seu estímulo, por causa das demandas por ampliação de verbas com o propósito de sustentar a burocracia civil e a militar.

Ecos da revolução pernambucana chegaram ao Cariri, no Ceará. Embora pretendesse espraiar-se por todo o país, a insurreição não ultrapassou o Nordeste. Houve

---

[27] João I. Bocchi, "Século XIX: renascimento agrícola, economia cafeeira e industrialização", em José Márcio Rego e Rosa Maria Marques (orgs.), *Formação econômica do Brasil* (São Paulo, Saraiva, 2003), p. 187.

[28] Carlos Guilherme Mota, *Nordeste 1817: estruturas e argumentos* (São Paulo, Perspectiva/Edusp, 1972), p. 94.

tentativas de contatos diplomáticos com Europa e Estados Unidos, mas a rebelião mal atingiu três meses de existência – entre março e maio de 1817 se proclamou a necessidade da república, das liberdades democráticas e se condenou a escravidão. A coroa portuguesa mandou enforcar os principais dirigentes da insurreição pernambucana. A repressão real foi violenta, sem comiseração com os derrotados. A anistia destes chegou somente em 1821. Mas o fracasso de 1817 não significou a interrupção da luta contra o absolutismo monárquico; a insurreição nordestina teve eco, sete anos depois, em outra movimentação, a Confederação do Equador. Caio Prado Júnior chamou de período preparatório da "revolução brasileira" aquele compreendido entre os anos de 1808 e 1822. O início do século XIX representou, para ele, a "síntese" do período colonial, já que nos três séculos anteriores a ordem colonial não sofrera transformações significativas.

Prado afirmou que a ruptura do sistema colonial se deu principalmente em função do mal-estar generalizado que se instalara na colônia. Todas as classes sociais estavam insatisfeitas e enfrentando problemas: brigas de comerciantes portugueses contra senhores de engenho devedores; revoltas da escravaria; revoltas da "população inorgânica" (destacadamente os mulatos, que eram sua maioria) contra o estado de exclusão em que viviam. A sociedade colonial brasileira estava se desagregando: reinóis e senhores brigavam a respeito dos valores comerciais da venda do açúcar e das dívidas; mas se aliavam contra as revoltas da população para mantê-la controlada, sem atrapalhar os negócios. Os líderes da Independência estavam imbuídos de ideias liberais: liberdade, igualdade jurídica, legitimidade da propriedade privada, educação como remédio para os grandes males, progresso. Houve uma tomada de consciência nacional que se objetivou nas primeiras tentativas romanescas. O romantismo americano se voltou para o seu passado colonial, o romance histórico latino-americano tornou-se indianista.

A grande massa de escravizados, do seu lado, era, segundo Prado, alheia à aspiração nacional brasileira, não se interessando pela causa da emancipação. Uma pequena parte dela, a que já se considerava brasileira ou acreditava que com a Independência poderia mudar de sorte, associou-se à luta autonomista. Tais contradições explicam as principais características e as debilidades do movimento de emancipação. Seus dirigentes de maior influência, longe de pretender apoiar-se nos escravizados, propugnando a sua libertação, antes os temiam, desejando conservar o regime escravista. Mesmo os patriotas mais radicais não alentavam a participação do escravizado na luta pela Independência.

No entanto, foi num clima de revolta generalizada que a Independência do país foi precipitada pela própria coroa. A emancipação política do Brasil foi também uma reação da corte instalada no Rio de Janeiro à "revolução constitucionalista" de 1820, quando a população da cidade portuguesa do Porto se levantou contra a permanência do rei D. João VI no Rio de Janeiro. Pretendiam o retorno da corte a Portugal, visto que havia acabado a ameaça de invasão de Napoleão e a proteção da corte no Brasil não era mais necessária. Buscava-se a restauração do pacto colonial, para a fazer voltar o monopólio de comércio para os portugueses, e também a instauração de uma Constituição para o reino baseada nas experiências francesa e espanhola. O rei, de início, não pretendia voltar a Portugal, devido à pressão dos grupos econômicos emergentes no Brasil. Porém, algumas províncias criaram governos autônomos sem ligação com a corte do Rio de Janeiro, o que colocou o rei em uma situação irreversível, forçando-o a retornar a Portugal em abril de 1821, deixando no Brasil seu filho Pedro como príncipe regente.

Ao chegar a Portugal, D. João foi obrigado a jurar uma Constituição que ainda estava por ser elaborada pelas Cortes Gerais e Extraordinárias da Nação Portuguesa. Foram então convocadas eleições por todo o Reino Ultramarino para que se indicassem os respectivos representantes às Cortes. Portugal foi privilegiado na divisão, tendo maioria para a elaboração da futura Constituição. As Cortes passaram a elaborar a Constituição com a maioria portuguesa, buscando o retorno do pacto colonial. Alguns dos deputados originários do Brasil chegaram a abandonar as Cortes e evidenciaram as reais intenções dos portugueses para os brasileiros. Com o retorno da corte a Portugal, o Brasil, que havia sido declarado reino em 1815, viu-se rebaixado bruscamente à antiga categoria de colônia. A reintrodução das velhas normas do pacto colonial configurava uma espécie de "mercantilismo" duplamente anacrônico: 1) porque executado por uma potência em retrocesso, tributária econômica da Inglaterra; 2) porque estava em contradição com a expansão do comércio mundial, devida à consolidação do capitalismo industrial nos países europeus mais adiantados. Não passou nem um ano até as classes possuidoras brasileiras se rebelarem contra essa situação.

A convocatória das Cortes pela Revolução do Porto criou a ocasião para a convergência da agitação dos grandes proprietários com a administração colonial. Segundo Carlos Maria de Alvear, emissário de Buenos Aires no Rio de Janeiro, o plano da maçonaria brasileira consistia em compelir D. João VI a convocar as cortes portuguesas e jurar uma Constituição, na linha do que as lojas do Porto executaram com êxito em 1820. Mas, em Pernambuco, os maçons republicanos "não só se haviam antecipado, mas não haviam feito a revolução conforme o combinado": "Os maçons americanos trataram de enganar os europeus com a ideia de constituição monárquica, mas seu verdadeiro plano foi de constituir-se em república"[29], o que impedia que acontecesse levante semelhante no Rio de Janeiro. O cônsul francês em Lisboa oferecia a mesma versão.

O regente Pedro passou a ser pressionado para defender os interesses das províncias americanas, na contramão das intenções das Cortes. Suas ações causaram

29 Evaldo Cabral de Mello, "O mimetismo revolucionário", *Folha de S. Paulo, mais!*, 19 nov. 2000.

comoção em Portugal, que solicitou o retorno imediato do príncipe regente à metrópole. As elites sociais do Sul de Minas Gerais, da cidade de São Paulo e do Rio de Janeiro passaram a forçar o processo de emancipação política. Para tranquilizar os interesses britânicos e portugueses, elas aceitaram o tacão centralizador de um príncipe português que era, igualmente, o herdeiro da coroa lusitana que renegavam. Sentindo a inevitabilidade da independência, João VI tentou manobrar. Explorou a possibilidade da independência sob a égide da dinastia dos Bragança.

No "partido brasileiro" – as forças que defendiam a causa da emancipação – existiam duas tendências: a dos que desejavam a independência sem concessões aos colonizadores e a dos que queriam consegui-la por meio da conciliação com os Bragança. Esta corrente prevaleceu nos atos que conduziram à separação de Portugal. Atuando de comum acordo, as forças conservadoras e o regente adotaram uma série de medidas preliminares com vistas à autonomia. Em janeiro de 1822, essas forças mobilizaram setores do povo para pedir ao regente que não atendesse ao chamado das Cortes de Lisboa. A decisão do príncipe veio em 9 de janeiro de 1822, o Dia do Fico. Em junho, avançando na instauração do novo poder brasileiro, foi convocada a Assembleia Constituinte. A 1º e 6 de agosto foram lançados, com a assinatura de D. Pedro, dois manifestos de caráter emancipacionista, dirigidos "aos povos do Brasil" e "aos povos do mundo". A 7 de setembro, afinal, D. Pedro deu o grito de "Independência ou Morte", após o qual se considerou formalmente proclamada a ruptura com Portugal. Todos esses atos objetivavam efetivar o processo da proclamação de modo pacífico. Poucos meses antes de setembro de 1822 haviam sido enforcados em Santos doze soldados brasileiros que pleitearam a equiparação de seus soldos com os portugueses.

Tendo o príncipe regente como seu principal instrumento, os autonomistas brasileiros conseguiram proclamar a Independência e fazer dele o imperador do Brasil. Pedro I foi assim declarado imperador em outubro de 1822. Os representantes das províncias reuniram-se a partir de maio de 1823 para elaborar a primeira Constituição da nova nação. Com um total de 90 membros eleitos por 14 províncias, destacavam-se na Constituinte proprietários rurais, bacharéis em leis, além de militares, médicos e funcionários públicos. Para formular um anteprojeto constitucional, foi designada uma comissão composta por seis deputados. O anteprojeto continha 272 artigos: veio a ser conhecido como "Constituição da Mandioca" pelo modo com que instituiu o voto indireto censitário, em que os eleitores do primeiro grau (paróquia) tinham que comprovar uma renda mínima de 150 alqueires de plantação de mandioca. Eles escolheriam os eleitores do segundo grau (província), que necessitavam de uma renda mínima de 250 alqueires. Estes últimos elegeriam deputados e senadores, que precisavam de uma renda de 500 e 1.000 alqueires de mandioca, respectivamente, para se candidatarem. Assim, de uma população de mais de 5 milhões, votaram finalmente só 5 mil eleitores. A existência do escravismo e do latifúndio não entrou na pauta política, pois isso poria em risco os interesses da aristocracia rural brasileira.

Desse modo, a ruptura do Brasil com Portugal foi o movimento de independência mais conservador das Américas:

> A exação de Lisboa sobre as províncias do Brasil foi substituída pelo tacão, não menos pesado, do Rio de Janeiro. As eventuais maiores exigências da administração real joanina sobre as províncias do Brasil eram compensadas por um maior aperto no torniquete que literalmente esmagava os trabalhadores escravizados. Com a Corte em Lisboa ou no Rio de Janeiro, tudo seguia, mais ou menos, como dantes. Em 1820, quando da Revolução do Porto, a burguesia comercial lusitana mobilizou-se para dar um fim ao absolutismo e impor uma ordem liberal e constitucional em Portugal. Exigiram, igualmente, a recolonização do Brasil. Como na América Espanhola, e já plenamente conscientes do caráter parasitário da ordem absolutista portuguesa, as classes dominantes luso-brasileiras almejavam uma independência restrita aos limites das regiões que controlavam. Em 1817, os liberais pernambucanos foram massacrados quando se rebelaram pela independência daquela província e das que dela dependiam. O Reino do Brasil seguia sendo entidade administrativa, sem vínculos econômicos e sociais objetivos e subjetivos entre as diversas províncias. Os laços entre o Rio Grande do Sul e o Prata eram certamente mais fortes do que os existentes com a Bahia ou Pernambuco.[30]

A classe dominante brasileira, mantida sua condição economicamente privilegiada, tomou cuidado em tornar um português, herdeiro da coroa, imperador da nova nação: na Constituição de 1823 foi também tomado especial cuidado com os portugueses, reflexo do medo de uma possível recolonização, fazendo restrições políticas aos estrangeiros em geral. O projeto constitucional se centrou nas eleições de deputados e senadores e definiu os critérios restritos de cidadania: foi, como nos Estados Unidos, uma Constituição liberal que não aboliu a escravidão. As características do ato independentista – com a continuidade da administração colonial – serviram de base à tese que opôs a Independência brasileira à da América espanhola, conseguida após sangrentas lutas, como processos radicalmente dessemelhantes. Contudo, tal tese se esquece de que: 1) também na América espanhola, como nos casos da Guatemala e do México, houve continuidade entre as ordens administrativas da colônia e as da Independência; 2) houve enfrentamento militar com as tropas que permaneceram fiéis a Portugal na Bahia, no Maranhão, no Pará e na Cisplatina, assim como no Piauí. No novo quadro político, para garantir a continuidade da ordem escravocrata, os senhores de todo o Brasil optaram por um Estado monárquico, centralizador e antiliberal.

O impasse político da Independência foi resolvido por meio da Carta Outorgada (Constituição elaborada "desde cima" pelo poder imperial) e da consolidação de uma

[30] Mário Maestri, "Brasil, 1822: um país parido pela escravidão", *Sul 21*, 6 set. 2018.

monarquia "constitucional", na qual uma representação limitada das classes possuidoras (com direito de voto para os órgãos representativos, a partir de um certo nível de renda), a Câmara de Deputados, era controlada por dois organismos vitalícios: o Senado e o Conselho de Estado, nos quais estavam representados os setores mais tradicionais da oligarquia, ligados à exploração do ouro e do açúcar, tudo sob o poder de veto do imperador. Se, numa sociedade latifundiária, a democracia plena – cidadania para todos os habitantes – não tinha raízes históricas, numa sociedade latifundiária e escravocrata, tinha-as menos ainda. A peculiaridade da Independência brasileira no contexto latino-americano, devida à originalidade da sua antiga situação colonial, esteve na base do seu novo sistema político, que manteve o projeto monárquico.

Assim, o grito do Ipiranga de 1822 deu início a um processo continuado nas lutas internas do Brasil, que se estendeu desde a ruptura com Portugal até 1850, quando se consolidou a monarquia brasileira sobre a base da "pacificação" (repressão) de revoltas que buscaram imprimir à Independência um caráter democrático e de oposição ao regime senhorial. Em 1822, o nascente Estado demandava estruturar um corpo administrativo de arrecadação e de defesa. Assim que foi obtida a emancipação, o país assumiu dívidas que a rigor pertenciam a Portugal, quem de fato havia contraído empréstimo (na forma de títulos públicos e letras) para a sustentação do reino, além da indenização cobrada pela antiga metrópole. Não demorou para que o recém-nascido Estado brasileiro diante de dificuldades orçamentárias promovesse seus primeiros empréstimos soberanos junto a credores da Inglaterra[31].

Nesse contexto, as contradições sociais do período colonial vieram novamente à tona, e as questões políticas adiadas explodiram. Apareceram movimentos populares de massa; a reação recolonizadora também aconteceu, mas foi militarmente vencida. Os movimentos independentistas populares não vingaram: segundo Caio Prado Júnior, a revolução da Independência foi um movimento que só funcionou para o que o Brasil estava preparado, ou seja, a liberdade do jugo colonial e a emancipação política. A Independência foi feita à revelia das classes inferiores, foi "um movimento fruto só de uma classe". Os movimentos populares eram, segundo o autor, "descontínuos e sem um rumo seguro e nunca propuseram soluções e reformas para o país"[32].

Para garantir a continuidade da ordem escravocrata na nova nação, os senhores da terra optaram por um Estado monárquico e centralizador:

> Para manter-se a escravidão, manteve-se a unidade do Reino do Brasil, transformado em Império. Mudavam-se algumas coisas para que tudo continuasse como sempre, sobretudo no relativo ao braço escravizado. O Estado monárquico,

---

[31] Entre 1822 e 1825 a Bolsa de Londres negociou para os países latino-americanos recentemente emancipados um total de £20.129.300 em títulos públicos.

[32] Caio Prado Júnior, *Evolução política do Brasil e outros estudos* (São Paulo, Brasiliense, 1961), p. 133.

autoritário e centralizador brasileiro - ou seja, o Brasil unitário - foi partejado e embalado pelos interesses do comércio e da produção escravista colonial. A Independência unitária deu-se sob a batuta conservadora dos grandes escravistas, com destaque para os senhores de escravos do Rio Grande do Sul, do Rio de Janeiro, de São Paulo, de Minas Gerais, da Bahia e de Pernambuco. Os ideários republicanos, separatistas e federalistas provinciais das frágeis "classes médias" profissionais, dos pequenos proprietários não escravistas etc. foram simplesmente reprimidos. Nos momentos tensos da independência, para apaziguar republicanos, separatistas, federalistas, foi-lhes sugerida, antes do 7 de setembro de 1822, uma eventual arquitetura política monárquica federalista e liberal, a ser discutida quando da Assembleia Constituinte. Em novembro de 1823, o truculento e absolutista Pedro I respondeu às reivindicações dos deputados constituintes provinciais com o primeiro golpe militar da nova nação. Então, fechou a Assembleia Constituinte e mandou redigir carta centralista, autoritária, de forte viés absolutista [poder "moderador"], que regeu o país até 1889.[33]

A definitiva emancipação brasileira ocorreu a partir da convocação à Assembleia Geral. Pedro I conseguiu finalmente controlar uma grande parte de seus adversários - aqueles que não pretendiam a Independência, os que queriam a Independência fragmentada e os grupos republicanos que não aceitavam um processo de emancipação baseado na liderança de um monarca filho do rei da antiga metrópole - e obteve finalmente seu propósito, a coroação[34]. José Bonifácio de Andrada e Silva, mentor político da Independência, era um monarquista que pensava que a democracia e a República trariam a anarquia ao Brasil. Durante as Cortes em Portugal, escreveu um texto no qual afirmava que deveria haver um governo constitucional com dois núcleos de poder, Executivo e Legislativo, sob a mesma Constituição. Logo depois, tornou-se ministro do príncipe, cargo em que teve uma atuação fundamental. Após um projeto constitucional elaborado para expulsar do Brasil os portugueses hostis, os realistas formaram uma liga com os liberais e conseguiram que Dom Pedro I expulsasse José Bonifácio de seu ministério.

Em abril de 1823, a Assembleia Constituinte foi finalmente reunida no Rio de Janeiro. O clima era de incerteza, pois em Portugal as Cortes haviam sido depostas por Dom João VI, que reassumira seus poderes absolutos. O processo de Independência se concluiria quando a Constituição fosse jurada pelo monarca. Pedro finalmente foi coroado D. Pedro I, em uma tentativa de manter a unidade territorial e o regime monárquico:

> Dom Pedro usou uma expressão indicativa do que poderia acontecer. A frase não era sua, sendo cópia da existente na carta constitucional da França, de julho de

[33] Mário Maestri, "Brasil, 1822: um país parido pela escravidão", cit.

[34] Ver Gabriel Passetti, "Criando poderes: a formulação das Constituições de 1823 e 1824 no Brasil", *Klepsidra*, São Paulo, FFLCH-USP, n. 6, fev. 2001.

1814, por meio da qual o Rei Luís XVIII tentou retomar a tradição monárquica, após a derrota de Napoleão. O Imperador jurava defender a futura Constituição "se fosse digna do Brasil e dele próprio". O condicional deixava em suas mãos a última palavra.[35]

Na Constituinte, José Bonifácio trabalhou para fomentar a oposição ao imperador, propondo uma Constituição liberal: pensava que o Brasil precisaria urgentemente da criação de colégios e de universidades, do povoamento do interior, do desenvolvimento da mineração, de mudanças no tratamento do indígena, da igualdade de direitos políticos e civis, de uma política gradativa de emancipação dos escravizados e de uma política de terras que combatesse a concentração[36].

Após as dissidências de Maranhão, Pará e Piauí, o número de deputados na Assembleia baixou para 90 (eram 100 inicialmente). Os "radicais" haviam sido exilados ou presos. Alguns haviam também se negado a ir à Assembleia por considerá-la manipulada e monarquista. Parte dos deputados havia estado nas Cortes Constitucionalistas em Portugal e também havia lutado nas guerras pela Independência. Em todas as sessões, que se prolongaram por seis meses, apenas seis projetos de lei, entre os 38 propostos, foram aprovados,

> o primeiro sobre a forma da promulgação das leis da mesma Assembleia Constituinte e Legislativa; o segundo, extinguindo o Conselho de Procuradores Gerais da Província; o terceiro, proibindo aos deputados o exercício de qualquer outro emprego durante o tempo da deputação; o quarto, relativo às sociedades secretas; o quinto, mandando manter em vigor a legislação vigente; e o sexto, regulando a forma provisória dos governos provinciais.[37]

Colocou-se a manutenção da unidade luso-brasileira, porém com maior autonomia para o Brasil: isso foi derrubado pelos "radicais". Acabou-se fundando uma Faculdade de Direito em São Paulo e outra em Olinda: uma parte das leis para o Brasil foi redigida a partir dos moldes da antiga metrópole.

Nos primeiros dias de 1824 publicou-se o projeto da nova Constituição, mas ela não foi aprovada por uma Assembleia Nacional. Afirmando que o apoio a ela era geral, D. Pedro I enviou uma cópia para cada Câmara Municipal: o imperador, a imperatriz, o bispo e a Câmara Municipal do Rio de Janeiro juraram a Constituição no dia 25 de março de 1824. Estatuiu-se a indicação pelo imperador dos presidentes de província, que seriam um instrumento de manipulação por parte do governo do Rio de Janeiro. A Constituição de 1824 colocou a Assembleia em posição subalterna ao imperador, ao afirmar que "o Poder Legislativo é delegado à

---

[35] Boris Fausto, *História do Brasil* (São Paulo, Edusp, 1995), p. 422.

[36] Emília Viotti da Costa, *Da Monarquia à República*, cit., p. 221.

[37] José Honório Rodrigues, *A Assembleia Constituinte de 1823* (Petrópolis, Vozes, 1974), p. 77.

Assembleia Geral com a sanção do Imperador". No referente à tortura, a Constituição afirmou: "Desde já ficam abolidos os açoites, a tortura, a marca de ferro quente, e todas as mais penas cruéis". D. Pedro I produziu, desse modo, uma Constituição de caráter liberal, mas a executou de forma despótica, garantindo a eternidade de um Senado favorável ao imperador, o qual, unindo o Poder Executivo e o Moderador, e passando a dominar os outros dois poderes, remeteu o Brasil praticamente ao mesmo sistema político anterior[38].

No entanto, a luta política na Independência do Brasil não se limitou às diversas frações conservadoras. Estava também presente uma fração democrática ou "libertária", representada por jornalistas como João Soares Lisboa, e também por políticos: "Estender a cidadania política e o direito de voto aos escravos nascidos no Brasil e aos libertos, como defendeu Cipriano Barata nas Cortes de Lisboa, em 1822, é um fato de extremo radicalismo para o período 1821-1824, mesmo no contexto das revoluções americana, francesa e hispano-americana, instrumentalizadas pela linguagem da Ilustração"[39]. O *Correio do Rio de Janeiro* dava expressão aos ideais dos "radicais libertários".

O sistema eleitoral, porém, além de limitado ao Legislativo, era baseado na renda, o que excluía a grande maioria da população dos direitos políticos; a escravidão, por outro lado, continuava a ser o alicerce do sistema econômico do Brasil. Na época da Independência havia no país cerca de 3,6 milhões de habitantes, dos quais aproximadamente dois milhões (quase 60%) eram escravizados africanos ou seus descendentes. As classes pobres começaram a exigir transformações sociais, e houve importantes manifestações, sobretudo em Minas Gerais, Bahia e Pernambuco. Nesta província, as forças populares, sob a direção do capitão Pedro da Silva Pedroso, um dos sobreviventes da sublevação de 1817, depuseram a Junta Provisória que se opunha à Independência e impuseram outra para garantir a causa da emancipação.

No quadro mundial, "a luta entre os interesses mercantilistas e os do liberalismo econômico se processou de forma intensiva na Inglaterra, de 1815 a 1846, afetando drasticamente a política de todos os países coloniais diretamente relacionados com a expansão do Império Britânico do comércio livre"[40]. O Brasil foi um deles. O processo

---

[38] Ver João Armitage, *História do Brasil* (São Paulo/Belo Horizonte, Edusp/Itatiaia, 1981); Vicente Barreto, *Ideologia e política no pensamento de José Bonifácio de Andrada e Silva* (Rio de Janeiro, Zahar, 1977); Pedro Octávio Carneiro da Cunha, "A fundação de um império liberal", em Sérgio Buarque de Holanda (org.), *História geral da civilização brasileira*, tomo II: *O Brasil monárquico*, v. 1: *O processo de emancipação* (São Paulo, Difel, 1970); Tobias Monteiro, *História do Império: o primeiro reinado* (Rio de Janeiro, F. Briguet, 1939).

[39] Renato Lopes Leite, *Republicanos e libertários: pensadores radicais no Rio de Janeiro, 1822* (Rio de Janeiro, Civilização Brasileira, 2000), p. 83.

[40] Maria Odila da Silva Dias, "A interiorização da metrópole", em Carlos Guilherme Mota (org.), *1822: Dimensões* (São Paulo, Perspectiva, 1986), p. 98.

de emancipação política teve caráter internamente diferenciado nas diversas Américas, refletindo o peso respectivo dos fatores internos e externos na crise do sistema colonial americano. O conflito entre modos de produção potencialmente contrapostos, que presidiu a Independência das colônias inglesas na América do Norte, levando posteriormente à quase fragmentação do país e a uma guerra civil, não existiu com essas características no Brasil, onde a escravidão dominava os setores economicamente relevantes, os vinculados à exportação primária. A escravidão brasileira se manteve durante quase sete décadas após a Independência do país e, mesmo depois de abolida, marcou decisivamente a formação social da nova nação.

Referências bibliográficas

ALENCASTRO, Luiz Felipe de. *O trato dos viventes*. São Paulo, Companhia das Letras, 2001.

AMARAL, Brenno Ferraz do. *José Bonifácio*. São Paulo, Martins, 1968.

ARMITAGE, João. *História do Brasil*. São Paulo/Belo Horizonte, Edusp/Itatiaia, 1981.

BARRETO, Vicente. *Ideologia e política no pensamento de José Bonifácio de Andrada e Silva*. Rio de Janeiro, Zahar, 1977.

BOCCHI, João I. Século XIX: renascimento agrícola, economia cafeeira e industrialização. In: REGO, José Márcio; MARQUES, Rosa Maria (orgs.). *Formação econômica do Brasil*. São Paulo, Saraiva, 2003.

CHAUNU, Pierre. *História da América Latina*. São Paulo, Difel, 1978.

CUNHA, Pedro Octávio Carneiro da. A fundação de um império liberal. In: HOLANDA, Sérgio Buarque de (org.). *História geral da civilização brasileira*, tomo II: *O Brasil monárquico*, v. 1: *O processo de emancipação*. São Paulo, Difel, 1970.

DIAS, Maria Odila da Silva. A interiorização da metrópole. In: MOTA, Carlos Guilherme (org.). *1822:* Dimensões. São Paulo, Perspectiva, 1986.

FAUSTO, Boris. *História do Brasil*. São Paulo, Edusp, 1995.

FRANK, André Gunder. *Acumulação mundial:* 1492-1789. Rio de Janeiro, Zahar, 1977.

FURTADO, Celso. *Formação econômica do Brasil*. São Paulo, Companhia Editora Nacional, 1976.

GRANDIN, Greg. *O império da necessidade:* escravatura, liberdade e ilusão no Novo Mundo. Trad. Ana Deiró, Rio de Janeiro, Rocco, 2014.

JANCSÓ, István. *Na Bahia, contra o Império*: história do ensaio de sedição de 1798. São Paulo/Salvador, Hucitec/EDUFBA, 1996.

LEITE, Renato Lopes. *Republicanos e libertários:* pensadores radicais no Rio de Janeiro, 1822. Rio de Janeiro, Civilização Brasileira, 2000.

MADEIRA, Mauro de Albuquerque. *Letrados, fidalgos e contratadores de tributos no Brasil colonial*. Brasília, Unafisco/Sindifisco, 1993.

MAESTRI, Mário. Brasil, 1822: um país parido pela escravidão. *Sul 21*, 6 set. 2018.

MAXWELL, Kenneth. *A devassa da devassa*: a Inconfidência Mineira: Brasil e Portugal 1750-1808. Rio de Janeiro, Paz e Terra, 1995.

MONTEIRO, Tobias. *História do Império:* o primeiro reinado. Rio de Janeiro, F. Briguet, 1939.

MOTA, Carlos Guilherme. *Nordeste 1817*: estruturas e argumentos. São Paulo, Perspectiva/Edusp, 1972.

MOURA, Clóvis. *Rebeliões da senzala:* quilombos, insurreições, guerrilhas. Porto Alegre, Mercado Aberto, 1988.

MOURA, Denise. Cultura política e sedição na Bahia de 1798. *Revista USP*, São Paulo, n. 39, set.-nov. 1998.

PASSETTI, Gabriel. Criando poderes: a formulação das Constituições de 1823 e 1824 no Brasil. *Klepsidra*, São Paulo, FFLCH-USP, n. 6, fev. 2001.

______. Interligando a colônia: a ação dos tropeiros no Brasil dos séculos XVIII e XIX. *Klepsidra*, São Paulo, FFLCH-USP, n. 4, out. 2000.

PIMENTA, João Paulo. *Tempos e espaços das independências*: a inserção do Brasil no mundo ocidental (1780-1830). São Paulo, Intermeios, 2017.

PINTO, Virgílio Noya Pinto. *O ouro brasileiro e o comércio anglo-português:* uma contribuição aos estudos da economia atlântica no século XVIII. São Paulo, Companhia Editora Nacional, 1979.

PIRES, Julio Manuel; COSTA, Iraci del Nero. *O capital escravista-mercantil e a escravidão nas Américas*. São Paulo, EDUC/Fapesp, 2010.

PRADO JÚNIOR, Caio. *Formação do Brasil contemporâneo:* colônia. São Paulo, Brasiliense, 1971.

______. *Evolução política do Brasil e outros estudos*. São Paulo, Brasiliense, 1961.

QUIRINO, Celia Galvão. Inconfidentes mineiros: versos ternos, palavras duras. In: COGGIOLA, Osvaldo (org.). *A Revolução Francesa e seu impacto na América Latina*. São Paulo/Brasília Nova Stella/Edusp/CNPq, 1990.

RAMOS, José Alberto Bandeira. *A especificidade da insurgência escrava da Bahia (1789/1835)*. Tese de doutorado em história, São Paulo, FFLCH-USP, 1998.

REIS, João José. Recôncavo rebelde: revoltas escravas nos engenhos baianos. *Afro-Ásia*, Salvador, Universidade Federal da Bahia, n. 15, abr. 1992.

RODRIGUES, José Honório. *A Assembleia Constituinte de 1823*. Petrópolis, Vozes, 1974.

SÉRGIO, António. *Breve interpretação da história de Portugal*. Lisboa, Sá da Costa, 1974.

VALIM, Patrícia. Da contestação à conversão: a punição exemplar dos réus da Conjuração Baiana de 1798. *Topoi*, Rio de Janeiro, v. 10, n. 18, 2009.

VIANA, Oliveira. *Populações meridionais do Brasil*. Brasília, Senado Federal, 2005.

ZEMELLA, Mafalda P. *O abastecimento da capitania das Minas Gerais no século XVIII*. São Paulo, Hucitec/Edusp, 1990.

Independência do Brasil: apontamentos

Luiz Bernardo Pericás

A Independência do Brasil pode ser compreendida, de maneira mais ampla, a partir da análise das diferentes variáveis relativas ao esgarçamento do antigo sistema colonial, do último quartel do século XVIII até a chegada da corte portuguesa ao Rio de Janeiro em 1808, assim como da ulterior dinâmica política e econômica dos anos subsequentes ao estabelecimento da família real na nova sede do império lusitano[1]. Distintos fatores irão acelerar o processo e ampliar as fissuras das relações com a metrópole. Leis e medidas coercitivas que levaram ao fechamento e proibição de fábricas e oficinas, encargos significativos sobre artigos produzidos na colônia, limitação do mercado endógeno, falta de possibilidade real de progresso técnico, dispersão demográfica, deficiências nos meios de transporte e escassez de capitais são alguns dos elementos que devem ser levados em conta quando se discute aquele momento histórico específico[2]. A instauração de um aparelho administrativo "amplo, poderoso e pesado" (especialmente nos setores militar, tributário e judiciário) também é outro aspecto relevante que marcou as contradições e o tensionamento das distintas partes envolvidas na época[3]. Ou seja, uma produção colonial pesadamente onerada por Lisboa, por meio das taxas sobre o

---

1 Para uma discussão sobre a estrutura, a dinâmica e a crise do antigo sistema colonial, ver Fernando A. Novais, "As dimensões da Independência", em Carlos Guilherme Mota (org.), *1822: dimensões* (São Paulo, Perspectiva, 1972), p. 15-26. Do mesmo autor, ver também "O Brasil nos quadros do Antigo Sistema Colonial", em Carlos Guilherme Mota (org.), *Brasil em perspectiva* (7. ed., São Paulo, Difel, 1976), p. 47-63; e *Portugal e Brasil na crise do Antigo Sistema Colonial (1777-1808)* (São Paulo, Hucitec, 1983).

2 Ver, por exemplo, Heitor Ferreira Lima. *História político-econômica e industrial do Brasil* (São Paulo, Companhia Editora Nacional, 1973), p. 121-5.

3 Ver Nelson Werneck Sodré, *Formação histórica do Brasil* (São Paulo, Brasiliense, 1963), p. 164.

açúcar, pela "invasão total da área privativa"[4] (no caso do ouro) e pela tributação sobre as importações (que "pesava sobre toda a população consumidora"[5]), com um aperfeiçoamento paulatino nos métodos de arrecadação de impostos, além da continuidade de todo tipo de privilégios, monopólios e restrições, o que ampliaria as divergências e os conflitos entre os brasileiros e as autoridades metropolitanas[6]. O modelo se esgotava e um maior grau de autonomia e participação política era exigido. Ou, como dizia Heitor Ferreira Lima, "era a expansão econômica forcejando por um ambiente administrativo para sua plena eclosão"[7]. Nelson Werneck Sodré vai além, ao afirmar que

> é a prolongada crise econômica colonial, prenunciada com a concorrência açucareira, desde a segunda metade do século XVII, e apenas acobertada pelo surto da mineração no século XVIII, que contribui para aprofundar a contradição entre a classe senhorial e a Metrópole. A exportação brasileira, que atingira cinco milhões de libras, em 1760, na fase melhor da mineração, permanece no nível de três milhões, entre 1775 e 1800. Neste último período, que coincide com a luta dos Estados Unidos pela sua independência, o algodão contribuiu com um milhão de libras, praticamente um terço do total. As flutuações no preço do açúcar recebem um impulso favorável com a crise do Caribe, particularmente com a rebelião haitiana, em 1791. Impulso no mesmo sentido receberá o couro, no início do século XIX, com a crise da área platina ligada ao movimento de independência. São avanços circunstanciais, de duração limitada, entretanto. Não imunizam as áreas produtoras dos efeitos de uma crise prolongada porque estrutural.[8]

Sendo assim, "a eliminação da função intermediária das metrópoles, e a consequente derrocada do regime de monopólio comercial a que se reduzira seu domínio sobre as áreas coloniais americanas interessava tanto à expansão capitalista inglesa quanto à classe senhorial daquelas áreas coloniais"[9].

---

4 Ibidem, p. 165.

5 Idem.

6 Carlos Guilherme Mota e Adriana Lopez afirmam que "no final do século XVIII, essas contradições tornaram-se cada vez mais evidentes. Os conflitos que eclodiram na colônia mostravam que, após três séculos de colonização, haviam se formado novos interesses, específicos e típicos dos colonos. Muitos desses interesses acenderam os estopins que detonariam os conflitos internos na colônia. Conflitos em vários níveis: primeiro, entre as elites coloniais e as autoridades que representavam a metrópole; depois, entre senhores e escravos; além disso, entre proprietários e despossuídos; e, mais concretamente, entre os comerciantes metropolitanos e as elites coloniais. Era inevitável que os interesses dos colonos se chocassem com os da metrópole, cuja única preocupação era lucrar com os monopólios e a arrecadação de impostos" (*História do Brasil: uma interpretação*, São Paulo, Editora 34, 2015, p. 250).

7 Heitor Ferreira Lima, *História político-econômica e industrial do Brasil*, cit., p. 126.

8 Nelson Werneck Sodré, *Formação histórica do Brasil*, cit., p. 171-2.

9 Ibidem, p. 172.

Não custa lembrar que pouco antes de a família real aportar no Brasil, a colônia exportara 44 mil caixas de açúcar, 70 mil sacas de algodão, 90 mil arrobas de café, 800 mil arrobas de cacau, 24 mil couros de boi, 6 mil sacas de arroz e 5.600 arrobas de anil, sem contar outros produtos, como tabaco, pau de tinturaria, madeira de construção, salsaparrilha, copaíba e goma. Em 1799, as exportações brasileiras (incluindo o ouro), totalizaram 26 milhões de pesos. Além disso, se entre 1796 e 1800 as exportações de Portugal resultaram em 48.281.000 cruzados (o equivalente a 1 milhão de libras anuais), no interregno de 1796 a 1807, nas relações entre a colônia e a metrópole, o intercâmbio comercial foi claramente favorável ao Brasil[10]. No que concerne ao açúcar, Dauril Alden apresenta estimativas que sugerem que as exportações desse produto em 1790 teriam sido de 11.500 a 12.700 toneladas métricas, enquanto em 1807 teriam chegado a um número entre 23.400 e 25.000 toneladas métricas[11]. No caso do algodão, houve uma elevação contínua dos preços por causa da rápida expansão da indústria têxtil (em especial, na Grã-Bretanha e na França), assim como a demanda por fibras de alta qualidade para a produção de tecidos finos. Segundo o mesmo autor:

> para os doze anos compreendidos entre 1776 e 1807 – 1776, 1777, 1789, 1796 e 1800-1807 – temos dados suficientes para medir as exportações do algodão brasileiro para Portugal e suas reexportações. Durante esses anos, foram embarcadas para o reino 5.433.087 arrobas, mais de três quartos das quais (76,1 por cento) foram enviados para mercados estrangeiros, principalmente a Inglaterra (55,4 por cento) e a França (31,2 por cento). Entre 1781 e 1792, a parte do Brasil no mercado inglês do algodão em rama aumentou de 5,8 para mais de 30 por cento. Por volta de 1800, o algodão representa 28 por cento do valor das reexportações portuguesas de produtos oriundos do Brasil, em comparação com 57 por cento do açúcar e apenas 4 por cento do fumo.[12]

Por outro lado, é possível verificar, a partir de cifras apresentadas por J. F. Normano, a dinâmica das importações inglesas em relação ao Brasil e aos Estados

[10] Ver Heitor Ferreira Lima, *História político-econômica e industrial do Brasil*, cit., p. 116-8. O comércio entre Portugal e Brasil, naquele período, apresentou em média, em relação a este último, uma exportação superior a £ 3.000.000 e, especificamente em 1801, a exportação se elevou a £ 4.000.000 (ver Roberto C. Simonsen, *História econômica do Brasil (1500-1820)*, São Paulo, Companhia Editora Nacional, 1978, p. 431). Já Victor Viana afirma que "o comércio de exportação do Brasil foi nos fins do século XVIII a 1808 de cerca de 13.000:000$ anuais na moeda portuguesa da época, e a importação, monopólio excessivo da metrópole, foi de cerca de 10.000:000$ anuais. Assim o saldo da balança mercantil era grande, mas o que dele ficava boa parte ia com os impostos e recursos de funcionários, comissários e residentes" (*Histórico da formação econômica do Brasil*, Rio de Janeiro, Imprensa Nacional, 1922, p. 187).

[11] Ver Dauril Alden, "O período final do Brasil Colônia: 1750-1808", em Leslie Bethell (org.), *História da América Latina: América Latina colonial* (São Paulo/Brasília, Edusp/Fundação Alexandre de Gusmão, 1999), p. 560.

[12] Ibidem, p. 569.

Unidos em um período mais específico, entre 1800 e 1807 (mais auspicioso, em termos de vendas, para o segundo). No primeiro ano assinalado, a Grã-Bretanha importou da colônia sul-americana 30.593 sacas de algodão e 40.342 dos Estados Unidos; em 1801, houve crescimento, resultando na compra de 37.900 sacas dos brasileiros e 51.447 dos norte-americanos; um aumento significativo no ano seguinte nas importações, que foram, no primeiro caso, a 72.660 sacas e, no segundo, a 105.187; em 1803, o número declinou para 70.263 e 103.063, respectivamente; em 1804, uma diminuição ainda mais acentuada no caso brasileiro, 45.739 sacas, e menor para os estadunidenses, 102.174 sacas; em 1805, houve um leve incremento em relação ao Brasil, com a aquisição de 52.141 sacas, e mais forte em relação aos Estados Unidos, nesse caso, 122.078 sacas; em 1806, houve novamente um descenso nas importações do algodão brasileiro, equivalentes a 47.802 sacas, em contraposição a mais uma elevação nas compras dos Estados Unidos: 124.092 sacas; e então, em 1807 (portanto, pouco antes da transferência da corte para o Brasil), as importações inglesas daquele produto da colônia portuguesa foram equivalentes a 18.981 sacas, enquanto dos Estados Unidos os britânicos adquiriram 171.267 sacas no mesmo ano[13]. De qualquer forma, a lavoura de algodão continuaria um setor de "acentuada intensidade" até o ano da proclamação da Independência do Brasil[14].

O território brasileiro, de mais de 8,5 milhões de quilômetros quadrados, apresentava longas distâncias entre os núcleos urbanos e baixa densidade demográfica, contando com aproximadamente 3 milhões de habitantes[15] (dos quais, em 1800,

[13] Ver J. F. Normano, *Evolução econômica do Brasil* (São Paulo, Companhia Editora Nacional, 1945), p. 43.

[14] Ibidem, p. 44.

[15] De acordo com Victor Viana, "a divisão da população pelas Províncias [sic] era mais ou menos a seguinte, nos princípios do século XIX: Rio de Janeiro, 570.000; Bahia, 850.000; Pernambuco, 550.000; Minas, 480.000; S. Paulo, 253.000; Rio Grande do Sul, 90.000; Mato Grosso, 60.000; Ceará, 150.000; Rio Grande do Norte, 23.000; Maranhão, 180.000, e Pará, 260.000" (*Histórico da formação econômica do Brasil*, Rio de Janeiro, Imprensa Nacional, 1922, p. 173). José Gabriel de Lemos Brito, por sua vez, diz que "a população do Brasil orçava, conforme o cálculo dos bispos, em 1798, em 2.850.000 almas. Daí o cômputo geral que nos apresentam os escritores, de 3 milhões a 3.300.000 de habitantes, em 1808" (*Pontos de partida para a história econômica do Brasil*, São Paulo/Brasília, Companhia Editora Nacional/Instituto Nacional do Livro, 1980, p. 274). O mesmo autor afirma que a população das "capitanias de primeira classe" estava distribuída por Minas Gerais, com 611 mil habitantes; Bahia, com 530 mil; Pernambuco, com 480 mil; e Rio de Janeiro, com 380 mil. Sendo assim, "ficava apenas um milhão para São Paulo, Pará, Maranhão e demais capitanias do norte e do sul do país" (ibidem, p. 275). Já Dauril Alden informa, em relação à população brasileira que, em torno de 1800, Minas Gerais (1805) possuía 407.004 habitantes; Pernambuco (1810), 391.986; Rio de Janeiro (1803-1810), 249.883; Bahia (1799), 247.000; São Paulo (1797), 158.450; e a população geral do Brasil seria de 2.061.657 habitantes ("O período final do Brasil Colônia", cit., p. 530). Segundo Alden, "por volta da metade da década de 1770, Salvador era mais populosa que qualquer cidade da América colonial inglesa, exceto Filadélfia

cerca de 50% eram negros, 30% brancos e 20% índios e mestiços) e dispunha de meios de comunicação insatisfatórios – e muitas vezes precários – como navegação hidrográfica e transporte marítimo pelo litoral ou via terrestre (nesse último caso, os traslados sendo realizados por caminhos acidentados, estreitos e inseguros). Ainda assim, esse complexo, apesar de todas as debilidades, seria fundamental para a integração do Brasil e a consolidação do povoamento nas regiões mais afastadas. Afinal, entre os séculos XVII e XIX, "o esforço de penetrar pelo extenso território colonial à procura de metais preciosos definiu rotas e possibilitou aperfeiçoamentos dos materiais de transporte"[16], sendo representativas do "desenvolvimento" no setor as tropas de animais cargueiros e as monções de povoado.

A maior parte das pessoas vivia ao longo da faixa costeira (que se estendia por 6 mil quilômetros). Na região amazônica, os moradores se fixavam nas proximidades dos rios. Na *hinterland* do Nordeste, a concentração se dava em torno das fazendas de criação de gado. Já no Sul, os ajuntamentos de maior destaque se encontravam em seu extremo, nas áreas dos estancieiros, que também se dedicavam aos rebanhos bovinos. O comércio interno de gado, de fato, deve ser assinalado aqui por sua relevância para os moradores da colônia[17]. Por outro lado, aqueles que trabalhavam no setor mineiro ocupavam áreas específicas de Minas Gerais, Goiás e Mato Grosso. Como diria um autor conhecido, o Brasil na época da chegada da corte "não era ainda um país organizado, porque consistia apenas em um grande

---

(população de 40 mil em 1775), e mais do que Bristol, Liverpool, Birmingham ou Manchester. Recife, apenas a quarta cidade mais populosa do Brasil, tinha então mais habitantes do que Boston (25 mil em 1775), a terceira cidade mais povoada da América inglesa, e é bastante provável que Rio de Janeiro fosse mais populoso que a pré-revolucionária Nova York (25 mil habitantes em 1775). Na virada do século, o Rio estava crescendo a uma impressionante proporção de 9,2 por cento ao ano" (ibidem, p. 533).

[16] Guilherme Grandi, "Transportes e planos de viação no Brasil imperial", *Revista USP*, n. 132, 2022, p. 104.

[17] Frédéric Mauro lembra que, no início do século XIX, três grandes zonas de gado se destacavam: o Nordeste (especialmente o sertão), que representava 1 milhão de quilômetros quadrados e abastecia em animais e carne toda a zona costeira e açucareira ao norte da Bahia; Minas Gerais (especialmente o sul da capitania), em que a atividade mineira cria um mercado consumidor de leite, carne e animais de carga, vendendo também carne e laticínios para Rio e São Paulo, com uma técnica superior à do Nordeste (construções que se assemelhavam aos estabelecimentos agrícolas franceses, pastagens fechadas e melhoradas pelo processo de divisão das terras em porções para semeá-las, alimentação dos animais bem cuidada); e Rio Grande do Sul (além de Santa Catarina e Paraná, na época, parte de São Paulo), que contava com extensões abertas nas extremidades dos vastos planaltos e, no fim do século XVIII, tinha 539 estancieiros em um ambiente mais favorável, ainda que o rendimento fosse fraco (metade do rendimento do Rio da Prata), mas incluía produção de manteiga e criação de cavalos, alimentando o grande mercado de Sorocaba (próximo a São Paulo) e, a partir daí, todo o centro do Brasil. Ver Frédéric Mauro, *História econômica mundial (1790-1970)* (trad. Lincoln Penna, Rio de Janeiro, Zahar, 1973), p. 137-8.

número de povoados, num vasto território, embora não mais isolados, não obstante as comunicações serem ainda difíceis entre si"[18].

Não é demais recordar, por sua vez, o enfraquecimento do papel de Portugal, uma "metrópole subdesenvolvida e dependente"[19] no cenário internacional ("do começo do século XVIII é a total integração da economia portuguesa na área britânica")[20], um país, nas palavras do historiador Leslie Bethell, "economicamente atrasado, culturalmente isolado, com recursos naturais limitados e modesto poderio militar e naval"[21]. Por isso, sua capacidade para manter um aparato bélico moderno, eficiente e grande o suficiente para controlar um império de tamanhas dimensões mostrava-se limitada[22]. Ainda assim, o mesmo autor lembra que "o crescimento das exportações agrícolas do Brasil em volume e em valor durante o último quarto do século XVIII, e mais intensamente a partir de meados da década de 1790, foi o maior fator individual da manifesta prosperidade de Portugal no início do século XIX"[23]. Afinal, aquela nação atuará como um intermediário privilegiado entre a colônia e o mercado consumidor europeu. Bethell também comenta:

> no período de 1791-1807, o comércio de Portugal com o resto do mundo registrou superávits todos os anos, com exceção de dois; e a partir de 1798, esses superávits se tornaram ainda mais notáveis na balança comercial com a Inglaterra. A produção brasileira, constituída especialmente de açúcar e algodão, era responsável por

---

[18] J. F. Normano, *Evolução econômica do Brasil* (São Paulo, Companhia Editora Nacional, 1945), p. 9-10.

[19] Leslie Bethell, "A Independência do Brasil", em *História da América Latina: da independência até 1870* (trad. Geraldo Gerson de Souza, São Paulo/Brasília, Edusp/Fundação Alexandre de Gusmão, 2001), p. 192.

[20] Tulio Halperin Donghi, *Historia contemporánea de América Latina* (México, Alianza, 1983), p. 66.

[21] Leslie Bethell, "A Independência do Brasil", cit., p. 187.

[22] José Gabriel de Lemos Brito critica, entre outros fatores, "o serviço de recrutamento e o pesado exército que nos cumpria suportar e manter. Deste último, diremos que devia orçar em perto de 27.000 homens, com as forças de marinha e milícias, pesando, pois, de modo espantoso sobre o organismo da colônia" (*Pontos de partida para a história econômica do Brasil*, cit., p. 276). Leslie Bethell, por seu lado, salienta que Portugal tinha "pouco poder militar. Ainda em 1800 apenas dois mil soldados regulares, *tropas de linha* ou *tropa paga*, estavam no Brasil, em comparação com os seis mil da Nova Espanha, por exemplo. Além disso, muitos oficiais eram brasileiros natos, filhos de proeminentes famílias coloniais de militares ou de latifundiários, e a massa dos soldados era recrutada na própria colônia" ("A Independência do Brasil", cit., p. 193-4). Para mais detalhes sobre o Exército e a Marinha de Portugal no Brasil nas primeiras décadas do século XIX, ver José Honório Rodrigues, *Independência: revolução e contra-revolução*, v. 3: *As forças armadas* (Rio de Janeiro, Francisco Alves, 1975), p. 43-63.

[23] Leslie Bethell, "A Independência do Brasil", cit., p. 191.

80 por cento dos produtos exportados pelas colônias portuguesas e por 60 por cento das exportações e reexportações de Portugal.[24]

O fato é que, no fim do século XVIII, entre as principais fontes de receitas da metrópole, é possível apontar os monopólios de diamante, sal, sabão e fumo[25], o quinto da coroa sobre o ouro[26], os gravames sobre exportação (orçados em mais de 40%), as rendas obtidas por meio do tráfico de escravizados, os impostos sobre a circulação interna de bens e aqueles sobre as exportações[27]. Em torno de 1800, uma "reversão fundamental" teria se processado na economia brasileira, com o setor autônomo passando a contribuir com a maior parte da renda interna. O crescimento desse setor "teria permitido até que a renda se elevasse de 22%" naquele período[28].

Vale apontar que, entre 1796 e 1806, a exportação encontrava-se em movimento ascensional. No primeiro ano indicado, por exemplo, as exportações representaram 11.600 contos de réis; em 1800, 12.600; e, finalmente, em 1806, 14.200, enquanto, em contraposição, os números das importações indicam que em 1796 foram 7.000 contos de réis; em 1800, 15.800; e em 1806, 8.500[29]. A relação apendicular das economias do Brasil, Portugal e Inglaterra, por outro lado, é comentada por Celso Furtado, que mostra que se a produção brasileira de ouro imprimiu grande dinamismo à demanda luso-brasileira de manufaturas (criando "possibilidades extraordinárias" para os produtos britânicos), esse mesmo metal se encaminhou "em sua totalidade" para a Inglaterra, permitindo que esse país acumulasse volumosas reservas internacionais, sem as quais teria tido mais dificuldade para participar das guerras

[24] Ibidem, p. 191-2. Como dizia Roberto C. Simonsen, "ao alvorecer do século XIX, a política econômica do império português repousava, em boa parte, na produção de sua colônia americana. Não importa que as verbas do orçamento do Erário Régio indicassem como rendas diretas do Brasil menos de 25%. O comércio internacional português era feito, em grande parte, com a produção brasileira" (*História econômica do Brasil (1500-1820)*, São Paulo, Companhia Editora Nacional, 1978, p. 389).

[25] O fumo chegou a fornecer naquele período, pelo sistema de arrendamento, 884 contos, quase 50% da renda da coroa, fora o ouro e os diamantes. Ver Mircea Buescu e Vicente Tapajós, *História do desenvolvimento econômico do Brasil* (Rio de Janeiro, A Casa do Livro, s. d.), p. 147.

[26] Por determinado tempo, substituído por um imposto de captação relacionado ao número de escravizados empregados. Ver idem.

[27] Segundo o historiador soviético Boris Koval, "o sal era vendido no Brasil 25 vezes mais caro do que em Portugal. O monopólio do sal deu à metrópole um lucro no valor de 710 mil libras esterlinas; um quinto do ouro extraído no Brasil, do qual se apoderaram as autoridades portuguesas, atingiu a soma de 7 milhões de libras esterlinas; 10% de imposto sobre outras mercadorias deram mais de 2,8 milhões, sem contar um milhão de libras esterlinas recebidas como imposto sobre a venda de escravos" (*História do proletariado brasileiro (1857 a 1967)*, trad. Clarice Lima Avierina, São Paulo, Alfa-Ômega, 1982, p. 49).

[28] Mircea Buescu e Vicente Tapajós, *História do desenvolvimento econômico do Brasil*, cit., p. 167.

[29] Nelson Werneck Sodré, *Formação histórica do Brasil*, cit., p. 183.

napoleônicas[30]. O fato é que, logo após a chegada da família real ao Rio de Janeiro (que fugira de Lisboa na iminência da invasão das tropas francesas comandadas pelo general Jean-Andoche Junot, por ordem de Napoleão Bonaparte)[31], o ouro desapareceu de circulação, sendo substituído por pesos espanhóis de prata, depois por moeda depreciada de cobre e, finalmente, por papel-moeda de valor instável[32].

O desenvolvimento acelerado das forças produtivas e o avanço tecnológico na Grã-Bretanha, com o impulso da Revolução Industrial, além da influência das ideias irradiadas da Guerra de Independência norte-americana e da Revolução Francesa (um recorte histórico que ficou conhecido pelos estudos de diferentes autores, como R. R. Palmer e Jacques Godechot, como "era da revolução democrática" ou "era da revolução atlântica", ou ainda, como discutido por Eric Hobsbawm em um espectro temporal distinto – de 1789 a 1848 –, apenas como "a era das revoluções")[33], podem receber crédito como fatores de suma relevância para a crise do sistema colonial do Antigo Regime (assim como as repercussões da revolta dos escravizados na ilha de São Domingos, no atual Haiti, que criou um enorme temor entre as elites dominantes do continente, inclusive do Brasil, de contágio e disseminação para outras partes da região). As ideias liberais, "democráticas", "anticolonialistas", "nacionalistas",

---

[30] Ver Celso Furtado, *Breve historia económica de América Latina* (Havana, Ciencias Sociales, 1972), p. 20. Tulio Halperin Donghi comenta: "em meados do século XVIII se deu o apogeu do Brasil do ouro, com quase cinco milhões de libras como valor total das exportações em 1760; quinze anos de decadência conduzem a um nível de três milhões em 1776; depois começa uma recuperação lenta: três milhões e meio em 1810, quatro em 1814. A recuperação se dá graças a um leque de exportações já não totalmente dominado pelo açúcar ou pelo ouro: em 1800, o primeiro é exportado por mais de um milhão, o segundo por setecentas mil; em 1814 serão exportados por 1.200.000 e 300.000, respectivamente (em contrapartida, em 1760 um total de exportações de 4.800.000 se descompõe em 2.400.000 de açúcar e 2.200.000 de ouro). O açúcar – adverte-se – nem em seus piores momentos deixou de ser o principal artigo de exportação do Brasil português" (*Historia contemporánea de América Latina*, cit., p. 67).

[31] Seriam ao todo três incursões francesas em Portugal: a primeira encabeçada pelo general Junot em 1807; a segunda em 1809, liderada pelo general Jean-de-Dieu Soult, com tropas deslocando-se da Galiza e tomando a cidade do Porto; e a terceira e última, comandada pelo general André Masséna, em 1810.

[32] Ver Caio Prado Júnior, *História econômica do Brasil* (São Paulo, Brasiliense, 1974), p. 133.

[33] Ver Robert R. Palmer, *The Age of Democratic Revolution: A Political History of Europe and America, 1760-1800*, v. 1: *The Challenge* (New Jersey, Princeton University Press, 1959); *The Age of Democratic Revolution: A Political History of Europe and America, 1760-1800*, v. 2: *The Struggle* (New Jersey, Princeton University Press, 1964); *The World of the French Revolution* (Nova York, Harper and Row, 1971); Jacques Godechot, *As revoluções (1770-1799)* (trad. Erothildes Millan Barros da Rocha, São Paulo, Pioneira, 1976); *Europa e América no tempo de Napoleão (1800-1815)* (trad. Miriam Lifchitz Moreira Leite, São Paulo, Pioneira/Edusp, 1984; "A Independência do Brasil e a revolução do Ocidente", em Carlos Guilherme Mota (org.), *1822: dimensões*, cit., p. 27-37; e Eric J. Hobsbawm, *A era das revoluções* (trad. Maria Tereza Teixeira e Marcos Penchel, São Paulo, Paz e Terra, 2012).

independentistas e republicanas[34] (ainda que recebidas e interpretadas de forma bastante particular) penetravam nas camadas letradas da sociedade colonial e levariam a tentativas separatistas radicais fracassadas em diferentes partes do Brasil, entre as quais, a Inconfidência Mineira (1789) e a Conjuração Baiana (Revolta dos Alfaiates), em 1798. Mais tarde, já no século XIX, seria a vez da Insurreição Pernambucana (1817), "o maior movimento de contestação à ordem monárquica até então ocorrido no mundo luso-afro-brasileiro, abrangendo todo o Nordeste brasileiro"[35]. Essa teria sido, segundo alguns autores, "a matriz da independência"[36]. No caso dos inconfidentes mineiros, buscava-se a emancipação e a instauração de uma "república tão livre e tão próspera quanto a América inglesa"[37], enquanto os baianos, encabeçando um movimento essencialmente urbano, pleiteavam "um governo democrático, livre e independente"[38], além de uma revolução que construísse uma nova ordem, na qual não haveria "diferença de cor branca, preta e parda"[39]. Se a revolução americana predominou na mentalidade dos insurretos no caso mineiro[40], a francesa seria a principal inspiração no projeto dos rebeldes da Bahia[41]. Já a tentativa de construir

---

[34] Para uma discussão sobre o republicanismo no Brasil naquele período, ver Heloisa M. Starling, *Ser republicano no Brasil colônia: a história de uma tradição esquecida* (São Paulo, Companhia das Letras, 2018), p. 15-7.

[35] Carlos Guilherme Mota e Adriana Lopez, *História do Brasil: uma interpretação*, cit., p. 293.

[36] Idem.

[37] Leslie Bethell, "A Independência do Brasil", cit., p. 196.

[38] Fernando A. Novais, *Portugal e Brasil na crise do Antigo Sistema Colonial (1777-1808)*, cit., p. 170.

[39] Ibidem, p. 171.

[40] Nas palavras de Kenneth Maxwell, "a Revolução Americana foi considerada especialmente pertinente porque os conspiradores mineiros viam o curso dos acontecimentos na América do Norte como apresentando uma semelhança notável com sua própria situação. [...] Sua intenção era a criação de um estado republicano e constitucional em Minas Gerais. Parlamentos deveriam ser estabelecidos em cada cidade, os quais estariam subordinados a um parlamento principal. Uma universidade deveria ser fundada em Vila Rica. Os conspiradores intencionavam a total revogação de todas as leis e códigos do passado" ("A geração de 1790 e a ideia do império luso-brasileiro", em *Chocolate, piratas e outros malandros: ensaios tropicais*, trad. Irene Hirsch et al., São Paulo, Paz e Terra, 1999, p. 162-3).

[41] O mesmo Maxwell afirma: "No clima de opinião que se seguiu à revolta de São Domingos, a descoberta de planos de uma revolta armada dos artesãos mulatos da Bahia, no decorrer de 1798, teve um impacto todo especial, pois os planos demonstravam o que os brancos pensantes já haviam começado a perceber: as ideias de igualdade social, se propagadas em uma sociedade onde apenas um terço da população era branca, seriam, inevitavelmente, interpretadas em termos raciais. O episódio baiano revelou a politização dos estratos da sociedade que mal tomaram conhecimento da conspiração mineira. Os advogados, magistrados e clérigos de meia-idade (a maior parte deles abastada, membros de irmandades racialmente exclusivas e senhores de escravos) contrastavam de forma marcante com os jovens artesãos, soldados, meeiros e mestres-escolas mulatos implicados

uma "República do Nordeste", em 1817, durou apenas dois meses e meio e, como nos outros episódios, foi rapidamente destruída. Apesar disso, na interpretação de Carlos Guilherme Mota, um conhecido estudioso do assunto, essa teria sido a primeira manifestação de maior vulto das várias rebeliões que marcariam a transição do antigo sistema colonial para os quadros do "imperialismo" britânico[42]. Mais tarde, segundo o mesmo pesquisador, viriam os motins de 1821 (que afetaram Bahia, Maranhão, Minas Gerais e Pernambuco) e os levantes do ano seguinte no Pará, Rio Grande do Norte e Pernambuco, que ajudaram a formar o "ambiente" para o "Fico" e anunciaram a eclosão das "guerras da independência"[43]. Posteriormente, em 1824, a Confederação do Equador, um movimento separatista que defendia a instauração da república, considerado um desdobramento de 1817 e visto como a "contestação mais séria ao poder central", seria abafado pelos representantes do "absolutismo unificador" do novo imperador[44]. De qualquer forma, nas palavras de Fernando A. Novais, "o movimento revolucionário acompanha, pois, na América portuguesa, o ritmo e o aprofundamento da revolução ocidental"[45].

---

na conspiração baiana. A eles interessava o tumulto social, e sua proposta era a de derrubada das estruturas existentes e a de uma sociedade igualitária e democrática, em que as diferenças de raça não seriam impedimento ao emprego e à mobilidade social. [...] Não foram os patriotas norte-americanos que deram o exemplo a João de Deus e seus companheiros. Foram os *sans-culottes*. Não foram as amenidades constitucionais dos EUA que os inspiraram. Foram as palavras de ordem da turba parisiense" ("A geração de 1790 e a ideia do império luso-brasileiro", cit., p. 167-8).

42 Carlos Guilherme Mota, *Nordeste 1817: estruturas e argumentos* (São Paulo, Perspectiva/Edusp, 1972), p. 15.

43 Idem.

44 Idem. Segundo Nelson Werneck Sodré, "não tendo, entretanto, a independência, feita como foi, resolvido a maioria dos problemas essenciais do país, era natural que eles continuassem a provocar situações de inquietação constante, repontando em rebeldias e motins, sob pretextos e motivos mais diversos. [...] A Confederação do Equador, dois anos depois de proclamada a independência, sacudindo as províncias do nordeste, abeberava-se em fontes republicanas, indicando como a solução monárquica fora, entre nós, meramente circunstancial, sem raízes e sem tradição" (*Formação da sociedade brasileira*, Rio de Janeiro, José Olympio, 1944), p. 269.

45 Fernando A. Novais, *Portugal e Brasil na crise do Antigo Sistema Colonial (1777-1808)*, cit., p. 171. Também vale acrescentar aqui o apontamento de Carlos Guilherme Mota, quando fala da "passagem" do antigo sistema colonial para um "sistema mundial de dependências", lembrando a opinião de José Honório Rodrigues sobre o momento em questão, segundo o qual o regime vigente anteriormente teria permanecido no Brasil "com o absolutismo do regime imperial, com a legislação arcaica, com a relativa imobilidade administrativa, com a alienação das elites, com a fragilidade da conjuntura e a estabilidade da estrutura, imutável e incapaz de atender às necessidades nacionais". Em outras palavras, o período colonial e seus resquícios seriam responsáveis por determinar todo o subdesenvolvimento registrado nos anos que se seguiram. Ver Carlos Guilherme Mota, "Preliminar às dimensões", em *1822: dimensões*, cit., p. 10. Ver também José Honório Rodrigues, *Independência: revolução e contra-revolução*, v. 5: *A política internacional* (Rio de Janeiro, Francisco Alves, 1975), p. 249.

Apesar disso, é preciso atentar para o uso no período de conceitos como "liberalismo" e "nacionalismo", que devem ser vistos com restrições e com o devido distanciamento histórico. Afinal, os movimentos rebeldes no Brasil tinham, essencialmente, caráter local ou regional e eram em grande medida "antimetropolitanos", expressando uma luta contra privilégios e monopólios lusitanos. A ideia de nacionalidade brasileira, portanto, ainda era difusa e não consolidada. O liberalismo, por sua vez, significava "a liquidação dos laços coloniais"[46]. O principal objetivo dos "liberais" era retirar as barreiras e regras comerciais erigidas por Portugal e possibilitar o livre comércio. Não havia, por certo, nenhuma intenção de alterar a estrutura fundiária ou eliminar a nefasta instituição da escravidão. Em outras palavras, se falamos aqui de necessidades de mudanças no plano comercial e administrativo, mais difícil é verificar alterações na estrutura produtiva, que deveria se manter, em boa medida, inalterada. Nesse sentido, portanto, a grande propriedade fundiária, com mão de obra escravizada e cultivo de produtos agrícolas para atender às necessidades do mercado europeu, permaneceria intocada. Sendo assim, a classe de grandes proprietários rurais, ligada aos setores dinâmicos e orgânicos da economia brasileira de exportação, "estava interessada no comércio livre, mas não [estava] interessada no trabalho livre"[47]. Ou, como bem expressou Emília Viotti da Costa, "a crítica ao sistema colonial corresponde às mudanças nas relações políticas e comerciais entre metrópole e colônia. Não implica, entretanto, na mudança de estrutura básica da produção colonial que ao capitalismo industrial convinha manter nas grandes linhas"[48]. Em última instância, "a escravidão constituía o limite do liberalismo no Brasil"[49]. Afinal, haveria uma íntima identidade entre o monarca instalado no Rio e os senhores de terra locais. Isso significa que seria difícil adotar "em toda sua extensão" os princípios do liberalismo econômico, que entravam em conflito com as bases políticas e sociais que davam sustentação à coroa. As contradições inerentes ao próprio sistema em funcionamento no Brasil eram nítidas e não seriam solucionadas a curto prazo. A escravidão, portanto, permaneceria por várias décadas[50]. Para garantir sua manutenção, seria sempre invocado o direito de propriedade.

---

46 Ver Emília Viotti da Costa, "Introdução ao estudo da emancipação política do Brasil", em Carlos Guilherme Mota (org.), *Brasil em perspectiva*, cit., p. 93. Da mesma autora, ver também *Da Monarquia à República: momentos decisivos* (São Paulo, Ed. Unesp, 1999), p. 131-8.

47 Nelson Werneck Sodré, *Formação histórica do Brasil*, cit., p. 173.

48 Emília Viotti da Costa, "Introdução ao estudo da emancipação política do Brasil", cit., p. 69.

49 Ibidem, p. 92.

50 Para Luís Carlos Lopes, "a presença no Brasil da família real, a Independência e o governo de D. Pedro I foram alavancas propulsoras do escravismo. [...] Entre 1808 e 1831, o estatuto político colonial foi rompido e iniciou-se o processo de organização do Estado nacional. Entretanto, a formação social escravista perdurou inalterada. Depois de 1822, apesar da Independência, os mecanismos de funcionamento de nossa economia (modo de produção escravista colonial) [sic]

A chegada da corte portuguesa ao Brasil, por sua vez, representaria, de fato, "senão juridicamente, mas do ponto de vista administrativo e econômico, o fim do sistema colonial entre nós"[51] e seria "o precursor imediato da independência do Brasil"[52], um evento fundamental que serviria para acelerar o processo que se concluiria alguns anos mais tarde[53] (de 8 mil a 15 mil pessoas, em diversos navios, partiram de Lisboa, trazendo metade do dinheiro em circulação no reino; ou seja, de 80 milhões a 200 milhões de cruzados do tesouro foram levados pela frota na ocasião, o que equivalia a 22 milhões de libras esterlinas)[54]. A vinda da coroa pode ser considerada, com efeito, o marco inicial de um período no qual distintos entraves coloniais seriam retirados, enquanto os rudimentos econômicos estruturais para um ulterior progresso interno seriam erigidos. Outros veriam o acontecimento como "a segunda grande ruptura do sistema colonial no império português"[55], o que prometeu aliviar a economia britânica da pressão estagnante do bloqueio continental e da crise comercial com os Estados Unidos, "abrindo aos seus produtos não só o mercado brasileiro como o de toda a América do Sul"[56]. Mesmo Astrojildo Pereira consideraria que todos os episódios da Independência até 1822 (ou mesmo até 1831) ficariam subordinados e seriam consequência daquele ato básico, "expressão de uma solução de continuidade histórica no regime até então predominante"[57]. Já o Sete de Setembro propriamente dito se caracterizaria como um acontecimento bastante secundário e significaria o advento no Brasil da classe burguesa, já dominante no mundo[58]. O historiador Nelson Werneck Sodré, por seu

continuaram a existir ainda com mais empenho" (*O espelho e a imagem: o escravo na historiografia brasileira (1808-1920)*, Rio de Janeiro, Achiamé, 1987, p. 24-5).

[51] Heitor Ferreira Lima, *História político-econômica e industrial do Brasil*, cit., p. 131.

[52] Caio Prado Júnior, *História econômica do Brasil*, cit., p. 127.

[53] Já o historiador José Honório Rodrigues teria uma opinião distinta. Para ele, "a vinda da Corte não acelerou o desenvolvimento político brasileiro, foi antes seu principal freio, pois conseguiu travar a cadeia sucessiva de manifestações revolucionárias dos últimos trinta anos" (*Independência: revolução e contra-revolução*, v. 5, cit., p. 215).

[54] Alan K. Manchester diz que foram 36 navios (*Preeminência inglesa no Brasil*, trad. Janaina Amado, São Paulo, Brasiliense, 1973, p. 71). Já Leslie Bethell indica "oito ou nove navios de linha, oito navios de guerra menores e trinta navios mercantes portugueses" ("A Independência do Brasil", cit., p. 201). Frédéric Mauro, por sua vez, fala em vinte navios, além de navios de comércio e navios de guerra ingleses (*História do Brasil*, trad. Rolando Roque da Silva, São Paulo, Difel, 1974, p. 56). E Roberto C. Simonsen fala em dezesseis navios (*História econômica do Brasil (1500-1820)*, cit., p. 392).

[55] Luiz Toledo Machado, *Formação do Brasil e unidade nacional* (São Paulo, Ibrasa, 1980), p. 33.

[56] Idem.

[57] Astrojildo Pereira, "O centenário", em *Construindo o PCB (1922-1924)* (São Paulo, Ciências Humanas, 1980), p. 43.

[58] Idem.

lado, apresentaria a Independência como um *processo* que, tanto no nível político quanto no administrativo, se desenvolveu do fim do século XVIII até a segunda metade do século XIX, ampliando, assim, o escopo temporal e indo além do recorte cronológico tradicional[59], mas não a consideraria uma "revolução" (segundo ele, a "autonomia brasileira" em nada se assemelhava à norte-americana, que fora de fato uma revolução, e, portanto, o nosso caso não poderia ser qualificado como tal)[60]. Para ele, a Independência, que teria ficado no meio do caminho, demoraria vários anos para se consolidar e estaria inserida tanto no contexto regional da América Latina (especialmente da região platina) como naquele mais amplo, internacional, relacionado à sua posição de dependência em relação aos interesses capitalistas ingleses[61]. Outro autor marxista, Dario Canale, discutirá a chegada da família real em 1808 como o início de uma fase de dependência direta do Brasil em relação à Grã-Bretanha e também como o começo de uma "revolução de cima", orientada pela coroa e controlada pelo "imperialismo" britânico, que consistiria em uma aliança entre a nobreza da metrópole e os latifundiários locais. Sendo assim, o caráter de "revolução pelo alto" seria a principal diferença entre o processo de independência do Brasil e o de grande parte das demais colônias no continente[62].

Como se pode perceber, as abordagens sobre o processo da independência são variadas, com análises que se distanciam dos estudos tradicionais e conservadores sobre o tema[63]. Pesquisadores contemporâneos se debruçaram sobre os

---

59 Nelson Werneck Sodré, *Capitalismo e revolução burguesa no Brasil* (Belo Horizonte, Oficina de Livros, 1990), p. 92.

60 Idem, *História e materialismo histórico no Brasil* (São Paulo, Global, 1985), p. 38. Em livro da década de 1940, Sodré diria que "a independência brasileira não teve [...] nenhum caráter revolucionário, nem alterou, de maneira sensível, o quadro social, nem mesmo as relações da produção. [...] O processo de emancipação, na realidade, acabou podado, irremediavelmente, de tudo aquilo que poderia fazer dele uma revolução autêntica, capaz de alterar os quadros políticos, ligada a novas forças, que já iam surgindo, na intimidade social do país" (*Formação da sociedade brasileira*, cit., p. 267-8).

61 Ver Ivan Ducatti, "As razões da Independência", em Marcos Silva (org.), *Dicionário crítico Nelson Werneck Sodré* (Rio de Janeiro, Ed. UFRJ, 2008), p. 357-60.

62 Ver Dario Canale, *O surgimento da seção brasileira da Internacional Comunista (1917-1928)* (São Paulo, Anita Garibaldi/Fundação Maurício Grabois, 2013), p. 44-5.

63 Nesse caso, estudos de autores como Francisco Adolfo de Varnhagen e Manuel de Oliveira Lima, entre outros. Ilana Blaj afirma que, "para Varnhagen, a colonização não significa um processo de exploração por parte da metrópole portuguesa, mas esta é a responsável pelo próprio desenvolvimento e pela civilidade de sua colônia, vista enquanto província-irmã do Império português. A própria independência é encarada como fruto do desprendimento metropolitano e a construção do Estado nacional, na visão do autor, teria que ser um processo necessariamente homogêneo, ordenado, onde o Estado, na figura dos imperadores da casa de Bragança e, através da ação de suas elites, seria o construtor da Nação integrando, gradativamente, a população em um processo civilizatório orgânico" ("O marxismo na historiografia brasileira: um olhar inovador",

aspectos de "continuidade" e "ruptura", de "independência" e "dependência", e o caráter "revolucionário" e "contrarrevolucionário" da nossa emancipação política. Caio Prado Júnior, por exemplo, em *Evolução política do Brasil* (publicado originalmente em 1933), "considerada senão cronologicamente ao menos qualitativamente, a primeira obra historiográfica a analisar a sociedade brasileira do ponto de vista do materialismo histórico, ou da interpretação materialista"[64], discutirá a relação entre "continuidade" e "descontinuidade" ao longo da nossa história em um estudo que procurava, especialmente a partir da análise da correlação de práticas econômicas entre as diferentes áreas do território brasileiro, apresentar a Independência como uma "revolução", ainda que incompleta (seu livro de estreia ganhou até mesmo um capítulo com esse título). O autor de *O mundo do socialismo* mostrou que as divergências de interesses entre a metrópole e a colônia se agudizariam no século XVIII e levariam a um acirramento do controle lusitano, com a autonomia das elites regionais brasileiras sendo restringida por posturas autoritárias de Portugal que tolhiam a ação dos habitantes locais. As contradições entre brasileiros e portugueses se intensificariam e desembocariam na emancipação política, analisada dentro de um interregno alongado de 1808 à década de 1830 (com reflexos até 1850), enquanto, concomitantemente, se elaborava uma identidade política a partir do prisma das elites, o qual não negava a ordem, mas na prática a reforçava[65], uma situação singular, em que "a independência é promovida pelos grupos que já detinham o poder, que já ocupavam postos no Estado; daí, inclusive, o seu caráter conservador"[66] e

em Osvaldo Coggiola (org.), *Marx e Engels na história*, São Paulo, Xamã, 1996, p. 77). Para uma discussão sobre a obra de Varnhagen, ver José Carlos Reis, *As identidades do Brasil*, v. 1: *De Varnhagen a FHC* (Rio de Janeiro, Ed. FGV, 2007), p. 23-50. Já *O movimento de independência (1821/1822)*, de João Manuel de Oliveira Lima, por exemplo, explicitou um esforço para conciliar, a seu modo, a monarquia (que, em sua visão, não teria tido "traços aristocráticos" e "antipopulares") com o regime republicano, sendo descrita como uma "democracia coroada". A Independência, nesse caso, seria apresentada como um "desquite amigável" (resultado de uma elaboração política da corte instalada no Brasil, especialmente de D. João). Ou seja, em última instância, seria uma "transformação política com a conservação da ordem". Para Lima, a Independência teve o caráter de uma "transação" entre o elemento nacional mais avançado (que, segundo ele, teria preferido substituir a "velha supremacia portuguesa" por um regime republicano) e o "elemento reacionário" lusitano, uma transação que foi estabelecida sobre a base da permanência da dinastia Bragança encabeçando um império "constitucional e democrático". Ver João Manuel de Oliveira Lima, *O império brasileiro (1821-1889)* (São Paulo, Melhoramentos, 1962), p. 11. Uma crítica dura à historiografia brasileira, especialmente relacionada à escravidão, mas que discute também aspectos do período da independência, pode ser encontrada no livro de Luís Carlos Lopes, *O espelho e a imagem: o escravo na historiografia brasileira (1808-1920)*, cit.

64 Maria Iracema Silva, "Marxismo e historiografia brasileira: uma abordagem possível", em Osvaldo Coggiola (org.), *Marx e Engels na história*, cit., p. 67.

65 Ilana Blaj, "O marxismo na historiografia brasileira: um olhar inovador", cit., p. 82.

66 Idem.

que envolvia a exclusão das massas populares na consolidação do Império, o que exemplificaria um caso de "descontinuidade" no plano político e de "continuidade" no que concerne aos alicerces econômicos, sociais e institucionais herdados do período colonial (como a própria escravidão), elementos que desempenhariam um papel relevante na manutenção da unidade do país em construção. Já o Estado não teria surgido de forma horizontal, a partir das demandas e aspirações dos setores subalternos, mas reproduziu, em grande medida, a monarquia portuguesa instalada aqui, constituindo uma experiência que "não comportava naturalmente uma estrutura política democrática e popular"[67]. Como lembra Maria Iracema Silva, se remetendo aos comentários do próprio autor, as forças produtivas coloniais e a infraestrutura econômica haviam chegado a um "estágio avançado" ao qual não correspondia mais a superestrutura do Brasil colônia, o que levou ao esgotamento do modelo que "num primeiro momento supriu as necessidades e os interesses das classes dominantes coloniais"[68], mas que, "exatamente pela dinâmica do próprio sistema que propiciou uma evolução econômica, causa o rompimento entre as classes que outrora se entendiam perfeitamente"[69]. A saída seria uma independência que pudesse conter os setores populares e prevenir, ao mesmo tempo, um embate direto e violento com Lisboa, resguardando os interesses do Brasil e da antiga metrópole[70]. Caio Prado Júnior diria que

> outro efeito da forma pela qual se operou a emancipação do Brasil é o caráter de "arranjo político", se assim nos podemos exprimir, de que se revestiu. [...] Resulta daí que a Independência se fez por uma simples transferência pacífica de poderes da metrópole para o novo governo brasileiro. E na falta de movimentos populares, na falta de participação direta das massas neste processo, o poder é todo absorvido pelas classes superiores da ex-colônia, naturalmente as únicas em contato direto com o Regente e sua política. Fez-se a Independência praticamente à revelia do povo; e se isto lhe poupou sacrifícios, também afastou por completo sua participação na nova ordem política. A Independência brasileira é fruto mais de uma classe que da nação tomada em conjunto.[71]

Por outro lado, José Honório Rodrigues (segundo alguns, o sucessor natural de uma linhagem que começa com Varnhagen e passa por Capistrano de Abreu e,

---

67 Caio Prado Júnior, citado em Maria Iracema Silva, "Marxismo e historiografia brasileira: uma abordagem possível", cit., p. 67.

68 Ibidem, p. 70.

69 Idem.

70 Idem.

71 Caio Prado Júnior, *Evolução política do Brasil e outros estudos* (São Paulo, Brasiliense, 1966), p. 45. Carlos Guilherme Mota e Adriana Lopez, por sua vez, diriam que, no processo de Independência, "as lutas contra os adversários do novo Império contaram com ampla participação popular" (*História do Brasil: uma interpretação*, cit., p. 309).

para outros, um intelectual que sempre professou a fé liberal, mas que poderia ser inserido "na vertente do pensamento neojacobino brasileiro")[72] publicou na década de 1970 seu *Independência: revolução e contra-revolução*, em cinco volumes, obra calcada em amplo material bibliográfico e documental[73] e cujo enredo era "a busca e a conquista da liberdade"[74]. Rodrigues analisa especialmente a década de 1820, defendendo o argumento de que o processo ocorrido no Brasil teve um caráter "cruento" (e não o de um "desquite ou separação amigável", como afirmou Oliveira Lima em *O movimento da Independência*, postulado que seria, para Rodrigues, "uma deformação histórica")[75] e que foi "uma guerra maior que a de muitas independências da América, na durabilidade e na mobilização de forças"[76]. Ainda assim, esse processo

---

[72] Ver Nelson Werneck Sodré, *História e materialismo histórico no Brasil*, p. 37; e Carlos Guilherme Mota, "José Honório e nós", em Lêda Boechat Rodrigues (org.), *José Honório Rodrigues: ensaios livres* (São Paulo, Imaginário, 1991), p. x e xii. Evaldo Cabral de Mello, por sua vez, criticando a historiografia tradicional realizada por Varnhagen, Oliveira Lima, Tobias Monteiro e Otávio Tarquínio de Souza, afirma que "a despeito das qualidades de erudição ou de narração destas obras, o filão esgotou-se, como demonstra o mais recente trabalho de conjunto a inscrever-se nesta tradição, o de José Honório Rodrigues, prejudicado, entre outras carências, pela inclinação a encarar a emancipação consoante critérios nacionalistas de meados do século XX". Ver Evaldo Cabral de Mello, *A outra Independência: o federalismo pernambucano de 1817 a 1824* (São Paulo, Editora 34, 2004), p. 11.

[73] Os cinco volumes tentam discutir diferentes aspectos da independência do Brasil. O primeiro volume trata da evolução política, analisando as ideologias, a revolta de 1820, a situação das cortes portuguesas entre 1821 e 1822, a imprensa durante o processo de independência e a situação das províncias naquela época. O segundo, por sua vez, mostrará a economia e a sociedade, ou seja, a situação financeira e econômica nacional e provincial, assim como aspectos "raciais" e de "classe" da população brasileira naquele período. Em seguida, o terceiro tomo falará do papel das Forças Armadas nesse processo. Já o volume quatro dará detalhes sobre os principais personagens políticos da Independência, ou seja, a liderança nacional, e o papel do "povo" naquele momento. Finalmente, o quinto e último volume dará ênfase à política internacional, assim como aos custos da Independência, seu caráter revolucionário e contrarrevolucionário, o sentido e os efeitos da Independência e a historiografia sobre o tema.

[74] José Honório Rodrigues, *Independência: revolução e contra-revolução*, v. 1: *A evolução política* (Rio de Janeiro, Francisco Alves, 1975), p. xv.

[75] Idem, *Independência: revolução e contrarrevolução*, v. 3, cit., p. 15 e 155.

[76] Idem, *Independência: revolução e contra-revolução*, v. 1, cit., p. xv. José Honório Rodrigues chegaria a dizer que "nenhuma guerra da independência, em toda a América, mesmo a norte-americana, mobilizou tantos homens quanto a da Independência no Brasil. Basta lembrar os números para confirmar a verdade da tese, que desmente o mito de uma independência sem sangue, de uma separação entre pai e filho, de um desquite amigável, que a historiografia áulica e oficial sustentou para agradar a princípio à família real e depois às minorias dominantes, que escureceram a história para proveito próprio. Na Bahia, segundo os cálculos mais contidos, havia 13.000 homens da Bahia, de Pernambuco, de todo o Nordeste, do Rio de Janeiro, que venceram o general Madeira; no Rio de Janeiro, para expulsar as forças de Ávilez, reuniram-se entre 8 e 10 mil homens, cariocas na maior parte, mas também paulistas e mineiros, no Campo de Santana

não significou ruptura, mas continuidade de uma ordem discriminatória contra determinados grupos e, ao mesmo tempo, de privilégios de outros[77]. A chamada "guerra da independência" poderia (e deveria) ter sido uma "revolução" de fato, que serviria para estabelecer os parâmetros da nossa nacionalidade a partir de uma base popular e liberal, mas foi capturada pelas elites locais, que acabaram por conduzir os acontecimentos em função de seus interesses[78]. Durante a Regência teria ocorrido uma "evolução nacionalista", que se acentuou e acelerou a marcha da emancipação política[79]. Apesar disso, a "nação" teria sido "fundada" à imagem das elites, com a derrota e o afastamento dos que efetivamente se empenharam na luta, inclusive o próprio "povo", que, nesse caso, teria desempenhado um papel decisivo, assim como os militares, "irmanados" com ele. Nesse sentido, a independência poderia ser vista como uma revolução, ainda que não liderada por D. Pedro I, o qual, pelo contrário, representou, em última instância, o elemento de sua contenção (inclusive por meio da demissão e do banimento de José Bonifácio)[80]. O imperador, na verdade, teria sido o promotor de uma contrarrevolução que começou em 1824 e teve seu desfecho em

---

[Campo da Aclamação de 1822, da Honra de 1831 e Praça da República hoje]; no Maranhão, pernambucanos, cearenses, piauienses formaram um corpo que chegou no auge a dezoito mil homens, que derrotaram Fidié. Se Bolívar, em 1824, chegou a comandar 9.000 homens, entre colombianos e peruanos; se San Martín, em 1817, contou com 8.000 homens; se o máximo de força do exército de Washington, no verão de 1776, foi de 18.000 homens, as forças brasileiras em luta, na Bahia e no Maranhão, ou mobilizadas no Rio de Janeiro, ultrapassaram qualquer destas cifras" (*Independência: revolução e contra-revolução*, v. 5, cit., p. 228).

77 Idem.

78 Segundo Rodrigues, "a Guerra da Independência não modificou a estrutura econômica nem as relações sociais, e por isso ela não foi uma revolução completa" (ibidem, p. 170). Ele também afirma que "a elite brasileira da independência constituía a maioria dos talentos do Reino, e era capaz de guiar o país, sem ajuda metropolitana, para novos rumos. Toda ela, ou quase toda, pertencia à sua aristocracia rural ou à burocracia, e por isso mesmo, pelos seus interesses, ela nunca desejaria, nem facilitaria o rompimento total com a metrópole, nem o fim da espoliação nacional ou a vitória do povo, enfim nunca teria a consciência e a coragem de fazer da Independência uma verdadeira revolução" (*Independência: revolução e contra-revolução*, v. 4: *A liderança nacional*, Rio de Janeiro, Francisco Alves, 1975, p. 117).

79 Ibidem, p. 194.

80 Idem, *Independência: revolução e contra-revolução*, v. 1, cit., p. xv. Caio Prado Júnior afirmaria que o papel representado por D. Pedro "é todo ocasional". Segundo ele, "regente do Brasil com a partida de D. João, pôde ele com toda facilidade levar adiante os planos do 'partido brasileiro' e realizar a separação do país. Constituiu-se assim um mero instrumento das reivindicações nacionalistas, e a tais circunstâncias fortuitas deveu o trono do novel império" (*Evolução política do Brasil e outros estudos*, cit., p. 45). E Manoel Bomfim comentou: "Se tivéramos história realmente brasileira, Pedro I só poderia ser evocado, em consagração da nacionalidade, como fator da reação nacional que lhe abriu as portas de saída; como o drástico benefício num organismo intoxicado" (*O Brasil na história: deturpação das tradições, degradação política*, Belo Horizonte, PUC Minas/Topbooks, 2013, p. 136).

1831, quando ocorreu, segundo Rodrigues, "a retomada da revolução nacional"[81]. Ele considerava que a liderança da Independência tinha sua base na economia rural, latifundiária e de monocultura (especialmente do açúcar); que seus representantes principais eram recrutados na burocracia, na magistratura e no clero; e que sua ideologia era franco-americana, revolucionária liberal e igualitária politicamente para os brancos livres e os libertos, assim como defensora do liberalismo econômico. A posição de José Bonifácio, por sua vez, seria ainda mais avançada e representaria quase uma revolução[82], algo que D. Pedro não desejava. Por isso, seria inevitável o conflito entre os interesses econômicos (especialmente aqueles dos latifundiários escravocratas) e as aspirações do "patriarca", o que criaria dificuldades para que este último se mantivesse no poder. Já a contrarrevolução teria se caracterizado por cinco movimentos: a retirada de cena de José Bonifácio; o respeito pelos direitos privados, sem consideração social; a dissolução da Assembleia; o empréstimo externo; e o Tratado de Reconhecimento de 1825. Mas Rodrigues diria que

> a Independência contém em si, com sua revolução e sua contrarrevolução, todo o princípio, todo o sentido da história do Brasil. O sentido nacionalista contra a espoliação colonial e contra o antinacionalismo nascido de imediato; a força dos ideais de mudanças econômicas e sociais e os princípios liberais das garantias individuais marcam a marcha inicial da revolução.[83]

Para ele, foram os soldados da época os grandes obreiros da unidade política e da integridade territorial, milhares de pessoas anônimas que se constituíram numa força social, um povo e um exército que juntos acabaram com o jugo colonial[84]. A Independência, portanto, foi conquistada pela guerra, uma vitória preparada por José Bonifácio e alcançada pelo Exército e pela Marinha[85]. O maior resultado daquele processo teria sido, em última instância, a "solidariedade nacional"[86]...

---

[81] José Honório Rodrigues. *Independência: revolução e contra-revolução*, v. 3, cit., p. 284.

[82] Para o autor de *Interesse nacional e política externa* (Rio de Janeiro, Civilização Brasileira, 1966), "o plano revolucionário de José Bonifácio se compunha de reforma agrária; da abolição do tráfico; da abolição gradual da escravidão; da incorporação dos índios, ainda não tão exterminados; da recuperação financeira com empréstimo interno, e não externo; da convocação da Assembleia Constituinte; da primeira lei de imprensa; do primeiro código eleitoral; da negociação diplomática para o reconhecimento; da afirmação da soberania nacional; da defesa da integridade territorial e de sua unidade e indivisibilidade; do anticolonialismo; da liberdade comercial; da não intervenção; da autodeterminação; da paz; enfim, da política externa própria e independente" (José Honório Rodrigues, *Independência: revolução e contra-revolução*, v. 5, cit., p. 229).

[83] Ibidem, p. 234-5.

[84] Idem, *Independência: revolução e contra-revolução*, v. 3, cit., p. 15.

[85] Ibidem, p. 39.

[86] Idem, *Independência: revolução e contra-revolução*, v. 1, cit., p. 302. Luiz Toledo Machado vai ainda mais longe ao dizer que "a nossa revolução da Independência constitui-se indiscutivelmente

Para alguns autores, só quando os laços entre colônia e metrópole foram desfeitos é que "o desenvolvimento econômico do Brasil passou a ser positivo"[87]. Nesse sentido, a partida do estado de estagnação deveria ser localizada entre os anos de 1800 e 1850, mas o "início" do desenvolvimento poderia ser encontrado mais precisamente no interregno de 1808 a 1822, acelerando-se a partir daí[88]. De qualquer forma, Fréderic Mauro afirmou que a Independência do Brasil sobreveio num momento de euforia econômica[89], enquanto um historiador brasileiro comentava que ela foi feita "numa época de prosperidade mundial, com todos os preços dos produtos primários em ascensão"[90], ainda que, segundo ele, a situação financeira brasileira propriamente dita estivesse péssima[91].

A abertura dos portos "às nações amigas"[92], em caráter provisório, efetivada por ato na Bahia em 28 de janeiro de 1808 (e que acabou por se restringir, por decreto assinado em junho daquele ano, a cinco deles)[93], teve diversas repercussões de curto e médio prazo, estimulando as trocas comerciais, robustecendo as cidades portuárias que estavam inseridas naquela regulamentação, diminuindo o contrabando e ampliando os recursos ao erário da burocracia do Estado, mas criando, por outro lado, dificuldades para o desenvolvimento da indústria manufatureira local (os anos entre 1808 e 1814 seriam de "verdadeiro monopólio mercantil" da Inglaterra). Maria Graham aponta que, já em 1808, noventa navios estrangeiros ingressaram apenas no porto do Rio de Janeiro[94]; dois anos depois, seriam 422

numa ruptura, foi um divisor de águas no processo histórico nacional, a despeito dos entraves de pesada herança colonial, que perduraram ao longo do tempo" (*Formação do Brasil e unidade nacional*, cit., p. 83).

87 Mircea Buescu e Vicente Tapajós, *História do desenvolvimento econômico do Brasil*, cit., p. 168.

88 Idem.

89 Ver Frédéric Mauro, "A conjuntura atlântica e a Independência do Brasil", em Carlos Guilherme Mota (org.), *1822: dimensões*, cit., p. 47.

90 José Honório Rodrigues. *Independência: revolução e contra-revolução*, v. 2: *Economia e sociedade* (Rio de Janeiro, Francisco Alves, 1975), p. 56.

91 Idem, *Independência: revolução e contra-revolução*, v. 5, cit., p. 217.

92 Como disse Alan K. Manchester, "a abertura dos portos ao comércio mundial significava na realidade que, em relação à Europa, os portos estavam abertos apenas ao comércio da Inglaterra, enquanto durasse a guerra no continente" (*Preeminência inglesa no Brasil*, cit., p. 75).

93 Por um decreto assinado por D. João em 11 de junho de 1808, o comércio com o exterior ficou restrito aos portos da Bahia, Belém, Recife, Rio de Janeiro e São Luís, limitando o comércio de cabotagem entre portos brasileiros e o restante do império lusitano a navios portugueses. Ver Leslie Bethell, "A Independência do Brasil", cit., p. 204.

94 Ver Maria Graham, *Diário de uma viagem ao Rio de Janeiro* (trad. Américo Jacobina Lacombe, São Paulo, Companhia Editora Nacional, 1956), p. 54.

chegando à mesma cidade[95] (segundo Frédéric Mauro, o número de navios vindos do exterior que aportaram no Brasil entre 1815 e 1819 subiu de 78 para 178 barcos entre 1820 e 1824)[96]. Nelson Werneck Sodré, por sua vez, afirma que entraram no Rio 810 navios portugueses em 1805, 642 no ano seguinte e 765 em 1808. Em 1810, ingressariam no mesmo porto 1.214 barcos sem discriminação de bandeira[97]. Já os números de Ferreira Lima, ainda que similares aos apresentados por Sodré, mostram que em 1810 foram 1.214 barcos "portugueses" e 422 estrangeiros; em 1819, 1.313 naus lusitanas e 340 de outros países; em 1820, 1.311 naves de Portugal e 354 estrangeiras[98]; e em 1821, pelos cálculos de José Honório Rodrigues, foram 445 navios, dos quais, 192 ingleses[99]. Finalmente, José Ribeiro Júnior informa que em 1808 vieram trezentos navios britânicos para o Brasil, "que sequer tinha depósitos para tanta mercadoria"[100]. Além disso, segundo Amado Luiz Cervo e Clodoaldo Bueno, em 1816 os Estados Unidos já ocupavam o terceiro lugar em número de navios nos portos brasileiros, e pouco tempo depois, eles só seriam superados pelos navios britânicos[101].

Por outro lado, depois da chegada de D. João ao Brasil, entravam no Mercado do Valongo entre 18 mil e 22 mil escravizados anualmente. Se em 1807 foram 9.689 africanos cativos trazidos para o Rio, esse número subiu para 23.230 em 1811, enquanto houve também ampliação da quantidade de navios negreiros aportando na capital: de 21 antes de 1805 para 51 após 1809, segundo as avaliações de Manolo Florentino[102]. Na segunda década do século XIX, o número aumentou: eram 34 mil africanos escravizados entrando pelo porto do Rio a cada ano[103]. Já Hugh Thomas, apresentando dados distintos, informa que somente em 1807, 8.000 escravizados foram levados da Costa da Mina para a Bahia e em 1810, o Rio de Janeiro teria registrado, segundo ele, sua maior cifra de importação de cativos, 18.677 africanos

---

[95] Delso Renault, *Indústria, escravidão, sociedade* (Rio de Janeiro, Civilização Brasileira, 1976), p. 18.

[96] Ver Frédéric Mauro, "A conjuntura atlântica e a Independência do Brasil", em Carlos Guilherme Mota (org.). *1822: dimensões*, p. 46.

[97] Ver Nelson Werneck Sodré, *As razões da Independência* (Rio de Janeiro, Civilização Brasileira, 1969), p. 139.

[98] Ver Heitor Ferreira Lima, *História político-econômica e industrial do Brasil*, cit., p. 136.

[99] Ver José Honório Rodrigues, *Independência: revolução e contra-revolução*, v. 2, cit., p. 53.

[100] José Ribeiro Júnior, *A Independência do Brasil* (São Paulo, Global, 2001), p. 29.

[101] Ver Amado Luiz Cervo e Clodoaldo Bueno, *História da política exterior do Brasil* (Brasília, Editora Universidade de Brasília, 2015), p. 48.

[102] Ver Manolo Florentino, *Em costas negras: uma história do tráfico de escravos entre a África e o Rio de Janeiro (séculos XVIII e XIX)* (São Paulo, Ed. Unesp, 2015), p. 59.

[103] Ver Carlos Guilherme Mota e Adriana Lopez, *História do Brasil: uma interpretação*, cit., p. 289.

trazidos em 42 navios[104]. O Brasil, nas palavras de Thomas, era "ainda o maior mercado de escravizados africanos"[105].

As cifras de exportação e importação indicam, por seu lado, a dinâmica comercial, de maneira geral bastante mais favorável ao Brasil, em relação a Portugal. Em 1808, no caso brasileiro, foram 546:800$000 de exportação contra 1.510:800$000 de importação de produtos portugueses. A partir de 1809, contudo, isso muda. Naquele ano foram 4.819:200$000 de exportações contra 3.437:600$000 de importações do país europeu. Em 1810, 3.683:200$000 e 2.932:400$000; em 1811, 3.663:200$000 e 2.792:400$000; em 1812, 3.987:600$000 e 2.463:600$000; em 1813, 4.797:400$000 e 3.587:200$000; em 1814, 7.005:600$000 e 6.691:200$ 000; em 1815, 9.059:200$000 e 8.233:600$000; em 1816, 9.663:600$000 e 10.304:000$000; em 1817, 8.308:800$000 e 8.567:600$000; em 1818, 9.646:000$000 e 7.939:600$000; e em 1819, 7.516:800$000 de exportações e 6.546:400$000 de importações. Ou seja, em todo aquele período, somente três anos com déficits em contraposição a nove anos de superávits[106].

Desde 1808 começou a ser estruturada a burocracia do Estado português no novo território e iniciou-se o processo chamado por Maria Odila da Silva Dias de "interiorização da metrópole"[107], um período em que se consolidará o domínio da elite agrária e dos comerciantes nativos e lusitanos, ou seja, em que "as elites coloniais vão conquistando o poder ainda no seio da ordem metropolitana"[108]. Quando esteve na Bahia, por aproximadamente um mês, D. João determinou que fosse erigido ali um hospital de cirurgia e obstetrícia; favoreceu a construção de uma fábrica de vidros; permitiu que fosse criada uma companhia de seguros, uma fábrica de pólvora

[104] Ver Hugh Thomas, *The Slave Trade: The History of the Atlantic Slave Trade, 1440-1870* (Londres, Phoenix, 2006), p. 564.

[105] Ibidem, p. 565. Nas palavras de Lilia M. Schwarcz e Heloisa M. Starling, "o Brasil recebeu, entre meados do XVI e meados do XIX, aproximadamente 4 milhões de cativos, 40% do número geral de africanos transportados através do Atlântico entre os séculos XV e XIX. Desse total, 80% vieram entre os séculos XVIII e XIX, sendo que o fluxo se concentrou, então, nas feitorias de Angola, Congo, Costa da Mina, golfo de Benin, Cabo Verde. Enfim, enraizado na realidade brasileira, o tráfico consolidava hierarquias internas, fortunas e sistemas de poder". Lilia M. Schwarcz e Heloisa M. Starling, *Brasil: uma biografia* (São Paulo, Companhia das Letras, 2015), p. 230. Luiz Felipe de Alencastro, por sua vez, comenta que "com a transferência da corte para o Rio de Janeiro, o tráfico oriundo da África Oriental se intensifica: cerca de 250 mil escravos moçambicanos desembarcam no Brasil, principalmente na área do Rio de Janeiro, entre 1810 e 1850. Todo esse trato também se enquadra num sistema que provocou a 'atlantização' de Moçambique: anteriormente monopolizado pelo Índico, o comércio marítimo da região é atraído para o tráfico negreiro atlântico brasileiro". Ver Luiz Felipe de Alencastro, *O trato dos viventes: formação do Brasil no Atlântico sul* (São Paulo, Companhia das Letras, 2000), p. 325.

[106] Ver Heitor Ferreira Lima, *História político-econômica e industrial do Brasil*, cit., p. 138.

[107] Maria Odila da Silva Dias, "A interiorização da metrópole (1808-1853)", em Carlos Guilherme Mota (org.), *1822: dimensões*, cit., p. 160-84.

[108] Ilana Blaj, "O marxismo na historiografia brasileira: um olhar inovador", cit., p. 82.

e uma fundição para a produção de peças; mandou montar fábricas de moagem e construir 25 barcas canhoneiras, fortificar o porto local, robustecer os regimentos de infantaria e preparar dois esquadrões de cavalaria; ordenou a abertura de estradas (em especial, uma para o Rio); e autorizou o cultivo do trigo[109]. Para o Rio de Janeiro, capital do vice-reino desde 1763 (que em 1808 tinha cerca de 60 mil habitantes)[110], por sua vez, foram levadas as mais importantes repartições públicas, enquanto os ministérios foram reorganizados, sendo nomeados D. Rodrigo de Sousa Coutinho (futuro conde de Linhares) para os Negócios Estrangeiros e Guerra, D. Fernando José de Portugal (depois marquês de Aguiar) para os Negócios do Reino (ministro do Interior) e D. João Rodrigues de Sá e Menezes, o visconde de Anadia, para os Negócios da Marinha e Ultramar. O Conselho Real da Fazenda e a Junta do Comércio, Agricultura, Fábricas e Navegação foram algumas das instituições que começaram a funcionar a partir de então. Também foram instalados o Supremo Conselho Militar e de Justiça, o Desembargo do Paço (o equivalente à Suprema Corte), a Casa de Suplicação (o tribunal de apelação da época) e a Intendência de Polícia, assim como a Mantearia Real, o Guarda-Roupas, Cavalariças, Mordomia-Mor, Ucharia, Cozinhas Reais e Real Coutada. A cidade será dotada, ao longo dos anos, da Escola de Medicina e Cirurgia, do Liceu das Artes (que mais tarde será a Escola de Belas-Artes), da Imprensa Régia (com a publicação do periódico oficial *Gazeta do Rio de Janeiro*, que divulgava os atos, as cartas régias e as ordens do príncipe regente), da Academia Militar, do Observatório de Astronomia, do Real Teatro de São João (no Largo do Rocio), do Jardim Botânico, do Museu Nacional e da Biblioteca Real (com 60 mil volumes). A missão artística francesa chegaria em 1816. As sedes das representações diplomáticas seriam igualmente trasladadas para o Brasil.

Além disso, foi criado, em outubro de 1808, o primeiro Banco do Brasil (que até 1816 funcionou apenas no Rio e, depois desta data, abriu filiais na Bahia e em São Paulo), com 1.200 ações no valor unitário de um conto de réis (antes dessa data, não havia nenhum comércio a crédito, tampouco qualquer tipo de banco por aqui)[111]. Heitor Ferreira Lima recorda que a escassez de numerário (de 9 a 10 mil

---

[109] Ver Heitor Ferreira Lima, *História político-econômica e industrial do Brasil*, cit., p. 129.

[110] De acordo com Neill Macaulay, o Rio de Janeiro tinha naquela época de 60 mil a 100 mil habitantes (*Dom Pedro I: a luta pela liberdade no Brasil e em Portugal, 1798-1834*, trad. André Villalobos, Rio de Janeiro, Record, 1993, p. 45). Para Carlos Guilherme Mota e Adriana Lopez, o Rio de Janeiro tinha cerca de 130 mil habitantes na época da aclamação de João VI como rei do Brasil (*História do Brasil: uma interpretação*, cit., p. 290). Por sua vez, José Honório Rodrigues diz que a cidade possuía em 1821, segundo os cálculos de alguns, 79.321 habitantes, dos quais 43.139 livres e 36.182 escravizados; outros afirmavam que teria em torno de 135 mil habitantes. O próprio Rodrigues acredita que a capital tinha entre 130 mil e 150 mil habitantes (*Independência: revolução e contra-revolução*, v. 2, cit., p. 86 e 88).

[111] Ver Alan K. Manchester, *Preeminência inglesa no Brasil*, cit., p. 77.

contos) e a falta de controle da circulação monetária, na época da chegada da corte ao Rio, eram algumas das características de então. D. João iria declarar liberdade total de circulação de moedas variadas, como as "peças coloniais de circulação limitada ao Brasil", que eram "cunhadas com 10% de acréscimo no valor nominal sobre as congêneres portuguesas"; as moedas especiais de prata, que eram usadas especificamente na região mineira; as moedas "cunhadas na metrópole", que eram acrescidas em 20% no valor nominal; os pesos espanhóis; e o ouro, tanto em pó como em barra. Aliás, o rei determinou a recunhagem não só dos pesos espanhóis (de valor mais elevado), como também das moedas de cobre e prata, o que resultaria numa "fuga do ouro e da prata" e no aumento da especulação e das falsificações[112]. Essa situação, em última instância, levaria à criação de novos tributos, à fundação do Erário Régio e à possibilidade de troca de barras de ouro que se encontravam em mãos de particulares[113]. Em 1809, foi feito um empréstimo de 600 mil libras esterlinas com a Inglaterra, utilizado para o pagamento das despesas da viagem e gastos da corte. De 1810 a 1812, seriam erigidas uma oficina de vidraceiro, uma de funileiros e uma fábrica de pólvora. Várias instalações seriam construídas ou ampliadas, nesse caso, ligadas ao Arsenal da Marinha, como um edifício para a intendência, cais de pedra, armazéns e dependências para moradia (ainda assim, barcos pequenos eram encomendados a estaleiros particulares; nenhum navio de maior porte foi construído naquela época)[114]. Impostos sobre o comércio atacadista e varejista, carruagens e embarcações foram criados em 1812. Além disso, pode-se verificar uma depreciação paulatina e constante do mil-réis, que em 1808 valia o equivalente a 70 dinheiros e em 1822, ano da Independência, chegou a 49 dinheiros[115].

Até 1821, será possível observar um quadro de diminuição na taxa de câmbio, um sistema de arrecadação de impostos insatisfatório, evasões e improbidade administrativa. Não custa lembrar a enorme corrupção da corte, que também seria trazida com a transferência do aparato burocrático lusitano. Na época em que D. João VI retornou a Portugal, a situação se complicou, a autonomia administrativa do banco foi suspensa (com intervenção do Erário) e houve uma corrida descontrolada daqueles que partiam de volta para o Velho Continente para retirar

---

[112] Ver Heitor Ferreira Lima, *História político-econômica e industrial do Brasil*, cit., p. 145-6.

[113] Ver ibidem, p. 147.

[114] Ver ibidem, p. 154-5.

[115] Ver Caio Prado Júnior, *História econômica do Brasil*, cit., p. 134. De acordo com o autor, "a unidade monetária herdada pelo Brasil de Portugal foi o mil-réis: Rs. 1$000 (1.000$000 = um conto de réis)... O padrão monetário, ao se fazer a Independência, era de Rs. 1$000 por oitava de ouro (3.586 gramas), o que dava para o mil-réis o valor de 67 d. (dinheiros ou *pence* – singular: *penny* –, moeda inglesa em que, até a última guerra, sempre se computou o câmbio oficial brasileiro). Contudo, o valor do papel-moeda, que se começou a emitir no Brasil em 1808, variou muito. Ele nunca foi conversível em ouro" (ibidem, p. 345).

suas economias da instituição[116]. O BB e o Tesouro foram dilapidados, o rei e os "fidalgos portugueses" esvaziando os cofres públicos antes de partir, o que seria considerado por um historiador conhecido como um dos maiores assaltos de toda nossa história[117]. A dívida do governo excedia em muito o capital do banco. Os cofres do Banco do Brasil ficaram com somente 200 contos, não havia mais ouro em circulação e o valor da prata sofreu um ágio de 7% a 8%. Vários estabelecimentos comerciais faliram. Logo depois, seria registrado um painel inflacionário, com o encarecimento de todos os gêneros e mercadorias (a pressão inflacionária atingiria aproximadamente 35% entre 1807 e 1817). Quando D. Pedro assume o governo como príncipe regente, após a partida do pai, as despesas públicas (em torno de 5.600 contos de réis) eram o dobro do que se arrecadava nas províncias. Ao final de 1821, a dívida brasileira era de aproximadamente 9.800 contos de réis (1,9 milhão de libras esterlinas). Os primeiros empréstimos internacionais realizados a partir de 1822 seriam de 3.685.000 libras esterlinas (parte dos quais ficaria retido em bancos). Ainda assim, segundo José Honório Rodrigues, "foram o Banco e as rendas públicas do Rio de Janeiro que sustentaram econômica e financeiramente a independência nacional"[118]. Em março de 1822, contudo, a província estava próxima da bancarrota[119]. Vale lembrar que a receita daquele ano foi "insuficiente para atender os gastos nacionais"[120]. O Banco do Brasil duraria até 1829, quando foi dissolvido[121].

---

[116] Ver José Honório Rodrigues, *Independência: revolução e contra-revolução*, v. 2, cit., p. 15.

[117] Idem, *Independência: revolução e contra-revolução*, v. 5, cit., p. 217. Já Roberto C. Simonsen afirma que "por ocasião do regresso da família real a Portugal, em 1821, foram retirados, do Banco do Brasil, valores em ouro e diamantes, alcançando cerca de 1.100 contos, pouco mais de 300 mil libras esterlinas. Varnhagen diz que se mandaram embarcar valores consideráveis provenientes dos tesouros e até fundos de estabelecimentos de caridade. Segundo se refere, declara ainda esse autor, os que acompanharam D. João VI, em seu regresso, levaram consigo 50 milhões de cruzados, ou seja, 20 mil contos, menos de 6 milhões de libras esterlinas. De qualquer forma, não deixa de ser profundamente injusta a alegação que se faz comumente sobre os prejuízos causados ao país pela apropriação, pela coroa, de bens e tesouros brasileiros. Entre o que trouxe e o que levou D. João VI, o saldo, e considerável, foi a favor do Brasil" (*História econômica do Brasil (1500-1820)*, cit., p. 392-3).

[118] José Honório Rodrigues, *Independência: revolução e contrarrevolução*, v. 2, cit., p. 20. Segundo Rodrigues, em 1822, a receita do Rio do Janeiro, que financiou a Independência, era de 2.245:519$330 réis e tinha como principais fontes os direitos de 15% (da imensa importação de produtos ingleses), direitos do café e dízimos de miunças, direitos novíssimos de escravos, direitos de 24% que pagavam todas as mercadorias, exceto as inglesas, direitos do consulado de saída e direitos sobre vinhos portugueses. Ver ibidem, p. 21.

[119] Ver ibidem, p. 22.

[120] Ibidem, p. 56.

[121] Para uma discussão sobre a atuação do Banco do Brasil, as finanças e a questão monetária na época, ver Thiago Fontelas Rosado Gambi, "A Independência e o banco, Brasil 1821-1829", *Revista USP*, v. 1, n. 132, 2022, p. 125-48; e Fernando Cerqueira Lima, "Da moeda metálica

É certo que vários atos da Regência e do Reino teriam como objetivo estimular a produção de tecidos e ferro. Em 1º de abril de 1808 foi permitido o "livre estabelecimento de fábricas" e, no ano seguinte, D. João isentou de direitos as matérias-primas que pudessem ser aproveitadas na produção manufatureira[122]. Estradas, como aquela que ligava Goiás e a região Norte, ou a "estrada do comércio", no Vale do Paraíba, começaram a ser abertas a partir de 1809. Outros trechos viários surgiram na Bahia, Espírito Santo e Minas Gerais. Lisboa também deixaria de ser o intermediário do comércio brasileiro. As matérias-primas para a indústria foram isentadas de taxas de importação, enquanto a produção de ferro, seda, lã e algodão recebeu subvenções e benefícios. Além disso, surgiram a Junta de Conquista e Civilização dos Índios e a Navegação do Rio Doce (instalada em Vila Rica), e foram estabelecidas seis unidades militares em Minas, com contingentes compostos de soldados casados e aptos para a agricultura[123] (a fundação da colônia agrícola de Nova Friburgo, na Serra do Cantagalo, também ocorrerá naqueles anos). Em 1811, o Rio de Janeiro já tinha 75 estabelecimentos comerciais lusitanos e 207 britânicos[124].

É verdade que surgiu uma diversidade de empreendimentos em diferentes capitanias ao longo do período joanino: fábricas de galões de ouro e prata, algodão e seda, macarrão e massas, papel, vidro e cal, estamparias, tipografias, tecelagens, olarias, engenhos de açúcar, destiladores de aguardente e serrarias, entre outros[125], assim como os primórdios da siderurgia nacional[126] (a primeira fábrica de ferro seria constituída em Congonhas do Campo em 1811). Apesar disso, as medidas

ao papel-moeda: as transformações do meio circulante na construção do Império do Brasil (1808-1831)", *História Econômica & História de Empresas*, v. 25, n. 1, 2022, p. 118-40. De acordo com João Pandiá Calógeras, "quando, após vinte anos dessa luta titânica contra a hostilidade oficial, houve de se fazer o reembolso da circulação fiduciária, que se elevava a cerca de 19.174 contos, em consequência da ordem legislativa de 1829 para liquidar o banco, ficou evidente que o total correspondia quase precisamente à dívida do Tesouro à caixa bancária, no valor de 18.301 contos. Foi tal liquidação um dos mais formidáveis erros cometidos na administração financeira do Brasil. Apesar dos erros e faltas, o banco havia sido a fonte única de crédito para a atividade do país, e seu esforço nunca se desmedira nem falhara. Completou a prova do asserto o resultado da liquidação. É sabido que vender títulos, apurar valores tocados pelo descrédito de uma catástrofe comercial é tarefa ingrata; ainda assim pagas todas as dívidas, restabelecida a ordem nas contas do estabelecimento, os acionistas receberam ainda 90% de seu capital. Resultado lamentável, durante anos privou-se o Brasil de um órgão de financiamento fiduciário" (*Formação histórica do Brasil*, São Paulo, Companhia Editora Nacional, 1966, p. 73).

122 Ver Delso Renault, *Indústria, escravidão, sociedade*, cit., p. 27.

123 Ver Brasil Gerson, *A revolução brasileira de Pedro I* (São Paulo, Saraiva, 1971), p. 15.

124 Ver Alan K. Manchester, *Preeminência inglesa no Brasil*, cit., p. 78.

125 Para uma discussão mais detalhada sobre as manufaturas naquele período, ver Heitor Ferreira Lima, *História político-econômica e industrial do Brasil*, cit., p. 166-72.

126 Ver ibidem, p. 156-65.

impulsionadas por D. João, segundo Nelson Werneck Sodré, não tinham, na prática, o efetivo "condão de gerar indústrias, para as quais não havia o mínimo de condições, nem refletiam reivindicações ponderáveis"[127], já que visavam, principalmente, "a simples operação primária de beneficiamento"[128]. Por isso, ele diria que "a essência da política joanina esteve, pois, na submissão ao latifúndio exportador, de um lado, e aos interesses expansionistas externos, de outro lado, perfeitamente entrosados"[129]. De qualquer forma, o fato é que em torno de 80 mil mudas de videira foram importadas e a moscadeira, a canforeira, o abacate, o cravo e a caneleira foram introduzidos no território brasileiro. Em 30 de janeiro de 1810, todos os "vassalos" foram autorizados a vender quaisquer mercadorias que tivessem pago "os competentes direitos" (já em 28 de setembro de ano seguinte foi declarado que todos teriam a liberdade de comerciar "quaisquer gêneros não vedados")[130]. Licenças foram concedidas para o corte de pau-brasil. Além disso, em agosto de 1815, os ourives receberam permissão para laborar e negociar sem restrições "com obras de ouro e prata"[131]. Em dezembro daquele ano, o Brasil seria elevado à categoria de Reino. E em 1818 o príncipe regente seria coroado rei de fato, com o título D. João VI.

Mas a política real que seria construída sobre os tratados assinados com a Inglaterra em 1810 (o tratado de paz e amizade e, especialmente, o tratado de comércio e navegação) outorgaria aos britânicos tarifas preferenciais, legalizando a "permanente hegemonia da Inglaterra no Brasil"[132] e impossibilitando o ulterior desenvolvimento da indústria endógena (o acordo de 1810 estabelecia a tarifa prioritária de 15% *ad valorem* sobre os produtos ingleses, enquanto os artigos portugueses pagariam 16% e os de outras origens, 24%)[133], que não conseguirá sobreviver à livre concorrência de produtos estrangeiros. O mercado brasileiro ficaria, na prática, nas

---

[127] Nelson Werneck Sodré, *História da burguesia brasileira* (Rio de Janeiro, Civilização Brasileira, 1976), p. 42.

[128] Idem.

[129] Idem.

[130] Ver Emília Viotti da Costa, "Introdução ao estudo da emancipação política do Brasil", cit., p. 75.

[131] Idem. Frédéric Mauro, contudo, lembra que Portugal terá o monopólio do pau-brasil até 1832 (*História do Brasil*, cit., p. 57).

[132] José Ribeiro Júnior, *A Independência do Brasil*, cit., p. 30.

[133] Para Luiz Toledo Machado, "em todas as suas cláusulas, o tratado com que D. João recompensava a Inglaterra pela proteção recebida, desde a Europa, era incisivamente unilateral" (*Formação do Brasil e unidade nacional*, cit., p. 33-4). Oliveira Lima, por sua vez, diz que "as condições exaradas no convênio de 1810 significavam a transplantação do protetorado britânico, cuja situação privilegiada na metrópole se consagrava na nossa esfera econômica e até se consignava imprudentemente como perpétua" (*Dom João VI no Brasil*, Rio de Janeiro, José Olympio, 1945, p. 405).

mãos dos ingleses. Deixando de lado a produção de itens para exportação, não foi possível concorrer internamente com artigos comprados do exterior. Nas palavras de Frédéric Mauro, "o país torna-se de todo o que já era em parte: uma colônia econômica da Inglaterra, segundo os votos de [George] Canning"[134]. Ou, como diria outro intelectual conhecido, "os acordos de 1810 foram um pesado ônus que o Brasil carregou por mais de três décadas"[135]. Para José Ribeiro Júnior, o tratado de fevereiro de 1810, que tinha como prazo de duração fixado em quinze anos (podendo ser revisto, emendado ou suspenso), inauguraria o período do neocolonialismo por aqui e representaria o momento em que a colônia portuguesa da América "passava efetivamente para a tutela britânica"[136] (ainda assim, há quem não concorde com essa interpretação; Neill Macaulay, por exemplo, rejeita peremptoriamente que isso tenha ocorrido naquele período)[137]. É bem verdade que na guerra de 1812 entre Estados Unidos e Inglaterra, o Brasil se manteria neutro[138] (apesar disso, naquele ano, quatro quintos do total de exportações da Inglaterra para o continente americano destinavam-se aos portos brasileiros, com um valor de importação de 770 mil libras esterlinas)[139]. Em relação à política externa, houve um compromisso entre brasileiros

---

[134] Frédéric Mauro, *História do Brasil*, cit., p. 58.

[135] Nelson Werneck Sodré, *Formação histórica do Brasil*, cit., p. 184.

[136] José Ribeiro Júnior, *A Independência do Brasil*, cit., p. 30-2.

[137] Segundo Neill Macaulay, "o leitor familiarizado com a teoria da dependência – que foi moda nos círculos acadêmicos durante a década de 1960 – reconhecerá a minha rejeição à aplicabilidade de tal conceito ao Brasil pós-1808 e a Portugal pós-1820. Apesar de alguns constrangimentos impostos pelo poder britânico, ambas as nações tiveram considerável liberdade de ação e manobraram habilmente na cena internacional, jogaram com os interesses conflitantes de governos estrangeiros e, de uma maneira geral, determinaram seu próprio desenvolvimento interno [...] o Brasil nunca se tornou parte de um 'império informal' da Grã-Bretanha. Os britânicos barraram a entrada do açúcar brasileiro em seu mercado, compravam a maior parte do seu algodão dos Estados Unidos depois de 1815 e bebiam muito pouco café. Embora alguns cidadãos britânicos tenham lucrado com o café brasileiro, não foram os britânicos que criaram esse lucrativo negócio de exportação, assim como não foram essenciais para a sua continuidade. Os brasileiros tampouco eram dependentes das importações provenientes da Grã-Bretanha; com o dinheiro recebido de suas exportações para os Estados Unidos e para a Europa continental, eles adquiriam bens manufaturados naquele país porque era lá que os conseguiam pelos melhores preços. Sempre que os custos dos bens manufaturados, do capital ou da tecnologia aumentaram na Grã-Bretanha, os brasileiros deslocaram sua procura para fontes alternativas de suprimento. A minúscula vantagem tarifária concedida às importações provenientes daquele país, durante os anos 1810-1844, esteve longe de ser suficiente para transformar o Brasil num domínio britânico" (*Dom Pedro I: a luta pela liberdade no Brasil e em Portugal, 1798-1834*, cit., p. 13).

[138] Ainda assim, nas palavras de Neill Macaulay, D. João se queixou "das intrusões dos americanos em águas territoriais brasileiras na perseguição a suas presas, assim como na apreensão ocasional de embarcações portuguesas, quando confundidas pelos americanos com navios britânicos" (ibidem, p. 61).

[139] Ver Luiz Toledo Machado, *Formação do Brasil e unidade nacional*, cit., p. 101.

e ingleses, por meio de um tratado em 1815 e de outro, complementar, em 1817, pelo qual os brasileiros conseguiram que o tráfico de escravizados da África fosse mantido ao sul da linha do Equador e os ingleses, que tal prática fosse extinta ao norte desta (eles teriam o direito de abordar e vistoriar navios lusitanos em alto-mar acima do Equador, se acreditassem que estes transportavam ilegalmente escravizados)[140]. Não custa recordar aqui a organização e o envio de uma expedição militar de quinhentos soldados (e uma pequena força naval) que partiu de Belém para a Guiana Francesa (o território compreendido entre os rios Araguari e Oiapoque) no fim de 1808 e ocupou Caiena em janeiro do ano seguinte. E outra (a Divisão de Voluntários Reais, uma tropa de elite com 5 mil soldados comandada pelo general Carlos Frederico Lecor) que foi mandada para a fronteira sul em 1816 e em janeiro de 1817 tomou Montevidéu, incorporando oficialmente ao Reino Unido de Portugal, Brasil e Algarves em julho de 1821 a Banda Oriental, que ganhou o nome de Província Cisplatina[141]. Afinal, segundo o já citado Neill Macaulay, a divisa histórica e natural do Brasil seria, para D. João, o Rio da Prata, "o que significava que todo o Uruguai estava destinado aos portugueses"[142] (a Guiana seria devolvida à França em 1817 e o Uruguai seria reconhecido formalmente como uma república independente em 1828).

O período joanino se encerraria com resultados limitados em termos técnicos e econômicos. Se houve, de fato, um progresso urbano naqueles anos, ele se deu, especialmente, no Rio de Janeiro. A situação dificultosa em que se encontrava o Banco do Brasil, sua finalidade precípua de cobrir gastos governamentais, ao invés de estimular a produção, e a forma precária e perdulária com que fora administrado mostraram as limitações dessa instituição para ajudar a impulsionar um verdadeiro desenvolvimento do setor produtivo. Este, aliás, foi bastante prejudicado pelos tratados firmados com a Inglaterra, que se aproveitou da situação para ganhar cada vez mais espaço nas relações comerciais bilaterais, criando entraves, em última instância, para qualquer avanço mais significativo da indústria interna. Ao mesmo tempo, se de fato ocorreu uma elevação da produção agrícola, não houve, simultaneamente, uma melhoria em termos de inovações ou uso de tecnologias mais

140 Ver, por exemplo, Décio Freitas, *O escravismo brasileiro* (Porto Alegre, Mercado Aberto, 1982), p. 77-8; e Hugh Thomas, *The Slave Trade: The History of the Atlantic Slave Trade, 1440-1870*, cit., p. 581-585. Para uma discussão mais ampla sobre a abolição do tráfico escravista, ver Leslie Bethell, *A abolição do tráfico de escravos no Brasil* (Rio de Janeiro/São Paulo, Expressão e Cultura/Editora da Universidade de São Paulo, 1976).

141 Para mais detalhes, ver Luiz Alberto Moniz Bandeira, *O expansionismo brasileiro e a formação dos Estados na Bacia do Prata: da colonização à Guerra da Tríplice Aliança* (Rio de Janeiro/Brasília, Revan/Ed. UnB, 1998), p. 45-55; William W. Kaufmann, *British Policy and the Independence of Latin America, 1804-1828* (New Haven, Yale University Press, 1951); e José Honório Rodrigues, *Independência: revolução e contra-revolução*, v. 3, cit., p. 185.

142 Neill Macaulay, *Dom Pedro I: a luta pela liberdade no Brasil e em Portugal, 1798-1834*, cit., p. 59.

modernas. O retorno de D. João VI a Portugal faria com que parte da burocracia da capital voltasse com ele (em torno de 4 mil pessoas ligadas à corte e ao serviço público), levando consigo uma quantidade considerável da riqueza do Banco do Brasil e do Tesouro[143] (a moeda brasileira iria se desvalorizar continuamente em relação à libra ao longo da década de 1820, o que "favoreceu as exportações, mas, ao mesmo tempo, encareceu as importações de bens de consumo, tão desejados pelas elites e pelos nascentes setores médios urbanos")[144].

A Revolução do Porto, em agosto de 1820, iria acelerar o processo da Independência por aqui. Aquele movimento teria, então, um caráter liberal, antiabsolutista, constitucionalista, "antibrasileiro" e "colonialista", e seria levado a cabo, em boa parte, pela burguesia mercantil lusitana[145]. Na prática, a convocação das Cortes Gerais Extraordinárias e Constituintes da Nação em setembro de 1820 (instaladas efetivamente em janeiro do ano seguinte) refletia uma insatisfação de setores da classe média de Portugal, descontentes com a fuga e a permanência de D. João e da burocracia estatal no Rio de Janeiro (que se prolongara mais do que haviam imaginado; o rei, que supostamente retornaria após o fim das guerras napoleônicas, só voltou ao país de origem, por pressão, em 1821); com a própria ocupação francesa após a fuga da corte; com o reduzido papel que Portugal desempenhava na relação com a antiga colônia; e com a dependência humilhante da Inglaterra, representada pelo governo do "comandante das tropas protetoras", o marechal William Beresford (algo que explicitava, na prática, a posição de subserviência que a nação se encontrava em relação aos britânicos). Havia também o desejo de reverter ao velho *status* em relação ao Brasil, com o objetivo de limitar os poderes do príncipe regente (fazendo-o voltar a Portugal), assim como de extinguir os tribunais no Rio de Janeiro e de desmembrar a unidade territorial (o Rio teria seu poder central anulado e seria desligado dos governos provinciais, que se tornariam "Juntas Provisórias", e estas, a partir de então, passariam a ter relação direta com a antiga metrópole, sujeitando-se exclusivamente aos desígnios de Lisboa e tendo tropas

---

143 Ver Heitor Ferreira Lima, *História político-econômica e industrial do Brasil*, cit., p. 178. Emília Viotti da Costa afirma que "as leis decretadas por D. João VI, embora contribuíssem para liquidar o sistema colonial, não foram capazes de modificar todo o sistema, e nem mesmo tinham a intenção; daí a persistência de privilégios e monopólios. Permanecia o oneroso e irracional sistema fiscal, a emperrada máquina administrativa, as inúmeras proibições: proibição de se deslocar livremente, de abrir caminhos, discriminações e privilégios que separavam portugueses e brasileiros, criando animosidade entre eles" ("Introdução ao estudo da emancipação política do Brasil", cit., p. 82).

144 Ver Boris Fausto, *História do Brasil* (São Paulo, Editora da Universidade de São Paulo, 2003), p. 156.

145 De acordo com José Ribeiro Júnior, o perfil precípuo daqueles que participaram do acontecimento era o de proprietários, burgueses e nobres. Segundo ele, aquele seria, em grande medida, um movimento sem caráter popular. Ver José Ribeiro Júnior, *A Independência do Brasil*, cit., p. 37.

atreladas às decisões de um governador de armas escolhido entre portugueses)[146]. Em última instância, havia a intenção de "recolonizar" o antigo domínio português, que tinha na época, segundo diferentes estimativas, entre 3,5 milhões e 4,5 milhões de habitantes[147]. Na prática, Portugal não conseguia mais controlar a economia do Brasil havia pelo menos duas décadas, ainda que boa parte do capital que enchia o Erário proviesse daqui.

Vale lembrar que, naquele período, Portugal passou por constantes déficits orçamentários, sua agricultura tendo sido abalada pelo reduzido preço do grão vindo do exterior, não havendo mais a possibilidade de o país ser o entreposto de gêneros brasileiros como fora outrora. Dívidas resultantes de empréstimos significativos se amontoavam e eram pagas, em grande medida, por fundos provenientes da ex-colônia sul-americana, enquanto pagamentos e salários atrasados geravam crescente insatisfação entre os funcionários civis e militares[148]. Milhares de portugueses emigraram ou perderam a vida, entre 1807 e 1814, como resultado da fome e dos embates contra as tropas francesas. Se entre 1796 e 1807, segundo algumas estimativas, as exportações para o Brasil atingiram 94 milhões de cruzados, elas seriam o equivalente a 2 milhões de cruzados uma década mais tarde. Naquele momento, portanto, os portugueses buscavam afastar quaisquer tentativas de união com a Espanha, romper com a tutela direta dos ingleses, acabar com a subordinação ao Brasil e reafirmar não só sua nacionalidade, mas seu papel como metrópole colonial.

O Brasil poderia enviar, naquela instância, pouco mais de 70 deputados para as Cortes, mas para lá foram apenas 46 (entre os quais, José Martiniano de Alencar, Antônio Carlos Ribeiro de Andrada Machado e Silva, Diogo Antônio Feijó e Cipriano José Barata de Almeida), enquanto Portugal tinha 100 representantes (das cerca de 200 cadeiras disponíveis), o que dava proeminência nas discussões[149].

---

[146] Ver Carlos Guilherme Mota, "Europeus no Brasil à época da Independência", em Carlos Guilherme Mota (org.), *1822: dimensões*, cit., p. 64.

[147] Carlos M. Rama afirma que na época da Independência o Brasil tinha 3,5 milhões de habitantes, dos quais 60% eram "africanos de nascimento", 14% indígenas, a mesma porcentagem de "mestiços" e mulatos, e o restante, em torno de 12%, europeus ou brasileiros de origem portuguesa. Ver Carlos M. Rama, *Historia de America Latina* (Barcelona, Bruguera, 1978), p. 34-5. Já Boris Fausto indica que a população do Brasil em 1819 seria de 3.596.132 habitantes, dos quais 1.107.389 seriam escravizados e 2.488.743 seriam livres. Os "brancos" representariam menos de 30% da população. Ver Boris Fausto, *História do Brasil* (São Paulo, Editora da Universidade de São Paulo, 2003), p. 137-138. Leslie Bethell, por sua vez, informa que a população brasileira era de quase quatro milhões, dos quais um terço ou um quarto eram escravizados. Ver Leslie Bethell, *A abolição do tráfico de escravos no Brasil*, cit., p. 52.

[148] Ver José Honório Rodrigues, *Independência: revolução e contra-revolução*, v. 5, cit., p. 216-7.

[149] Lilia M. Schwarcz e Heloísa M. Starling falam numa média de 77 deputados, dos quais apenas 46 teriam comparecido. Ver Lilia M. Schwarcz e Heloisa M. Starling, *Brasil: uma*

Ainda que não houvesse uma ação coordenada entre os representantes do Brasil em um primeiro momento – já que eles atuavam como delegados de suas províncias (alguns se posicionando por vezes em favor dos portugueses) e não sentiam, necessariamente, uma identidade "nacional" –, ficaram claras as intenções autoritárias dos lusos. As propostas e deliberações daquela assembleia criaram um enorme desconforto e indignação entre vários brasileiros (como o "Relatório acerca do Estado Público de Portugal", preparado por Manuel Fernandes Tomás, que pedia o retorno à situação anterior a 1808, para que Lisboa pudesse equilibrar seu déficit comercial). O tratamento hostil dos portugueses em relação aos brasileiros chegou a tal ponto que sete deles acabaram por partir de Portugal para a Inglaterra e, de lá, retornaram ao Brasil[150]. Depois, outros tomariam a mesma decisão.

O fato é que, de abril de 1821 a setembro de 1822, o processo iria se agudizar. A pressão dos lusitanos para a implementação de medidas inadmissíveis para os brasileiros levaria o senado da Câmara Municipal de São Paulo em dezembro de 1821 a requerer a permanência de D. Pedro no país e a suspensão de sua viagem para Portugal, como havia sido exigido. Jornais e panfletos começaram a ser difundidos apoiando a separação. Grupos políticos paulistas, fluminenses e mineiros (entre os quais, membros da Junta de Governo de São Paulo e negociantes do Rio), assim como periódicos e lojas maçônicas, mobilizaram-se para que o príncipe permanecesse no Brasil, entregando-lhe, por intermédio do presidente do senado da Câmara do Rio de Janeiro, o juiz de fora José Clemente Pereira, um documento com aproximadamente 8 mil assinaturas, solicitando que não partisse para a Europa. O príncipe acabaria formalizando sua decisão com a declaração do "Fico" em janeiro de 1822 (ele depois ganharia o título de "Protetor e defensor perpétuo do Brasil"). A partir daí, reformularia o ministério, organizaria um governo encabeçado por José Bonifácio, expulsaria a Divisão Auxiliadora e convocaria o Conselho de Procuradores-Gerais das Províncias, assim como eleições para uma Assembleia Geral Constituinte e Legislativa, todos elementos que iriam reforçar a posição dos brasileiros rumo à autonomia definitiva. Vale lembrar que não era unânime a ideia de independência naquele momento, alguns acreditando ainda ser possível uma monarquia dual, ainda que fosse cada vez mais explícita a impossibilidade dessa proposta. Por outro lado, discutiam-se projetos que iam da

---

biografia, cit., p. 208. Leslie Bethell menciona que o Brasil teria direito entre 70 e 75 cadeiras, de um total de mais de 200, cifras corroboradas por Boris Fausto. Ver Leslie Bethell, "A Independência do Brasil", cit., p. 212; e Boris Fausto, *História do Brasil* (São Paulo, Editora da Universidade de São Paulo, 2003), p. 130. Outras fontes indicam o direito a cerca de 70 deputados brasileiros, dos quais 49 teriam comparecido. Alguns autores, por sua vez, afirmam que o Brasil tinha direito a enviar 72 deputados, tendo comparecido 46 deles, assim como seriam 181 cadeiras disponíveis ao todo.

[150] Para uma discussão sobre as Cortes, ver Fernando Tomaz, "Brasileiros nas Cortes constituintes de 1821-1822", em Carlos Guilherme Mota (org.), *1822: dimensões*, cit., p. 74-101.

monarquia constitucional ao republicanismo, assim como a questão do unitarismo e do federalismo[151]. Os portugueses, por sua vez, ordenaram a dissolução do novo governo, o cancelamento da Constituinte que fora convocada por ele e a detenção de ministros que discordassem daquelas ordens. A situação se tornara inviável. O manifesto de 1º de agosto de 1822 (atribuído a Gonçalves Ledo) e o do dia 6 do mesmo mês ("Manifesto do Príncipe Regente aos governos e nações amigas") seriam novos sinais da radicalização da situação e do caminho praticamente sem volta da emancipação política, ainda que houvesse resistência interna em algumas províncias. Com a intransigência das Cortes, que deram ordens para anular as resoluções de D. Pedro e destituir o ministério, na prática, retirando seus poderes, a situação se tornou insustentável. A proclamação da Independência ocorreria formalmente em 7 de setembro de 1822 (o regente seria aclamado imperador em outubro e coroado em 1º de dezembro daquele ano), mas o processo para a consolidação daquele ato – com o sufocamento da resistência de setores das elites e das tropas de linha de algumas províncias favoráveis às Cortes que se recusavam a receber ordens do Rio, o reconhecimento internacional, a repressão das rebeliões e revoltas populares nos lustros seguintes, a garantia, em última instância, da unidade nacional e a abdicação e partida do então imperador para Portugal, entre outros fatores – ainda demoraria alguns anos para ser concluído.

Na prática, o que se pode constatar é que, após a declaração da Independência, não houve alterações profundas nas estruturas do poder nem na esfera econômica (especialmente, fundiária) do novo "império". O Brasil manteve o latifúndio e a mão de obra escravizada, a mentalidade retrógrada e a classe conservadora no mando do país. Uma elite "branca" e abastada continuaria ocupando as posições mais importantes na estrutura social, enquanto uma massa de negros escravizados (ou mesmo livres) e mestiços comporia um enorme setor marginalizado, inculto, despreparado em termos técnicos e profissionais, e afastado das instâncias decisórias institucionais. Ao longo do século XIX, seria paulatinamente construída uma "nação" que reforçaria seus traços de sociedade agrária, socialmente injusta, atrelada aos interesses de potências estrangeiras, controlada pelo capital internacional e pelas classes associadas a este, com a consolidação gradual dos alicerces de uma autocracia burguesa que continuaria não permitindo verdadeiros espaços democráticos de atuação para a maioria da população.

Após duzentos anos da Independência, nossa permanente "dependência" externa desde então, assim como a constante desigualdade social, o autoritarismo dos "donos do poder", o insuficiente nível técnico e educacional das massas e os altos índices de pobreza de nossa população, ainda causam indignação e são questões

[151] Ver Evaldo Cabral de Mello, *A outra independência: o federalismo pernambucano de 1817 a 1824*, cit., p. 11-22.

não resolvidas que devem ser abordadas e solucionadas pelas novas gerações. Os trabalhos clássicos e recentes sobre a formação histórica do Brasil (e, nesse caso específico, sobre a Independência), portanto, mostram não só o contínuo interesse pelo tema, mas também as várias possibilidades de pesquisa e interpretação da emancipação política do nosso país, no intuito, em última instância, não só de conhecer nosso passado, mas também de produzir as necessárias ferramentas para atuar no presente com o objetivo de mudar efetivamente nossa realidade.

Referências bibliográficas

ALDEN, Dauril. O período final do Brasil Colônia: 1750-1808. In: Leslie Bethell (org.), *História da América Latina*: América Latina colonial. São Paulo/Brasília, Edusp/Fundação Alexandre de Gusmão, 1999.

ALENCASTRO, Luiz Felipe de. *O trato dos viventes*: formação do Brasil no Atlântico sul. São Paulo, Companhia das Letras, 2000.

BETHELL, Leslie. A Independência do Brasil. In: *História da América Latina*: da independência até 1870. Trad. Geraldo Gerson de Souza, São Paulo/Brasília, Edusp/Fundação Alexandre de Gusmão, 2001.

______. *A abolição do tráfico de escravos no Brasil.* Rio de Janeiro/São Paulo, Expressão e Cultura/ Edusp, 1976.

BLAJ, Ilana. O marxismo na historiografia brasileira: um olhar inovador. In: COGGIOLA, Osvaldo (org.). *Marx e Engels na história.* São Paulo, Xamã, 1996.

BOMFIM, Manoel. *O Brasil na história*: deturpação das tradições, degradação política. Belo Horizonte, PUC Minas/Topbooks, 2013.

BRITO, José Gabriel de Lemos. *Pontos de partida para a história econômica do Brasil.* São Paulo/ Brasília, Companhia Editora Nacional/Instituto Nacional do Livro, 1980.

BUESCU, Mircea; TAPAJÓS, Vicente. *História do desenvolvimento econômico do Brasil.* Rio de Janeiro, A Casa do Livro, s. d.

CALÓGERAS, João Pandiá. *Formação histórica do Brasil.* São Paulo, Companhia Editora Nacional, 1966.

CANALE, Dario. *O surgimento da seção brasileira da Internacional Comunista (1917-1928).* São Paulo, Anita Garibaldi/Fundação Maurício Grabois, 2013.

CERVO, Amado Luiz; BUENO, Clodoaldo. *História da política exterior do Brasil.* Brasília, Editora Universidade de Brasília, 2015.

COSTA, Emília Viotti da. Introdução ao estudo da emancipação política do Brasil. In: MOTA, Carlos Guilherme (org.), *Brasil em perspectiva.* 7. ed., São Paulo, Difel, 1976.

______. *Da Monarquia à República*: momentos decisivos. São Paulo, Unesp, 1999.

DONGHI, Tulio Halperin. *Historia contemporánea de América Latina.* México, Alianza, 1983.

DUCATTI, Ivan. As razões da Independência. In: SILVA, Marcos (org.). *Dicionário crítico Nelson Werneck Sodré.* Rio de Janeiro, Ed. UFRJ, 2008.

FAUSTO, Boris. *História do Brasil.* São Paulo, Editora da Universidade de São Paulo, 2003.

FLORENTINO, Manolo. *Em costas negras*: uma história do tráfico de escravos entre a África e o Rio de Janeiro (séculos XVIII e XIX). São Paulo, Unesp, 2015.

FREITAS, Décio. *O escravismo brasileiro*. Porto Alegre, Mercado Aberto, 1982.

FURTADO, Celso. *Breve historia económica de América Latina*. Havana, Ciencias Sociales, 1972.

GAMBI, Thiago Fontelas Rosado. A Independência e o banco, Brasil 1821-1829. *Revista USP*, v. 1, n. 132, 2022, p. 125-48.

GERSON, Brasil. *A revolução brasileira de Pedro I*. São Paulo, Saraiva, 1971.

GODECHOT, Jacques. *Europa e América no tempo de Napoleão (1800-1815)*. Trad. Miriam Lifchitz Moreira Leite, São Paulo, Pioneira/Edusp, 1984.

______. *As revoluções (1770-1799)*. Trad. Erothildes Millan Barros da Rocha, São Paulo, Pioneira, 1976.

______. A independência do Brasil e a revolução do Ocidente. In: MOTA, Carlos Guilherme (org.). *1822*: dimensões. São Paulo, Perspectiva, 1972.

GRAHAM, Maria. *Diário de uma viagem ao Rio de Janeiro*. Trad. Américo Jacobina Lacombe, São Paulo, Companhia Editora Nacional, 1956.

GRANDI, Guilherme. Transportes e planos de viação no Brasil imperial. *Revista USP*, n. 132, 2022.

HOBSBAWM, Eric J. *A era das revoluções*. Trad. Maria Tereza Teixeira e Marcos Penchel, São Paulo, Paz e Terra, 2012.

KAUFMANN, William W. *British Policy and the Independence of Latin America, 1804-1828*. New Haven, Yale University Press, 1951.

KOVAL, Boris. *História do proletariado brasileiro (1857 a 1967)*. Trad. Clarice Lima Avierina, São Paulo, Alfa-Ômega, 1982.

LIMA, Fernando Cerqueira. Da moeda metálica ao papel-moeda: as transformações do meio circulante na construção do Império do Brasil (1808-1831). *História Econômica & História de Empresas*, v. 25, n. 1, 2022, p. 118-40.

LIMA, Heitor Ferreira. *História político-econômica e industrial do Brasil*. São Paulo, Companhia Editora Nacional, 1973.

LIMA, João Manuel de Oliveira. *O império brasileiro (1821-1889)*. São Paulo, Melhoramentos, 1962.

______. *Dom João VI no Brasil*. Rio de Janeiro, José Olympio, 1945.

LOPES, Luís Carlos. *O espelho e a imagem*: o escravo na historiografia brasileira (1808-1920). Rio de Janeiro, Achiamé, 1987.

MACAULAY, Neill. *Dom Pedro I*: a luta pela liberdade no Brasil e em Portugal, 1798-1834. Trad. André Villalobos, Rio de Janeiro, Record, 1993.

MACHADO, Luiz Toledo. *Formação do Brasil e unidade nacional*. São Paulo, Ibrasa, 1980.

MANCHESTER, Alan K. *Preeminência inglesa no Brasil*. Trad. Janaina Amado, São Paulo, Brasiliense, 1973.

MAURO, Frédéric. *História do Brasil*. Trad. Rolando Roque da Silva, São Paulo, Difel, 1974.

______. *História econômica mundial (1790-1970)*. Trad. Lincoln Penna, Rio de Janeiro, Zahar, 1973.

______. A conjuntura atlântica e a independência do Brasil. In: MOTA, Carlos Guilherme (org.). *1822*: dimensões. São Paulo, Perspectiva, 1972.

MAXWELL, Kenneth. A geração de 1790 e a ideia do império luso-brasileiro. In: *Chocolate, piratas e outros malandros*: ensaios tropicais. Trad. Irene Hirsch et al., São Paulo, Paz e Terra, 1999.

MELLO, Evaldo Cabral. *A outra Independência*: o federalismo pernambucano de 1817 a 1824. São Paulo, Editora 34, 2004.

MONIZ BANDEIRA, Luiz Alberto. *O expansionismo brasileiro e a formação dos Estados na Bacia do Prata*: da colonização à Guerra da Tríplice Aliança. Rio de Janeiro/Brasília, Revan/UnB, 1998.

MOTA, Carlos Guilherme; LOPEZ, Adriana. *História do Brasil*: uma interpretação. São Paulo, Editora 34, 2015.

MOTA, Carlos Guilherme. José Honório e nós. In: RODRIGUES, Lêda Boechat (org.). *José Honório Rodrigues*: ensaios livres. São Paulo, Imaginário, 1991.

______. Europeus no Brasil à época da Independência. In: *1822*: dimensões. São Paulo, Perspectiva, 1972.

______. *Nordeste 1817*: estruturas e argumentos. São Paulo, Perspectiva/Edusp, 1972.

NORMANO, J. F. *Evolução econômica do Brasil*. São Paulo, Companhia Editora Nacional, 1945.

NOVAIS, Fernando A. *Portugal e Brasil na crise do Antigo Sistema Colonial (1777-1808)*. São Paulo, Hucitec, 1983.

______. O Brasil nos quadros do Antigo Sistema Colonial. In: MOTA, Carlos Guilherme (org.). *Brasil em perspectiva*. 7. ed., São Paulo, Difel, 1976.

______. As dimensões da Independência. In: MOTA, Carlos Guilherme (org.). *1822*: dimensões. São Paulo, Perspectiva, 1972.

PALMER, Robert R. *Europa e América no tempo de Napoleão (1800-1815)*. Trad. Miriam Lifchitz Moreira Leite, São Paulo, Pioneira/Edusp, 1984.

______. *The World of the French Revolution*. Nova York, Harper and Row, 1971.

______. *The Age of Democratic Revolution: A Political History of Europe and America, 1760-1800*, v. 2: *The Struggle*. New Jersey, Princeton University Press, 1964.

______. *The Age of Democratic Revolution: A Political History of Europe and America, 1760-1800*, v. 1: *The Challenge*. New Jersey, Princeton University Press, 1959.

PEREIRA, Astrojildo. O centenário. In: *Construindo o PCB (1922-1924)*. São Paulo, Ciências Humanas, 1980.

PRADO JÚNIOR, Caio. *História econômica do Brasil*. São Paulo, Brasiliense, 1974.

______. *Evolução política do Brasil e outros estudos*. São Paulo, Brasiliense, 1966.

RAMA, Carlos M. *Historia de America Latina*. Barcelona, Bruguera, 1978.

REIS, José Carlos. *As Identidades do Brasil*, v. 1: *De Varnhagen a FHC*. Rio de Janeiro, FGV, 2007.

RENAULT, Delso. *Indústria, escravidão, sociedade*. Rio de Janeiro, Civilização Brasileira, 1976.

RIBEIRO JÚNIOR, José. *A Independência do Brasil*. São Paulo, Global, 2001.

RODRIGUES, José Honório. *Independência: revolução e contra-revolução*. Rio de Janeiro, Francisco Alves, 1975, 5 v.

______. *Interesse nacional e política externa*. Rio de Janeiro, Civilização Brasileira, 1966.

SCHWARCZ, Lilia M.; STARLING, Heloisa M. *Brasil*: uma biografia. São Paulo, Companhia das Letras, 2015.

SIMONSEN, Roberto C. *História econômica do Brasil (1500-1820)*. São Paulo, Companhia Editora Nacional, 1978.

SODRÉ, Nelson Werneck. *Capitalismo e revolução burguesa no Brasil*. Belo Horizonte, Oficina de Livros, 1990.

______. *História e materialismo histórico no Brasil*. São Paulo, Global, 1985.

______. *História da burguesia brasileira*. Rio de Janeiro, Civilização Brasileira, 1976.

______. *As razões da independência*. Rio de Janeiro, Editora Civilização Brasileira, 1969.

______. *Formação histórica do Brasil*. São Paulo, Brasiliense, 1963.

______. *Formação da sociedade brasileira*. Rio de Janeiro, José Olympio, 1944.

STARLING, Heloisa M. *Ser republicano no Brasil colônia*: a história de uma tradição esquecida. São Paulo, Companhia das Letras, 2018.

THOMAS, Hugh. *The Slave Trade*: The History of the Atlantic Slave Trade, 1440-1870. Londres, Phoenix, 2006.

VIANA, Victor. *Histórico da formação econômica do Brasil*. Rio de Janeiro, Imprensa Nacional, 1922.

A economia brasileira no início do século XIX

Francisco Vidal Luna e Herbert S. Klein

O século XVIII foi de extraordinário crescimento no Brasil. Mercadores das cidades de Recife, Salvador e Rio de Janeiro investiram em escravizados africanos para prover trabalhadores para as minas e plantações de açúcar, algodão e tabaco. Pagavam por esses africanos com açúcar, tabaco, algodão, ouro e diamantes exportados para a Europa. Importavam também têxteis, trigo e produtos manufaturados da Europa, Ásia e África, que abasteciam o mercado colonial via fluxos comerciais dentro e entre as diversas regiões do Brasil. Embora aquelas cidades fossem ainda pequenas para os padrões europeus, a maioria com população em torno de 40 mil pessoas em meados do século, possuíam comunidades mercantes dinâmicas, atuantes dentro e fora da colônia.

O capital necessário para desenvolver o comércio internacional baseou-se na contínua expansão da economia açucareira do século XVII e na descoberta de jazidas de ouro no interior da colônia no início do século XVIII. Esses depósitos de ouro, a maior fonte mundial desse metal naquela época, ampliaram a ocupação do território e representaram importantes forças de integração econômica do Brasil. Mas o crescimento das exportações minerais não impediu o crescimento contínuo da produção de açúcar, que permaneceu como uma exportação fundamental ao longo do século. Assim, apesar do crescimento de novos centros produtores de outras partes das Américas e do declínio relativo do produto brasileiro no mercado mundial, esse foi um século de prosperidade para a colônia, e especialmente para suas três principais zonas açucareiras, Pernambuco, Bahia e Rio de Janeiro.

Essa prosperidade também começou a impactar centros anteriormente marginais, que passaram a ser incorporados a um mercado interno e internacional, e que também utilizavam e demandavam escravizados africanos. Isso ocorreu com a capitania do Piauí, ocupada por exploradores baianos nos anos 1670 e que foi lentamente aberta para a pecuária, apesar da intensa oposição dos indígenas. A sua primeira freguesia foi criada em 1697, quando já existiam 129 fazendas que forneciam gado e animais de tração para a região açucareira, muitas utilizando escravizados africanos. Embora índios fossem incorporados às atividades produtivas, os escravizados de origem africana desempenhavam também papel fundamental na pecuária da região. Na década de 1760, os jesuítas possuíam 18 fazendas na região com mais de mil cabeças de gado[1], e um inventário de 1770, relativo a 11 dessas fazendas, mostrou a posse de 165 escravizados[2]. O mesmo processo de ocupação ocorreu no sudeste de Goiás, transformado em zona pecuária para satisfazer as plantações litorâneas mesmo antes da abertura da região para a mineração. Estas também foram trabalhadas com mão de obra escravizada ao lado de vaqueiros assalariados[3].

Até mesmo a capitania do extremo sul do Rio Grande do Sul foi integrada a esse complexo açucareiro. Assim, uma média de 40 a 50 navios por ano chegavam ao porto de Salvador no final do século XVIII trazendo carne seca e salgada dessa colônia sulista para consumo dos escravizados nos engenhos e plantadores de cana-de-açúcar da região[4]. A origem desse charque eram as fazendas do Rio Grande do Sul, efetivamente povoadas no início do século XVIII. As primeiras exportações sistemáticas das charqueadas locais (unidades que produziam carnes secas e salgadas) ocorreram na segunda metade do século e baseavam-se em grandes unidades próximas ao litoral, que exportavam seus produtos para o norte. As fazendas abrigavam milhares de animais, incluindo cavalos, mulas e rebanhos bovinos, e podiam ter até 60 escravizados afro-brasileiros qualificados, quase todos do sexo masculino. Os escravizados eram a força de trabalho básica em todas as atividades produtivas, desde o pastoreio até o preparo das carnes. Um censo de 1787 estimou que as fazendas locais possuíam 215 mil animais, com predominância de gado e mulas[5]. Um censo de 1780 listava 5 mil escravizados na província, e em 1814 havia cerca de 21 mil escravizados e 5 mil "pessoas de cor" livres em comparação com 32 mil portugueses[6]. Mesmo

---

[1] Luiz Mott, "A pecuária no sertão do Piauí (1697-1818)", em Mário Maestri e Solimar Oliveira Lima (orgs.), *Peões, vaqueiros & cativos campeiros: estudos sobre a economia pastoril no Brasil* (Passo Fundo, Universidade de Passo Fundo, 2010), p. 15-52.

[2] Mairton Celestino da Silva, "Negros na capitania de São José do Piauí, 1720-1800", em João Kennedy Eugênio (org.), *Escravidão negra no Piauí e temas conexos* (Teresina, EDUFPI, 2014), p. 276

[3] Adelmir Fiabani, "Fazendas, cativos e gado na história do Tocantins", em Mário Maestri e Solimar Oliveira Lima (orgs.), *Peões, vaqueiros & cativos campeiros*, cit., p. 53-88.

[4] Avanete Pereira Sousa, "A centralidade/capitalidade econômica de Salvador no século XVIII", em Evergton Sales Souza, Guida Marques e Hugo R. Silva (orgs.), *Salvador da Bahia: retratos de uma cidade atlântica* (Salvador, EDUFBA, 2016), p. 114.

[5] Um bom estudo sobre o tema pode ser encontrado em Ester J. B. Gutierrez, *Negros, charqueadas & olarias: um estudo sobre o espaço pelotense* (2. ed., Pelotas, Editora e Gráfica Universitária – UFPel, 2001).

[6] Jorge Euzébio Assumpção, "Época das charqueadas (1780-1888)", em Sandra da Silva Careli e Luiz Claudio Knierim (orgs.), *Releituras da história do Rio Grande do Sul* (Porto Alegre, Corag, 2011), p. 145 e 147, tabelas 1 e 2.

na cidade mais ao sul do Brasil, a Colônia de Sacramento, no Rio da Prata, havia 1.575 escravizados afro-brasileiros, que representavam 58% da população local[7].

São Paulo era outra região relativamente marginal aos principais fluxos de exportações, embora tenham sido implantados pequenos engenhos na região de São Vicente no início da colonização portuguesa. Entretanto, somente nas colônias do Nordeste do Brasil e posteriormente no Rio de Janeiro se tornou viável um empreendimento açucareiro de grande escala, que colocaria a colônia na posição de maior produtora de açúcar do mundo. São Paulo teve uma história totalmente diferente. Sem produtos que permitissem um fluxo regular de exportações, a região cresceu lentamente com uma economia baseada em culturas de subsistência e pecuária de baixa densidade, pouco integrada com os demais núcleos econômicos e populacionais da colônia.

A descoberta do ouro em Minas Gerais pelos paulistas alterou profundamente a capitania de São Paulo, que sofreu profundamente os impactos da mineração. No primeiro momento reduziu-se a população, pois seus habitantes foram em grande número para as regiões extrativas. Por outro lado, São Paulo apresentava uma situação privilegiada, já que os principais caminhos para Minas Gerais atravessavam seu território e ao longo desses caminhos formavam-se estruturas de apoio – abrigo e alimentação – às tropas e viajantes. Além disso, a rápida ocupação de Minas Gerais e a concentração dos esforços na atividade extrativa exigiam abastecimento de gêneros alimentícios, animais e escravizados. A historiografia relata crises agudas de escassez de alimentos, ocorridas nos primeiros anos da ocupação de Minas Gerais[8]. São Paulo situava-se no caminho das minas e relativamente próximo às áreas exploradas. Por essa razão criou-se, pela primeira vez, uma demanda consistente para a rudimentar agricultura paulista, que passou a abastecer as regiões mineiras com alimentos e animais. São Paulo, que utilizara por dois séculos quase exclusivamente a mão de obra indígena, passou a contar com recursos para adquirir escravizados africanos, cuja importação ganhou importância durante a primeira metade do século XVIII. A capitania, pouco integrada aos fluxos econômicos gerados pelo sistema colonial, assimilou-se pela primeira vez e de forma definitiva ao processo. Se não diretamente, pela produção de gêneros exportáveis, indiretamente pelo abastecimento de produtos demandados pelo mercado interno. Ademais, os paulistas, que de início limitavam-se a mandar para as Gerais os excedentes de sua minguada produção, estimulados pelos preços alcançados pelas mercadorias nas minas, intensificaram

---

[7] Fabricio Prado, *In the Shadows of Empires: Trans-Imperial Networks and Colonial Identity in Bourbon Rio de la Plata (c. 1750–c. 1813)* (tese de doutorado, Atlanta, Emory University, 2009), p. 60.

[8] Mafalda P. Zemella, *O abastecimento da capitania de Minas Gerais no século XVIII* (São Paulo, FFCL-USP, 1951, coleção História da Civilização Brasileira, n. 12).

sua produção agropecuária e foram buscar em regiões por vezes distantes os produtos necessários nas minas que São Paulo não produzia[9]. Foi o caso dos muares criados no extremo sul, que se desenvolveram para alimentar a demanda das Gerais. Sorocaba seria o principal centro de comercialização de mulas, posição mantida mesmo depois da decadência da mineração, pois a produção cafeeira ampliaria o mercado desse animal na primeira metade do século XIX[10]. Petrone estimou que, na década de 1820, os muares e o gado vendidos em Sorocaba representaram valor semelhante ao das exportações totais da província de São Paulo[11].

O declínio da mineração de ouro e diamante na segunda metade do século levou a uma grande reorientação do mercado interno, com Minas Gerais tornando-se uma importante fonte de produtos alimentícios para as províncias costeiras e apenas um modesto exportador de minerais. O açúcar continuou sendo a exportação dominante, com o Rio de Janeiro passando a competir com Pernambuco e outras províncias açucareiras do Nordeste. E a produção total ainda se expandiu no final do século.

Embora a década de 1810 e o início da década de 1820 tenham sido tempos instáveis em vários países europeus, o setor exportador brasileiro e a economia como um todo apresentaram bom desempenho. O Brasil do século XIX experimentaria um crescimento sustentado em suas exportações e no seu mercado interno, bem como um grande crescimento populacional e uma estabilidade política sem igual nas Américas. Além disso, ao contrário de qualquer outro país latino-americano, o Império brasileiro pagou suas dívidas e nunca deixou de pagar seus empréstimos internos ou externos[12]. No entanto, apesar de todo o crescimento e sucesso das exportações, houve pouco investimento fora do setor de exportação. Os gastos com educação básica foram modestos e ainda menores na educação secundária ou terciária, que atendiam apenas uma pequena elite. Para a grande maioria da população havia pouco investimento privado ou estatal em capital humano.

Escravizados africanos foram comprados em número significativo, e estavam presentes em todas as atividades econômicas, inclusive em trabalhos que exigiam relativo nível de qualificação. Ferrovias e portos foram construídos, essencialmente

---

[9] Ibidem, p. 54-5.

[10] Sobre o tema ver Herbert S. Klein, "A oferta de muares no Brasil central: o mercado de Sorocaba, 1825-1880", *Estudos Econômicos*, v. 19, n. 2, maio-ago. 1989, p. 347-372; Carlos Eduardo Suprinyak e Cristiano Corte Restitutti, "Os Muares e as Minas: relações entre a demanda mineira e o mercado de animais de carga nos séculos XVIII e XIX", *Anais do XII Seminário de Economia Mineira*, Diamantina, 2006.

[11] Maria Thereza Schorer Petrone, *O Barão de Iguape, um empresário da época da Independência* (São Paulo, Companhia Editora Nacional, 1976), p. 29-30.

[12] Sobre a dívida pública no século XIX, ver William R. Summerhill, *Inglorious Revolution: Political Institutions, Sovereign Debt, and Financial Underdevelopment in Imperial Brazil* (New Haven, Yale University Press, 2015).

para fortalecer o dinâmico setor exportador. Poucos recursos provinciais ou imperiais eram investidos em estradas que ligavam os mercados internos entre si, e a maior parte do comércio interprovincial era feito por mulas ou via navegação de cabotagem[13]. Esta era dedicada aos transportes de maior distância no Brasil. Mas as tropas de mulas eram o sistema mais intensamente utilizado, de maior capilaridade, encontrado por grande parte do território economicamente ocupado do Brasil. As tropas de mulas manteriam sua importância mesmo depois da implantação das ferrovias na segunda metade do século XIX[14].

A economia do início do século XIX foi dominada pelo açúcar e pela introdução precoce do café. Havia também uma importante pecuária que exportava alguns produtos de couro, e vários produtos agrícolas eram cultivados por todo o Brasil, como milho, mandioca e feijão, alimentos básicos da população brasileira. Também houve exportações modestas de alguns produtos específicos em alguns períodos, como fumo, borracha e algodão[15].

Embora as indústrias exportadoras fossem inegavelmente o segmento mais dinâmico da economia brasileira no início do século XIX, criou-se um amplo mercado interno, envolvendo crescentes transações entre as províncias. A população estava crescendo; embora as taxas de mortalidade fossem extremamente altas, a taxa bruta de natalidade era ainda maior, acima de 40 por mil habitantes residentes. Centros urbanos formavam-se, e os núcleos exportadores mais dinâmicos necessitavam de

---

[13] Cássio A. N. Teixeira, Marco Aurélio R. Rocio, André P. do Amaral Mendes e Luís André S. d´Oliveira, *Navegação de cabotagem brasileira* (Rio de Janeiro, BNDES Setorial, n. 47, mar. 2018), p. 398; Aureliano Cândido Tavares Bastos, *Cartas do solitário: estudos sobre reforma administrativa, ensino religioso, africanos livres, tráfico de escravos, liberdade da cabotagem, abertura do Amazonas, communicações com os Estados Unidos etc.* (Rio de Janeiro, Typ. da Actualidade, 1863); Maria Lígia C. Prado e Maria Cristina Z. Luizetto. "Contribuição para o estudo do comércio de cabotagem no Brasil: 1808-1822", *Anais do Museu Paulista* (São Paulo, n. 30, 1980/1981), p. 159-96; Renato Leite Marcondes, "O mercado brasileiro do século XIX: uma visão por meio do comércio de cabotagem", *Revista de Economia Política*, v. 32, n. 1 (126), jan.-mar. 2012, p. 142-66, e *Desigualdades regionais brasileiras: comércio marítimo e posse de cativos na década de 1870* (tese de livre-docência, Ribeirão Preto, Fearp-USP, 2005); Bruna Iglezias Motta Dourado, "O comércio marítimo brasileiro no século XIX", *História e Economia*, v. 22, n. 1, 2019, p. 102-24.

[14] Herbert S. Klein, "The Supply of Mules to Central Brazil: The Sorocaba Market, 1825-1880", *Agricultural History*, v. 64, n. 4, 1990, p. 1-25; Carlos Eduardo Suprinyak, "O mercado de animais de carga no Centro-Sul do Brasil Imperial: novas evidências", *Estudos Econômicos*, v. 38, n. 22, 2008, p. 319-47; Luiz Adriano Borges, "Mulas em movimento: o mercado interno brasileiro e o negócio de tropas, primeira metade do século XIX", *Anos 90*, v. 23, n. 44, 2016, p. 207-30; Maria Lúcia Lamounier, "Ferrovias, agricultura de exportação e mão de obra no Brasil no século XIX", *História Econômica & História de Empresas*, v. 3, n.1, 2000, p. 43-76, e Maria Thereza Schorer Petrone, *O barão de Iguape, um empresário da época da Independência*, cit.

[15] Christopher David Absell, *The Bittersweet Century: Slavery, Tariffs and Brazilian Export Growth During the Nineteenth Century* (tese de doutorado, Madri, Universidad Carlos III, 2019), p. 4.

produtos abastecidos pelo mercado interno, principalmente alimentos, como cereais e carnes processadas, e matérias-primas como o algodão. Durante todo o período da escravidão, embora fossem alocados intensamente em atividades voltadas ao exterior, os cativos foram utilizados em todas as áreas de atuação e regiões, o que sugere uma economia interna com um nível relativamente alto de comercialização e monetização. Se Minas Gerais foi o centro mais dinâmico desse mercado interno no século XVIII, o Rio de Janeiro assumiu esse papel no século XIX.

Embora o Brasil tenha perdido a primazia no mercado mundial de açúcar para novos produtores no Caribe no século XVIII, ainda produzia uma quantidade significativa do produto no século seguinte. Quando a Revolução Haitiana eliminou o principal produtor mundial de cana-de-açúcar, surgiram novos incentivos para a indústria brasileira. O consequente aumento dos preços mundiais do açúcar estimulou inicialmente a produção local. Com a introdução de novas variedades de cana e algumas melhorias nas usinas locais, o Brasil passou a exportar açúcar em volume cada vez maior[16]. A emancipação dos escravizados no Império britânico, que reduziu as contribuições caribenhas, e a lei britânica do açúcar de 1846, que permitia a importação de açúcar não britânico para o país, foram estimulantes significativos para os produtores brasileiros[17].

Gráfico 1 – Valor das Exportações de Açúcar, 1821-1860 (milhões de libras)

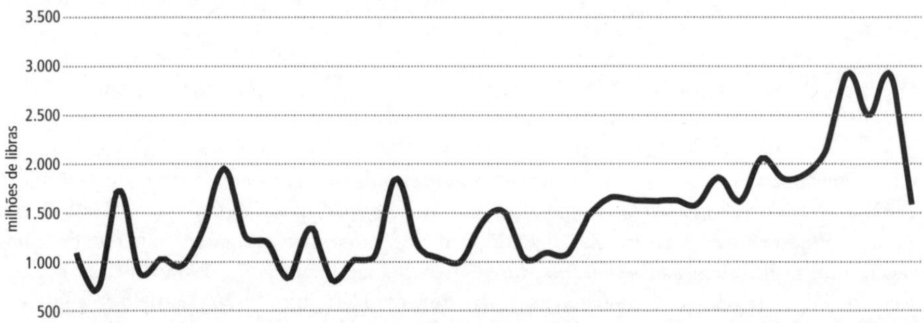

Fonte: IBGE, *Estatísticas históricas do Brasil*, v. 3: *Séries econômicas demográficas e sociais de 1550 a 1988* (Rio de Janeiro, Fundação Instituto Brasileiro de Geografia e Estatística, 1990), p. 345.

[16] Sobre a indústria do açúcar no século XIX, veja Peter L. Eisenberg. *The Sugar Industry in Pernambuco: Modernization without Change, 1840-1910* (Berkeley, University of California Press, 1974); Christopher David Absell, *The Bittersweet Century*, cit.; Alice P. Canabrava, "A grande lavoura", em Sérgio Buarque de Holanda (org.), *História geral da civilização brasileira*, tomo II, v. 4: *O Brasil monárquico* (São Paulo, Difusão Europeia do Livro, 1971), p. 85-137.

[17] Segundo Absell, entre 1827 e 1853, a emancipação dos escravizados na Índias Ocidentais Britânicas aumentou a participação do Brasil no mercado mundial de açúcar; Christopher David Absell, *The Bittersweet Century*, cit., p. 4.

A indústria açucareira foi a principal atividade econômica das províncias nordestinas. Outras culturas agrícolas do Nordeste expandiram-se, como o algodão, mas nenhuma era mais adequada ao solo e ao clima da região do que a cana-de-açúcar. Enquanto outros produtores americanos começaram a modernizar a produção açucareira, no Brasil poucos engenhos foram modernizados. Em alguns países, o incremento dos métodos produtivos e a dimensão das novas unidades de processamento estimularam a separação operacional entre os plantadores de cana-de-açúcar e as usinas processadoras da cana. Eram os chamados engenhos centrais, que seriam adotados no Brasil na segunda metade do século XIX, com pouco sucesso. A modernização brasileira somente ocorreria no final do século, com a implantação das chamadas usinas, que continuavam baseadas no processamento de cana própria e servindo-se de cana de terceiros de forma complementar.

A expansão da produção de café no segundo quarto do século XIX deu ao Brasil uma nova mercadoria de exportação, cuja demanda expandia-se pela ampliação do hábito e por uma população crescente, cada vez mais urbana e mais rica nos países mais desenvolvidos do mundo. Dadas as excepcionais condições físicas do Brasil para o cultivo do produto, o país rapidamente assumiu a posição de líder mundial no seu fornecimento, tendo sido fácil aumentar a produção adequadamente, a fim de atender à crescente demanda.

A expansão inicial do café ocorreu no Vale do Rio Paraíba, primeiro na parte pertencente ao Rio de Janeiro, na região de Vassouras. Posteriormente, as plantações moveram-se para o norte e o oeste, alcançando a região denominada Zona de Mata, na parte sudoeste da província de Minas Gerais, e as áreas ao redor dos municípios de Areias e Bananal, na região nordeste da província de São Paulo. Nessa primeira fase, o Vale do Paraíba era o maior produtor mundial de café. Na década de 1821-1830, o grão já representava 18% das exportações, mas ainda abaixo do açúcar e do algodão. Na década seguinte, porém, já se tornava o principal artigo na pauta de exportações, posição que manteria por mais de um século. Em 1850, o Brasil era responsável por metade da produção mundial de café que, por sua vez, correspondia à metade do valor das exportações nacionais. Além disso, à medida que a demanda pelo produto brasileiro aumentava, a produção expandia-se a um ritmo ainda mais rápido, tanto que, nos últimos cinco anos do século, 70% da produção mundial de café era procedente do Brasil[18].

O algodão foi outra cultura que começou a ser exportada no final do período colonial e obteve algum sucesso precoce no mercado internacional no início do

---

[18] Veja Antonio Delfim Netto, *O problema do café no Brasil* (São Paulo, IPE-USP, 1981); Edmar Bacha e Robert Greenhill, *150 anos de café* (São Paulo, Marcelino Martins & Johnston Exportadores Ltda, 1992); Stanley J. Stein, "Aspectos do crescimento e declínio da lavoura de café no Vale do Paraíba 1850-1860", *Revista de História da Economia Brasileira*, ano I, n. 1, jun. 1953, e *Vassouras, A Brazilian Coffee County, 1850-1900* (Nova York, Atheneum, 1976).

século XIX, com grande crescimento durante as guerras napoleônicas. Houve também uma exportação pequena, mas constante ao longo do século, de produtos de couro de todas as regiões do Brasil, de fumo produzido principalmente na Bahia e de erva-mate proveniente das províncias do Sul (ver Tabela 1).

Tabela 1 – Brasil – Participação dos principais produtos nas exportações, 1821-1850 (valor em 1.000 Libras)

	Café	Açúcar	Cacau	Erva-mate	Fumo	Algodão	Borracha	Couros e peles	Outros	Total
Valor em 1.000 Libras										
1821-1830	7.189	12.426	201	-	988	8.069	17	5.314	4.893	39.097
1831-1840	21.529	11.798	280	244	942	5.298	168	3.906	5.040	49.205
1841-1850	22.655	14.576	537	477	974	4.103	214	4.679	6.465	54.680
Participação porcentual										
1821-1830	18%	32%	1%	0%	3%	21%	0,0%	14%	13%	100%
1831-1840	44%	24%	1%	0%	2%	11%	0,3%	8%	10%	100%
1841-1850	41%	27%	1%	1%	2%	8%	0,4%	9%	12%	100%

Fonte: IBGE, *Estatísticas históricas do Brasil*, v. 3: *Séries econômicas demográficas e sociais de 1550 a 1988* (Rio de Janeiro, Fundação Instituto Brasileiro de Geografia e Estatística, 1990), p. 345 e seg.

Ao longo do século XIX houve poucas mudanças nas importações brasileiras, em termos de valor, composição ou países de origem. Manteve-se a concentração nos produtos manufaturados, essencialmente vestuário e têxteis, e na alimentação. Em 1840/1841, a Grã-Bretanha representava metade do valor de todas as importações, seguida pela França, Estados Unidos e Portugal. Os têxteis sozinhos foram responsáveis por quase metade das importações, em grande parte fornecidas pela Grã-Bretanha; a seguir, bem abaixo dessa percentagem, vinham a farinha de trigo, os vinhos e o bacalhau.

Vale ressaltar que também ocorria uma atividade de contrabando significativa, obviamente não registrada nas contas oficiais. Assim, no rol das importações em 1840/1841 e em 1849/1850 não há menção à importação de escravizados da África, que se fazia por meio de desembarques ilegais desde a abolição do tráfico em 1830. Formal, mas ineficaz. O período de 1850 mostra a importância dessa importação ilegal na balança comercial. Estima-se que naquele ano chegaram ao Brasil 52.909 escravizados[19]. Se aceitarmos o preço médio conhecido de um escravo africano adulto entre 250 e 339 mil-réis, significa que faltam na balança comercial entre 13,2 milhões e 17,9 milhões de mil-réis. Isso corresponderia a mais de um quinto das importações brasileiras. Supera, inclusive, as importações de tecidos de algodão, lã e linho que totalizaram naquele ano 11,9 milhões de mil réis. Essa importação da África corresponderia à soma das importações vindas da França e dos Estados

[19] Ver "Disembarked Slaves" para o Brasil 1846-1859 nas estimativas do Slave Voyages Database; disponível em: <https://www.slavevoyages.org/assessment/estimates>.

Unidos, ou alternativamente cerca de 40% das importações vindas da Grã-Bretanha, principal fornecedor do país[20] (Tabela 2).

Tabela 2 – Importações brasileiras por produto e país de origem, 1840-1841 (valor em mil-réis)

Produtos importados		Países exportadores	
Matérias-primas e artigos com aplicação às artes e indústrias	15%	Grã-Bretanha	49%
Artigos manufaturados	61%	França	15%
Artigos destinados à alimentação e forragens	24%	Estados Unidos	12%
Valor em mil réis	56.040.800	Portugal	8%
Principais produtos		Cidades Hanseáticas	4%
Manufaturas e tecidos diversos	47%	Estados do Rio da Prata	4%
Farinha de trigo	7%	Bélgica	1%
Vinhos	5%	Espanha	1%
Bacalhau	5%	Suécia e Noruega	1%

Fonte: *Colleção dos mappass estatísticos do commercio e navegação do Império do Brasil, exercido por meio de importação, exportação, reexportação e baldeação, sob a inspeção e fiscalização das alfandegas e mesas de consulado, 1840-1841.*

Tradicionalmente, as importações e exportações brasileiras eram realizadas por alguns portos específicos onde a carga era frequentemente concentrada, e de lá entrava no comércio costeiro para outras províncias brasileiras ou era embarcada para mercados internacionais. Normalmente o açúcar do Nordeste concentrava-se nos portos de Salvador e Recife, enquanto o café das províncias do Sudeste era exportado pelo porto do Rio de Janeiro. Esses três portos também receberam a maior parte das importações internacionais, bem como a maior parte da navegação de cabotagem. Serviam também como importantes polos comerciais interprovinciais, uma vez que as mercadorias importadas e exportadas por outras províncias eram centralizadas nesses três portos e daí exportadas (Tabela 3).

Tabela 3 – Importações, exportações e reexportações por província, 1849/1850 (em mil-réis)

Províncias	Importações estrangeiras diretas	Importações por cabotagem	Importações nacionais	Reexportações e baldeação	Exportações nacionais para fora do Império
Rio de Janeiro	29.596.681	412.179	775.445	2.331.978	26.342.904
Bahia	9.744.518	587.996	267.077	582.018	9.033.354
Pernambuco	12.167.319	310.140	525.349	57.053	7.466.435
Maranhão	2.260.205	150.811	6.738	14.938	2.304.050
Pará	1.553.742	341.775	126.389	6.525	1.484.915
Rio Grande do Sul	3.063.218	2.824.252	671.569	345.475	3.493.750
São Paulo	290.527	2.608.690	93.103	1.733	1.010.099

20 BRASIL, *Collecção de mappas estatísticos do commercio e navegação do Império do Brazil, com suas províncias e paizes estrangeiros no anno financeiro de 1849-1850, segundo os parciais organisados pelas alfandegas e mesas de consulado* (Rio de Janeiro, Typographia Nacional, 1855), p. 2-31.

Províncias	Importações estrangeiras diretas	Importações por cabotagem	Importações nacionais	Reexportações e baldeação	Exportações nacionais para fora do Império
Paranaguá	161.533	506.031	115.917	39.300	658.581
Paraíba	67.536	646.253	81.619		1.136.267
Ceará	146.558	557.564	48.904	-	232.626
Santa Catarina	18.531	443.953	53.248	166.405	114.495
Alagoas	42.769	1.079.816	99.132		1.431.924
Sergipe	22.294	728.476	239.948	212	303.689
Espírito Santo	805	233.805	116.519		10.181
Rio Grande do Norte	50	266.397	14.176		
Piauí	29.024	23.014	14.730		9.191
Total	59.165.310	11.721.152	3.249.863	3.545.637	55.032.461

Fonte: *Collecção dos mappas estatísticos do commercio e navegação do Império do Brazil, com suas províncias e países estrangeiros, no anno financeiro de 1849-1850*. Rio de Janeiro, 1855.

Os grandes consumidores das exportações internacionais brasileiras no século XIX eram os Estados Unidos e a Grã-Bretanha, e por isso os movimentos cíclicos nessas economias causavam fortes oscilações nos preços dos produtos brasileiros. A produção de açúcar, o mais tradicional produto de exportação brasileiro, continuou a crescer no século XIX, mantendo tanto exportações expressivas quanto sendo cada vez mais consumido no mercado interno. O algodão era um produto atípico para o Brasil, pois sua exportação dependia em grande parte de problemas temporários de oferta dos principais países produtores. Mas a produção de algodão teve um mercado interno crescente e, assim, a produção nacional aumentou no século XIX. A concentração em poucos produtos e países gerava expressiva instabilidade no valor das exportações brasileiras (Tabela 4).

Tabela 4 – Principais produtos exportados, destino e origem das importações, 1840/1841

	Valor exportado	Grã-Bretanha	Cidades Hanseáticas	França	Portugal	Estados Unidos	Espanha	Países do Rio da Prata	Subtotal
Exportações totais 1841/1842 = 39.084.298 mil réis									
Aguardente	408.003	1%	3%	1%	56%	0%	0%	35%	95%
Algodão	3.223.958	73%	2%	11%	5%	0%	8%	0%	99%
Açúcar	8.373.270	20%	19%	3%	13%	6%	1%	6%	68%
Café	18.295.990	14%	20%	7%	2%	33%	0%	0%	77%
Couros/peles	3.000.097	12%	6%	11%	20%	22%	2%	0%	73%
Borracha	38.284	100%	0%	0%	0%	0%	0%	0%	100%
Cacau	466.893	29%	14%	0%	0%	44%	0%	0%	87%
Tabaco	907.828	18%	7%	30%	28%	10%	3%	1%	98%
Total	34.714.323	7.235.730	5.734.884	2.286.924	2.926.766	7.189.355	433.480	1.057.182	
Origem das importações brasileiras									
1841/1842	56.040.800	49%	0%	9%	8%	12%	1%	4%	84%

Fonte: *Mapas de Importação e Exportação do Brasil 1840/1841.*

Em 1849/1850, o Rio de Janeiro recebeu praticamente metade das importações diretas do exterior. Recife e Salvador também representaram importantes portos de entrada de mercadorias. Grande parte das mercadorias que chegavam por esses três portos era distribuída para as demais províncias. Houve, assim, um movimento expressivo de importações por cabotagem desses grandes portos para todos os pequenos portos costeiros da Amazônia ao Rio Grande do Sul. Além dos bens reexportados para as províncias, havia um comércio interprovincial de bens nacionais. O próprio Rio de Janeiro era um importante importador de bens nacionais de outras províncias, assim como Salvador, Recife e os portos do Rio Grande do Sul. No mesmo período, os produtos de couro foram os mais importantes em termos de valor no comércio interno de cabotagem, seguidos do tabaco, charutos, gorduras e sebo (ver Tabela 5).

Tabela 5 – Mercadorias nacionais exportadas pelas províncias para o Porto do Rio de Janeiro, 1849-1850 (mil-réis)

Produtos	Bahia	R. Grande do Sul	Pernambuco	São Paulo	Santa Catarina	Outros produtos	Total
Vaquetas			105.810				105.810
Sola	22.517		26.605	23.951	18.701		91.774
Fumo	76.643	844	20				77.507
Charutos e cigarros	51.781		165	6.034		20	58.000
Graxa, gordura		47.854					47.854
Sebo em rama		40.804	400	200			41.404
Chá				29.901		1.535	31.436
Algoão em rama	4.059		22.753		400	1.272	28.484
Algodão em fio	7.257		150		80	7.932	15.419
Queijos diversos	5	82	20	13.064		8	13.179
Velas	300	10.282	370	1.190	309	523	12.974
Panos de algodão	10.097						10.097
Outros produtos	77.122	95.687	24.496	17.532	7.272	17.398	239.507
Total	249.781	195.553	180.789	91.872	26.762	28.688	773.445

Fonte: *Mappas das mercadorias nacionais importadas e despachadas para consumo nas alfandegas do Império do Brasil, no anno financeiro de 1849-1850*, p. 3.

Nesse mesmo período, o Rio de Janeiro manteve-se como o centro das exportações internacionais e foi também o porto que mais recebeu importações. Foi também o principal porto de distribuição e consumo de produtos nacionais. Do valor total de todas as mercadorias importadas e exportadas no comércio interprovincial, as mercadorias estrangeiras representavam mais de dois terços dos 22,5 milhões de mil-réis do comércio costeiro total em meados do século (ver Tabela 6).

A longa série de estatísticas oficiais do comércio exterior do século XIX tem sido questionada por pesquisadores[21], e um estudo recente reconstruiu esses

[21] Lago argumenta que o apêndice do Anuário Estatístico do Brasil de 1939, que publicou as estatísticas de importação e exportação de mercadorias, é inadequado para a correta análise da balança comercial brasileira, pelo menos durante boa parte da segunda metade do século XIX. Ver Luiz Aranha Correa do Lago, "Balança comercial, balanço de pagamentos e meio circulante no Brasil no Segundo Império: uma nota para uma revisão", *Revista Brasileira de Economia*,

Tabela 6 – Brasil – Comércio interprovincial de cabotagem e comércio marítimo internacional por província, 1849-1850 (mil-réis)

	Cabotagem							
	Mercadorias importadas			Mercadorias exportadas			Internacional	
Províncias	Nacionais	Estrangeiras	Total	Nacionais	Estrangeiras	Total	Importações	Exportações
Rio de Janeiro	773.446	412.178	1.185.624	537.403	2.331.979	2.869.382	29.596.681	26.342.904
Pernambuco	525.349	310.141	835.490	492.202	57.054	549.256	12.167.319	7.466.434
Bahia	267.077	587.996	855.073	860.019	582.018	1.442.037	9.744.518	9.033.354
Rio Grande do Sul	671.525	2.824.251	3.495.776	877.626	345.462	1.223.088	3.016.115	3.493.741
Pará	126.398	341.775	468.173	68.543	6.536	75.079	1.553.742	1.484.916
Maranhão	6.738	150.812	157.550	101.198	14.939	116.137	2.260.206	2.304.051
São Paulo	93.103	2.608.690	2.701.793	102.868	1.733	104.601	290.527	1.010.100
Paraíba	84.619	646.253	730.872	73.777		73.777		1.136.267
Ceará	47.905	557.563	605.468	173.745		173.745	146.559	138.287
Alagoas	99.133	1.079.817	1.178.950	617.044		617.044	42.769	1.431.925
Sergipe	239.949	728.476	968.425	250	212	462	22.295	303.680
Paraná	115.948	566.031	681.979	7.741	39.300	47.041	161.533	658.582
Santa Catarina	53.248	443.953	497.201	93.323	166.405	259.728	18.532	114.495
Rio Grande do Norte	14.176	206.397	220.573	192.005		192.005	50	
Espírito Santo	116.519	233.805	350.324	63.563		63.563	805	10.181
Piauí	14.730	23.014	37.744	31.609		31.609	29.025	9.191
Total	3.249.863	11.721.152	14.971.015	4.005.739	3.545.638	7.838.554	59.050.676	54.938.108

Fonte: *Collecção dos mappas estatisticos do commercio e navegação do Imperio do Brasil no anno financeiro de 1849-1850* (Rio de Janeiro, Typographia Nacional, 1855).

dados usando preços internacionais para modificar as estatísticas oficiais do valor do comércio exterior brasileiro no século XIX[22]. A nova série mostra um resultado bastante favorável da balança comercial, positivo em quase todos os anos a partir de 1830, mas mantém um expressivo saldo negativo na década de 1820 (Gráfico 2).

v. 36, n. 4, 1982, p. 489-508. Ver também Gustavo H. B. Franco, "O balanço de pagamentos do Brasil, 1870-1896: novas estimativas", Textos para discussão, n. 201, Departamento de Economia PUC-Rio, ago. 1988; e "Setor externo", em *Estatísticas históricas do Brasil: séries econômicas, demográficas e sociais de 1550 a 1988* (2. ed. rev. e atualizada do vol. 3 de Séries estatísticas retrospectivas, Rio de Janeiro, IBGE, 1990), p. 557-600.

22 Christopher David Absell, "The Bittersweet Century", cit., e os artigos de Absell e Antonio Tena-Junguito, "Brazilian Export Growth and Divergence in the Tropics during the Nineteenth Century", *Journal of Latin American Studies*, v. 48, n. 4, 2016, p. 677-706; "The Reconstruction of Brazil's Foreign Trade Series, 1821-1913", *Revista de Historia Económica – Journal of Iberian and Latin American Economic History*, v. 36, n. 1, 2018, p. 87-115; e "The Brazilian Export Economy, 1822-1913", em Sandra Kuntz-Ficker (org.), *The First Export Era Revisited: Reassessing its Contribution to Latin American Economies* (Cham, Palgrave Macmillan, 2017), p. 111-50.

Gráfico 2 – Brasil, importações, exportações e saldo comercial, 1821-1850 (séries revisadas)

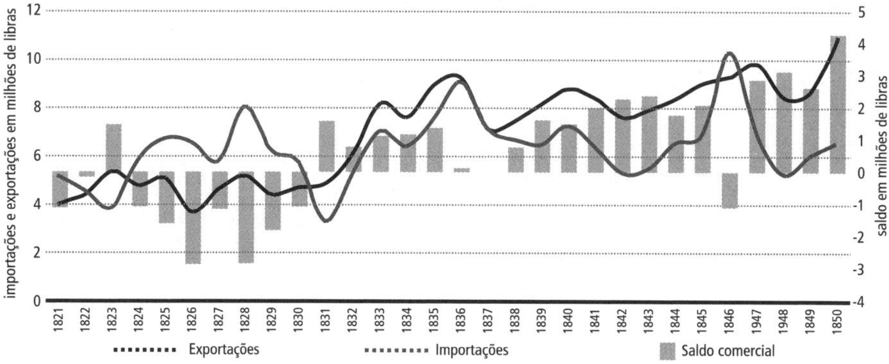

Fonte: Christopher David Absell, *The Bittersweet Century: Slavery, Tariffs and Brazilian Export Growth During the Nineteenth Century* (tese de doutorado, Madri, Universidad Carlos III, 2019), p. 274-283.

Para entender esses padrões no comércio exterior, é essencial voltar ao século XVIII. Pelas regras da exclusividade comercial, o Brasil colonial estava fechado ao comércio exterior, realizando-o exclusivamente por meio de Portugal, que por sua vez tinha como parceira preferencial a Grã-Bretanha. Assim, grande parte dos produtos manufaturados importados pelo Brasil eram produzidos na Inglaterra e reexportados para o Brasil a partir de Portugal[23]. Com o fim do domínio português, os portos brasileiros foram abertos às nações amigas, praticamente quebrando o pacto colonial. A Grã-Bretanha, a partir de 1808, consolidou a posição de destaque que desempenharia ao longo do século XIX. O famoso tratado de Comércio e Navegação, bem como o de Paz e Amizade de 1810 podem ser vistos como o símbolo dessa relação entre Brasil e Inglaterra[24].

A abertura dos portos às nações amigas beneficiou principalmente a Inglaterra, pois o Tratado de Comércio e Navegação fixou uma tarifa aduaneira preferencial de 15% para a Inglaterra, 16% para mercadorias provenientes de Portugal e 24% para as importações dos demais países. Em 1828, a tarifa preferencial de 15% foi estendida a todos os países. Esta permaneceu a norma até a Tarifa Alves Branco

[23] Foi por isso que a maior parte do ouro brasileiro, legal e ilegalmente, acabou na Inglaterra. Sobre o tema, ver Leonor Freire Costa e Maria Manuela Rocha, "Merchant Networks and Brazilian Gold: Reappraising Colonial Monopolies" em Nikolaus Böttcher et al. (orgs.), *Redes y negocios globales en el mundo ibérico, siglos XVI-XVIII* (Madri/Frankfurt, Iberoamericana/Vervuert, 2011), p. 143-69; e Christopher Ebert, "From Gold to Manioc: Contraband Trade in Brazil during the Golden Age, 1700-1750", *Colonial Latin American Review*, v. 20, n. 1, 2011, p. 109-30.

[24] Uma excelente análise dos tratados e de seus antecedentes encontra-se em Alan K. Manchester, *British Preeminence in Brazil, Its Rise and Decline: a Study in European Expansion* (Chapel Hill, The University of North Carolina Press, 1933), cap. 8.

de 1844, que substituiu o acordo comercial com a Inglaterra. A alteração tarifária visava claramente a melhoria das condições competitivas da produção nacional e também o aumento das receitas fiscais, fortemente dependentes das receitas aduaneiras, e gravemente afetadas pela restrição imposta pelo acordo comercial com a Inglaterra. Mas a ideia frequentemente encontrada na historiografia tradicional de que a fixação da taxa alfandegária geral em 15% até meados do século XIX atrasou o crescimento ou a potencial industrialização do Brasil e fez dele uma dependência colonial da Grã-Bretanha tem sido contestada[25]. As condições para um processo sustentável de industrialização não existiam na primeira metade do século no país e, apesar das novas tarifas impostas às importações, foi somente no final do século XIX que o processo de industrialização ganhou densidade no país[26].

Se há dúvidas sobre o impacto que uma estrutura tarifária menos liberal poderia ter na produção doméstica, particularmente na produção manufatureira, ninguém contesta seu impacto direto nas finanças do Império que dependiam da tributação do comércio exterior. Do total das receitas imperiais, os direitos aduaneiros representaram de 50 a 60% entre a década de 1830 e o fim do Império. A insuficiência de arrecadação de impostos do Império, atendendo às demandas do Tesouro, gerou déficits orçamentários e aumentou a dívida pública, que era basicamente financiada por empréstimos externos. Mas, apesar do aumento das tarifas, os desequilíbrios continuaram. Segundo José do Nascimento Brito, tudo isso começou com o primeiro empréstimo de 1824, que criou essa dependência de recursos estrangeiros para financiar as crescentes despesas do Império. O primeiro, realizado com os banqueiros Bazeth, Farquhar, Crowford Wilson & Co. e Nathan Mayer Rothschild foi no valor oficial de £ 3.686.200, por 30 anos, com juros de 5% e encargos adicionais de 4% a título de comissões pagas aos banqueiros e representantes brasileiros[27]. Ademais, o Brasil assumiu uma dívida que Portugal havia feito em Londres em 1823, no valor de 2 milhões de libras. O serviço da dívida como proporção das exportações manteve-se em torno de 10% a 15% no século XIX, e o Brasil pagou sistematicamente seus compromissos externos, praticamente o único país latino-americano a fazê-lo (Tabela 7).

[25] Ver Stephen Haber e Herbert S. Klein. "The Economic Consequences of Brazilian Independence", em Stephen Haber (org.), *How Latin America Fell behind: Essays on the Economic Histories of Brazil and Mexico, 1800-1914* (Stanford, Stanford University Press, 1997), p. 243-66.

[26] A indústria de processamento inicial limitou-se à produção de tecidos grossos de algodão, chapéus e sapatos e artigos de ferro fundido, que começou no final da década de 1860 e início da década de 1870. Wilson Suzigan, *Indústria brasileira: origem e desenvolvimento* (São Paulo, Brasiliense, 1986).

[27] José do Nascimento Brito, *Economia e finanças do Brasil, 1822-1940* (Rio de Janeiro, Livraria Editora Freitas Bastos, 1945), p. 15.

Tabela 7 – Característica da dívida externa brasileira, 1830-1851

Anos	1830	1840/1841	1850/1851
Dívida externa em contos réis	59.013,00	40.995,00	38.181,00
Valor das exportações (FOB), contos de réis	35.135,00	57.727,00	67.788,00
Relação dívida externa/exportações	1,68	0,71	0,56
Serviço da dívida externa, contos de réis	3.289,00	2.087,00	3.547,00
Relação serviço da dívida/exportações	0,0936	0,0362	0,0523

Fonte: Marcelo de Paiva Abreu, "Brasil, 1824-1857: Bom ou mau pagador?". Texto para discussão n. 403. Departamento de Economia PUC-Rio, ago. 1999, p. 4.

As profundas transformações ocorridas no século XIX não se restringiram à economia, afetando também a população e sua distribuição geográfica. O século XIX, ainda mais que o século XVIII, foi um período de extraordinário crescimento populacional. No início do século, a população do Brasil era menor que a da França e a da Inglaterra, e a segunda na América Latina, atrás do México. Em 1900, o Brasil era o país mais populoso do subcontinente, mas sua população ainda correspondia à metade da residente na Inglaterra e na França.

O contínuo dinamismo da economia brasileira impulsionado pelo ciclo do açúcar, do ouro e eventualmente do café levou à introdução massiva de escravizados africanos ao longo dos três séculos de colonização. No total, cerca de 4,3 milhões de africanos chegaram antes de 1850, dos quais 2 milhões chegaram no século XIX[28] (Tabela 8).

Tabela 8 – Escravizados africanos desembarcados nas principais regiões brasileiras, 1801-1860

	Amazônia	Bahia	Pernambuco	Rio de Janeiro	Brasil, não especificado	Total
1801-1810	31.938	101.933	53.869	140.860	12.549	341.149
1811-1820	21.229	115.337	81.460	223.161	9.892	451.079
1821-1830	11.776	97.926	69.092	337.888	7.619	524.301
1831-1840	2.285	34.133	35.158	265.909	697	338.182
1841-1850	2.169	65.022	19.475	308.114	5.236	400.016
Total	69.397	415.332	259.404	1.281.500	35.993	2.061.626

Fonte:: Estimativas de março de 2009, disponível em: https://www.slavevoyages.org/assessment/estimates.

Junto com os escravizados e os brancos, houve também um grande crescimento de uma nova classe de pessoas de origem mista europeia e africana ou afro-americana, formada em sua maioria pelos pardos. Em 1804, eles representavam 28% da população do Maranhão, e 78% deles eram livres[29]. O crescimento mais rápido ocorreu em

[28] Giorgio Mortara, "The Development and Structure of Brazil's Population", *Population Studies*, v. 8, n. 2, nov. 1954, p. 122.

[29] "Mappa Geral dos Habitantes da Capitania de São Paulo... anno de 1804", Arquivo Nacional do Rio de Janeiro, Códice 809.

Minas Gerais. Em 1808, os 145 mil pardos eram mais numerosos que os brancos, e 89% eram livres[30]. Tão rápido foi o crescimento desse grupo social que em meados do século XIX eles emergiriam como o maior segmento da população. Esses grupos, mas principalmente os trabalhadores livres, tinham taxas brutas de natalidade extraordinariamente altas, o que significava que a população brasileira estava crescendo a uma taxa muito rápida de 1,3% ao ano no período. Estima-se que a população dobrou de 2,5 milhões em 1770 para 5 milhões em 1825[31]. Uma estimativa publicada em 1815, provavelmente subestimada, mostrou que as províncias mais populosas eram Minas Gerais, Rio de Janeiro e Bahia, nessa ordem. Essas três províncias, junto com o Maranhão, detinham mais da metade dos escravizados, embora não houvesse região sem escravizados. Eles compunham pouco menos de um terço da população (Tabela 9).

Tabela 9 – Distribuição da população do Brasil, 1815

	Livres	Escravos	Total	Participação dos escravos na população total	Participação da capitania na população total
Amazonas	13.310	6.040	19.350	31%	52%
Pará	90.901	33.000	123.901	27%	331%
Maranhão	66.666	133.334	200.000	67%	535%
Piauí	48.821	12.405	61.226	20%	164%
Ceará	145.731	55.439	201.170	28%	538%
Rio Grande do Norte	61.812	9.109	70.921	13%	190%
Paraíba	79.725	16.723	96.448	17%	258%
Pernambuco	270.832	97.633	368.465	26%	985%
Alagoas	42.879	69.094	111.973	62%	299%
Sergipe	88.783	26.213	114.996	23%	308%
Bahia	330.649	147.263	477.912	31%	1.278%
Espírito Santo	52.573	20.272	72.845	28%	195%
Rio de Janeiro	363.940	146.060	510.000	29%	1.364%
São Paulo	160.656	77.667	238.323	33%	637%
Paraná	49.751	10.191	59.942	17%	160%
Santa Catarina	34.859	9.172	44.031	21%	118%
Rio Grande do Sul	63.927	28.253	92.180	31%	246%
Minas Gerais	463.342	168.543	631.885	27%	1.690%
Goyaz	36.368	26.800	63.168	42%	169%
Mato Grosso	23.216	14.180	37.396	38%	100%
Total	2.488.741	1.107.391	3.596.132	31%	9.616%

Fonte: Conselheiro Antonio Rodrigues Velloso de Oliveira, *Revista Trimensal do Instituto Histórico e Ethografico do Brasil*, Rio de Janeiro, tomo XXIX, 1866, p. 179.

30 Joaquim Norberto de Souza e Silva, *Investigações sobre os recenseamentos da população geral do Império. Resumo Histórico dos Inquéritos censitários realizados no Brasil. Recenseamento Geral de 1920* (São Paulo, IPE/USP, 1986, Edição Fac-similada), p. 132.

31 Essas são estimativas clássicas de Giorgio Mortara, "Estudos sobre a utilização do censo demográfico para a reconstituição das estatísticas do movimento da população do Brasil", *Revista Brasileira de Estatística*, II, n. 5, v. 3, jan./mar. 1941, p. 41-3.

Apesar da abundância de terras e do clima benigno, a mortalidade manteve-se elevada e estável nos primeiros dois terços do século, devido à pobreza da massa populacional e à falta de infraestrutura nas áreas de saúde e saneamento. As estimativas apontam uma taxa bruta de mortalidade na faixa de 30 por mil habitantes residentes. O Brasil também experimentou níveis muito altos de fertilidade, o que alimentou sua alta taxa de crescimento natural. Isso significava que a taxa bruta de natalidade era algo em torno de 46 a 47 nascimentos por mil habitantes residentes, bem acima da taxa bruta de mortalidade. Essa diferença garantiu que a população crescesse a taxas impressionantes[32]. De fato, poucos países no século XIX cresceram tão rapidamente quanto o Brasil, que em média estava crescendo a 2,3% ao ano no século após 1870, o que significava que a população estava dobrando a cada trinta anos[33].

Pela falta de dados sistemáticos sobre a economia e seu funcionamento no século XIX, é difícil medir corretamente o seu desempenho, com indicadores como Produto Interno Bruto ou renda per capita. Mas em geral a maioria dos estudos mostra uma trajetória de baixo crescimento da renda per capita ao longo do século XIX[34]. Leff aponta uma característica muito inusitada da economia brasileira. Ele acha surpreendente que a alta relação terra/trabalho do Brasil não tenha induzido uma economia de altos salários como seria esperado. A explicação básica está no tráfico de escravizados, que mantinha uma oferta abundante de mão de obra e possibilitava a manutenção de seu baixo custo, vis-à-vis o capital. Esse seria um aspecto crucial da baixa intensificação do capital na economia brasileira, que teve como efeito a reduzida produtividade do trabalho. Mas ele não sugere uma incompatibilidade entre trabalho escravo e modernização econômica. A questão que se coloca é a capacidade do sistema escravista, com a continuidade da oferta de novos escravizados trazidos da África, de atender à demanda interna de mão de obra. Além disso, estudos sobre a escravidão no Brasil têm demonstrado a existência de trabalho escravo em todas as áreas e regiões, seja nas atividades agrícolas voltadas ao mercado externo ou ao abastecimento interno, bem como no artesanato, no comércio, no transporte de todos os tipos e no serviço doméstico. Leff também aponta outro paradoxo. Em sociedades com inflação crônica, como era o Brasil

---

32 Giorgio Mortara, "The Development and Structure of Brazil's Population", cit., p. 122; Elza Berquó e S. M. Cavenachi, "Demographic Evolution of the Brazilian Population during the Twentieth Century", em Daniel Joseph Hogan (org.), *Population Change in Brazil: Contemporary Perspectives* (Campinas, Population Studies Center, Nepo/Unicamp, 2001), p. 13, tabela 1.

33 Thomas W. Merrick e Douglas H Graham, *Population and Economic Development in Brazil, 1800 to the Present* (Baltimore, Johns Hopkins University Press, 1979), p. 30-1.

34 Raymond William Goldsmith, *Brasil 1850-1984: desenvolvimento financeiro sob um século de inflação* (Curitiba/São Paulo, Banco Bamerindus do Brasil/Harper & Row do Brasil, 1986), p. 20; Nosson Chayim Leff, *Economic structure and change, 1822-1947*, v. 2: *Reassessing the Obstacles to Economic Development* (Londres, Allen & Unwin, 1982), cap 3.

do século XIX, deveria haver um estímulo para a alocação de recursos em estoque de capital. Mas a terra e os escravizados representavam a alocação preferida[35]. A questão fundiária é facilmente identificada na desproporção entre o tamanho das grandes propriedades e a reduzida proporção de seu uso para a produção. A terra representava uma reserva de valor e poder, em substituição ao capital produtivo. No caso dos escravizados, os inventários mostram que eles representam um grande percentual da riqueza pessoal, com alta liquidez e fácil financiamento[36].

Para dar um sentido de comparação do baixo PIB per capita do Brasil no período 1820-1860, apresentamos as estimavas produzidas por Maddison para um variado número de países[37]. A disparidade de renda entre o Brasil e os Estados Unidos, o Canadá, a Argentina e os principais países europeus é dramática (ver Tabela 10).

Tabela 10 – Produto (PIB) real per capita em dólares a preços constantes de 2011. Vários países, 1800-1860

Anos	Brasil	Argentina	Austrália	Canadá	Chile	México	Espanha	França	Itália	Portugal	Estados Unidos	Reino Unido
Produto (PIB) real per capita em US$ de 2011												
1800	600	1.594				985	1.947		1.329	1.330	1.980	2.205
1820	600	1.710	679	1.545	616	760		1.442	1.473	1.419	2.080	2.181
1850	600	2.144	2.590	2.271	.011	795	2.455	2.028	1.443	1.226	2.825	2.858
Taxa de crescimento anual												
1820-1860	0,34%	0,77%	4,40%	1,19%	1,64%	-0,22%		1,29%	-0,09%		1,25%	1,08%
Relação do PIB real per capita em US$ de 2011 do Brasil com outros países												
1820		2,9	1,1	2,6	1,0	1,3	0,0	2,4	2,5	2,4	3,5	3,6
1860		3,4	5,5	3,6	1,7	1,0	4,0	3,5	2,1	0,0	5,0	4,9

Fonte: ver nota 37.

Se houve crescimento indiscutível da produção para os mercados interno e externo no século XIX, esse crescimento mal acompanhou o crescimento da população. A renda per capita cresceu muito lentamente ao longo do século. Isso

[35] Nosson Chayim Leff, *Economic Structure and Change, 1822-1947*, v. 2, cit., cap. 3.

[36] Flávio Versiani e José R. O. Vergolino, "Posse de escravos e estrutura da riqueza no agreste e sertão de Pernambuco: 1777-1887", *Estudos Econômicos* (São Paulo), v. 33, n. 2, 2003, p. 353-93; Renato Leite Marcondes, *A arte de acumular na gestação da economia cafeeira: formas de enriquecimento no Vale do Paraíba paulista durante o século XIX* (tese de doutorado, São Paulo, FEA-USP, 1998); Zélia Maria Cardoso de Mello, *Metamorfoses da riqueza, São Paulo, 1845-1895* (São Paulo, Hucitec, 1990). Sobre uma visão do escravismo no Brasil e a utilização de escravizados nas mais variadas atividades, ver Francisco Vidal Luna e Herbert S. Klein, *Escravismo no Brasil* (São Paulo, Edusp/Imesp, 2010).

[37] Angus Maddison, *The World Economy: A Millennial Perspective* (Paris, OECD Publishing, 2001), p. 193, tabela A2-b; e Angus Maddison Project Database 2018; disponível em: <https://www.rug.nl/ggdc/historicaldevelopment/maddison/releases/maddison-project-database-2018>.

significa que o Brasil se expandiu em um ritmo muito mais lento no século XIX do que a maioria das outras grandes nações americanas. O uso de mão de obra escravizada manteve os custos baixos para a classe dos fazendeiros e a abundância de terras virgens reduziu seu interesse pela mecanização da agricultura. Enquanto essa classe estava pronta para investir em bancos e ferrovias, não estava pronta para investir na indústria até o final do século. O século XIX também foi um período de relativa estagnação para o Brasil em termos de capital humano.

Referências bibliográficas

ABSELL, Christopher David; TENA-JUNGUITO, Antonio. Brazilian Export Growth and Divergence in the Tropics during the Nineteenth Century. *Journal of Latin American Studies*, v. 48, n. 4, 2016, p. 677-706.

ABSELL, Christopher David. *The Bittersweet Century*: Slavery, Tariffs and Brazilian Export Growth During the Nineteenth Century. Tese de doutorado, Madri, Universidad Carlos III, 2019.

______. The Reconstruction of Brazil's Foreign Trade Series, 1821-1913. *Revista de Historia Económica – Journal of Iberian and Latin American Economic History*, v. 36, n. 1, 2018, p. 87-115.

______. The Brazilian Export Economy, 1822-1913. In: KUNTZ-FICKER, Sandra (org.). *The First Export Era Revisited:* Reassessing its Contribution to Latin American Economies. Cham, Palgrave Macmillan, 2017.

ASSUMPÇÃO, Jorge Euzébio. Época das charqueadas (1780-1888). In: CARELI, Sandra da Silva; KNIERIM, Luiz Claudio (orgs.), *Releituras da história do Rio Grande do Sul*. Porto Alegre, CORAG, 2011.

BACHA, Edmar; GREENHILL, Robert. *150 anos de* café. São Paulo, Salamandra, 1992.

BERQUÓ, Elza. Demographic Evolution of the Brazilian Population during the Twentieth Century. In: HOGAN, Daniel Joseph (org.). *Population Change in Brazil:* Contemporary Perspectives. Campinas, Population Studies Center, Nepo/Unicamp, 2001.

BRASIL, *Collecção de mappas estatísticos do commercio e navegação do Império do Brazil, com suas províncias e paizes estrangeiros no anno financeiro de 1849-1850, segundo os parciais organisados pelas alfandegas e mesas de consulado*. Rio de Janeiro, Typographia Nacional, 1855.

BRITO, José do Nascimento. *Economia e finanças do Brasil, 1822*-1940. Rio de Janeiro, Livraria Editora Freitas Bastos, 1945.

BORGES, Luiz Adriano. Mulas em movimento: o mercado interno brasileiro e o negócio de tropas, primeira metade do século XIX. *Anos 90*, v. 23, n. 44, 2016, p. 207-30.

CANABRAVA, Alice P. A grande lavoura. In: HOLANDA, Sérgio Buarque de (org.), *História geral da civilização brasileira*, tomo II, v. 4: *O Brasil monárquico*. São Paulo, Difusão Europeia do Livro, 1971, p. 85-137.

COSTA, Leonor Freire; ROCHA, Maria Manuela. Merchant Networks and Brazilian Gold: Reappraising Colonial Monopolies. In: Böttcher, Nikolaus et al. (orgs.), *Redes y negocios globales en el mundo ibérico, siglos XVI-XVIII*. Madri/Frankfurt, Iberoamericana/Vervuert, 2011.

DOURADO, Bruna Iglezias Motta. O comércio marítimo brasileiro no século XIX. *História e Economia*, v. 22, n. 1, 2019, p. 102-24.

EBERT, Christopher. From Gold to Manioc: Contraband Trade in Brazil during the Golden Age, 1700-1750. *Colonial Latin American Review*, v. 20, n. 1, 2011, p. 109-30.

EISENBERG, Peter L. *The Sugar Industry in Pernambuco*: Modernization without Change, 1840-1910. Berkeley, University of California Press, 1974.

FIABANI, Adelmir Fiabani. Fazendas, cativos e gado na história do Tocantins. In: MAESTRI, Mário; LIMA, Solimar Oliveira (orgs.). *Peões, vaqueiros & cativos campeiros*: estudos sobre a economia pastoril no Brasil. Passo Fundo, Universidade de Passo Fundo, 2010, p. 53-88.

FRANCO, Gustavo H. B. Setor externo. In: *Estatísticas históricas do Brasil:* séries econômicas, demográficas e sociais de 1550 a 1988. 2. ed. rev. e atualizada do vol. 3 de Séries estatísticas retrospectivas, Rio de Janeiro, IBGE, 1990, p. 557-600.

______. O balanço de pagamentos do Brasil, 1870-1896: novas estimativas. Textos para discussão, n. 201, Departamento de Economia PUC-Rio, ago. 1988.

GOLDSMITH, Raymond William. *Brasil 1850-1984: desenvolvimento financeiro sob um século de inflação*. Curitiba/São Paulo, Banco Bamerindus do Brasil/Harper & Row do Brasil, 1986.

GUTIERREZ, Ester J. B. *Negros, charqueadas & olarias: um estudo sobre o espaço pelotense*. 2. ed., Pelotas, Editora e Gráfica Universitária - UFPel, 2001.

HABER, Stephen; KLEIN, Herbert S. The Economic Consequences of Brazilian Independence. In: HABER, Stephen (org.). *How Latin America Fell behind: Essays on the Economic Histories of Brazil and Mexico, 1800-1914*. Stanford, Stanford University Press, 1997.

KLEIN, Herbert S. A oferta de muares no Brasil central: o mercado de Sorocaba, 1825-1880. *Estudos Econômicos*, v. 19, n. 2, maio-ago. 1989, p. 347-72.

LAMOUNIER, Maria Lúcia. Ferrovias, agricultura de exportação e mão de obra no Brasil no século XIX. *História Econômica & História de Empresas*, v. 3, n.1, 2000, p. 43-76.

LAGO, Luiz Aranha Correa do. Balança comercial, balanço de pagamentos e meio circulante no Brasil no Segundo Império: uma nota para uma revisão. *Revista Brasileira de Economia*, v. 36, n. 4, 1982, p. 489-508.

LEFF, Nathaniel H. *Underdevelopment and Development in Brazil*, v. 2: *Reassessing the Obstacles to Economic Development*. Londres/Boston, Allen & Unwin, 1982.

LUNA, Francisco Vidal; KLEIN, Herbert S. *Escravismo no Brasil*. São Paulo, Edusp/Imesp, 2010.

MADDISON, Angus. *The World Economy: A Millennial Perspective*. Paris, OECD Publishing, 2001.

MANCHESTER, Alan K. *British Preeminence in Brazil, Its Rise and Decline: a Study in European Expansion*. Chapel Hill, The University of North Carolina Press, 1933.

MARCONDES, Renato Leite. O mercado brasileiro do século XIX: uma visão por meio do comércio de cabotagem, *Revista de Economia Política*, v. 32, n. 1 (126), jan.-mar. 2012, p. 142-66.

MELLO, Zélia Maria Cardoso de. *Metamorfoses da riqueza*: São Paulo, 1845-1895. São Paulo, Hucitec, 1990.

MERRICK, Thomas W.; GRAHAM, Douglas H. *Desigualdades regionais brasileiras*: comércio marítimo e posse de cativos na década de 1870. Tese de livre-docência, Ribeirão Preto, FEARP-USP, 2005.

______. *Population and Economic Development in Brazil, 1800 to the Present*. Baltimore, Johns Hopkins University Press, 1979.

MORTARA, Giorgio. The Development and Structure of Brazil's Population. *Population Studies*, v. 8, n. 2, nov. 1954.

______. Estudos sobre a utilização do censo demográfico para a reconstituição das estatísticas do movimento da população do Brasil. *Revista Brasileira de Estatística*, II, n. 5, v. 3, jan./mar. 1941.

MOTT, Luiz. A pecuária no sertão do Piauí (1697-1818). In: MAESTRI, Mário; LIMA, Solimar Oliveira (orgs.). *Peões, vaqueiros & cativos campeiros*: estudos sobre a economia pastoril no Brasil. Passo Fundo, Universidade de Passo Fundo, 2010, p. 15-52.

PETRONE, Maria Thereza Schorer. *O barão de Iguape, um empresário da época da Independência*. São Paulo, Companhia Editora Nacional, 1976.

PRADO, Maria Lígia C.; LUIZETTO, Maria Cristina Z. Contribuição para o estudo do comércio de cabotagem no Brasil: 1808-1822. *Anais do Museu Paulista*. São Paulo, n. 30, 1980/1981, p. 159-96.

PRADO, Fabricio. *In the Shadows of Empires:* Trans-Imperial Networks and Colonial Identity in Bourbon Rio de la Plata (c. 1750–c. 1813). Tese de doutorado, Atlanta, Emory University, 2009.

SILVA, Mairton Celestino da. Negros na Capitania de São José do Piauí, 1720-1800. In: EUGÊNIO, João Kennedy Eugênio (org.). *Escravidão negra no Piauí e temas conexos*. Teresina, EDUFPI, 2014.

STEIN, Stanley J. *Vassouras, A Brazilian Coffee County, 1850-1900*. Nova York, Atheneum, 1976.

______. Aspectos do Crescimento e Declínio da Lavoura de Café no Vale do Paraíba 1850-1860. *Revista de História da Economia Brasileira*, ano I, n. 1, jun. 1953.

SOUSA, Avanete Pereira. A centralidade/capitalidade econômica de Salvador no século XVIII. In: SOUZA, Evergton Sales; MARQUES, Guida; SILVA, Hugo R. (orgs.). *Salvador da Bahia:* retratos de uma cidade atlântica. Salvador, EDUFBA, 2016.

SOUZA E SILVA, Joaquim Norberto de. *Investigações sobre os recenseamentos da população geral do Império. Resumo Histórico dos Inquéritos censitários realizados no Brasil. Recenseamento Geral de 1920*. São Paulo: IPE/USP, 1986.

SUMMERHILL, William R. *Inglorious Revolution*: Political Institutions, Sovereign Debt, and Financial Underdevelopment in Imperial Brazil. New Haven: Yale University Press, 2015.

SUPRINYAK, Carlos Eduardo. O mercado de animais de carga no Centro-Sul do Brasil Imperial: novas evidências. *Estudos Econômicos*, v. 38, n. 22, 2008, p. 319-347.

______; RESTITUTTI, Cristiano Corte. Os muares e as minas: relações entre a demanda mineira e o mercado de animais de carga nos séculos XVIII e XIX. *Anais do XII Seminário de Economia Mineira*. Diamantina, 2006.

SUZIGAN, Wilson. *Indústria brasileira*: origem e desenvolvimento. São Paulo, Brasiliense, 1986.

TAVARES BASTOS, Aureliano Cândido. *Cartas do solitário*: estudos sobre reforma administrativa, ensino religioso, africanos livres, tráfico de escravos, liberdade da cabotagem, abertura do Amazonas, communicações com os Estados Unidos etc. Rio de Janeiro, Typ. da Actualidade, 1863.

TEIXEIRA, Cássio A. N. et al. Navegação de cabotagem brasileira. Rio de Janeiro, *BNDES Setorial*, n. 47, mar. 2018, p. 391-436.

VERSIANI, Flávio; VERGOLINO, José R. O. Posse de escravos e estrutura da riqueza no agreste e sertão de Pernambuco: 1777-1887. *Estudos Econômicos* (São Paulo), v. 33, n. 2, 2003, p. 353-93.

ZEMELLA, Mafalda P. *O abastecimento da capitania de Minas Gerais no século XVIII*. São Paulo, FFCL-USP, 1951, coleção História da Civilização Brasileira, n. 12.

No título deste mapa do século XVIII, lê-se: "Mappa da capitania de S. Paulo, e seu sertaõ, em que se vem os descobertos, que lhe foraõ tomados para Minas Geraes, como tambem o caminho de Goyazes, com todos os seus pouzos, e passagens deleniado por Francisco Tosi Columbina". O documento é guardado pela Biblioteca Nacional.

Açúcar e Independência
o papel das elites paulistas

Vera Lucia Amaral Ferlini e Pablo Oller Mont Serrath

Com participação ativa e decisiva no processo da Independência e na política do século XIX, São Paulo, por muito tempo visto pela historiografia como região secundária e excêntrica da América portuguesa, havia se tornado, ao longo do século XVIII, centro econômico dinâmico, graças ao comércio e ao açúcar[1]. O crescimento da riqueza e da importância da colônia preocupava o Reino. Em importante parecer do Conselho Ultramarino, datado de 3 de novembro de 1731, e possivelmente escrito por Antônio Rodrigues da Costa, discorre-se sobre os perigos trazidos pelas minas de ouro e diamantes descobertas e então exploradas no Brasil. Dentre os perigos internos, "que poderão causar os naturais do país", além do mau governo de alguns enviados portugueses, da demorada justiça e da tributação excessiva, apontava-se o mal causado pela riqueza em si. Por um lado, essas riquezas "fazem aqueles homens", habitantes do Brasil, "soberbos, inquietos, malsofridos e desobedientes, e este dano é inevitável". Por outro, atraía muitos homens brancos, moradores do Reino de Portugal, de tal modo que, em pouco tempo, vaticinavam os conselheiros, o Brasil teria tantos "vassalos brancos como tem o mesmo Reino", "e bem se deixa ver que posto em uma balança o Brasil e na outra o Reino, há de pesar com grande excesso mais aquela que esta, e, assim, a maior parte e mais rica não sofrerá ser dominada pela menor e mais pobre, nem a este inconveniente se lhe poderá achar fácil remédio"[2].

---

[1] Sobre a discussão do papel de São Paulo no sistema colonial, ver Ilana Blaj, "Mentaliddade e sociedade: revisitando a historiografia sobre São Paulo colonial", *Revista de História*, n. 142-3, 2000, p. 239-59.

[2] Consulta do Conselho Ultramarino, 3 de novembro de 1731. Arquivo Histórico Ultramarino, Administração Central, Conselho Ultramarino, Consultas Mistas, Cód. 23, fls. 79v-83. Sobre esse tema, ver Luciano Raposo de Almeida Figueiredo, "Antônio Rodrigues da Costa e os muitos perigos de vassalos aborrecidos (notas a respeito de um parecer do Conselho Ultramarino, 1732)",

Martinho de Melo e Castro, então embaixador de Portugal na Inglaterra, noticiava em 1768 a Sebastião José de Carvalho e Melo, conde de Oeiras, os acontecimentos mais recentes de Londres. Dos temas relatados, chamou muito a atenção do embaixador português as ações e as ideias das colônias inglesas na América. Os "americanos" tinham como objetivo reconhecer, como ingleses que eram, a Constituição da Grã-Bretanha, "mas não aceitarem Ato algum particular do Parlamento, senão os que forem aprovados nas suas assembleias". Além disso, pretendiam comerciar com quem bem entendessem, podendo ir "com os seus navios e mercadorias a todas as quatro partes do Mundo", não obstante o Ato de Navegação, e, ademais, estavam desenvolvendo suas manufaturas. Martinho de Melo e Castro concluía, com alguma preocupação, que nas colônias inglesas dominava um sentimento de independência, que aumentava a cada dia[3]. Décadas depois, já como secretário de Estado da Marinha e Ultramar, Martinho de Melo e Castro expressava sua preocupação em garantir a manutenção do vínculo entre Portugal e Brasil.

Uma minuta atribuída ao mesmo Melo e Castro, datada da década de 1770, apontava meios para impedir o comércio direto do Brasil com as outras conquistas ultramarinas de Portugal, temendo-se que a colônia portuguesa na América suplantasse a metrópole no comércio com a Ásia, da mesma forma que supostamente fazia com o comércio de Angola. De tal sorte que, temia o secretário, "não poderá causar espanto se virmos, quando menos o cuidarmos, um comércio e navegação estabelecida entre a Ásia, África e América, sem dependência, ou intervenção alguma, do Reino de Portugal". Aos habitantes do Brasil não bastava terem vantagens na navegação, segundo o secretário, porque queriam ter "no seu próprio continente", "independentemente da mesma Metrópole", "o importante artigo das fazendas de algodão": "Com este fim já estabeleceram no Rio de Janeiro uma fábrica do dito gênero; e haverá outras de que se não sabe"[4]. Em 1785, discorrendo sobre os alvarás do mesmo ano em que se proibiam algumas manufaturas no Brasil e se indicavam providências para coibir o contrabando, Melo e Castro traz à baila o caso das "províncias Unidas Americanas, que de uma nação sujeita passaram a uma potência livre e soberana", e, assim como

em Ronaldo Vainfas, Georgina Silva dos Santos e Guilherme Pereira das Neves (orgs.), *Retratos do Império: trajetórias individuais no mundo português nos séculos XVI a XIX* (Niterói, EdUFF, 2006), p. 187-203; e Laura de Melo e Souza e Maria Fernanda Bicalho, *1680-1720, o império deste mundo* (São Paulo, Companhia das Letras, 2000).

[3] "Ofício de Martinho de Melo e Castro, embaixador de Portugal na Inglaterra, a Sebastião José de Carvalho e Melo, conde de Oeiras, secretário do Reino [...]. Londres, 30/3/1768", Instituto de Estudos Brasileiros, Coleção Lamego, Manuscritos, Cod. 7.2.

[4] "Informação (minuta) do [secretário de Estado da Marinha e Ultramar], Martinho de Melo e Castro, sobre a independência econômica do Brasil em relação a Portugal [...]", c. 1777. Arquivo Histórico Ultramarino, Administração Central, Conselho Ultramarino, Brasil/Geral (003), cx. 23, doc. 1976.

França e Inglaterra, certamente enviariam embarcações para praticar o comércio de contrabando na América portuguesa. Assegurar os meios para impedir esse tipo de comércio era vital para Portugal, caso contrário, "a consequência será que todas as utilidades e riquezas destas importantíssimas colônias ficarão sendo patrimônio dos seus habitantes e das nações estrangeiras, com quem eles as repartem", conservando a metrópole tão somente "o aparente, estéril e inútil domínio delas"[5].

Comum às manifestações de preocupação tanto do Conselho Ultramarino como do Secretário de Estado da Marinha e Ultramar, não obstante os contextos específicos, é o movimento próprio da dialética colonial. Colonizar implica necessariamente desenvolvimento, ou, nas palavras de Fernando Novais: "Não era possível explorar a colônia sem, de certo modo, desenvolvê-la"[6]. O próprio ato de explorar demanda a constituição de instrumentos auxiliares que, a pouco e pouco, contribuem para a complexificação da sociedade colonial em vários níveis. E, aqui, conforme mencionado pelos conselheiros e secretário portugueses, dois elementos merecem destaque: o aumento da população e a ampliação da riqueza. E, no que toca a um e outro, São Paulo é um caso lapidar.

As capitanias de São Vicente e Santo Amaro, que a partir de 1709 formaram São Paulo, tiveram por fundamento a produção litorânea de açúcar, a exploração do sertão e o avanço para a área platina. A criação de vilas no litoral, abertas para o Atlântico, para Lisboa, mas também para o Prata, sedimentaram importante eixo mercantil, provedor de escravizados e mantimentos para o sul espanhol e do precioso metal para a possessão portuguesa. Quando o açúcar vicentino perdeu sua importância no mercado europeu, o contrabando com a região de Buenos Aires sustentou a produção de gêneros e manteve a importância do porto de Santos. A fundação da vila de São Paulo de Piratininga e a ocupação do planalto confirmavam o movimento de interiorização em busca de riquezas e escravos. No contexto da Restauração de Portugal (1640) e da necessidade de retomar o abastecimento de africanos para o Prata, na triangulação com Angola, a área vicentina foi fundamental. É importante frisar, como demonstraram John Monteiro e Ilana Blaj, a existência de produção de mantimentos e movimento mercantil nas duas vilas, desde os primeiros tempos[7]. Com a descoberta das minas, o abastecimento, carreado tanto das fazendas locais como proveniente do comércio europeu via Santos, ganhou intensidade, essas áreas

---

5 "Carta do secretário de Estado, Martinho de Melo e Castro, ao vice-rei do Brasil, Luiz de Vasconcelos e Souza, 5 de janeiro de 1785", *Revista do Instituto Histórico e Geográfico Brasileiro*, t. 10, Rio de Janeiro, Typographia de João Ignacio da Silva, 1870, p. 213-24.

6 Fernando A. Novais, *Portugal e Brasil na crise do Antigo Sistema Colonial (1777-1808)* (6. ed., São Paulo, Hucitec, 1995), p. 142.

7 John Manuel Monteiro, *Negros da terra* (São Paulo, Companhia das Letras, 1994); Ilana Blaj, *A trama das tensões: o processo de mercantilização de São Paulo Colonial (1681-1721)* (São Paulo, Humanitas/USP/Fapesp, 2002).

e seus grupos mercantis se consolidaram e se expandiram na direção das Gerais, de Goiás e de Mato Grosso, com expressivos cabedais[8].

Na segunda metade do século XVIII, no esforço de manutenção da supremacia portuguesa na América após o Tratado de Madri (1750), a restauração da autonomia da capitania de São Paulo objetivou a ocupação efetiva ao sul, num movimento ao mesmo tempo militar e colonizador[9]. A partir do consulado pombalino, a política metropolitana em relação ao Brasil pautou-se pelo incentivo à diversificação agrícola, pela ação de conquista, ocupação e defesa de territórios e por novas formulações administrativas, fortemente influenciadas pelo ideário ilustrado.

As raízes da industrialização portuguesa, no período pombalino, resultam de um projeto integrado que envolvia a um só tempo a indústria, a agricultura e o circuito comercial. O estímulo à agricultura tornou-se o esteio da nova política econômica, com resultados surpreendentes no Brasil. Produtos para a reexportação do Reino (açúcar, cacau, tabaco), alimentos para a população metropolitana (arroz) e matérias-primas para as manufaturas (algodão, couros) enlaçam agricultura e indústria, tornando a caminhada rumo à industrialização uma possibilidade concreta. A criação de companhias de comércio privilegiadas fechava o circuito, pois aproximava os espaços coloniais metropolitanos e redesenhava uma nova configuração para o Império luso-brasileiro: ações conscientes e objetivas que tornaram Portugal ainda mais dependente do espaço colonial[10].

As relações entre a metrópole portuguesa e a colônia americana tomavam nova feição: o Brasil configurara-se desde o avanço da mineração como lucrativo mercado dos produtos industrializados metropolitanos e potencial fornecedor de matérias-primas e alimentos, nos quadros de uma ampla transformação da economia ocidental - a época da Revolução Industrial. Para São Paulo, o período que se inicia em 1765 foi um momento emblemático da mudança de rumo que marcou a sociedade do Planalto.

A capitania de São Paulo, nesse período, exerceu papel fundamental na ocupação meridional e foi, sem dúvida, o exemplo mais patente da aplicação das novas

---

[8] Maria Aparecida Menezes Borrego, *A teia mercantil: negócios e poderes em São Paulo colonial* (São Paulo, Alameda, 2010); Ana Paula Medicci, *Entre a "decadência" e o "florescimento": a capitania de São Paulo na interpretação de memorialistas e autoridades públicas (1782-1822)* (mestrado em história, São Paulo, FFLCH-USP, 2005); *Administrando conflitos: o exercício do poder e os interesses mercantis na capitania/província de São Paulo (1765-1822)* (doutorado em história, São Paulo, FFLCH-USP, 2010).

[9] Vera Lucia Amaral Ferlini, "São Paulo de fronteira a território", em Ermelinda Antunes (org.), *Laboratório do mundo: ideias e saberes do século XVIII*. Catálogo, São Paulo, Pinacoteca do Estado, 2004.

[10] Ver José Jobson de Andrade Arruda, "Decadência ou crise do Império Luso-Brasileiro: o novo padrão de colonização do século XVII", *Revista da USP*, v. 66, n. 79, 2000.

diretrizes. Ao longo da primeira metade do século XVIII, as terras de São Paulo haviam tomado feição diversa, a capitania perdera territórios e incorporara-se mais e mais ao espaço administrativo português. Em 1738, as áreas da ilha de Santa Catarina e do Rio Grande eram separadas do território paulista e submetidas ao Rio de Janeiro. Em 1740, Laguna foi subtraída à sua jurisdição. E finalmente, em 1748, com a criação das capitanias de Goiás e de Mato Grosso, São Paulo perdeu sua autonomia política.

A extinção da capitania e a perda das áreas mineradoras conferiam a São Paulo um novo papel na centralização política crescente da administração real: a unificação da ação bélica do Sul nas negociações territoriais com a Espanha. A ação militar pressupunha duplo papel: provisão de víveres e de homens. Na época, a capitania entrou em novo ritmo, sofrendo um processo de fixação da população e aumento da parte rentável de sua economia, isto é, a parte exportável. O açúcar, conhecido na capitania pelo menos desde meados do século XVI, foi o elemento-chave para a execução da nova política e para a conquista e defesa do sul: passou a ser produzido em escala cada vez maior e, no fim do século XVIII, alcançou posição central na economia paulista[11]. A convergência de vários fatores explica o incremento da produção açucareira em São Paulo: a necessidade de ter recursos para o esforço bélico no sul, a disponibilidade de cabedais acumulados no comércio e na mineração e a conjuntura favorável ao produto, com as demandas europeias e a instabilidade no Caribe. A produção açucareira estabelecida a partir de 1765 teve por centro o chamado "quadrilátero do açúcar" entre as vilas de Sorocaba, Mogi Guaçu, Jundiaí e Piracicaba. No vale do Paraíba, na área compreendida entre Taubaté, Lorena, Cunha e São Luís do Paraitinga, a produção de açúcar também era significativa. No litoral, destacava-se a vila de São Sebastião. A exportação fazia-se em especial pelo Rio de Janeiro, partindo do porto de Santos[12].

O desenvolvimento da lavoura açucareira deu nova feição e poder às elites paulistas. Na capitania restaurada em 1765 por Pombal, o padrão produtivo, as técnicas e a mentalidade empresarial forjaram-se dentro de uma nova relação, de um novo padrão de colonização, como definido por Jobson Arruda[13]. Os relatos dos governadores, as preocupações das câmaras, as crônicas de viajantes no período apontam uma nova inserção dessa produção, tanto no contexto dos valores de trabalho como

---

[11] Vera Lucia Amaral Ferlini, "Uma capitania dos novos tempos: economia, sociedade e política na São Paulo restaurada", *Anais do Museu Paulista*, v. 17, 2009; Vera Lucia Amaral Ferlini e Raquel Glezer, "O açúcar em São Paulo: século XVI ao XIX", em I Seminário de História do Açúcar: História e Cultura Material, *Anais...*, Itu, 2005, p.14-24; e Maria Thereza Schorer Petrone, *A lavoura canavieira em São Paulo* (São Paulo, Difel, 1968), p. 12 e seg.

[12] Pablo Oller Mont Serrath, *São Paulo restaurada: administração, economia e sociedade numa capitania colonial (1765-1802)* (São Paulo, Alameda, 2016), p. 137.

[13] Ver José Jobson de Andrade Arruda, "Decadência ou crise do Império Luso-Brasileiro", cit.

Mapa 1 – Geografia da produção açucareira na capitania de São Paulo, 1799

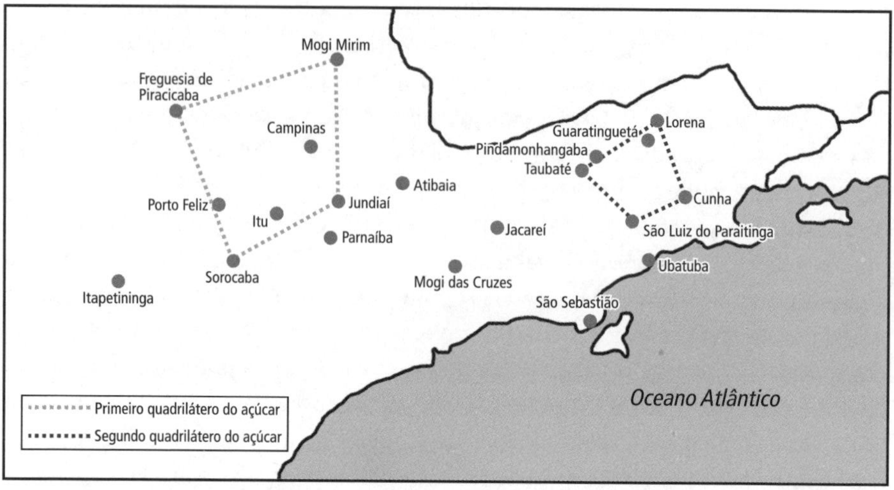

Fonte: Pablo Oller Mont Serrath, *São Paulo restaurada: administração, economia e sociedade numa capitania colonial (1765-1802)* (São Paulo, Alameda, 2016), p. 137.

da própria organização das lavouras. Gradativamente, os referenciais econômicos e sociais enquadravam-se em padrões de lucratividade e racionalidade, de um lado, e, de outro, na crescente valorização do trabalho sistemático. Nesse sentido, tanto as apreciações dos governadores sobre os livres pobres da capitania como a intensa adoção do escravismo nas áreas açucareiras revelam a influência desses referenciais[14].

Após a restauração de São Paulo como capitania-geral em 1765, o número de habitantes teve crescimento considerável, "realmente singular", segundo Maria Luiza Marcílio, para quem as "condições criadas na economia e na sociedade paulistas por estímulo da mineração confirmaram-se, nessa fase, e desenvolveram-se ainda mais", graças à "introdução da agricultura empresarial da grande lavoura"[15]. A produção açucareira, voltada para o mercado atlântico, impactou diretamente a elite da capitania, resultando no fortalecimento de grupos já existentes, na formação de outros grupos e nas infindáveis alianças e contendas de um estrato da sociedade colonial que, embora não homogêneo, tinha em comum a busca por cabedal, séquito e status social[16]. Parte desse grupo enriquece e se fortalece enormemente durante o período de desenvolvimento da agricultura de caráter exportador na capitania de

[14] Vera Lucia Amaral Ferlini, "Uma capitania dos novos tempos", cit.; Lucas Jannoni Soares, *A presença dos homens pobres livres na sociedade colonial* (mestrado em história, São Paulo, FFLCH--USP, 2006).

[15] Maria Luiza Marcílio, *Crescimento demográfico e evolução agrária paulista (1700-1836)* (São Paulo, Hucitec, 2000), p. 72.

[16] Ver Pablo Oller Mont Serrath, *São Paulo restaurada*, cit.

São Paulo, entre fins do século XVIII e princípios do século XIX, tendo o açúcar como gênero de destaque.

Tabela 1 – Produtividade dos engenhos de açúcar da região serra acima, 1798

Produção	Engenhos
entre 2.800 e 2.000 arrobas	7
entre 1.999 e 1.000 arrobas	36
entre 999 e 100 arrobas	194
menos de 100 arrobas	92
total	329

Fonte: Pablo Oller Mont Serrath, *São Paulo restaurada*, cit., p. 144.

Tabela 2 – Quantidade de açúcar exportada por Itu entre 1808 e 1818

Ano	Arrobas
1808	79.692
1809	70.104
1811	31.424
1815	44.824
1817	71.040
1818	104.616

Fonte: Marco Volpini Micheli, *São Paulo: diversificação agrícola, consolidação interna e integração no mercado atlântico (1765-1821)* (mestrado em história econômica, São Paulo, FFLCH-USP, 2018).

O incremento açucareiro possibilitou importante relação mercantil com o Rio de Janeiro e conexões com os fluxos internacionais. Além do açúcar, o crescimento do trânsito de animais gerou aumento na arrecadação dos tributos e fortaleceu a região. Os interesses da elite açucareira e mercantil paulista na praça do Rio de Janeiro são fundamentais para entendermos sua participação na Independência, assim como sua articulação em âmbito regional e projeção na vida política por meio da prática mercantil[17].

As conexões comerciais dos negociantes de animais e açúcar paulistas com o mercado do Rio de Janeiro fizeram com que eles tivessem uma influência crescente, especialmente sobre as ligações políticas e econômicas do centro-sul. Dessa forma, a posição de convergência de políticos de São Paulo em torno da defesa do Rio de Janeiro como centro do novo Estado após a Independência esteve atada às sólidas ligações mercantis estabelecidas entre as duas capitanias desde 1808.

---

[17] Sobre o papel do Centro-Sul na Independência, ver Maria Odila Leite da Silva, "A interiorização da metrópole (1808-1853)", em Carlos Guilherme Mota (org.), *1822: dimensões* (São Paulo, Perspectiva, 1982); e Alcir Lenharo, *As tropas da moderação: o abastecimento da Corte na formação política do Brasil (1802-1842)* (São Paulo, Símbolo, 1979), p. 24.

Tabela 3 – Exportações de açúcar de Santos para o Rio de Janeiro

Ano	Valor	% do total
1810	120:271$100	91
1811	55:040$000	62
1812	47:686$000	77
1814	329:381$600	93
1815	209:607$600	93
1816	271:022$000	99
1817	267:589$500	94
1818	474:997$900	99
Total	1:775.595$700	93

Fonte: Maxiliano M. Menz, "Centro e periferias coloniais: o comércio do Rio de Janeiro com Santos e Rio Grande (1802-1818)", *Revista de História*, n. 154, 2006, p. 251-66.

Tabela 4 – Importações de Santos via Rio de Janeiro

Ano	Mercadorias europeias	Gêneros da terra	Escravos
1810	83,60%	6,60%	9,80%
1811	85,30%	6,00%	8,80%
1812	85,10%	6,50%	8,40%
1814	78,20%	8,70%	13,10%
1815	83,30%	5,20%	11,50%
1816	65,40%	5,80%	28,80%
1817	79,10%	3,90%	17,00%
1818	68,20%	4,80%	27,00%
Total	78,30%	5,90%	15,90%

Fonte: Maxiliano M. Menz, "Centro e periferias coloniais", cit.

Em 24 de agosto de 1820 eclodiu em Portugal uma revolta cujas duas principais exigências eram a volta do rei D. João VI e da corte para Lisboa e uma monarquia constitucional, no lugar da monarquia absolutista. A Revolução Liberal, iniciada na cidade do Porto, logo se espalhou por todo Portugal e foram convocadas assembleias constituintes, chamadas Cortes Constituintes, das quais participaria todo o mundo português. O Brasil, tendo sido elevado a Reino Unido de Portugal em 1815, deveria enviar deputados das diversas partes de seu território para representar suas províncias. D. João VI cedeu ao apelo dos portugueses e em 24 de abril de 1821 embarcou para a Europa, deixando no Brasil seu filho D. Pedro, na condição de príncipe regente. São Paulo aderiu ao novo regime constitucional com bastante entusiasmo.

Os diferentes interesses em jogo em São Paulo, e que conduziram à participação no processo da Independência, explicitam-se no momento da formação da Junta Provincial paulista, após a Revolução do Porto. Augustin Wernet considerou que a elite dominante de São Paulo era composta de forma geral por: 1) "homens de horizontes muito amplos e de interesses cosmopolitas", como José Bonifácio, Martim

Francisco e Nicolau Vergueiro; 2) um grupo formado no interior da capitania por "gente de Itu, Porto Feliz e São Carlos, proprietários de grandes canaviais e senhores de numerosa escravaria", entre os quais Francisco de Paula Souza e Melo, António Paes de Barros e Manuel Rodrigues Jordão; 3) homens da "antiga administração que defendiam ideias da época ou continuavam no cenário político por motivos de prudência de outros grupos políticos e militares", representados por João Carlos Augusto de Oyenhausen, Oliveira Pinto, Francisco Inácio e Costa Carvalho. Estes últimos eram todos da Bernarda, movimento rebelde que eclodiu em maio de 1822 em São Paulo em razão do afastamento temporário de Oyenhausen e do domínio dos Andradas. O levante de tropas resultou na demissão de Martim Francisco de Andrada e uma nova junta assumiu, mas esta foi desfeita em agosto por D. Pedro, retornando Martim Francisco à presidência da província.

Dentre as várias divergências, destacava-se o interesse dos membros da antiga administração, para os quais o rompimento com Portugal significaria perda de contatos comerciais em Lisboa e disputa de espaço na praça do Rio de Janeiro. Os distintos grupos atuantes em São Paulo, todavia, "não se apresentavam tão nitidamente": "em todos havia mescla de princípios e também continuavam a preponderar motivos e controvérsias pessoais" em suas ideias e interesses[18]. Há, entretanto, um ponto em comum, se não a todos, ao menos à maior parte da gente de prol da agora província de São Paulo: a participação quer no comércio, quer na produção de açúcar. Se tomarmos os deputados eleitos por São Paulo para participar nas Cortes Constituintes de 1821, em Lisboa, essa relação fica evidente. São eles: António Carlos Ribeiro de Andrada, Nicolau Pereira de Campos Vergueiro, José Ricardo da Costa Aguiar de Andrada, Francisco de Paula Souza e Melo, José Feliciano Fernandes Pinheiro, Diogo António Feijó, António Manuel da Silva Bueno (substituto), e António Paes de Barros (substituto). Nesse caso, todos são direta ou indiretamente ligados ao açúcar, sendo possível, com exceção de Feijó, relacioná-los ou a grandes comerciantes, ou a senhores de engenho de fins do século XVIII, período de consolidação da produção açucareira paulista voltada ao mercado transatlântico.

Comecemos pelos Andradas. Bonifácio José de Andrada – pai de José Bonifácio de Andrada e Silva, Martim Francisco Ribeiro de Andrada, António Carlos Ribeiro de Andrada, e avô de José Ricardo da Costa Aguiar de Andrada – aparece no recenseamento de Santos de 1765, logo no princípio do governo do Morgado de Mateus, como um dos homens mais ricos da vila. Então com 39 anos de idade, Bonifácio José declarava viver "de seus negócios de mercador" e possuir riqueza de 8 contos de réis (8 milhões de réis). Na vila de Santos, o único a possuir riqueza maior do que a de Bonifácio era o sargento-mor João Ferreira de Oliveira, que vivia "de seus negócios"

[18] Luís Adriano Borges, "Aspectos econômicos da participação dos paulistas no processo da Independência", *Almanack*, n. 6, 2013, p. 61-80.

e possuía 16 contos de réis[19]. Se tomarmos os dados das riquezas da capitania de São Paulo compilados e analisados por Alice Canabrava, notaremos a importância do cabedal de Bonifácio José, não só na vila de Santos, mas na própria capitania de São Paulo. A maior porcentagem de riqueza da capitania encontrava-se, respectivamente, na cidade de São Paulo e nas vilas de Itu e Santos. Já a maior riqueza média por família e por pessoa situava-se, em ordem decrescente, em São Paulo, Santos e Itu[20]. Os mais altos níveis de riqueza da capitania pertenciam aos homens de negócios, cuja riqueza média girava em torno de 3 contos de réis em São Paulo e cerca de 2 contos de réis em Santos[21]. O cabedal de Bonifácio José de Andrada era, portanto, quatro vezes maior do que a média do grupo mais rico da vila de Santos.

Em 1767, o governador e capitão-general Morgado de Mateus ordenou que os homens de negócio de Santos usassem seus conhecimentos e experiência de comerciantes para apontar "os mais convenientes meios que facultem o aumento do comércio, e navegação de Lisboa, Porto e Ilhas, em direitura para esta praça" e, a partir de lá, distribuir por toda a capitania e regiões circunvizinhas as mercadorias vindas da Europa, carregando, em contrapartida, os navios lá embarcados com produtos da capitania de São Paulo, e que "em direitura os transportem para Lisboa, Porto, Ilhas e mais lugares de Portugal na mesma forma que se observa na cidade do Rio de Janeiro, Bahia, e Pernambuco e mais portos da América"[22]. A resposta dos homens de negócios de Santos veio em 5 de julho do mesmo ano e propunha que se estabelecessem naquela vila "casa ou casas de negócio", constituindo-se "uma ou mais sociedades" das quais participariam todos os habitantes da capitania que não fossem pobres. Ademais, para o bom funcionamento da empreitada, algumas condições deveriam ser obedecidas:

> Fundar-se casa da moeda nesta praça [de Santos] – Reformar-se o caminho desta praça para a cidade de São Paulo, à custa da Fazenda Real ou na forma que concordarem as câmaras desta capitania – Não virem fazendas da Europa de outros portos para este sem faculdade dos caixas das tais sociedades [, ou seja, dos representantes das tais sociedade em Lisboa] – Que sejam estas [sociedades] isentas de contratos ou outra qualquer pensão, exceto dos direitos que até o presente se costumam pagar a Sua Majestade em suas alfândegas – Que os sócios entre si em tudo

[19] "Listas Gerais da ordenança das Vilas desta Capitania – Vila de Santos, 1765", em Alberto Sousa, *Os Andradas*, v. 3 (São Paulo, Typographia Piratininga, 1922), p. 14 e 30.

[20] Alice Piffer Canabrava, "Uma economia de decadência: os níveis de riqueza na capitania de São Paulo, 1765-1767", em *História econômica: estudos e pesquisas* (São Paulo, Hucitec/ABPHE/Ed. Unesp, 2005), p. 185.

[21] Ibidem, p. 191.

[22] "Registo da proposta que foi apresentada em Camara aos neste termo em fronte assignados cujo teor é o seguinte como se vê etc." (5 jul. 1767), em *Actas da Camara Municipal de S. Paulo, 1765-1775*, v. 15 (São Paulo, Typographia Piratininga, 1919), p. 326-7.

ajustem e desfaçam os negócios que mais lhes convier – Que às tais sociedades não lhes seja lícito vender pelo miúdo, mas sim atacado – Que para se efetuar o referido e o mais que se declara nesta ultima condição se precisa de tempo conveniente, a fim de que se ajustem os interessados entre si [e] elejam os caixas [representantes] necessários [e se] cultivem os efeitos da terra que se hão de transportar, e se apronta o dinheiro com que se há de entrar para as tais sociedades [...].[23]

Entre os nomes daqueles que haviam investido na sociedade de comércio, num total de 8 contos de réis, constavam, entre outros, o homem mais rico da vila, o sargento-mor João Ferreira, que deu 1:200$000, e o capitão Bonifácio José de Andrada, cujo investimento foi de 800$000, o segundo maior valor aportado na sociedade[24]. A empresa não vingou, tanto pelo pouco interesse dos habitantes da cidade de São Paulo como pelas grandes dificuldades impostas pelo caminho entre Santos e o Planalto, ainda precário naqueles anos[25].

Como se nota pelos exemplos dados até aqui, Bonifácio José de Andrada já era homem de posses e com algum prestígio, mesmo antes da restauração de São Paulo enquanto capitania-geral, em 1765. Seu pai, José Ribeiro de Andrada, nascido no Minho, em Portugal, estabeleceu-se em Santos em fins do século XVII e parece ter tido também certo destaque, ocupando os cargos de administrador do contrato da dízima da Alfândega do Rio de Janeiro e de Santos, escrivão da Alfândega, da Fazenda Real e Almoxarifado, capitão de Infantaria e, depois, coronel da Ordenança de Santos[26]. Não obstante a ascendência destacada e a anterioridade de seu cabedal, é certo que, tanto quanto outros membros da elite de São Paulo, Bonifácio José beneficiou-se enormemente da vinda de um novo governador para a capitania e do trabalho que desempenhou ao pé do Morgado de Mateus e de seus sucessores. Na dinâmica dos poderes nas capitanias coloniais, a proximidade com o governador era um elemento importante para aqueles que quisessem ter grande reputação, o que se conseguia, entre outros modos, ocupando altos cargos militares. Bonifácio José de Andrade foi escrivão da Junta da Real Fazenda da cidade de São Paulo, capitão da Infantaria Auxiliar da Praça de Santos[27] e, em 4 de abril de 1777, recebeu a

---

[23] Ibidem, p. 333-4.

[24] Idem. Deram o mesmo valor (800$000 réis) o capitão José Correia de Oliveira e o tenente António José Carvalho.

[25] Ver Heloísa Liberalli Bellotto, *Autoridade e conflito no Brasil colonial: o governo do Morgado de Mateus em São Paulo* (São Paulo, Conselho Estadual de Artes e Ciências Humanas, 1979), p. 225-6.

[26] Alberto Sousa, *Os Andradas*, v. 1, cit., p. 278-9. Referências a José Ribeiro de Andrada encontram-se também no Arquivo Histórico Ultramarino (AHU), Administração Central (ACL), Conselho Ultramarino (CU), São Paulo – Mendes Gouveia (023-01), cx. 6, doc. 718; cx. 9, doc. 979; cx. 21, doc. 2076; cx. 61, doc. 4645.

[27] Alberto Sousa, *Os Andradas*, v. 1, cit., p. 291-2.

patente de coronel dos Dragões da Cavalaria de São Paulo[28]. A relação de Bonifácio e do Morgado de Mateus parece ter sido tão boa que aquele serviu de testemunha diante do Conselho Ultramarino para exaltar seus feitos no governo e suas ações no comando da administração da capitania[29].

Sobre sua relação com o comércio e a produção do açúcar, não encontramos fontes. Alberto Sousa afirma que "os escravos da casa lavravam e plantavam" nas terras de Bonifácio José, e colhiam "café, cana, arroz – além do fabrico de farinha e aguardente", cujo excedente era vendido "na Praça local a preços remuneradores"[30]. De qualquer forma, tendo o açúcar ocupado desde ao menos a década de 1780 o lugar de destaque entre os gêneros exportados de Santos para Lisboa[31], não seria de se estranhar que Bonifácio José estivesse diretamente envolvido no comércio açucareiro. Some-se a isso o fato de os Andradas estarem ligados, por laços de casamento, a outras famílias de negociantes de Santos e do Rio de Janeiro, importante escoadouro do açúcar paulista para Portugal[32]. Alguns de seus descendentes, sim, estiveram diretamente envolvidos com o negócio do açúcar, em especial com a sua fabricação. A começar pelo primogênito, Patrício Manuel Bueno de Andrada, que seguiu a carreira eclesiástica, mas também teria se dedicado à produção açucareira num engenho estabelecido serra acima e à exportação de gêneros de São Paulo para outras localidades, "e assim conseguiu acrescentar ao que herdara de seus pais uma grande fortuna, quase toda empregada em prédios para renda e terras lavradias"[33]. Por volta de 1806, numa queixa feita pelos Andradas ao príncipe regente D. João contra o então governador de São Paulo, Antônio José da Franca e Horta[34], temos notícias sobre o filho caçula de Bonifácio José e Maria Bárbara da Silva. Aqui, o destaque social de cargos militares marca presença. Logo depois de apontar que, desde a fundação da capitania, a família tinha "merecido sempre a atenção e estima

---

[28] "Patentes, provisões e sesmarias", *Revista do Instituto Histórico e Geográfico de São Paulo*, v. 28, 1930, p. 607.

[29] "Atestado do coronel do Regimento de Dragões Auxiliares da capitania de São Paulo, Bonifácio José de Andrada". Santos, 13 jul. 1782. Arquivo Histórico Ultramarino (AHU), Administração Central (ACL), Conselho Ultramarino (CU), São Paulo – Mendes Gouveia (023-01), cx. 30, doc. 2718.

[30] Alberto Sousa, *Os Andradas*, v. 1, cit., p. 289.

[31] Ver Gilvan Leite de Oliveira, *A todo pano: contribuição para o estudo do processo de consolidação do porto de Santos como via marítima da capitania de São Paulo (1788-1822)* (mestrado em história econômica, São Paulo, FFLCH-USP, 2017), p. 143.

[32] Ver Renato de Mattos, *Política e negócios em São Paulo: da abertura dos portos à Independência (1808-1822)* (doutorado em história social, São Paulo, FFLCH-USP, 2015), p. 123-4.

[33] Alberto Sousa, *Os Andradas*, v. 1, cit., p. 308.

[34] Sobre a contenda entre os Andradas e o governador de São Paulo, assim como os interesses mercantis a ela ligados, ver Renato de Mattos, *Política e negócios em São Paulo*, cit., p. 101-28.

dos governadores e capitães-generais, pela sua antiga nobreza, comportamento e serviços", informavam que Francisco Eugênio de Andrada era qualificado como "neto de um coronel [José Ribeiro de Andrada], filho de outro [Bonifácio José de Andrada] e irmão de outro [Martim Francisco Ribeiro de Andrada]". Além disso, Francisco Eugênio destacava-se por ser "homem de negócio estabelecido na Praça de Santos" e "senhor de engenho"[35].

Até mesmo José Bonifácio e seu irmão Martim Francisco estiveram diretamente ligados à produção açucareira. Em seu testamento, datado de 1834, José Bonifácio declarava ter em Piracicaba "uma parte num engenho de açúcar, com suas terras e benfeitorias, do qual meu irmão Martim Francisco Ribeiro de Andrada é diretor e administrador"[36]. Segundo Brenno Ferraz do Amaral, há escritura de venda e compra, datada de 17 de janeiro de 1816, pela qual o procurador de Francisco Eugênio de Andrada adquiria, em seu nome, sítio e terras em Piracicaba, por 500 mil réis[37]. De fato, há registro de sesmaria concedida a Francisco Eugênio, localizada no rio Corumbataí (Piracicaba), em 16 de junho de 1817[38]. No Repertório das Sesmarias de São Paulo, constam "duas léguas de terras em quadra" no mesmo rio, pertencentes a Francisco Eugênio, Patrício Manuel de Andrada e Silva e Maria Flora de Andrada, todos irmãos[39]. Tendo Francisco Eugênio morrido em 1818[40], é possível que o sítio e o engenho tenham ficado aos cuidados dos irmãos mais velhos. Certamente, José Bonifácio refere-se a esse sítio em seu testamento, pertencente a ele e a seus irmãos. Mais: por outra escritura, datada de 9 de dezembro de 1831, sabemos que Martim Francisco Ribeiro de Andrada adquiriu mais terras, aumentando aquela propriedade, cujo nome era Engenho do Cunhal[41].

Nicolau Pereira de Campos Vergueiro nasceu em Portugal, na província de Trás-os-Montes, em 1778. Formado na Universidade de Coimbra, estabeleceu-se em São Paulo em 1802, onde, dois anos depois, casou-se com Maria Angélica de Vasconcelos, de família tradicional na capitania, cuja linhagem descende de Braz Teves e Leonor Leme, proprietários do engenho São Jorge dos Erasmos, localizado

[35] "Requerimento de Maria Bárbara da Silva [...]", [post. 6/10/1806]. Arquivo Histórico Ultramarino (AHU), Administração Central (ACL), Conselho Ultramarino (CU), São Paulo - Avulsos (023), cx. 28, doc. 1265.

[36] Alberto Sousa, *Os Andradas*, v. 2, cit., p. 838-41, nota 1.

[37] Brenno Ferraz do Amaral, *O patriarca da Independência (José Bonifácio)* (São Paulo, Clube do Livro, 1972), p. 74.

[38] João Baptista de Campos Aguirra, "Sesmeiros e posseiros", *Revista do Instituto Histórico e Geográfico de São Paulo*, v. 34, 1938, p. 286.

[39] Secretaria de Estado da Cultura, *Repertório das Sesmarias* (São Paulo, Divisão de Arquivo do Estado, 1994), p. 152-3

[40] Alberto Sousa, *Os Andradas*, v. 1, cit., p. 321.

[41] Brenno Ferraz do Amaral, *O patriarca da Independência (José Bonifácio)*, cit., p. 75-6.

em São Vicente[42]. Conforme Mário Neme, esses paulistas destacados na política do século XIX quase não são lembrados por suas atividades na produção agrícola: "Nicolau Pereira de Campos Vergueiro seria o senador do Império, o deputado às Constituintes portuguesa e brasileira, político e homem de governo, e pouco conhecido como agricultor"[43].

Já em 1807, Vergueiro adquiriu em sociedade com seu sogro, José de Andrade Vasconcelos, uma sesmaria na qual fundou o Engenho do Limoeiro[44]. Encontramos registros de diversas sesmarias concedidas a Vergueiro em 1807, 1817 e 1818[45]. Em 1816, estabeleceu uma sociedade agrícola (extinta em 1825) com Luiz Antônio de Souza Barros[46], visando a criação de animais e a produção de açúcar[47]. Na lista nominativa de Piracicaba, datada de 1820, encontramos três fazendas pertencentes a essa sociedade, cujos engenhos estavam sob a responsabilidade dos administradores Damião de Souza Nogueira, Francisco José de Camargo e José Sirino. No total, as fazendas possuíam 56 escravizados e produziram 2.050 arrobas de açúcar (branco, redondo e mascavado), 26 canadas de aguardente, 980 alqueires de milho, 88 alqueires de feijão, 53 alqueires de arroz e 2 arrobas de algodão[48]. Em 1828, já dissolvida a sociedade, consta uma propriedade de Vergueiro com 76 escravizados e produção de 2 mil arrobas de açúcar (branco e redondo), 100 alqueires de milho, 250 alqueires de feijão e 50 alqueires de arroz, 130 cabeças de gado bovino, 100 porcos e 22 cavalos[49].

Francisco de Paula Souza e Melo nasceu em Itu, em 1791. Filho de Gertrudes Caledônia de Cerqueira e António José de Souza, casou-se com Maria de Barros Leite. Nos mapas dos engenhos da capitania de São Paulo, consta um senhor de engenho de nome António José de Souza, mas deve ser homônimo, pois, segundo Luiz Gonzaga da Silva Leme, o pai de Francisco de Paula faleceu em 1792[50] e os referidos mapas se iniciam em 1793. Se o pai pode não ter sido senhor de engenho, o sogro foi um dos maiores de Itu. António de Barros Penteado enriqueceu com

[42] Luiz Gonzaga da Silva Leme, *Genealogia paulistana*, v. 2 (São Paulo, Duprat & Comp., 1903-1905), p. 186-93.

[43] Mário Neme, *História da fundação de Piracicaba* (Piracicaba, Instituto Histórico e Geográfico de Piracicaba, 2009), p. 133-4.

[44] Ibidem, p. 135.

[45] João Baptista de Campos Aguirra, "Sesmeiros e posseiros", cit., p. 329.

[46] Sobre Luiz Antônio de Souza Barros, ver Maria Celestina Teixeira Mendes Torres, *Um lavrador paulista no tempo do Império* (Piracicaba, Equilíbrio, 2010).

[47] Mário Neme, *História da fundação de Piracicaba*, cit., p. 137.

[48] "Maços de população de Piracicaba, 1820". Arquivo do Estado de São Paulo, Maços de População - Piracicaba 1822-1828, C00141.

[49] "Maços de população da Vila de Constituição, 1828". Arquivo do Estado de São Paulo, Maços de População - Piracicaba 1822-1828, C00141.

[50] Luiz Gonzaga da Silva Leme, *Genealogia paulistana*, v. 4, cit., p. 252.

a exploração da mina de Melgueira, da qual "conseguiu tirar em alguns anos uma arroba de ouro, com o que, voltando para S. Paulo, comprou terras em Itu onde ficou estabelecido"[51]. Constava entre os maiores produtores da década de 1790, tendo feito entre 2 mil e 3,8 mil arrobas de açúcar entre 1793 e 1798[52]. Francisco de Paula exerceu diversos cargos políticos, como vereador, deputado, senador, ministro e conselheiro de Estado. Nas palavras elogiosas de Alberto Sousa: "Espírito poderosamente instruído por vocação e vontade própria, sem ter cursado institutos acadêmicos de instrução superior, honrou pelos seus invulgares talentos e sólida ilustração a terra de seu berço e a Província de S. Paulo"[53]. Se Francisco de Paula não frequentou cursos superiores, o mesmo não se pode dizer de seus cinco filhos homens, todos formados, ou em medicina ou em direito[54].

António Paes de Barros, primeiro barão de Piracicaba, foi senhor de engenho, filho de senhor de engenho, irmão de senhor de engenho. De seu pai acabamos de tratar, porque António Paes de Barros era irmão de Maria de Barros Leite, casada com o deputado Francisco de Paula. Bento Paes de Barros, o primeiro barão de Itu, seu irmão, aparece como dono de um engenho, administrado por Garcia Rodrigues, em Piracicaba, com 32 escravizados e produção de 1,6 mil arrobas de açúcar em 1820[55]. O próprio António Paes de Barros foi destacado produtor agrícola, sendo um dos primeiros a cultivar café em larga escala em São Paulo[56].

José Feliciano Fernandes Pinheiro nasceu em Santos, em 1774, e era filho de José Fernandes Martins. Sua mãe, Teresa de Jesus Pinheiro, era descendente dos Andradas. Mas os vínculos não paravam por aí. Seu pai, vindo de Portugal, estabeleceu uma casa comercial em Santos e ascendeu a postos militares importantes na capitania, chegando a coronel de Milícias[57]. José Fernandes, futuro visconde de São Leopoldo, frequentou a Universidade de Coimbra e lá teve António Carlos de Andrada como companheiro de estudos[58].

---

51 Ibidem, p. 385.

52 "Mapas com resumo geral dos engenhos de açúcar que existem na capitania de São Paulo". Arquivo Histórico Ultramarino (AHU), Administração Central (ACL), Conselho Ultramarino (CU), Brasil-São Paulo (023), cx. 14, doc. 698.

53 Alberto Sousa, *Os Andradas*, v. 2, cit., p. 207, nota 2.

54 Luiz Gonzaga da Silva Leme, *Genealogia paulistana*, v. 4, cit., p. 252-5.

55 "Maços de população de Piracicaba, 1820". Arquivo do Estado de São Paulo, Maços de População - Piracicaba 1822-1828, C00141.

56 Alberto Sousa, *Os Andradas*, v. 2, cit., p. 270, nota 1.

57 Ibidem, v. 1, p. 169, nota 1.

58 Carlos Eduardo França de Oliveira, *Construtores do Império, defensores da província: São Paulo e Minas Gerais na formação do Estado nacional e dos poderes locais (1823-1834)* (doutorado em história social, São Paulo: FFLCH-USP, 2014), p. 69, nota 236; Alberto Sousa, *Os Andradas*, v. 2, cit., p. 269, nota 1.

Diogo António Feijó era filho de pais incógnitos, possivelmente fruto de um relacionamento não oficial entre Maria Gertrudes, da família Camargo, e um sujeito do qual não se tem notícia[59]. Feijó preparou-se para a carreira eclesiástica e estudou, dentre outras disciplinas, gramática latina e retórica, "descobrindo nos livros", segundo Otávio Tarquínio de Sousa, "um mundo maior que os horizontes estreitos de Parnaíba e São Paulo"[60]. Os primeiros anos da vida adulta de Feijó não foram fáceis, sua atuação como professor particular não lhe rendia o suficiente para um sustento minimamente aceitável, conforme reconheceram os vereadores da Câmara da vila de São Carlos em 1804[61]. Pelas listas nominativas, conseguimos acompanhar a trajetória socioeconômica de Diogo António Feijó.

No ano de 1804, na lista de São Carlos, Feijó aparece como "mestre das primeiras letras", sendo senhor de dois escravizados[62]. No ano seguinte, vivia de "ensinar gramática"[63] e, em 1806 e 1807, seus rendimentos advinham de "esmolas"[64], que podem ser ou ajudas que recebia por caridade, ou pagamentos correspondentes "à paga de ofício menor no culto católico - sacristão ou coroinha"[65]. Dois anos depois, a situação financeira de Feijó começou a melhorar. Nessa época, ele vivia de "suas ordens"[66], ou seja, do que ganhava como sacerdote, ofício em que pôde atuar plenamente a partir de fins de 1808. O aumento significativo de suas receitas pode ser notado pelo fato de ele declarar a posse de doze escravizados em 1809. Em seguida, Feijó colheu os frutos de sua lavoura: 50 alqueires de milho e 15 alqueires de feijão[67]. Nos anos seguintes, plantava para o sustento da casa e, a partir de 1816, fez-se senhor de engenho[68]. Era uma produção modesta, mas consistente: em 1818, 200 arrobas de açúcar e 50 canadas

---

59 Ver Otávio Tarquínio de Sousa, *História dos fundadores do Império do Brasil*, v. 5 (Brasília, Senado Federal, Conselho Editorial, 2015), p. 15-30.

60 Ibidem, p. 31.

61 Ibidem, p. 33.

62 "Lista geral dos habitantes da Paróquia de S. Carlos, 1804". Arquivo do Estado de São Paulo, Maços de População, 02508.

63 "Mapa geral dos habitantes da Vila de S. Carlos, 1805". Arquivo do Estado de São Paulo, Maços de População, 02509.

64 "Mapa geral dos habitantes da Vila de S. Carlos, 1806" e "Mapa geral dos habitantes da Vila de S. Carlos, 1807". Arquivo do Estado de São Paulo, Maços de População, 02601 e 02602, respectivamente.

65 Otávio Tarquínio de Sousa, *História dos fundadores do Império do Brasil*, cit., p. 37.

66 "Mapa geral dos habitantes da Vila de S. Carlos, 1809". Arquivo do Estado de São Paulo, Maços de População, 02604.

67 "Mapa geral dos habitantes da Vila de S. Carlos, 1810". Arquivo do Estado de São Paulo, Maços de População, 02605.

68 "Mapa geral dos habitantes da Vila de S. Carlos, 1816". Arquivo do Estado de São Paulo, Maços de População, 02702.

de aguardente; em 1819, 650 arrobas de açúcar e 80 canadas de aguardente, afora feijão, milho e arroz para o sustento da casa[69]. Em 1822, o engenho rendeu 500 arrobas de açúcar e era administrado por Raimundo Alves dos Santos Prado[70].

António Manuel da Silva Bueno, nascido em Santos, era neto de João Ferreira de Oliveira, "que foi importante negociante na Praça de Santos". Não temos notícias das atividades econômicas de António Manuel, muito embora se destaque a forte ligação com os Andradas. Sua filha, Ana Benvinda Bueno, vivia em Santos e casou-se com Martim Francisco Ribeiro de Andrada, falecido em 1886, filho do coronel de mesmo nome[71].

Os breves comentários biográficos acima arrolados revelam a estreita ligação entre a produção agrícola, com destaque para o açúcar, e a elite que compôs o grupo de deputados de São Paulo nas Cortes Constituintes de Lisboa. Para além da confluência das atividades econômicas, muitos deles eram ligados por parentesco.

Foi esse grupo que, sob os auspícios de D. Pedro, levou para Portugal a proposta de defesa do Reino do Brasil. Embora se destacassem especialmente António Carlos de Andrada, Vergueiro e Feijó, os primeiros a chegar em Lisboa, a ideia era defendida pela província paulista como um todo, e já estava expressa em carta de 22 de setembro de 1822, anexada ao translado do termo de eleição dos deputados de São Paulo entregue às Cortes.

> Eles [os deputados paulistas] vos representarão sinceramente o estado real da nossa Província, os desejos dela, e do resto do Reino do Brasil, para melhorar a sua sorte, e chegar ao grau de esplendor e prosperidade a que o céu nos destinara. Nós nos congratulamos fervorosamente com nossos irmãos de Portugal pela marcha gloriosa que tende já desferido no estágio da Regeneração Portuguesa, e vos olhamos como uma nobre parte dos novos anfitriões encarregados da salvação pública da existência política do Reino Unido e dos direitos imprescritíveis de toda Nossa Nação.[72]

Mais explícitos não poderiam ser. Assinam a carta, entre outros, João Carlos Augusto Oyenhausen, José Bonifácio de Andrada e Martim Francisco Ribeiro de Andrada.

Os paulistas agiam em duas frentes. No Brasil, a província de São Paulo buscava convencer o príncipe D. Pedro a não ceder às pressões de Lisboa, que exigia seu

[69] "Mapa geral dos habitantes da Vila de S. Carlos, 1817" e "Mapa geral dos habitantes da Vila de S. Carlos, 1818". Arquivo do Estado de São Paulo, Maços de População, 02703 e 02704, respectivamente.

[70] "Mapa geral dos habitantes da Vila de S. Carlos, 1822". Arquivo do Estado de São Paulo, Maços de População, 02706.

[71] Luiz Gonzaga da Silva Leme, *Genealogia paulistana*, v. 1, cit., p. 452-7.

[72] "Cópia da Ata da Junta Eleitoral da Província de São Paulo – Auto de eleição", 6 ago. 1821. Arquivo Histórico Parlamentar (Portugal), Secção I/II, cx. 11, mç. 7, doc. 233.

retorno à Europa. Em carta a seu pai, D. João VI, o príncipe dizia ter notícias de que os representantes de São Paulo lhe enviariam comunicado cujos termos ouvira ser os seguintes: "Ou vai, nós nos declaramos independentes, ou fica, e então continuamos a estar unidos e seremos responsáveis pela falta de execução das ordens do congresso; e demais, tanto os ingleses europeus como os americanos ingleses nos protegem na nossa independência, no caso de ir sua alteza"[73].

Não errou de todo o príncipe. Em ofício de 24 de dezembro de 1821, os paulistas "rogavam" "com o maior fervor" que o príncipe desobedecesse às determinações das Cortes de Lisboa, que reputavam ignominiosas:

> Na sessão de 6 de agosto passado disse o deputado das cortes Pereira do Carmo (e disse uma verdade eterna) que a constituição era o pacto social em que se expressavam e declaravam as condições pelas quais uma nação se quer constituir em corpo político, e que o fim desta constituição é o bem geral de todos os indivíduos que devem entrar neste pacto social. Como pois ousa agora uma mera fração da grande nação portuguesa, sem esperar a conclusão desse solene pacto nacional, atentar contra o bem geral da parte principal da mesma, qual o vasto e riquíssimo reino do Brasil, despedaçando-o em míseros retalhos e pretendendo arrancar por fim do seu seio o representante do poder executivo, e aniquilar de um golpe de pena todos os tribunais e estabelecimentos necessários à sua existência e futura prosperidade? Este inaudito despotismo, este horroroso perjúrio político, decerto não o merecia o bom e generoso Brasil. Mas enganam-se os inimigos da ordem nas cortes de Lisboa, se se capacitam que podem ainda iludir com vãs palavras e ocos fantasmas o bom sizo dos honrados portugueses de ambos os mundos.[74]

A saída do príncipe regente do Brasil não seria nada auspiciosa. Para já, todas as instituições então estabelecidas seriam desmanteladas, deixando os habitantes do Brasil sem ter para onde recorrer "a bem de seus interesses econômicos e judiciais"[75].

Notícias sobre as posições da Junta de São Paulo chegaram às Cortes e foram encaradas como "criminosas" em suas "intenções, meios e fins"[76]. A Assembleia, dominada pelos reinóis, tinha conhecimento das exigências que ecoavam de São Paulo: a manutenção das "franquias e privilégios obtidos a partir de 1808" e a "reivindicação de autonomia"[77].

---

[73] "Carta de D. Pedro a D. João VI, Rio de Janeiro", 15 dez. 1821, em *Documentos para a historia das Cortes Geraes da Nação Portugueza*, tomo I: *1820-1825*. Lisboa, Imprensa Nacional, 1889, p. 273.

[74] "Ofício da Junta Provisória de S. Paulo ao príncipe D. Pedro", São Paulo, 24 dez.1821, em *Documentos para a historia das Cortes Geraes da Nação Portugueza*, cit., p. 278.

[75] Idem.

[76] "Parecer [das Cortes Constituintes]", Lisboa, 10 jun. 1822, em *Documentos para a historia das Cortes Geraes da Nação Portugueza*, cit., p. 312.

[77] Miriam Dolhnikoff. "São Paulo na Independência", em István Jancsó (org.), *Independência: história e historiografia* (São Paulo, Hucitec, 2005), p. 559.

Em outra frente de batalha, os deputados paulistas em Portugal defendiam o projeto elaborado por José Bonifácio, que acalentava "um império luso-brasileiro governado por uma monarquia constitucional, que deveria olhar com igualdade para as duas partes do Reino unido, Brasil e Portugal"[78]. No que tocava ao comércio, buscava-se manter as coisas como estavam, ou seja, que a navegação para o Brasil seguisse livre de entraves. Era intolerável qualquer regime de comércio e navegação que lembrasse o exclusivo comercial metropolitano (oligopólio e oligopsônio), em vigor antes de 1808. Foi justamente esse um dos temas debatidos nas Cortes em 9 de abril de 1822. Estava em discussão o artigo 2º de um projeto de decreto referente às relações comerciais entre Portugal e Brasil. O artigo em questão permitia "unicamente a navios nacionais de construção e propriedade portuguesa fazer o comércio de porto a porto em todas as possessões portuguesas"[79]. Borges Carneiro, na sua defesa do artigo, afirmava que o comércio português prosperara com as restrições impostas pelas leis do "providente Marquês de Pombal" e, ao contrário, o "lamentável" decreto de abertura dos portos do Brasil às nações amigas, "franqueando os portos do Brasil a todas as fazendas estrangeiras, arruinou Portugal, e o Brasil mesmo, se excetuarmos um momentâneo bem da agricultura, nada prosperou"[80].

António Carlos de Andrada contestou os argumentos de Borges Carneiro, afirmando ser um erro considerar que o comércio livre não trazia prosperidade às nações que o admitiam. No Brasil, dava como exemplo, além da Bahia, a província de São Paulo, "na qual tem quase dobrado as suas produções depois da franqueza do comércio". Por outro lado, essa abertura "diminuiu o preço das mercadorias importadas". De modo que, asseverava Andrada, se o decreto de 28 de janeiro de 1808 fora "infeliz para Portugal", para o Brasil era o contrário: "foi a fonte da sua atual prosperidade e continuará a ser o estímulo maior da sua progressiva riqueza"[81]. De nada adiantou o discurso de António Carlos. O artigo foi, enfim, aprovado[82].

Era a volta do "odioso sistema colonial", nas palavras de José Bonifácio[83], que se queria, a todo custo, impedir; ou qualquer coisa que com ele se parecesse, especialmente nas esferas política e econômica. O interesse desses sujeitos, fazendeiros, senhores de engenho e comerciantes, era garantir a manutenção daquilo que tinham

---

[78] Ibidem, p. 558.

[79] "Sessão de 15 de março", em *Diario das Cortes Geraes, Extraordinárias, e Constituintes da Nação Portuguesa. Segundo anno da Legislatura* (Lisboa, Imprensa Nacional, 1822), p. 507.

[80] "Sessão de 9 de abril", em *Diario das Cortes Geraes*, cit., p. 723.

[81] Ibidem, p. 724.

[82] Ibidem, p. 728. Sobre essa e outras questões debatidas pelos deputados paulistas nas Cortes, ver Márcia Berbel, *A nação como artefato: deputados do Brasil nas Cortes Portuguesas (1821-1822)* (São Paulo, Hucitec/Fapesp, 1999), p. 127-67.

[83] "Manifesto de 6 de agosto de 1822", em *Obra política de José Bonifácio*, v. 1 (Brasília, Centro Gráfico do Senado Federal, 1973), p. 296.

conquistado com a vinda da família real e da corte para o Brasil. Essa elite, enriquecida graças à produção agrícola desenvolvida e ampliada em fins do século XVIII e princípios do século XIX, política e economicamente ligada ao Rio de Janeiro, ciosa do que considerava ser seu por direito, lutaria com as armas que tinha à mão. Em Portugal, a batalha estava perdida, por isso o melhor era recuar estrategicamente e aderir ao chamamento de uma Assembleia Constituinte no Brasil. Foi o que fizeram. Os deputados de São Paulo deixaram as Cortes e retornaram para o outro lado do Atlântico ainda em 1822. No Brasil, população numerosa e aguerrida, somada à riqueza e à vontade política das elites dirigentes, deram suporte ao grito do Ipiranga. De São Paulo, a participação da elite açucareira, produtora e comerciante, foi decisiva.

Referências bibliográficas

ACTAS *da Camara Municipal de S. Paulo, 1765-1775*, v. 15. São Paulo, Typographia Piratininga, 1919.

AGUIRRA, João Baptista de Campos. Sesmeiros e posseiros. *Revista do Instituto Histórico e Geográfico de São Paulo*, v. 34, 1938.

AMARAL, Brenno Ferraz do. *O patriarca da Independência (José Bonifácio)*. São Paulo, Clube do Livro, 1972.

ARRUDA, José Jobson de Andrade. Decadência ou crise do Império Luso-Brasileiro: o novo padrão de colonização do século XVII. *Revista da USP*, v. 66, n. 79, 2000.

BELLOTTO, Heloísa Liberalli. *Autoridade e conflito no Brasil colonial*: o governo do Morgado de Mateus em São Paulo. São Paulo, Conselho Estadual de Artes e Ciências Humanas, 1979.

BERBEL, Márcia. *A nação como artefato*: deputados do Brasil nas Cortes Portuguesas (1821-1822). São Paulo: Hucitec/Fapesp, 1999.

BLAJ, Ilana. *A trama das tensões*: o processo de mercantilização de São Paulo Colonial (1681-1721). São Paulo, Humanitas/USP/Fapesp, 2002.

______. Mentalidade e sociedade: revisitando a historiografia sobre São Paulo colonial. *Revista de História*, n. 142-3, 2000, p. 239-59.

BONIFÁCIO, José. Manifesto de 6 de agosto de 1822, em *Obra política de José Bonifácio*, v. 1. Brasília, Centro Gráfico do Senado Federal, 1973.

BORGES, Luís Adriano. Aspectos econômicos da participação dos paulistas no processo da Independência. *Almanack*, n. 6, 2013, p. 61-80.

BORREGO, Maria Aparecida Menezes. *A teia mercantil*: negócios e poderes em São Paulo colonial. São Paulo, Alameda, 2010.

CANABRAVA, Alice Piffer. Uma economia de decadência: os níveis de riqueza na capitania de São Paulo, 1765-1767. In: *História econômica*: estudos e pesquisas. São Paulo, Hucitec/ABPHE/Ed. Unesp, 2005.

CASTRO, Martinho de Melo e. Carta do secretário de Estado, Martinho de Melo e Castro, ao vice-rei do Brasil, Luiz de Vasconcelos e Souza, 5 de janeiro de 1785. *Revista do Instituto*

Histórico e Geográfico Brasileiro, t. 10, Rio de Janeiro, Typographia de João Ignacio da Silva, 1870, p. 213-24.

DIARIO *das Cortes Geraes, Extraordinárias, e Constituintes da Nação Portuguesa. Segundo anno da Legislatura*. Lisboa, Imprensa Nacional, 1822.

DOCUMENTOS *para a historia das Cortes Geraes da Nação Portugueza*, t. I: 1820-1825. Lisboa, Imprensa Nacional, 1889.

DOLHNIKOFF, Miriam. São Paulo na Independência. In: JANCSÓ, István (org.). *Independência:* história e historiografia. São Paulo: Hucitec, 2005.

FERLINI, Vera Lucia Amaral. São Paulo de fronteira a território. In: ANTUNES, Ermelinda (org.), *Laboratório do mundo*: ideias e saberes do século XVIII. Catálogo, São Paulo, Pinacoteca do Estado, 2004.

______; GLEZER, Raquel. Uma capitania dos novos tempos: economia, sociedade e política na São Paulo restaurada. *Anais do Museu Paulista*, v. 17, 2009.

______. O açúcar em São Paulo: século XVI ao XIX. I Seminário de História do Açúcar: História e Cultura Material, *Anais...*, Itu, 2005, p.14-24.

FIGUEIREDO, Luciano Raposo de Almeida. Antônio Rodrigues da Costa e os muitos perigos de vassalos aborrecidos (notas a respeito de um parecer do Conselho Ultramarino, 1732). In: VAINFAS, Ronaldo; SANTOS, Georgina Silva dos; NEVES, Guilherme Pereira das (orgs.). *Retratos do Império*: trajetórias individuais no mundo português nos séculos XVI a XIX. Niterói, EdUFF, 2006.

LEME, Luiz Gonzaga da Silva. *Genealogia paulistana*, v. 2. São Paulo, Duprat & Comp., 1903-1905.

LENHARO, Alcir. *As tropas da moderação*: o abastecimento da Corte na formação política do Brasil (1802-1842). São Paulo, Símbolo, 1979.

MARCÍLIO, Maria Luiza. *Crescimento demográfico e evolução agrária paulista (1700-1836)*. São Paulo, Hucitec, 2000.

MATTOS, Renato de. *Política e negócios em São Paulo*: da abertura dos portos à Independência (1808-1822). Doutorado em história social, São Paulo, FFLCH-USP, 2015.

MEDICCI, Ana Paula. *Administrando conflitos*: o exercício do poder e os interesses mercantis na capitania/província de São Paulo (1765-1822). Doutorado em história, São Paulo, FFLCH-USP, 2010.

______. *Entre a "decadência" e o "florescimento"*: a capitania de São Paulo na interpretação de memorialistas e autoridades públicas (1782-1822). Mestrado em história, São Paulo, FFLCH-USP, 2005.

MONTEIRO, John Manuel. *Negros da terra*. São Paulo, Companhia das Letras, 1994.

NEME, Mário, *História da fundação de Piracicaba*. Piracicaba, Instituto Histórico e Geográfico de Piracicaba, 2009.

NOVAIS, Fernando A. *Portugal e Brasil na crise do Antigo Sistema Colonial (1777-1808)*. 6. ed. São Paulo, Hucitec, 1995.

OLIVEIRA, Carlos Eduardo França de. *Construtores do Império, defensores da província*: São Paulo e Minas Gerais na formação do Estado nacional e dos poderes locais (1823-1834). Doutorado em história social, São Paulo, FFLCH-USP, 2014.

OLIVEIRA, Gilvan Leite de. *A todo pano*: contribuição para o estudo do processo de consolidação do porto de Santos como via marítima da capitania de São Paulo (1788-1822). Mestrado em história econômica, São Paulo, FFLCH-USP, 2017.

PETRONE, Maria Thereza Schorer. *A lavoura canavieira em São Paulo*. São Paulo, Difel, 1968.

SECRETARIA de Estado da Cultura. *Repertório das Sesmarias*. São Paulo, Divisão de Arquivo do Estado, 1994.

SERRATH, Pablo Oller Mont. *São Paulo restaurada*: administração, economia e sociedade numa capitania colonial (1765-1802). São Paulo, Alameda, 2016.

SILVA, Maria Odila Leite da. A interiorização da metrópole (1808-1853). In: MOTA, Carlos Guilherme (org.). *1822: dimensões*. São Paulo, Perspectiva, 1982.

SOARES, Lucas Jannoni. *A presença dos homens pobres livres na sociedade colonial*. Mestrado em história, São Paulo, FFLCH-USP, 2006.

SOUSA, Alberto. *Os Andradas*, v. 3. São Paulo, Typographia Piratininga, 1922.

SOUSA, Otávio Tarquínio de. *História dos fundadores do Império do Brasil*, v. 5. Brasília, Senado Federal, Conselho Editorial, 2015.

SOUZA, Laura de Melo; BICALHO, Maria Fernanda. *1680-1720, o império deste mundo*. São Paulo, Companhia das Letras, 2000.

TORRES, Maria Celestina Teixeira Mendes. *Um lavrador paulista no tempo do Império*. Piracicaba, Equilíbrio, 2010.

O protagonismo popular na Guerra da Bahia (1822-1823)*

Sérgio Guerra Filho

Tirem da Independência a campanha da Bahia e ela ficará reduzida a um arranjo familiar e muito burguês, com a intervenção de Sir Carlos Stuart.

Braz do Amaral, *História da Independência na Bahia* (Salvador, Progresso, 1957), p. 60.

Quando pensamos na Independência do Brasil, nos principais símbolos e narrativas que cercam o processo histórico a ela relacionados, muitas pessoas deverão lembrar-se do feriado de 7 de Setembro, de D. Pedro I e do seu grito do Ipiranga. Este episódio pode ser considerado um mito de origem da nação brasileira[1]. Como tal, está imortalizado, dentre outras formas, nos versos iniciais do hino brasileiro e no famoso quadro de Pedro Américo, no qual o futuro imperador ao centro, sobre seu cavalo, espada em riste, legou às posteridades palavras de libertação nacional muito repetidas, das quais destacam-se "Independência ou morte" como lema da fundação do Brasil. Qual é o livro didático que, no capítulo destinado ao período, não reproduz essa imagem?

O problema de reduzir ao grito do Ipiranga o processo histórico que culminou com o que chamamos de Independência do Brasil é que se perde muito da complexidade que o caracterizou, dando-se importância apenas àqueles fatos que levaram ao 7 de Setembro. Destaco, aqui, dois aspectos que merecem especial atenção na busca por uma compreensão mais complexa e profunda da formação do Estado e

* Este capítulo tem como base o texto "A Independência e o protagonismo popular", publicado no blog *Brasil: bicentenário das Independências*; disponível em: <https://bicentenario2022.com.br/a-independencia-e-o-protagonismo-popular/>.

[1] Para Marilena Chauí, o mito fundador "impõe um vínculo interno com o passado como origem, isto é, com um passado que não cessa nunca, que se conserva perenemente presente e, por isso mesmo, não permite o trabalho da diferença temporal e da compreensão do presente enquanto tal. [...] O mito fundador oferece um repertório inicial de representações da realidade e, em cada momento da formação histórica, esses elementos são reorganizados tanto do ponto de vista da sua hierarquia interna [...] como da ampliação do seu sentido"; Marilena Chauí, *Brasil: mito fundador e sociedade autoritária* (São Paulo, Editora Fundação Perseu Abramo, 2000), p. 9-10. Sobre a construção historiográfica do 7 de Setembro como data da fundação do Império, ver Maria de Lourdes Viana Lyra, "Memória da Independência: marcos e representações simbólicas", *Revista Brasileira de História*, São Paulo, v. 15, n. 9, 1995, p. 173-206.

da Nação brasileiros: as múltiplas experiências vivenciadas nas diversas províncias, antes e depois do grito do Ipiranga, e o protagonismo de setores sociais não proprietários, as classes populares[2].

Na interseção dessas duas temáticas está a Guerra de Independência ocorrida na Bahia, a qual não poderia ter acontecido sem a larga adesão e o decisivo protagonismo popular. Este capítulo pretende analisar como a Guerra da Bahia expressou uma série de episódios nos quais a participação de pessoas comuns - a plebe, o povo, e outros termos usados na época - foi definidora na disputa pelos destinos desta porção do Brasil.

Inicialmente, o texto apresenta brevemente as lutas pela Independência na Bahia, não sem antes avaliar os fatos que levaram a ela. Na sequência, serão identificadas as formas de atuação das camadas populares baianas no período dos conflitos contra os portugueses. Esperamos demonstrar que, além dos esforços pela expulsão das tropas portuguesas da Bahia, seja nas fileiras do Exército Pacificador, seja em outras atividades em prol da guerra, houve muitos episódios em que as ações populares foram vistas como desordem ou rebeldia, sendo combatidas pelas autoridades civis e militares na província.

Na Bahia, uma guerra

Quando D. Pedro deu o grito do Ipiranga, em setembro de 1822, a Bahia já vivia uma guerra. Em junho de 1822, formava-se uma consistente oposição ao governo do general Madeira de Melo, que ocupava militarmente a Cidade da Bahia, capital da província, desde fevereiro daquele ano[3]. A Câmara da vila da Cachoeira, que se transformaria em capital interina, resumiu dessa forma, em 22 agosto de 1822, a situação de antagonismo com a capital ocupada:

---

[2] A importância de se aprofundar as pesquisas sobre as realidades provinciais e a participação política das classes não proprietárias já foram apontadas pelos balanços historiográficos feitos por Jurandir Malerba, "Esboço crítico da recente historiografia sobre a independência do Brasil (c. 1980-2002)" em Jurandir Malerba (org.), *A Independência brasileira: novas dimensões* (Rio de Janeiro, Editora FGV, 2006); e Wilma Peres Costa, "A Independência na historiografia brasileira" em István Jancsó (org.), *Independência do Brasil: história e historiografia*, v. 1 (São Paulo, Hucitec/Fapesp, 2006), p. 53-117. Sobre as experiências das diversas províncias, em especial as do Norte, ver, dentre outros: André Roberto de A. Machado, *A quebra da mola real das sociedades: a crise política do antigo regime português na província do Grão-Pará (1821-1825)* (São Paulo, Hucitec/Fapesp, 2010); Marcelo Cheche Galves, *Ao público sincero e imparcial: imprensa e Independência na província do Maranhão (1821-1826)* (São Luís, Café & Lápis/Editora UEMA, 2015); e Denis Antônio de Mendonça Bernardes, *O patriotismo constitucional: Pernambuco, 1820-1822* (São Paulo, Hucitec/Fapesp; Recife, UFPE, 2006).

[3] Braz do Amaral, *História da Independência na Bahia*, cit., p. 59 e seg.; Luís Henrique Dias Tavares, *Independência do Brasil na Bahia* (Salvador, EdUFBA, 2005), p. 39 e seg.

> Em verdade, apenas soou em nossa Capital o grito de salvação do Brasil, sua Aclamação que fizemos do nosso Augusto Príncipe, logo por um lado o pretenso conquistador Madeira, rodeado de insubordinada Tropa de Portugal, maculou-nos em suas Proclamações e ordens com o epíteto de sediciosos e rebeldes. E, passando imediatamente a obrar, equipou canhoneiras que tem hostilizado as ilhas de Santo Antonio e de Maré, a costa de Saubara, a barra de Paraguaçu, mandou metralhar Itaparica, encravar artilharia da sua Fortaleza...[4]

Na segunda metade daquele ano, milhares de pessoas foram mobilizadas para um conflito que só terminaria cerca de um ano depois, a 2 de julho de 1823, com a retirada das tropas portuguesas que ocupavam a Cidade da Bahia, capital da província[5]. Acabava, assim, uma guerra que fora travada com grande participação de homens e mulheres pobres livres, libertos e até de escravizados e cujo desfecho definiu o destino da região, desligando-se definitivamente de Lisboa e reunindo-se ao Império do Brasil, com sede no Rio de Janeiro.

A Bahia era, a essa altura, região estratégica para o impasse entre Lisboa, antiga capital do Império português, e o Rio de Janeiro, que ocupara essa condição desde 1808, assim permanecendo até o retorno de D. João VI para Portugal. Desde o século XVI, a Bahia despontara como uma metrópole colonial. A ocupação das terras ao redor da Baía de Todos os Santos e os diversos caminhos que foram abertos para o interior do continente fizeram da Bahia um ponto de confluência comercial importante no Atlântico Sul[6]. Mesmo depois de perder a primazia da porção americana para o Rio de Janeiro, em 1763, a Bahia manteve sua condição de importante porto nas rotas atlânticas e a posição de grande produtora de açúcar, fumo, mandioca e outras mercadorias que lhe davam destaque econômico.

Entrando o século XIX, a Bahia avançava como uma economia escravista importante, com destaque para a produção de açúcar de cana que era exportado do porto da Bahia para o mundo. Essa estrutura social, que gerava tanto riqueza quanto desigualdade, acabava por dar vazão a movimentos de contestação social intensos que historiadores convencionaram chamar de Bahia Rebelde no

---

4 Braz do Amaral, *História da Independência na Bahia*, cit., p. 227.

5 No período aqui abordado chamava-se Cidade da Bahia a capital baiana, que "teve, simultaneamente, sete denominações, resultantes das combinações de oito palavras contidas em seu nome de batismo: São Salvador, Salvador, Salvador da Bahia, Bahia, Bahia de Todos os Santos e, enfim, São Salvador da Bahia de Todos os Santos. Hoje, as administrações simplificadoras decidiram que a cidade se chama Salvador"; Kátia de Queirós Mattoso, *Bahia, século XIX: uma província no Império* (Rio de Janeiro, Nova Fronteira, 1992), p. 41.

6 Ibidem, p. 75-81; Stuart B. Schwartz, *Segredos internos: engenhos e escravos na sociedade colonial* (trad. Laura Teixeira Motta, São Paulo, Companhia das Letras, 1995), p. 79-82.

período que vai de 1798, com a Revolta dos Búzios, até 1837, com a Sabinada[7]. Para João Reis,

> A Bahia estava marcada por profundas desigualdades sociais, agravadas pela rápida expansão da população pobre livre e escrava. A recessão econômica das décadas de 1820 e 1830 e o processo turbulento de descolonização e formação do Estado nacional convergiram para romper a relativa apatia política que caracterizava a sociedade colonial baiana.[8]

Essas tensões e eventuais conflitos, fossem oriundos da rebeldia de grupos escravizados, libertos ou pobres livres, passaram ao largo das obras de uma historiografia tradicional, salvo para considerar tais movimentos como desordens que obstavam o progresso das lutas. Isso se reflete na historiografia da Independência na Bahia. Para autores como Braz do Amaral, a guerra fora travada por baianos que esqueceram suas diferenças para lutar contra a opressão portuguesa[9]. A partir da obra de Luís Henrique Dias Tavares, que considerava essa abordagem algo ufanista, as camadas não proprietárias ganham novo destaque nos estudos sobre a Independência na Bahia[10]. Pouco mais adiante, autores como João José Reis e Ubiratan Castro de Araújo puderam desenvolver trabalhos em que a Guerra da Bahia está implicada com as tensões sociais e raciais próprias da região[11].

O contexto da dissolução do Reino Unido de Portugal, Brasil e Algarves se estabeleceu diante dos impasses sobre o futuro da nação portuguesa, então entendida como o conjunto das possessões portuguesas nos diversos continentes. Na América, como consequência da eclosão do movimento liberal e constitucionalista na cidade do Porto, em Portugal, as antigas capitanias haviam sido promovidas a províncias e chamadas a contribuir com a elaboração de uma Constituição para a nação portuguesa.

---

[7] Ubiratan Araújo, "A política dos homens de cor no tempo da Independência", *Estudos Avançados*, n. 18 (50), 2004, p. 267; João José Reis, "Cor, classe, ocupação etc.: o perfil social (às vezes pessoal) dos rebeldes baianos, 1823-1831", em João José Reis e Elciene Azevedo (orgs.), *Escravidão e suas sombras* (Salvador, EDUFBA, 2012), p. 315; Dilton Oliveira de Araújo, *O tutu da Bahia: transição conservadora e formação da nação* (Salvador, Edufba, 2009), p. 21

[8] João José Reis, *Rebelião escrava no Brasil: a história do levante dos Malês em 1835* (São Paulo, Companhia das Letras, 2003), p. 43.

[9] Braz do Amaral, *História da Independência na Bahia* (Salvador, Progresso, 1957).

[10] Luís Henrique Dias Tavares, *Independência do Brasil na Bahia*, cit. Antes do livro de 2005, que o autor considera "um novo livro", Tavares havia lançado outro em 1972, cujo título era praticamente o mesmo, acrescido o artigo "A".

[11] João José Reis, "O jogo duro do Dois de Julho: o 'Partido Negro' na Independência da Bahia" em João José Reis e Eduardo Silva, *Negociação e conflito: a resistência negra no Brasil escravista* (São Paulo, Companhia das Letras, 1989); Ubiratan Castro de Araújo, *A Guerra da Bahia* (Salvador, Centro de Estudos Afro-Orientais, 2001).

De um lado, a adesão das províncias americanas às Cortes Extraordinárias e Constitucionais apontava para a reafirmação do pertencimento de cada uma dessas regiões americanas à nação portuguesa; de outro, destacava as especificidades de percepções e expectativas políticas das representações regionais. A identidade nacional brasileira era, ainda, um artefato a ser construído. João Paulo Pimenta e István Jancsó, dialogando com o conceito de *comunidade imaginada* de Benedict Anderson[12], descrevem dessa maneira o mosaico formado pelas diversas províncias que corresponderão ao Império do Brasil:

> a instauração do Estado brasileiro se dá em meio à coexistência, no interior do que fora anteriormente a América portuguesa, de múltiplas identidades políticas, cada qual expressando trajetórias coletivas que, reconhecendo-se particulares, balizam alternativas de seu futuro. Essas identidades políticas coletivas sintetizavam, cada qual a sua maneira, o passado, o presente e o futuro das comunidades humanas em cujo interior eram engendradas, cujas organicidades expressavam e cujos futuros projetavam.[13]

Assim, as ideias de pátria, país, nação, encontram-se naqueles anos do início da década de 1820 em momento de fluidez, provisoriedade e incertezas nos diversos espaços da América portuguesa, respondendo cada qual às suas dinâmicas e contradições próprias. Para compreender a especificidade da Guerra da Bahia e a sua relação com os fatos acontecidos em outros lugares, é preciso remontar à chegada das notícias sobre a Revolução do Porto em solo baiano. Já nesse cenário anterior à guerra, a população pobre da Cidade da Bahia e das vilas baianas teve grande importância ao participar de atos políticos com seus ajuntamentos e vozerias, gritando vivas, morras, aclamando aqueles a quem apoiavam e ameaçando seus adversários.

Exemplo desse papel exercido pelas classes populares pode ser visto logo após a formação da Junta Provisória da Bahia, ainda em fevereiro de 1821. Insatisfeita com a ausência do general Manoel Pedro Freitas Guimarães na composição da Junta Governativa, a multidão o aclamou e o fez constar no rol das recém-empossadas autoridades provinciais. O general havia tido uma participação decisiva no episódio da adesão da Bahia ao movimento constitucional, tendo proclamado um manifesto exortando os baianos a seguir os passos dos seus irmãos portugueses no caminho constitucional. O povo chegou a adentrar a Câmara para que Freitas Guimarães fosse confirmado como governador das armas[14].

---

[12] Benedict Anderson, *Comunidades imaginadas* (São Paulo, Companhia das Letras, 2008).

[13] István Jancsó e João Paulo G. Pimenta, "Peças de um Mosaico (ou apontamentos para o estudo da emergência da identidade nacional brasileira)" em Carlos Guilherme Mota (org.), *Viagem incompleta: a experiência brasileira (1500-2000): formação, histórias* (São Paulo, Senac, 2000), p. 131-2.

[14] Braz do Amaral, *História da Independência na Bahia*, cit., p. 32; Luís Henrique Dias Tavares, *História da Bahia* (10. ed., Salvador, Editora da UFBA; São Paulo, Editora Unesp, 2001), p. 224.

No início de 1822, buscando se adequar aos ditames das Cortes Constitucionais de Lisboa, novas eleições para a Junta Governativa foram realizadas. Dessa vez, a maioria dos representantes escolhidos era de nascidos na província da Bahia. Dias depois, chegaram notícias da Carta Régia de 9 de dezembro de 1821, com a nomeação do militar português – recém-promovido a brigadeiro – Inácio Luiz Madeira de Melo para o governo das armas local[15].

As autoridades provinciais – a essa altura, de maioria baiana – promoveram obstáculos à posse de Madeira de Melo, criando embaraços burocráticos aos documentos de nomeação, dando fundamentos para que Freitas Guimarães se recusasse a passar o cargo. Apoiado pelos batalhões majoritariamente formados por nascidos em Portugal, Madeira de Melo impôs sua superioridade militar em conflitos pelas ruas da capital baiana, derrotando as tropas que se insurgiram contra sua nomeação. Ao fim de alguns dias, em 20 de fevereiro de 1822, os oficiais envolvidos na revolta se renderam (os soldados e civis haviam fugido durante a noite) no Forte de São Pedro, e o general Madeira foi, finalmente, empossado como governador das armas da província da Bahia.

A partir daí, portugueses europeus e baianos começaram a antagonizar de forma cada vez mais intensa, caminhando para uma irreconciliável divergência política. Os primeiros, em apoio às Cortes e ao rei[16], enquanto os locais foram alimentando um crescente descontentamento com os rumos da carta que vinha sendo elaborada pelas Cortes Constitucionais de Lisboa, por acreditar que as decisões tomadas na porção europeia do Reino Unido representariam significativos retrocessos para a situação das províncias do Brasil.

As latentes diferenças entre nascidos dos dois lados do Atlântico começavam a estourar em tensões, atritos e mesmo em conflitos abertos. Podemos tomar como exemplo o caso da procissão de São José daquele ano de 1822. No dia consagrado ao santo, 19 de março, portugueses europeus aproveitaram a oportunidade para saudar a chegada de tropas que vinham expulsas do Rio de Janeiro pelo príncipe regente. Ao passar pelas ruas da cidade baixa, a procissão teria sido "desmanchada por uma chuva de pedras jogadas por filhos de escravos"[17].

---

15 As Cortes Constitucionais buscavam, com isso, exercer maior controle sobre as províncias, trazendo para si, por meio dos decretos de 29 de setembro de 1821, a nomeação dos governadores das armas. Na Bahia, assim como em outras partes do Reino do Brasil, os decretos foram recebidos como uma ameaça de retorno aos tempos coloniais. Ver Luís Henrique Dias Tavares, *Independência do Brasil na Bahia*, cit., p. 23-5.

16 A essa altura, a Constituinte e o rei não se entendiam plenamente quanto à forma de governo, se uma monarquia absolutista ou constitucional. No entanto, quanto aos assuntos do Brasil, pareciam concordar no que Tavares chamou de "parceria pragmática" (ibidem, p. 23-4).

17 Ibidem, p. 74. Segundo o general Madeira de Melo registrou em correspondência do dia 23 de março, os apedrejamentos contra europeus continuaram na noite do dia 19 e nos dias seguintes.

O ataque ao cortejo foi objeto de acalorados debates registrados nos periódicos e nas correspondências oficiais e particulares. Teria sido obra de uma brincadeira espontânea de "moleques" ou um ato político deliberadamente planejado e realizado com a participação de baianos de famílias tradicionais? Deixando-se revelar o grande medo que as desordens causavam aos grandes proprietários de terras e escravizados, José Garcês escreveu a seu cunhado, o deputado Luis Paulino, sobre o episódio: "Se faltasse a tropa, eram outros São Domingos"[18].

Entre fevereiro e maio, muitas pessoas se retiraram da capital em direção às vilas do interior da província. Madeira de Melo lançou proclamação aos habitantes da Bahia em 31 de março de 1822, exortando a população que não se retirasse da capital, no que foi seguido pela Junta Governativa a 1º de abril[19]. Há indícios de que este foi um período de articulações contra Madeira e sua supremacia militar. Circularam notícias de que se comprava pólvora, armas e munição nas ditas vilas[20]. Em junho, essa articulação deu um vigoroso passo: algumas Câmaras aclamaram D. Pedro como defensor perpétuo do Brasil, com forte apoio do povo nas ruas e praças das vilas baianas. Esses atos – encarados, muitas vezes, como declarações de independência pela memória local – demarcavam a nova configuração da política baiana: Madeira de Melo cada vez mais isolado, enquanto os grandes proprietários de terras e de escravos baianos se inclinavam para o Rio de Janeiro e para D. Pedro, buscando a manutenção do *status quo* que os privilegiava.

Em 14 de junho, a Câmara da vila de Santo Amaro realizou sua aclamação. Lavrou-se ata na qual se respondia a uma consulta feita pelos deputados baianos às Cortes Constitucionais. Extrapolando as questões da consulta[21], os santamarenses indicaram outras demandas que consideraram importantes, tais como o

Para o general português, aqueles atos não podiam ser atribuídos "a simples resolução de negros" (Braz do Amaral, *História da Independência na Bahia*, cit., p. 169-70).

[18] Antônio d'Oliveira Pinto da França (org.), *Cartas baianas, 1821-1824: subsídios para o estudo dos problemas da opção na Independência brasileira* (São Paulo, Companhia Editora Nacional, 1980), p. 42. Curiosamente, o filho de D. Maria Bárbara e do deputado Luis Paulino foi acusado de ser "chefe dos moleques" por assessores do general Madeira. Ver Antônio d'Oliveira Pinto da França (org.), *Cartas baianas, 1821-1824*, cit., cartas 16 e 22.

[19] Braz do Amaral, *História da Independência na Bahia*, cit., p. 167-9.

[20] Luís Henrique Dias Tavares, *Independência do Brasil na Bahia*, cit., p. 71-2.

[21] A consulta fora feita nos seguintes termos: "1º Se convém à Província da Bahia que haja no Brasil uma delegação do Poder Executivo, para facilitar o recurso necessário aos povos desse Reino; 2º Se lhe convém que haja duas delegações em diferentes pontos do Brasil para o mesmo fim; 3º Se lhe convém que o Poder Executivo resida só em El-rei, delegando este a cada uma Junta Governativa de cada Província e a parte do mesmo poder que necessário for para a pronta execução das leis e recursos dos povos, como acontecia antigamente com os Capitães-Generais; 4º Finalmente, não convindo os três precedentes arbítrios, qual seja aquele que julga a Província mais conveniente ou útil ao seu bom governo e administração." (ibidem, p. 91).

estabelecimento da liberdade de comércio e a criação de uma universidade na região[22]. Dias depois, em represália ao reconhecimento da autoridade de Dom Pedro naquela vila, Madeira de Melo enviou tropas que promoveram atos de violência e vandalismo contra a população local.

Em 25 de junho, a vila de Cachoeira preparou o seu ato. Desde o dia anterior, grupos armados se reuniram no distrito de Belém e, na manhã seguinte, dirigiram-se à Câmara da vila, reunindo-se grande número de pessoas na praça à sua frente. No rio Paraguaçu, defronte à vila, uma embarcação de guerra portuguesa ali estacionada a mando do governador das armas começou a atirar contra a multidão que celebrava o ato em um *Te Deum*. Houve tiroteios em alguns pontos da vila. Depois de alguns dias, a embarcação foi tomada pela população local. Este é considerado, por muitos, o início da Guerra de Independência na Bahia[23].

Alguns dias depois da tomada da embarcação portuguesa, já se organizava uma espécie de governo rebelde, que desconhecia em Madeira de Melo a autoridade para governar a província. Inicialmente, ainda no calor dos tiros trocados em 25 de junho, formou-se uma Junta Conciliatória e de Defesa. Uma das primeiras providências dessa junta foi a realização da aclamação de D. Pedro nas demais vilas do interior da Bahia, tendo São Francisco do Conde e Maragogipe aderido ao movimento ainda em dias de junho[24]. Ao mesmo tempo que a expansão política do posicionamento anti-Lisboa ganhava as vilas, conseguia-se angariar recursos para a organização de tropas e fechava-se o abastecimento da Cidade da Bahia pelas vilas que aderiam ao movimento.

Depois de promover a aclamação de D. Pedro em outras vilas baianas, essa instância evoluiu para um governo geral que articularia as vilas de toda a Bahia, restringindo o poder do general Madeira à capital ocupada. No dia 6 de julho, uma comitiva que contava com representantes de São Francisco do Conde e Santo Amaro foi a Cachoeira com o plano de formar uma comissão administrativa de Caixa Militar, que tinha como objetivo organizar a arrecadação de recursos e os gastos com as tropas que deveriam sustentar a decisão política de não alinhamento a Lisboa e seu representante maior na Bahia: o general Madeira de Melo.

Em 6 de setembro, era instalado o Conselho Interino de Governo, contando com um representante de cada uma das vilas da província da Bahia. Cachoeira passava a ser a capital brasileira da Bahia, enquanto Salvador continuaria a ser portuguesa. Para Tavares,

> Não existia nada igual a esse governo de proprietários de terras, engenhos e escravos, em qualquer outra província do Brasil no início do segundo semestre de 1822.

---

22 Ibidem, p. 95-96.

23 Ibidem, p. 101.

24 Ibidem, p. 102.

Não existia, nem existiria. Era uma novidade que se explica com as contingências específicas da Bahia ocupada por tropas portuguesas.[25]

O Conselho Interino tratou também do sustento das tropas baianas que iam aumentando conforme os batalhões patrióticos iam se formando e se dirigindo a Cachoeira. Estabeleceu-se, então, um cerco à Cidade da Bahia, que passou a ter o porto como seu principal e quase exclusivo canal de comércio – e, portanto, acesso a alimentos – com a Europa. Contratado e enviado à Bahia por D. Pedro, o general francês Pierre Labatut desembarcou em Alagoas e confirmou a fidelidade das províncias do norte ao futuro imperador. Além disso, arregimentou tropas com as quais chegou à Bahia, apresentando-se ao Conselho Interino para exercer o comando do Exército Pacificador. Com as tropas recém-chegadas, Labatut fortaleceu as duas colunas já existentes e constituiu uma terceira coluna, postada entre as já existentes, apertando o cerco às tropas de Madeira.

O Exército português tentou, algumas vezes, romper o cerco que lhe fora imposto por terra. Duas dessas tentativas tiveram maior importância para os destinos da guerra e também ganharam destaque na historiografia do conflito. A primeira delas, a Batalha de Pirajá, ocorreu em 8 de novembro de 1822, poucas semanas depois da chegada de Labatut ao teatro de guerra.

Desembarcando de surpresa nas praias próximas ao quartel-general do Exército Pacificador, as tropas de Madeira atacaram posições brasileiras e, mesmo auxiliados por tropas vindas da cidade, não conseguiram romper nem afastar as linhas do cerco. Depois de um longo dia de batalha, as tropas portuguesas se retiraram (ao que parece, desordenadamente) em direção à cidade, deixando no ar uma sensação de vitória brasileira. De fato, as tropas portuguesas eram mais experientes, tendo muitos dos oficiais lutado contra Napoleão na Península Ibérica. Assim, o 8 de novembro foi usado como exemplo de brio e determinação dos brasileiros. O próprio general Labatut lançou proclamação exortando a vitória conquistada em Pirajá[26].

Outra batalha decisiva foi a de Itaparica, a 7 de janeiro de 1823, que consistiu na tentativa de desembarque de tropas portuguesas naquela localidade. A vila tinha importância estratégica, localizada na ponta norte da ilha que leva o mesmo nome, a maior da Baía de Todos os Santos[27]. A posse da ilha garantiria aos portugueses

---

[25] Ibidem, p. 123.

[26] Luís Henrique Dias Tavares, *História da Bahia*, cit., p. 240. A Batalha de Pirajá também mereceu menção na obra de Castro Alves, no seu poema "Ode ao 2 de Julho": "Era no Dous de Julho / A pugna imensa / Travava-se nos cerros da Bahia... / O anjo da morte pálido cosia / Uma vasta mortalha em Pirajá".

[27] Em outras duas oportunidades, os portugueses fizeram ataques à ilha. A primeira, já em 10 de julho de 1822, quando desembarcaram na região do Forte de São Lourenço e destruíram os canhões da fortaleza, retirando-se em seguida (Luís Henrique Dias Tavares, *Independência do Brasil na Bahia*, cit., p. 166); mais adiante, a 29 de julho de 1822, atacaram as posições do Funil,

dois trunfos: o acesso aos alimentos nela produzidos e o controle militar da baía. Além disso, a ocupação da ilha significaria uma posição vantajosa para atacar pontos brasileiros na costa da baía, como Saubara e a vila de São Francisco do Conde, além de Cachoeira e Santo Amaro, distantes poucos quilômetros das bocas dos rios Paraguaçu e Subaé, respectivamente.

Durante três dias, as tropas portuguesas, vindas em dezenas de barcos da capital ocupada, tentaram desembarcar nas praias da ilha, sem sucesso. Alguma guarnição, a quem socorreram homens e mulheres civis que, com suas armas de caça e mesmo facas, impediram que os soldados de Madeira pudessem estabelecer alguma base na localidade, para desespero do comandante naval português, João Félix Pereira de Campos, que havia estado pessoalmente no local para dar ordens de ataque[28].

Com a derrota em Itaparica, o poderio militar e o domínio político português ficavam restritos à capital ocupada. Pior, perdia-se qualquer chance de acesso à produção de alimento das regiões circunvizinhas, limitando a chegada de alimentos aos navios que aportavam na Bahia, vindos de Portugal[29]. No entanto, em maio de 1823, Madeira de Melo e suas tropas receberiam um duro e definitivo golpe na missão de manter sua posição: o almirante lorde Cochrane, contratado por D. Pedro I, chegava à província liderando uma esquadra de guerra, com a qual bloqueou a boca da baía[30].

Cercadas por terra e agora sem saída por mar, as tropas portuguesas não tinham como sustentar a guerra que, àquela altura, já se arrastava por um ano. Havia a esperança de que o Reino enviasse tropas para a Bahia, cujos preparativos chegaram a ser anunciados diversas vezes nos periódicos editados na capital ocupada, mas

---

estreita passagem de mar entre a contracosta da ilha e o continente, estratégica pelo acesso que dá à foz do rio Jaguaripe, a região produtora de farinha de mandioca. Para Braz do Amaral, a retirada portuguesa na Batalha do Funil "causou grande desapontamento ao partido português e imenso estímulo aos brasileiros que aprendiam assim a combater e ver fugir os inimigos" (Braz do Amaral, *História da Independência na Bahia*, cit., p. 240-1).

[28] Braz do Amaral, *História da Independência na Bahia*, cit., p. 299-305; Luís Henrique Dias Tavares, *Independência do Brasil na Bahia*, cit., p. 180-1.

[29] O cerco por terra limitava, ainda, o tipo de alimentos a que tinham acesso os sitiados. Pela duração das viagens por mar entre a Bahia e Portugal, com duração aproximada de 45 a 60 dias, era impossível, assim, a chegada de alimentos frescos por essa via. Fora isso, outros portos brasileiros estavam impedidos de comercializar com a capital ocupada. Restavam as remessas de bacalhau, vinho e azeite que os navios portugueses transportavam. Ver Sérgio A. D. Guerra Filho, *O antilusitanismo na Bahia do primeiro reinado (1822-1831)* (tese de doutorado em história social, Salvador, UFBA, 2015), p. 219.

[30] Essa esquadra era formada, em grande medida, por parte da esquadra portuguesa que permanecera no Rio de Janeiro. Sob a liderança do almirante Cochrane, saiu do Rio de Janeiro em 1º de abril de 1823. Ver Luís Henrique Dias Tavares, *Independência do Brasil na Bahia*, cit., p. 186-91.

isso nunca se realizou - Portugal vivia seus próprios problemas. Configurado esse impasse, organizou-se uma grande retirada, realizada com significativo sucesso, na madrugada do dia 1º para o dia 2 de julho de 1823[31].

A presença popular na guerra

A guerra que ocorreu na Bahia em 1822-23 não seria possível sem a presença maciça e decisiva das camadas populares. Desde os primeiros meses do conflito, houve uma significativa mobilização popular, tanto nos eventos de aclamação a D. Pedro e de adesão ao governo que se formara em Cachoeira, como no alistamento voluntário nas tropas do Exército Pacificador, somando-se aos soldados de primeira linha que deixaram a capital em fevereiro, além das tropas de segunda linha das diversas vilas baianas.

Segundo Luís Henrique Dias Tavares, os batalhões de voluntários foram "compostos por brancos pobres, lavradores e plantadores de fumo e mandioca, crioulos livres (...), escravos crioulos e escravos africanos cedidos por alguns senhores"[32]. Isso dá uma dimensão do largo espectro social que formava as fileiras do Exército Pacificador. As tropas vindas de outras províncias sob o comando do general Labatut não tinham um perfil muito diferente. O próprio chefe do Exército Pacificador chegou a registrar, com ar de reprovação, o fato de não ter encontrado, entre as fileiras baianas, filhos dos aristocratas que lideravam a guerra na Bahia[33].

Muitos proprietários, no entanto, arregimentaram batalhões entre sua clientela, formada por seus empregados ou pequenos lavradores dependentes. Um desses grupos arregimentados que se dirigiram a Cachoeira foi o batalhão Encourados

[31] Essa retirada pode ser comparada, em dimensão, à fuga da família real de Lisboa por conta da invasão das tropas de Napoleão. Naquela oportunidade, estima-se que cerca de 12 mil pessoas embarcaram em aproximadamente 40 veículos. Ver Jurandir Malerba, "Sobre o tamanho da comitiva", *Acervo*, Rio de Janeiro, v. 21, n. 1, jan.-jun. 2008, p. 47-62; e Carlos Eduardo Almeida Barata, "A transmigração da corte de D. João: Bahia e Rio de Janeiro (1807-1808)", em Maria Helena Ochi Flexor (org.), *Anais do simpósio internacional A Família Real na Bahia (1808-2008)* (Salvador, Instituto Geográfico e Histórico da Bahia/Governo do Estado da Bahia/Fundação Pedro Calmon, 2009). Em 2 de julho de 1823, avalia-se que mais de 80 embarcações saíram do porto da Bahia (Luís Henrique Dias Tavares, *Independência do Brasil na Bahia*, cit., p. 218), enquanto os periódicos portugueses chegaram a anunciar que esse número passou de 100 (Sérgio A. D. Guerra Filho, *O antilusitanismo na Bahia do Primeiro Reinado (1822-1831)*, cit., p. 255). Cheguei a levantar o registro de mais de 6 mil pessoas embarcadas no dia 2 de julho de 1823, mas é bem provável que esse número esteja na casa dos 10 mil (idem, p. 257). Esse também é o palpite de Braz do Amaral (*História da Independência na Bahia*, cit., p. 447).

[32] Luís Henrique Dias Tavares, *Independência do Brasil na Bahia*, cit., p. 119.

[33] Idem, *História da Bahia*, cit., p. 238.

de Pedrão, liderado por um frei, José Maria Brayner, e formado por vaqueiros do sertão baiano[34].

Se a presença coletiva de livres pobres, líberos e escravizados na guerra da Bahia está registrada na historiografia e na memória coletiva baianas, há poucas – quase nenhuma – menções nominais a pessoas comuns realizando algo de notável na documentação sobre os fatos disponível nos arquivos. Na grande maioria das vezes, os soldados ou civis só têm seus nomes inscritos nas correspondências entre autoridades, relatórios e ofícios por terem sido insubordinados ou indisciplinados e para fins de punição, como veremos adiante.

Mesmo em ações fora do âmbito estritamente militar, a lógica de registrar apenas os nomes de pessoas de certa posição social é o que prevalece. Isso pode ser constatado nas listas patrióticas apresentadas pelas vilas ao governo da província após a guerra. As listas foram produzidas a pedido do governo da província, para que ficassem registradas as ações patrióticas e os nomes daqueles que haviam contribuído para a causa do Brasil. É importante destacar que as listas dão grande ênfase às doações em dinheiro, e algumas delas chegam a ser organizadas pelo tamanho das doações realizadas, favorecendo, portanto, os mais abastados de cada localidade, que puderam ter seus nomes colocados nos topos das listas.

É bastante significativo o fato de alguns nomes terem sido inscritos nas ditas listas por atitudes patrióticas de terceiros, cujos nomes não foram registrados. A lista de Jaguaripe, por exemplo, traz o nome de Antonio Vitório de Souza como um dos patriotas daquela vila. Os seus feitos em prol da causa teriam sido o de liderar 20 homens na defesa de um ponto e de ter arregimentado 51 soldados com os quais se reuniu ao Exército Libertador. Note-se que os nomes dos referidos soldados não constam na lista de Jaguaripe[35]. Do mesmo modo, na vila de Camamu, o vereador Antonio Feliciano Barbosa consta na lista patriótica, entre outras coisas, por ter arrecadado, junto a populares, cotas de 800 réis, utilizados para o conserto de embarcações. Os doadores não entraram na lista, até porque a menor doação registrada foi de 9$000[36]. De todo modo, as listas patrióticas acabam por registrar a participação das pessoas comuns, nas tropas e nas ações de retaguarda, apesar da ausência de menção aos nomes dos patriotas de origem mais humilde.

Poucas são, então, as referências nominais a pessoas de origem popular. Creio que Maria Quitéria de Jesus seja dos poucos nomes que podemos elencar nessa condição. Quitéria era filha de um pequeno proprietário nos sertões ao norte de

---

[34] Braz do Amaral, *História da Independência na Bahia*, cit., p. 239; Luís Henrique Dias Tavares, *Independência do Brasil na Bahia*, cit., p. 120.

[35] Arquivo Público do Estado da Bahia, seção Colonial e Provincial, maço 637-1.

[36] Sérgio A. D. Guerra Filho, *O antilusitanismo na Bahia do primeiro reinado (1822-1831)*, cit., p. 99.

Cachoeira. Impressionada pelo discurso patriótico de um mensageiro que passou nas propriedades de sua família em busca de apoio na guerra contra os portugueses, Quitéria dirigiu-se, contra a vontade do pai, à capital interina, alistando-se como se homem fosse, usando para isso das roupas e do nome de um seu cunhado. Quando foi descoberta servindo as tropas de Labatut como soldado Medeiros, Quitéria já tinha participado de muitas batalhas, se destacando como uma atiradora eficiente.

Chamada ao Rio de Janeiro para ser condecorada pelo imperador D. Pedro I, Maria Quitéria foi descrita da seguinte maneira por Maria Graham:

> as feições da jovem, especialmente os olhos e a testa, apresentam os mais acentuados traços dos índios. [...] Ela é iletrada, mas inteligente. Sua compreensão é rápida e sua percepção aguda. Penso que, com educação, ela poderia ser uma pessoa notável. Não é particularmente masculina na aparência; seus modos são delicados e alegres. Não contraiu nada de rude ou vulgar na vida do campo e creio que nenhuma imputação se consubstanciou contra sua modéstia. [...] Não há nada de muito peculiar em suas maneiras à mesa, exceto que ela come farinha com ovos ao almoço e peixe ao jantar, em vez de pão, e fuma charuto após cada refeição, mas é muito sóbria.[37]

Os estranhamentos da inglesa na descrição de Quitéria são a constatação da distância social entre ela e as mulheres de elite com que Graham estava acostumada a conviver. No entanto, pelo fato de ser condecorada e pela posterior elevação da heroína baiana à condição de *patronesse* do Exército Brasileiro, há significativos registros documentais e iconográficos da sua trajetória na guerra e depois.

O caso de Maria Felipa vai em outra direção. Ela emerge na memória coletiva de itaparicanas e itaparicanos como uma heroína da batalha de 7 de janeiro de 1823, ao liderar outras mulheres que deram combate aos soldados portugueses que tentaram desembarcar na ilha. Representada como uma mulher negra, de origem humilde, o nome de Maria Felipa está inscrito nas festas de caboclo que hoje comemoram a participação de Itaparica na Independência[38], mas não aparece nas correspondências oficiais nem nos relatórios dos comandantes enviados às autoridades provinciais.

A participação de civis – homens e mulheres não alistados no Exército Pacificador – atuando diretamente nas batalhas ocorreu em algumas oportunidades, em sua maioria nos primeiros atos da guerra ou quando o ataque português ocorreu em áreas sem grande concentração de soldados brasileiros. Em 25 de julho de 1822,

---

[37] Maria Graham, *Diário de uma viagem ao Brasil e de uma estada nesse país durante parte dos anos de 1821, 1822 e 1823* (trad. Américo Jacobina Lacombe, São Paulo, Companhia Editora Nacional, 1956), p. 329-31.

[38] Milton Araújo Moura, "Os caboclos de Itaparica. Interface de Brasis", em *I Colóquio internacional de história da Universidade Federal Rural de Pernambuco*, 2007, Recife – Anais Eletrônicos (Recife, UFRPE, 2007).

em Cachoeira, apesar de já haver tropas reunidas na noite anterior e ajuntadas pelos coronéis José Garcia Pacheco de Moura Pimentel e Aragão e Rodrigo Antonio Falcão Brandão, a luta em grande parte foi levada adiante por civis[39]. Já em Itaparica, na batalha do Funil, de 29 de julho de 1822, "a gente da Ilha acudiu aos defensores, trazendo-lhes munições à proporção que elas se iam esgotando"[40].

Assim como Maria Felipa, as mulheres que a acompanharam ou as pessoas que se apresentaram para combater os portugueses, mesmo não fazendo parte do Exército brasileiro, não tiveram seus nomes registrados nos documentos, relatórios ou correspondências oficiais. A prática, paternalista, patriarcal e aristocrática, restringia os louros pelos feitos heroicos aos homens de patentes e posses.

Na pesquisa que realizei no Arquivo Público do Estado da Bahia, a única menção nominal que encontrei a um soldado que não fosse para registrar alguma insubordinação ou punição foi ao soldado Jacaré. Segundo o relatório escrito pelo comandante do seu batalhão, Jacaré foi quem mais portugueses vitimou numa batalha ocorrida em final de outubro. Na narrativa do tenente, o soldado Jacaré teria sido o responsável pela morte de três portugueses, enquanto dois oficiais e um soldado mataram dois lusitanos cada, além de outro oficial e mais dois soldados, que teriam matado um inimigo cada[41]. Os soldados e um dos oficiais não tiveram seus nomes registrados. O tenente ainda gasta algumas linhas descrevendo um fato inusitado envolvendo Jacaré: ele teria sido atingido por uma bala que, "chegando fria", não conseguiu feri-lo seriamente. Jacaré, então, teria usado a própria bala para vitimar quem o havia acertado[42].

A façanha de matar alguém com a bala com que havia sido atingido é realmente inusitada, mas é certamente incomum que um comandante cite nominalmente um soldado – mesmo que por um possível apelido – como o mais eficiente numa batalha, tendo acertado mais inimigos do que os oficiais presentes, e o único que mereceu a narrativa de um feito diferenciado.

Assim, a documentação tradicionalmente consultada sobre o período da Guerra de Independência na Bahia acaba seguindo a lógica vigente de só registrar os nomes dos oficiais, das autoridades e dos grandes proprietários. Mesmo quando tais documentos registram a atuação e o protagonismo de pessoas das camadas populares, elas são retratadas de forma genérica, nunca – ou quase nunca – de

---

[39] Braz do Amaral, *História da Independência na Bahia*, cit., p. 173-6.

[40] Ibidem, p. 240.

[41] "neste fogo, o Sargento Manoel do Espírito Santo derrubou 2, e o Soldado Jacaré 3, o Capitão Florêncio de Blá 2, o Cadete Faria, um Soldado do meu Corpo 1, 1 Soldado da Companhia de Florêncio de Blá outro, onde mais não pude descobrir por Causa da fumaça da muita pólvora" (Arquivo Público do Estado da Bahia, seção Colonial e Provincial, maço 633).

[42] Idem.

forma nominal. Quando seus nomes aparecem, é, muito provavelmente, para fins de punição por algum ato de insubordinação ou rebeldia, em desacordo com os interesses dos poderosos. Como veremos, esses episódios foram mais frequentes do que as autoridades baianas gostariam.

O avesso da moeda: desordem e rebeldia

Se é fato que a participação do povo na Guerra de Independência está registrada tanto na historiografia quanto no imaginário baianos, as tensões e conflitos sociais próprios de uma sociedade escravista e hierarquizada são, no entanto, muitas vezes esquecidos. Ao analisarmos a guerra da Bahia mais de perto, é possível ver uma realidade mais complexa. O próprio Exército Libertador foi um lugar privilegiado de rebeldia, e o Conselho Interino de Governo gastou muita energia combatendo rebeldes e tentando manter a ordem e o sossego público. Episódios de indisciplina, deserções, motins e sublevações foram recorrentes durante o tempo de guerra aos portugueses. Em geral, esses atos de rebeldia se dirigiam contra atitudes autoritárias dos seus superiores por alguma insatisfação localizada por parte dos soldados: humilhações disciplinares, castigos corporais, alimentação precária e baixa remuneração foram motivos para motins, sublevações e deserções.

A deserção de soldados do Exército Pacificador ocupou as autoridades baianas. Entre outras coisas, as deserções demarcavam limites da atuação dos comandantes na aplicação da disciplina marcial a seus subordinados, e eram a mais efetiva arma de negociação de que os soldados podiam lançar mão quando em desacordo com os rigores de seus comandantes. Importante lembrar que o grande número de voluntários que formara as tropas brasileiras, junto ao fato de que mesmo aqueles que já eram engajados antes da guerra não tinham experiência anterior desse tipo, indica que não estavam acostumados com as regras e punições a que àquela altura estavam submetidos.

Em outros casos, mesmo quando atuavam em nome da Santa Causa, soldados do Exército Pacificador eram considerados rebeldes se agiam conforme sua interpretação do patriotismo, destoando dos interesses dos dirigentes civis e militares da guerra[43]. Em 24 de outubro de 1822, Antonio Joaquim Pires de Carvalho e Albuquerque escreveu ao Conselho Interino informando que tivera que combater cerca de 150 soldados de primeira linha, que, insubordinados, ameaçavam invadir armados a vila de Santo Amaro com o objetivo de saquear os europeus ali residentes[44]. Albuquerque conseguiu evitar o pior, tendo registrado apenas o ataque da

---

[43] Sérgio A. D. Guerra Filho, "Patriotismo na Guerra da Bahia: tensões e reconfigurações na ordem paternalista (1822-1823)", em Maria das Graças de Andrade Leal e Avanete Pereira Sousa, *Capítulos de história da Bahia: Independência* (Salvador, Assembleia Legislativa da Bahia/Eduneb, 2017).

[44] Arquivo Público do Estado da Bahia, seção Colonial e Provincial, maço 628-2.

turba a um comerciante local. O desejo de uma desforra contra os portugueses – lembre-se da violência promovida pelos portugueses em junho nessa mesma vila – falava mais alto aos soldados baianos que o dever patriótico de obedecer aos ditames de seus comandantes.

Outras vezes, portugueses considerados "amigos da causa" foram presos por soldados brasileiros, expondo a divergência entre sua percepção e a das autoridades provinciais sobre o que era ser patriota, quem eram os inimigos do Brasil e, por consequência, quais as prioridades da nação pela qual lutavam. O discurso patriótico emitido pelas autoridades provinciais se caracterizava pela ambiguidade e sofria de um equilíbrio bastante delicado. Ao mesmo tempo, ele era importante para reunir e direcionar forças na luta contra os portugueses, mas acabava sendo interpretado de forma radicalizada pelas camadas populares, ameaçando a ordem social vigente e os negócios da província[45].

A indisciplina, os levantes e os motins também ocuparam muitas correspondências entre autoridades civis e militares baianas. Em 10 de outubro de 1822, o Conselho Interino escrevia a um major comandante em resposta à notícia recebida de que

> ontem no porto do Alambique alguns soldados do seu corpo tendo por cabeça os soldados Gonçalo Ribeiro, Manoel Pereira da Costa Braga fizeram o mais escandaloso motim pretendendo arrombar a casa da esquina da mesma rua, perpetrando assim o maior e mais execrando atentado que pode cometer um soldado a quem a Nação paga para cuidar da sua interior e exterior segurança, e mais comprometendo a honra dos seus camaradas na opinião de seus concidadãos, e a Augusta causa, o que tão corajosamente nos temos votado.[46]

Como pena aos amotinados, o Conselho ordenou que o comandante formasse "seu batalhão para dar [na] frente dele cinquenta pranchadas em cada um dos dois soldados cabeças de motim acima citados, fazendo ler-lhes este ofício, e explicando-lhes os seus deveres". Além disso, mandou rebaixar a soldado o sargento do regimento, por "não prender logo os amotinadores"[47].

Além das tropas, há uma quantidade razoável de episódios de rebeldia popular que abalaram o que se chamava de "ordem e sossego público" e assustaram as autoridades baianas, sempre de prontidão quando se tratava de combater qualquer rebeldia que pudesse ameaçar a ordem social. Quando, na vila de Camamu, formou-se defronte à casa do juiz João José Tárcio "um tumulto de quarenta homens, pouco mais ou menos [...] gritando, morra Juiz, e dizendo algumas palavras injuriosas, [...] em razão de ser Europeu", as autoridades locais, assustadas com as hostilidades,

---

45 Sérgio A. D. Guerra Filho, "Patriotismo na Guerra da Bahia", cit.

46 Arquivo Público do Estado da Bahia, seção Colonial e Provincial, maço 636, fl. 92.

47 Idem.

alertaram o Conselho Interino: "ficando isto sem exemplo, passarão a fazer o mesmo insulto a nós, ou a outra qualquer Autoridade"[48].

Ocorreram, ainda, levantes de escravizados (que possivelmente viram nas desinteligências dos brancos oportunidades de fuga)[49], de grupos indígenas e de pobres livres que demarcam as tensões sociais que estiveram presentes na guerra contra os portugueses. No dia 19 de novembro, logo após a Batalha de Pirajá, "cerca de 200 africanos escravos atacaram as posições dos independentes nos lugares chamados Mata Escura e Saboeiro"[50]. Os rebeldes causaram estragos às tropas brasileiras, mas foram derrotados ao final. Labatut mandou fuzilar cerca de 50 sobreviventes, o que acabou aumentando as desavenças entre o general e os aristocratas baianos, preocupados com o controle dos mecanismos escravistas locais[51].

Os povos indígenas também ocuparam o tempo e as ações das autoridades baianas. Foi assim que, a 9 de janeiro de 1823, o juiz da vila de Santarém escreveu ao Conselho "pedindo providências para se cortarem os abuseiros procedimentos dos índios, que matam gados e roubam os vizinhos e se embriagam", ao que "o mesmo Conselho mandou responder (...) ordenando-lhe que faça prender, e proceda nos termos da Lei: contra aqueles, que atentarem contra a ordem pública e danificarem os seus concidadãos"[52]. As ações das populações indígenas não se limitariam, no entanto, ao que as autoridades identificaram como roubos e bebedeiras.

Em novembro de 1822, o capitão João Gomes Cardoso escreveu ao governo de Cachoeira sobre os índios Aramaris, que, segundo ele, "em número de vinte, trinta, e mais homens Índios, mestiços e cabras armados uns de arco e flecha, outros com armas de fogo vão sem pejo a casa dos Proprietários de Engenho, e lavradores de tabaco com um papel de letra falsa do Tenente Coronel da Força armada da Torre, tomando gados, e mantimentos a força de armas..."[53].

Outras vezes, as ações rebeldes eram mais diretas e violentas. Em dezembro de 1822, o Conselho Interino recebeu correspondência narrando os trágicos resultados de um levante que só foi debelado com a chegada de tropas.

> A distância de dezesseis léguas, que nos separa dessa Vila de Cachoeira não foi capaz de calar os gemidos de aflição que por meio de uma representação levamos

---

[48] Arquivo Público do Estado da Bahia, seção Colonial e Provincial, maço 637.

[49] Segundo João Reis, "As fugas, por exemplo, se intensificaram durante o conflito anticolonial"; João José Reis, *Rebelião escrava no Brasil*, cit., p. 98.

[50] Braz do Amaral, *História da Independência na Bahia*, cit., p. 284.

[51] Sérgio A. D Guerra Filho, "Escravidão e Rebeldia: a participação escrava na Guerra da Bahia (1822-1823)", em Josivaldo Pires de Oliveira (org.), *Populações negras na Bahia: ensaios de história social* (Curitiba, Appris, 2011), p. 86.

[52] Arquivo Público do Estado da Bahia, seção Colonial e Provincial, maço 636-1, p. 13.

[53] Arquivo Público do Estado da Bahia, seção Colonial e Provincial, maço 638-2.

> às respeitáveis Presenças de Vossas Excelências. O luto do dia 5 de Dezembro [de 1822] em que fomos hostilizados pelos Índios dos Aramaris vindo com dor o Ajudante da Polícia vazado mortalmente de uma seta foi incendiado por outra de paz, quando e por este Arraial entrou a Tropa de Ordenança comandada pelo digno Alferes José Antônio de Souza Lopes tranquilizaram-se os ânimos e as famílias enxugando as lagrimas julgarão agora seguras suas vidas, honras e bens garantidos pela Proteção de Vossas Excelências.[54]

Muitas vezes, as vilas baianas responderam ao pedido do Conselho Interino pelo envio de tropas para o *front* de forma negativa, alegando a necessidade de manter tropas nas localidades a fim de dar combate a rebeldes ou evitar a fuga de escravizados. Dessa forma, as autoridades baianas se viam divididas entre a evidente operação de guerra para expulsar as tropas portuguesas da capital ocupada e os esforços pela manutenção da ordem, muitas vezes testada pela disposição rebelde dos grupos subalternos.

Conclusão: a Bahia rebelde em nova configuração

Para as elites baianas, a implementação de seu projeto conservador representava um delicado dilema. Ganhar a guerra, expulsando os portugueses e integrando a província da Bahia ao Império do Brasil significava, inevitavelmente, armar e organizar um contingente populacional potencialmente rebelde. Foi necessário estabelecer uma dura vigilância, submetendo os soldados à disciplina militar e os rebeldes à força da lei. As autoridades apelaram para um discurso patriótico, mas encontraram pela frente uma interpretação mais radical do que o desejado. Muitas vezes, soldados e civis resolviam, eles próprios, julgar e prender portugueses como inimigos da causa do Brasil, para espanto de seus superiores.

A rebeldia popular durante a Guerra da Bahia não impediu o projeto conservador de independência capitaneado pelos grandes proprietários baianos. Porém, o protagonismo popular marcou profundamente, dentro das suas possibilidades históricas, a formação do Estado brasileiro na Bahia. Na esteira de uma tradição rebelde, a plebe baiana marcaria os primeiros anos da Bahia imperial com atitudes não alinhadas com as autoridades provinciais, como no caso dos mata-marotos, quando os portugueses que permaneceram na província eram intimidados, agredidos, suas lojas saqueadas e até mortos por brasileiros que não se deram por satisfeitos com os rumos do Brasil independente, pelo qual arriscaram a própria vida numa guerra que durou um ano inteiro.

Se a documentação oficial se mostra fechada às atitudes de pessoas comuns como Maria Felipa e o soldado Jacaré, a participação efetiva das camadas populares está

[54] Arquivo Público do Estado da Bahia, seção Colonial e Provincial, maço 636-1.

inscrita na memória coletiva, representada nas diversas manifestações festivas que comemoram a Independência em várias cidades baianas no chamado Ciclo do Dois de Julho. A maior parte dessas festas tem como figura central uma imagem de Caboclo ou de Cabocla, que afirmam a atuação das milhares de pessoas comuns que lutaram na guerra da Bahia[55]. Assim, o protagonismo popular na Guerra de Independência é um elemento central na narrativa identitária regional. Como afirmou Reis, "A Bahia tem a personalidade de um país e o Dois de Julho é seu principal mito de origem"[56].

Referências bibliográficas

ALBUQUERQUE, Wlamyra Ribeiro de. *Algazarra nas ruas*: comemorações da Independência na Bahia (1889-1923). Campinas, Editora da Unicamp, 1999.

AMARAL, Braz do. *História da Independência na Bahia*. Salvador, Progresso, 1957.

ANDERSON, Benedict. *Comunidades imaginadas*. São Paulo, Companhia das Letras, 2008.

ARAÚJO, Dilton Oliveira de. *O tutu da Bahia*: transição conservadora e formação da nação. Salvador, EDUFBA, 2009.

ARAÚJO, Ubiratan Castro de. A política dos homens de cor no tempo da Independência. *Estudos Avançados*, n. 18 (50), 2004, p. 253-269.

__________. *A Guerra da Bahia*. Salvador, Centro de Estudos Afro-Orientais, 2001.

BARATA, Carlos Eduardo Almeida. A Transmigração da corte de D. João: Bahia e Rio de Janeiro (1807-1808). In: FLEXOR, Maria Helena Ochi (org.). *Anais do Simpósio Internacional A Família Real na Bahia (1808-2008)*. Salvador, Instituto Geográfico e Histórico da Bahia/ Governo do Estado da Bahia/Fundação Pedro Calmon, 2009.

BERNARDES, Denis Antônio de Mendonça. *O patriotismo constitucional*: Pernambuco, 1820-1822. São Paulo, Hucitec/Fapesp; Recife, UFPE, 2006.

CHAUÍ, Marilena. *Brasil*: mito fundador e sociedade autoritária. São Paulo, Fundação Perseu Abramo, 2000.

COSTA, Wilma Peres. A Independência na historiografia brasileira. In: JANCSÓ, István (org.). *Independência do Brasil*: história e historiografia, v. 1. São Paulo, Hucitec/Fapesp, 2006, p. 53-117.

FRANÇA, Antônio d'Oliveira Pinto da (org.). *Cartas baianas, 1821-1824*: subsídios para o estudo dos problemas da opção na Independência brasileira. São Paulo, Companhia Editora Nacional, 1980.

[55] Sobre as comemorações da Independência da Bahia e seus desfiles de Caboclos e Caboclas, ver, para o século XIX, Hendrick Kraay, "Entre o Brasil e a Bahia: as comemorações do Dois de Julho em Salvador, século XIX", *Afro-Ásia*, Salvador, n. 23, 2000, p. 49-87; para as primeiras décadas do período republicano, Wlamyra Ribeiro de Albuquerque, *Algazarra nas ruas: comemorações da Independência na Bahia* (1889-1923) (Campinas, Editora da Unicamp, 1999). Sobre Itaparica, ver Milton Araújo Moura, "Os caboclos de Itaparica", cit.

[56] João José Reis, "O jogo duro do Dois de Julho", cit., p. 79.

GALVES, Marcelo Cheche. *Ao público sincero e imparcial:* imprensa e independência na província do Maranhão (1821-1826). São Luís, Café & Lápis/Editora UEMA, 2015.

GRAHAM, Maria. *Diário de uma viagem ao Brasil e de uma estada nesse país durante parte dos anos de 1821, 1822 e 1823.* Trad. Américo Jacobina Lacombe, São Paulo, Companhia Editora Nacional, 1956.

GUERRA FILHO, Sérgio A. D. Patriotismo na Guerra da Bahia: tensões e reconfigurações na ordem paternalista (1822-1823). In: LEAL, Maria das Graças de Andrade; SOUSA, Avanete Pereira. *Capítulos de história da Bahia*: Independência. Salvador, Assembleia Legislativa da Bahia/Eduneb, 2017.

______. *O antilusitanismo na Bahia do Primeiro Reinado (1822-1831).* Tese de doutorado em história social, Salvador, UFBA, 2015.

______. Escravidão e rebeldia: a participação escrava na Guerra da Bahia (1822-1823). In: OLIVEIRA, Josivaldo Pires de (org.). *Populações negras na Bahia*: ensaios de história social. Curitiba, Appris, 2011, p. 81-93.

JANCSÓ, István; PIMENTA, João Paulo G. Peças de um mosaico (ou apontamentos para o estudo da emergência da identidade nacional brasileira). In: MOTA, Carlos Guilherme (org.). *Viagem incompleta*: a experiência brasileira (1500-2000): formação, histórias. São Paulo, Senac, 2000.

KRAAY, Hendrick. Em outra coisa não falavam os pardos, cabras e crioulos: o "recrutamento" de escravos na guerra de Independência na Bahia. *Revista Brasileira de História.* São Paulo, v. 22, n. 43, 2002, p. 109-126.

__________. Entre o Brasil e a Bahia: as comemorações do Dois de Julho em Salvador, século XIX. *Afro-Ásia*, Salvador, n. 23, 2000, p. 49-87.

LYRA, Maria de Lourdes Viana. Memória da Independência: marcos e representações simbólicas. *Revista Brasileira de História.* São Paulo, v. 15, n. 9, 1995, p. 173-206.

MACHADO, André Roberto de A. *A quebra da mola real das sociedades*: a crise política do antigo regime português na província do Grão-Pará (1821-1825). São Paulo, Hucitec/Fapesp, 2010.

MALERBA, Jurandir. Sobre o tamanho da comitiva. *Acervo.* Rio de Janeiro, v. 21, n. 1, jan.-jun. 2008, p. 47-62.

______. Esboço crítico da recente historiografia sobre a independência do Brasil (c. 1980-2002). In: MALERBA, Jurandir (org.). *A Independência brasileira*: novas dimensões. Rio de Janeiro, Editora FGV, 2006.

MATTOSO, Kátia M. de Queirós. *Bahia, século XIX*: uma província no Império. Rio de Janeiro, Nova Fronteira, 1992.

MOURA, Milton Araújo. Os caboclos de Itaparica. Interface de Brasis. In: *I Colóquio internacional de história da Universidade Federal Rural de Pernambuco, 2007, Recife – Anais Eletrônicos.* Recife, UFRPE, 2007.

REIS, João José. Cor, Classe, Ocupação etc.: o perfil social (às vezes pessoal) dos rebeldes baianos, 1823-1831. In: ______; AZEVEDO, Elciene. (orgs.). *Escravidão e suas Sombras.* Salvador, EDUFBA, 2012. p. 279-320.

______. *Rebelião escrava no Brasil:* a história do levante dos Malês em 1835. Ed. rev. e ampliada, São Paulo, Companhia das Letras, 2003.

__________. O jogo duro do Dois de Julho: o "Partido Negro" na Independência da Bahia. In: ______; SILVA, Eduardo. *Negociação e conflito*: a resistência negra no Brasil escravista. São Paulo, Companhia das Letras, 1989.

SCHWARTZ, Stuart B. *Segredos internos*: engenhos e escravos na sociedade colonial. Trad. Laura Teixeira Motta, São Paulo, Companhia das Letras, 1995.

TAVARES, Luís Henrique Dias. *História da Bahia.* 10. ed., Salvador/São Paulo, EDUFBA/Editora da Unesp, 2001.

______. *Independência do Brasil na Bahia*. Salvador, EDUFBA, 2005.

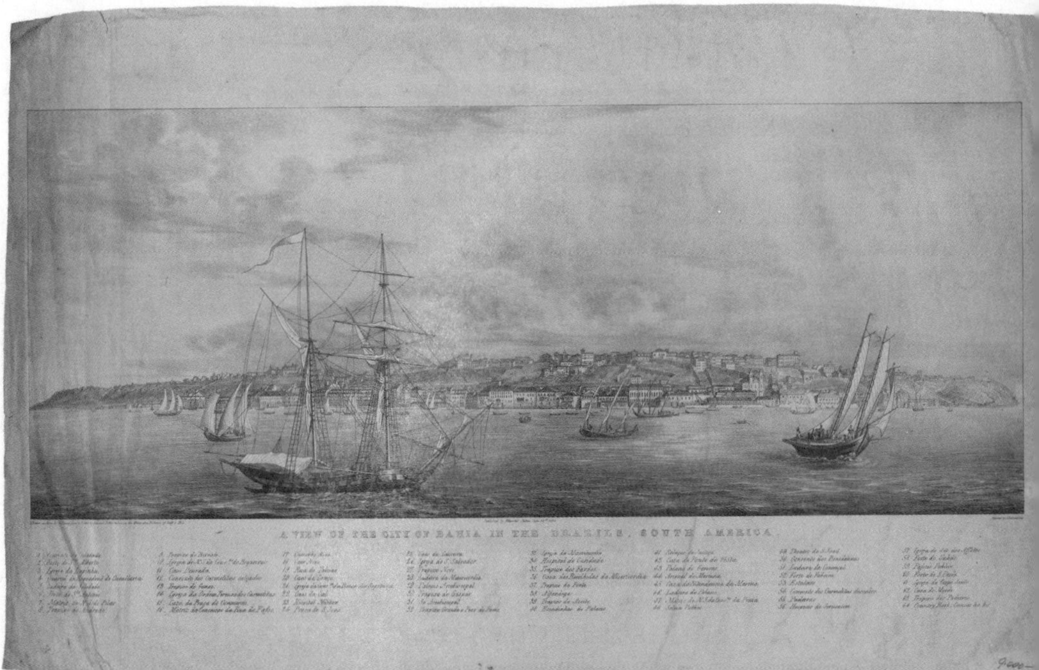

Gravura *A view of the city of Bahia in the Brazils, South America*, de G. Scharf, realizada em 1826 na imprenta Edmund Patten. Imagem sob custódia da Biblioteca Nacional.

No rastro das cartas e dos mapas

a economia política das comunicações postais e a informação geográfica na conjuntura da Independência (1798-1831)

Íris Kantor e Pérola Maria Goldfeder Borges de Castro

> O Correio é conduzido de maneira muito irregular. As cartas vindas da Inglaterra são geralmente entregues na casa do comerciante para quem o navio que as transportou é consignado, ou no escritório do cônsul britânico. Não há meios de encaminhar cartas para qualquer parte no interior do país, nem ao longo da costa, de modo que a agência postal apenas recebe os malotes trazidos pelos pequenos navios que operam o comércio com outros portos ao longo da costa, e envia as malas de Pernambuco pelos mesmos meios de transporte, e como não há entrega regular de cartas, cada pessoa deve procurar a sua na agência.[1]

Assim Henry Koster ou Henrique da Costa descreveu as dificuldades de comunicação entre o litoral e o interior nos momentos decisivos de instalação da corte portuguesa no Rio de Janeiro e de elevação do Brasil à condição de Reino Unido. Filho de um comerciante inglês de açúcar, viveu em Pernambuco entre os anos de 1809 e 1815, onde foi proprietário de engenho e senhor de terras[2]. Em sua obra *Travels in Brazil*, publicada em Londres, Filadélfia, Leipzig, Weimar e Paris, entre 1816 e 1818, Koster notava que a ausência de estruturas regulares de expedição postal, tanto pelo interior do continente quanto pela costa litorânea, fazia dos Correios terrestres

---

1 Henry Koster, *Travels in Brazil* (Londres, Longman, Hurst, Rees, Orme and Brown, 1816), p. 36.

2 Henry Koster nasceu e viveu parte da infância em Lisboa, onde seu pai atuava como comerciante inglês Sir John Theodore Koster. No início dos anos 1800, Koster mudou-se para Liverpool, e de lá rumou a Pernambuco, para fins de tratamento de saúde. Estabeleceu-se na cidade de Recife e, ao longo dos anos, fez numerosas viagens a Fortaleza e interior do Ceára. Em 1815, publicou suas memórias de viagem com o auxílio do historiador Robert Southey, a quem dedicou sua obra. Em 1817, retornou a Pernambuco, falecendo no Recife no ano de 1820. Ver Izabel Andrade Marson, "Feudalismo e escravidão: representações da sociedade pernambucana no *Travels in Brazil* de Henry Koster", *CLIO*, n. 16, 1996, p. 83-109; Rubens Borba de Moraes, *Bibliographia Brasiliana*, v. 1 (São Paulo, Edusp/Fapesp, 2010), p. 502-3.

meros receptores de cartas transportadas por navios mercantes. A inconstância e o improviso dos serviços de entrega a domicílio geravam confusões de toda ordem:

> A multidão de pessoas bem-vestidas no cais era grande; assim que elas nos viram com o malote postal, sua ansiedade por notícias sobrepujou a polidez de seus costumes; as cartas foram demandadas, e tão logo nos desvencilhamos do malote, seu conteúdo estava todo remexido, visto que cada homem procurasse por sua própria correspondência.[3]

A precariedade dos serviços postais obrigava os residentes ingleses a buscarem suas cartas no consulado britânico de Recife ou em casa de algum comerciante conterrâneo. No contexto em que Koster redigiu suas memórias e itinerários de viagens, as relações comerciais entre Portugal e a Inglaterra não poderiam ser mais favoráveis graças aos sucessivos tratados firmados no processo de transladação e instalação da corte no Rio de Janeiro[4]. Entre os diversos tratados de amizade e comércio, convém chamar atenção à *Convenção para o estabelecimento de Paquetes* (1810), na qual se fixou a regularidade mensal para os Correios entre o porto britânico de Falmouth e a cidade do Rio de Janeiro[5].

Os comentários de Koster sobre os Correios brasileiros nos permitem interrogar sobre o papel das redes de comunicação postal na articulação entre as diferentes regiões do Brasil nos anos que antecederam a emancipação política. Em finais do século XVIII, uma série de reformas administrativas e econômicas produziram uma nova consciência do espaço geográfico e dos fluxos de comunicação terrestres, fluviais e marítimos. Neste capítulo, procuramos avaliar as contradições e impasses experimentados no processo de implantação de um sistema postal estatal. Tais reformas deram-se em consonância com a liberalização dos fluxos mercantis e demográficos que visavam sustentar a rentabilidade do comércio inter-regional de mercadorias importadas e de exportação do açúcar, tabaco, couros, algodões e arroz.

Nesse sentido, convém explorar os nexos entre as reformas dos correios e a produção cartográfica na conjuntura de 1822, uma vez que conhecimento dos caminhos e o acesso aos portos fluviais e marítimos era condição *sine qua non* para concretização dos princípios do liberalismo econômico propugnados pelas elites dirigentes na crise política que se abriu com as revoluções constitucionais.

---

3 Henry Koster, *Travels in Brazil*, cit., p. 4.

4 Ver Milena Fernandes de Oliveira e Nelson Cantarino, "The Treaties of 1810 and the Crisis of the Luso-Brazilian Empire", em Alexandre Mendes Cunha e Carlos Eduardo Suprinyak (orgs.), *The Political Economy of Latin American Independence*, v. 1 (1. ed., Londres, Routledge, 2016), p. 106-122

5 A companhia postal Falmouth Packet Service tornou-se o ponto central de uma vasta rede de comunicação no Império britânico entre 1668 e 1850. Ver "Carta de Lei – de 26 de favereiro de 1810", *Colleção das leis do Brazil de 1810* (Rio de Janeiro, Imprensa Nacional, 1891).

A política de abolição dos estancos reais e a transformação do Rio de Janeiro na capital do império pluricontinental, impactou a economia metropolitana ao suprimir seu papel na reexportação de mercadorias coloniais pelo porto de Lisboa. Os acordos comerciais com a Inglaterra intensificaram as trocas bilaterais entre os portos americanos, especialmente o do Rio de Janeiro, que se tornou o centro do comércio negreiro do Atlântico Sul. Em meio às guerras napoleônicas e à pressão inglesa pela abolição do tráfico transatlântico, a deportação de mão de obra escravizada da África aumentou exponencialmente[6].

O artigo estabelece conexões entre as reformas postais e a produção cartográfica, evidenciando as dimensões logística, fiscal e projetiva das políticas reformistas. Em *Formação do Brasil contemporâneo* (1942), Caio Prado Júnior aponta a importância das vias de comunicação e de transportes para a estruturação do espaço econômico em escala nacional[7]. Para esse autor, a precariedade dos sistemas viários limitava a expansão do mercado interno, uma vez que impedia o enraizamento das estruturas de reprodução do capital mercantil. Da instauração de uma nova matriz socioespacial dependia, portanto, a transformação dos enclaves econômicos em um espaço econômico continental coeso. Conforme observa Luiz Felipe de Alencastro: "a Independência traz autonomia política a um território esgarçado pelo deslizamento do comércio terrestre interioriano para as zonas costeiras"[8].

Ancorando-se em roteiros, memórias e relatos de viagens de naturalistas e comerciantes estrangeiros, Caio Prado Júnior sublinha que as estradas reais e caminhos eram, via de regra, precárias, sendo poucas as que apresentavam calçamento de pedra. Quanto aos caminhos fluviais, eram ainda menos cômodos que os terrestres (devido às numerosas cachoeiras ou regimes de intermitência), não havendo um plano de aproveitamento dos rios para a navegação. Mesmo assim, Prado Júnior identifica na passagem do século XVIII para o XIX a existência de uma "obra de cimentação

6 Ver Luiz Felipe de Alencastro, "África, números do tráfico atlântico", em Lilia Schwarcs e Flavio Gomes, *Dicionário da escravidão e liberdade* (São Paulo, Companhia das Letras, São Paulo, 2018), p. 57-67.

7 "Certo ou falso que 'o caminho cria o tipo social', o fato é que no Brasil uma coisa é sem dúvida verdadeira: a influência considerável que as comunicações e transportes exercem sobre a formação do país. As distâncias enormes, os obstáculos opostos ao trânsito num território como o nosso, de relevo acidentado, de coberturas florestais, nos pontos estratégicos, de difícil penetração, com uma linha costeira tão parcamente endentada e rios, com poucas exceções, de curso cheio de acidentes e traçado infeliz para os rumos que a colonização tomou; de tudo isto vão resultar comunicações difíceis e morosas que imprimem às relações da colônia um ritmo lento e retardado; e que terá tido com toda segurança uma boa dose de responsabilidade neste tom geral de vida frouxa que caracteriza o país" (Caio Prado Júnior, *Formação do Brasil contemporâneo: colônia*, São Paulo, Brasiliense, 1957 [1942], p. 237).

8 Luiz Felipe de Alencastro, *História da vida privada no Brasil*, v. 2 (São Paulo, Companhia das Letras, 1997), p. 14.

interior", da qual a implantação dos correios lhe pareceu ser expressão inequívoca. O autor argumenta que o estabelecimento de linhas de correio conjugava-se com a exploração econômica e a sedimentação do povoamento eurodescendente.

A historiadora Maria Odila Dias ao tratar do tema da articulação territorial sublinha a importância do enraizamento de interesses dos comerciantes portugueses na região Centro-Sul: "preocupou-se a Corte em abrir estradas e, fato quase inédito, em melhorar as comunicações entre as capitanias, em favorecer o povoamento e a doação de sesmarias. Tinham como fé obsessiva aproveitar as riquezas [...]; precisavam incrementar o comércio e movimentar os meios de comunicação e transporte"[9].

Neste capítulo procuramos indicar as transformações socioespaciais e os impasses subjacentes à implantação dos serviços postais estatais, considerando o investimento da coroa portuguesa no mapeamento das redes de transporte terrestre, fluvial e marítimo na conturbada conjuntura bélica entre 1798 até 1831. Como se sabe, a reconfiguração do Estado dinástico em Estado constitucional nacional exigia também a adoção de novos princípios de comunicação política, de extração fiscal e de acumulação de capital informacional[10].

Nesse âmbito, convém chamar atenção às correlações entre o sistema postal e a formação de uma economia liberal em escala nacional, definida por um mercado interno coeso e bem delimitado. Cabe, portanto, compreender melhor a passagem da gestão patrimonial dos correios para o sistema público estatal.

A título de exemplo, na Inglaterra, o processo de monopolização da coroa sobre o transporte de correspondências iniciou-se no período anterior à Commonwealth (1649-1660), consolidando-se nas décadas subsequentes por meio de nova legislação monopolista[11]. Quando Adam Smith escreveu seu célebre tratado de economia política, os Correios britânicos já figuravam como um próspero exclusivo estatal. É nesse contexto que deve ser lida a seguinte passagem de *A riqueza das nações* (1776):

> Os serviços postais representam um empreendimento comercial propriamente dito. O Governo adianta a despesa necessária para implantar as diversas agências de correio, para comprar ou alugar cavalos ou carruagens necessárias, sendo ressarcido com grande lucro pelas taxas pagas pela correspondência e demais ar-

---

[9] Maria Odila Leite da Silva Dias, *A interiorização da metrópole e outros estudos* (2. ed., São Paulo, Alameda, 2005), p. 35-6.

[10] Ver Pérola Maria Goldfelder Borges de Castro, *"Em torno do trono": a economia política das comunicações postais no Brasil do século XIX (1829-1865)* (tese de doutorado, São Paulo, FFLCH--USP, 2021).

[11] Ver Ian Steele, *The English Atlantic 1675/1740: An Exploration of Communication and Community* (Oxford University Press, 1986), p. 113-6; Nívia Pombo, "Segredos coloniais sob o controle do rei. A reforma dos correios em Portugal e no ultramar em finais do século XVIII: modelos, resistências e limites", em Guillaume Gaudin e Roberta Stumpf (orgs.), *Las distancias en el gobierno de los imperios ibéricos* (Madri, Casa de Velázquez, 2022), p. 59.

tigos transportados. Acredito que esse seja o único empreendimento comercial que tenha sido administrado com sucesso por todos os governos. O capital a ser adiantado não é muito considerável. Não há mistério nesse negócio. Os retornos não somente são certos, mas imediatos.[12]

Na perspectiva de Adam Smith, os Correios eram um empreendimento mercantil que deveriam permanecer sob a administração dos governos, uma vez que demandavam pouco investimento de capital, oferecendo imediata autorremuneração. De tal modo que a gestão dos serviços postais se situava no âmbito da esfera estatal - como a construção de estradas, pontes, canais, cunhagem de moeda -, cuja existência e manutenção ele considerava crucial para o desenvolvimento do comércio de longa distância[13]. O monopólio da coroa sobre o transporte de correspondências garantia a formação de vínculos culturais e forjava um espaço econômico unificado e competitivo.

Ancorados na obra de Adam Smith, pensadores da economia política apontam para a emergência de uma nova tópica discursiva: *economia política das comunicações*, em que se associa a tradição monopolística de gestão dos serviços postais aos princípios de extração fiscal direta, centralização administrativa e fomento ao comércio[14]. Este vivo debate evoluiu ao longo do tempo, ganhando novas acepções (como as noções de *serviço público*; *sigilosidade postal*, *difusão subsidiada da cultura luzes*) apropriadas por diferentes protagonistas, tanto entre os dirigentes como na esfera pública ampliada[15].

---

[12] Adam Smith, *A riqueza das nações: investigação sobre sua natureza e suas causas* (trad. Luiz João Baraúna, São Paulo, Nova Cultural, 1996), p. 276.

[13] Ao estudar a circulação de informações na esfera das trocas mercantis, Jacques Bottin observa que, entre 1550 e meados da centúria seguinte, "o crescimento do comércio comissionado, bem como a intensificação do uso da letra de câmbio nos espaços internacionais e 'nacionais', contribuíram para o aumento da circulação de papéis com ordens ou informações de todos os tipos" (Jacques Bottin, "Négoce et circulation de l'information au début de l'époque moderne", em Muriel Le Roux (org.), *Histoire de la poste: de l'administration à l'entreprise*, Paris, Rue d'Ulm, 2002, p. 41-54).

[14] Oriundo do pensamento liberal clássico, esse termo foi reapropriado e definido pelo sociólogo francês Vincent Mosco como "o estudo das relações sociais, particularmente as relações de poder, que mutuamente constituem a produção, distribuição e consumo de recursos informacionais" (Vincent Mosco, *The Political Economy of Communication*, Londres, SAGE Publications, 1996, p. 52). Richard John e Jonathan Silberstein-Loeb consideram que todos os sistemas de produção, armazenamento e transmissão de informação são constituídos de "um conjunto mutável e dinâmico de ideais cívicos, normas éticas e arranjos institucionais – públicos, privados e intermediários", os quais conferem corpo e historicidade aos fenômenos comunicacionais (Richard R. John e Jonathan Silberstein-Loeb (orgs.), *Making News: The Political Economy of Journalism in Britain and America from the Glorious Revolution to the Internet*, Nova York, Oxford University Press, 2015, p. 3).

[15] Sobre a emergência do princípio de sigilo postal no repertório liberal europeu oitocentista, ver Jay Caplan, "Surveillance and Secrecy: the Black Cabinets", em *Postal culture in Europe, 1500--1800* (Oxford, Voltaire Foundation, 2016), p. 95-123.

Economia das comunicações postais no mundo ibérico e ibero-americano

Quando comparada ao caso britânico e espanhol, as políticas de gestão das comunicações postais desenvolvidas em Portugal apresentam especificidades e ritmos próprios. Segundo Margarida Sobral Neto, em Portugal, até meados do século XVIII, o Correio-Mor era cabeça de uma estrutura implantada em todo o reino, possuindo um conhecimento do território similar ao da Igreja, e incomparavelmente superior ao que detinha a coroa pelo fato de esta não dispor de instrumentos corográficos e cartográficos que lhe permitissem conhecer o terreno[16]. Em Portugal, o ofício de Correio-Mor permaneceu nas mãos da família Da Mata desde 1606, quando foi adquirido, até 1797, data de sua reincorporação aos quadros administrativos e fiscais da coroa[17].

Já na Espanha, logo após a Paz de Utrecht, Felipe V (1702-1746) deu início às reformas postais na península; mas foi somente no reinado de Carlos III (1759--1788), a partir de 1764, já no âmbito das reformas de liberalização do comércio intracolonial, que a coroa espanhola implementou a gestão centralizada dos correios marítimos hispano-americanos[18]. Em 1769, os correios marítimos e terrestres na América foram reunidos em Cartagena de Índias[19]. Contudo, estudos recentes também apontam que, apesar das tentativas de uniformizar e controlar os fluxos postais na América hispânica, o modelo imperial foi largamente flexibilizado para atender aos interesses das elites locais: "de maneira que mesmo que o projeto de reforma dos correios tenha surgido com o propósito de criar um único centro postal, a organização local se sustentou a partir de um modelo policêntrico"[20].

Aliás, a tendência à centralização da administração pública, conforme os modernos princípios da *aritmética política*, propugnavam a intervenção direta da coroa no planejamento e na gestão do território, o que exigia também a liquidação das

16 Ver Margarida Sobral Neto (org.), *As comunicações na Idade Moderna* (Lisboa, Fundação Portuguesa das Comunicações, 2005), p. 43.

17 Ver Mayra Calandrini Guapindaia, *O controle do fluxo das cartas e as reformas de Correio na América portuguesa (1796-1821)* (doutorado em história, Lisboa, ICS-Universidade de Lisboa, 2019).

18 Na Espanha, havia dois cargos: o de *Correo mayor general*, que foi exercido por membros da família Tassis até 1622 – quando os condes de Oñate adquiriram essa mercê – e o de *Correo mayor de Indias*, que esteve nas mãos da família Galindez Carvajal por mais de dois séculos, até ser reincorporado à coroa por Carlos III, em 1767. Ver Mayra Calandrini Guapindaia, *O controle do fluxo das cartas e as reformas de Correio na América portuguesa (1796-1821)*, cit.

19 Ver Manoel Lelo Bellotto, *Correio marítimo hispano-americano: a carreira de Buenos Aires (1767-1779)* (Assis [Brasil], Faculdade de Filosofia, Ciências e Letras de Assis, 1971).

20 Rocío Moreno Cabanillas, *Entre escrituras, cartas y rutas: el servicio postal en la Nueva Granada durante el siglo XVIII* (Madri, Comisión de Publicaciones de la Real Academia Hispánica de Filatelia e Historia Postal, 2019), p. 129.

concessões de ofícios públicos de natureza corporativa (especialmente aqueles concedidos com regime de vínculos hereditários). A extinção do ofício de Correio-Mor foi parte da estratégia de uniformização das jurisdições particularistas, especialmente no território metropolitano[21]. Ademais, na percepção dos dirigentes ilustrados portugueses, a despatrimonialização das atividades postais estimularia o comércio e, por conseguinte, ampliaria a margem de extração fiscal em benefício do Erário Régio[22].

Daí a extinção dos ofícios e destituição dos agentes comissionados para dar lugar ao sistema centralizado de administração dos Correios nas mãos de funcionários remunerados diretamente pela coroa. Foi o que fez D. Maria I de Portugal, por exemplo, ao extinguir o ofício de Correio-Mor, em 18 de janeiro de 1797. Já no ano seguinte, por intervenção de D. Rodrigo de Sousa Coutinho, foram criados os correios marítimos regulares com o Brasil. Em 20 de janeiro de 1798, um alvará de D. Maria I mandava estabelecer uma comunicação regular com o Brasil e as ilhas dos Açores e da Madeira para a troca de correspondência por meio de paquetes correios marítimos. Além de criar o correio marítimo, a rainha solicitava a construção de bergatins nos estaleiros navais da Bahia, Recife, Rio de Janeiro e no Pará[23]. A transferência da Corte para o Brasil ocorre num contexto de incremento da indústria naval nos portos da América portuguesa e na metrópole.

---

21 Ver Íris Kantor, "Novas expressões da soberania portuguesa na América do Sul: impasses e repercussões do reformismo pombalino na segunda metade do século XVII", em João Fragoso e Maria de Fátima Gouveia (org). *O Brasil Colonial 1720-1821*, v. 3 (Rio de Janeiro, Civilização Brasileira, 2014).

22 Ver José Luís Cardoso, "Nas malhas do império: a economia política e a política colonial de D. Rodrigo de Souza Coutinho", em José Luís Cardoso (org.), *A economia política e os dilemas do império luso-brasileiro (1790-1822)* (Lisboa, Comissão Nacional para a Comemoração dos Descobrimentos Portugueses, 2001), p. 63-110; Andrée Mansuy-Diniz Silva, *Portrait d'un homme d'État: D. Rodrigo de Souza Coutinho, Comte de Linhares: 1755-1812*, v. 2: *L'Homme d'État* (Paris, Centre Culturel Calouste Gulbenkian, 2006), p. 63-72; Nívia Pombo, "Segredos coloniais sob o controle do rei. A reforma dos correios em Portugal e no ultramar em finais do século XVIII: modelos, resistências e limites", em Roberta Stumpf e Guillaume Gaudin, *Las Distancias en el Gobierno de los imperios ibéricos* (Madri, Casa de Velázquez, 2022), p. 57-73.

23 Ver Carlos Moura Martins, "A aplicação da ciência à política do território na transição do século XVIII para o século XIX", em Ana Cristina Araújo e Fernando Taveira da Fonseca (org.), *A universidade pombalina: ciência, território e coleções científicas* (Coimbra, Imprensa da Universidade, 2017), p. 244. Aqui queremos chamar a atenção para os vínculos entre a implantação do sistema postal estatal e as reformas portuárias. Em 21 de março de 1797, a Secretaria de Estado da Marinha e do Ultramar expediu ordem ao governo de Pernambuco solicitando que o mesmo fizesse obras no porto do Recife a fim de se construir embarcações que servissem de correios marítimos entre as capitanias e o Reino, e diferentes portos do Brasil. A esse documento o governador D. Tomás José de Melo respondeu solicitando o envio de "ferrage [sic], massame [sic], Lonas, e os mais apetrechos necessários" para a construção naval, visto não os haver disponíveis localmente. Ver Arquivo Histórico Ultramarino (AHU)_ACL_CU_015, cx. 197, docs. 13571; 13575.

A criação da nova repartição dos correios marítimos no Brasil, segundo ministro da Marinha e do Ultarmar, D. Rodrigo de Sousa Coutinho, deveria abarcar "um pronto e seguro correio das cartas do Reino; um correio diário da correspondência de Lisboa, a exemplo de Londres e Paris; e correios regulares para todos os portos do Brasil e outras colónias"[24]. Em seu discurso proferido por ocasião da abertura da Sociedade Real Marítima Militar e Geográfica para o Dezenho, Gravura e Impressão das Cartas Hidrográficas, Geográficas e Militares em dezembro de 1798, ele apresentava seu ambicioso projeto de reforma administrativa e territorial, em que propunha estimular as comunicações e o comércio intercontinental entre os vários domínios do Império português, mantendo obviamente a centralidade do porto de Lisboa como plataforma de reexportação das mercadorias coloniais.

Entre as muitas ideias de fundamento liberal, propunha a organização de um cadastro territorial para fixar não apenas o imposto sobre a produção, como também sobre a propriedade fundiária. Esses impostos subsidiariam as atividades agrícolas e a construção de canais para navegação fluvial. Nesse mesmo discurso, defendia a estatização dos serviços postais para "de uma vez cessar o ridículo que se dava ao governo português por ser o único em que o correio público era patrimônio de um particular"[25]. Anteriormente à reforma em questão, o secretário de Estado da Marinha e Domínios Ultramarinos já havia se manifestado sobre a necessidade de transformar aquela atividade em "uma renda pública do soberano, restituindo-se à coroa o que por abuso imperdoável se acha alienado"[26].

Embora adepto das diretrizes smithianas, suas expectativas quanto ao desempenho financeiro dos Correios não se concretizaram da maneira planejada: em seu relatório sobre as receitas e despesas relativas ao ano de 1800, na rubrica referente a esse serviço, ele escreveu: "Correio, por ora nada (coisa extraordinária)".

Fluxos e fixos na era das revoluções constitucionais

Do ponto de vista organizacional, os sistemas postais podem ser descritos como redes de comunicação formalmente planejadas que se articulam de maneira desigual no espaço por meio de agências/administrações (fixos) e linhas/itinerários (fluxos). Segundo Milton Santos, os fluxos e fixos configuram um espaço usado ou uma territorialidade[27]. Nesse sentido, as agências de Correio desempenharam

---

[24] "D. Rodrigo de Sousa Coutinho para o príncipe D. João, 31 de janeiro de 1797", Arquivo ANRJ, Negócios de Portugal, cx. 716, pac. 2.

[25] D. Rodrigo de Souza Coutinho, *Textos políticos, económicos e financeiros: 1783/1811* (Lisboa, Banco de Portugal, 1993), p. 183.

[26] Ibidem, p. 251. Nívia Pombo reconstituiu a rede de opositores ao projeto de D. Rodrigo.

[27] "as redes não prescindem de fixos – que constituem suas bases técnicas – mesmo quando esses fixos são pontos. Assim, as redes são estáveis e, ao mesmo tempo, dinâmicas. Fixos e fluxos são

importante papel na constituição da territorialidade estatal e na estruturação das redes urbanas e mercantis. Localizadas na rua principal de uma cidade ou em suas imediações, elas eram endereço conhecido por todos, lugar de difusão de notícias e de estreitamento de laços de sociabilidade, práticas consideradas fundamentais para a formação da opinião pública em escala local[28]. A criação de linhas de correios, tal qual a instalação das linhas ferroviárias ou das infovias definem uma espacialidade política e econômica[29].

Em princípio, os trajetos eram fixados pelas autoridades régias, motivados por demandas econômicas, políticas e sociais; a condução e o transporte das correspondências respondiam, em contrapartida, a empreendimentos predominantemente privados que se materializavam, sobretudo, em contratos de arrematação realizados inicialmente na Junta da Fazenda das capitanias ou na repartição provincial de obras públicas, a partir do ano de 1835. É, portanto, nessa dupla subordinação, ao mesmo tempo pública e particular, que devemos compreender as reformas do sistema postal na transição para o Brasil emancipado.

O uso indiscriminado que administradores e autoridades governamentais faziam do termo "correios" para se referir à partilha dos negócios postais expressa a diversidade de profissionais que atuavam na condução das correspondências. Outros vocábulos relacionados à divisão do trabalho indicam, por sua vez, hierarquizações sociais específicas da sociedade escravista brasileira. Esse era o caso de "estafetas" e "pedestres", categorias que significavam, respectivamente, "o correio ordinário que vai a cavalo de um lugar a outro" e o empregado que, a pé, "costuma desempenhar ao mesmo tempo as posições de distribuidor e de carteiro em um ou mais locais de um bairro"[30]. Havia ainda expressões advindas dos léxicos militar e científico, tais como "marcha" (para velocidade), "giro" (para itinerário) ou "laboratório" (para empreendimentos administrativos experimentais).

Cabe indagarmos quais as implicações da emancipação política na constituição da matriz socioespacial brasileira nas primeiras décadas do século XIX[31]. Como as

---

intercorrentes, interdependentes" (Milton Santos, *A natureza do espaço: técnica e tempo, razão e emoção*, São Paulo, Hucitec, 1996, p. 221).

[28] Ver Lúcia Maria Bastos Pereira das Neves, "Opinião pública", em João Feres Jr. (org.), *Léxico da história dos conceitos políticos no Brasil* (2. ed., Belo Horizonte, UFMG, 2014), p. 155-71.

[29] Ver Claude Raffestin, *Por uma geografia do poder* (São Paulo, Ática, 1993), p. 171.

[30] Gloria Clavería, "El léxico del correo en los diccionarios de la Academia Española de la segunda mitad del siglo XIX", *Estudi General: Revista de la Facultat de Lletres de la Universitat de Girona*, n. 21, 2001, p. 387.

[31] Ver Antonio Carlos Robert de Moraes, "Notas teóricas sobre fronteiras e territórios", em Íris Kantor (org.), *Produzindo Fronteiras: entrecruzando escalas, povos, e impérios na América portuguesa*, v. 1 (Belo Horizonte, Autêntica, 2020).

instâncias fiscais, administrativas, logísticas, mercantis, humanas reagiram ao novo ordenamento jurídico liberal no seio de um arcabouço estatal patrimonialista[32].

Projetos, normas e expectativas na construção de um império constitucional monárquico

Vimos que, em Portugal, a administração direta da coroa sobre o transporte e remessa de correspondências inicia-se em 1797, e deu-se com a extinção do ofício de Correio-Mor do Reino. Em setembro do ano anterior, porém, a Secretaria de Estado da Marinha e Ultramar já havia oficiado aos governadores de todas as capitanias do Brasil, solicitando informações sobre como aprimorar comunicações postais entre as mesmas e delas com o Reino. Desse esforço coordenado resultaram diversas memórias e relatórios, com destaque para o *Plano sobre o Estabelecimento de hum Correyo Maritimo para as Correspondências de Portugal com as suas Colonias da Parte Septentrional do Brasil*, em cujo conteúdo vale a pena nos determos[33].

Escrito pelo irmão de D. Rodrigo de Sousa Coutinho, o governador D. Francisco Maurício de Sousa Coutinho (1764-1823), no período em que este governava o Estado do Grão-Pará (1790-1820), o manuscrito detalha o estado das comunicações no Brasil nas últimas décadas do século XVIII. O autor inicia seu texto argumentando sobre a necessidade, a todo custo, de estabelecer correspondência regular entre o Reino e as capitanias do Norte. Se essa necessidade se fazia premente em tempos de paz, tanto mais em conjunturas bélicas:

> O Estabelecimento de um Correio Marítimo unicamente destinado para esta Capitania, e ainda o Interior para as Colônias Centrais confinantes não julgo que por ora possam dar utilidade alguma ao Fisco, antes duvido que indenizem as despesas, que exigirem [...]. Contudo, Eu considero que o Estabelecimento regular do sobredito Correio é indispensável, porque embora possa caber a cada mês um Navio, e ainda a menor prazo de tempo se fosse possível saírem periódica e regularmente os de Sua Majestade, e da Praça que frequentam este Porto, *esta regularidade raras vezes se verifica no mesmo tempo da paz,* quando sucede é mero efeito do acaso, nunca de convenção ou de inalterável disposição constante ao Público, e por isso então mesmo, e muito mais no tempo de guerra ou

[32] Ver Maria de Lourdes Viana Lyra, *A utopia do poderoso Império: Portugal e Brasil, bastidores da política (1798-1822)* (Rio de Janeiro, Sette Letras, 1994); Nívia Pombo, "Unidade política e territorial nos projetos de D. Rodrigo de Sousa Coutinho" em Márcia Motta, José Vicente Serrão e Marina Machado (orgs.), *Em terras lusas: conflitos e fronteiras no império português* (Vinhedo, Horizonte, 2013).

[33] *Plano sobre o Estabelecimento de hum Correyo Maritimo para as Correspondências de Portugal com as suas Colonias da Parte Septentrional do Brasil,* Arquivo Histórico Ultramarino (AHU-CU), Pará, cx. 109, doc. 8578. Ver também o estudo de Márcia Maria Menendes Motta, *Direito à terra no Brasil: a gestação do conflito (1795-1823)* (São Paulo, Alameda, 2009).

> de Comboio a incerteza e a interrupção das Correspondências chega a um ponto insofrível, como ultimamente tem sucedido, quando a facilidade, a prontidão e a regularidade delas são, sem dúvida, necessárias não só para o Comercio, mas para o Expediente da Administração Publica em todos os seus ramos, e para o recurso das Partes, como meios os mais próprios e adequados para aproximar as Colônias da Metrópole, para estreitar os laços entre uns e outros Habitantes e promover a sua recíproca felicidade[34].

D. Francisco Maurício de Sousa Coutinho advertia que o valor alto cobrado pelo porte das cartas em nada contribuía para melhorar a condição dos Correios marítimos, antes dificultava o pronto estabelecimento desse serviço na medida em que estimulava a livre concorrência entre a frota da coroa e os navios mercantes; nesse segundo tipo de embarcação, dizia o autor, as correspondências eram transportadas quase que inteiramente gratuitas. Em vista desse problema, apresentava o fundamento de seu plano: "que o mesmo Correio do Reino, que haja de servir para esta Capitania [Pará] sirva também para todas aquelas, a que pode abranger sem prejuízo sensível da prontidão, da facilidade, e mais que tudo da regularidade que é, e foi sempre a maior vantagem do Correio"[35]. Ao propor esse arranjo, o governador tinha em mente não apenas as capitanias litorâneas de Maranhão, Ceará, Paraíba, Bahia e Piauí, mas também Goiás, Mato Grosso e Cuiabá.

A esse questionamento D. Francisco Maurício de Sousa Coutinho apresentava um esquema que conjugava rotas marítimas às terrestres e tinha nos portos do Açu – entre o Rio Grande do Norte e a Paraíba – e de Salinas (Pará) seus principais pontos logísticos. A geografia náutica explica a escolha do porto de Açu situado no paralelo do Cabo de São Roque, a partir de onde se pode alcançar as correntes marítimas das Guianas ou do Brasil (para Sul).

O governador considerava imprescindível estabelecer-se um agente postal no porto de Salinas, incumbido de receber e expedir malotes, prover as embarcações de água e mantimentos. Tal necessidade era justificada por não haver naquele lugar, segundo o autor, "senão uns poucos de casais de Índios, com as suas insignificantes Lavouras e Choupanas", sendo que os habitantes ali residentes desempenhavam essas funções "mais por coação, que por gosto, ou interesse"[36]. Semelhante demanda por caminheiros havia nas demais vilas rio-negrenses de Óbidos, Santarém, Gurupá, Cametá e Macapá.

Entre as capitanias da Bahia e de Pernambuco o autor sugeria o estabelecimento de "mudas" de caminheiros de forma que o transporte das correspondências que

---

[34] *Plano sobre o Estabelecimento de hum Correyo Maritimo para as Correspondências de Portugal com as suas Colonias da Parte Septentrional do Brasil*, cit.

[35] Idem.

[36] Idem.

chegassem ao porto de Olinda vindas do porto de Açu não sofresse atraso. Essa medida era justificada pelo fato da estrada entre aquela cidade e a Bahia ser "boa, e cômoda, [e] estar povoada", e concluía: "sendo, pois, uma viagem de 30 dias a regular de Lisboa ao dito Porto do Açu, podem em Pernambuco e na Bahia receber as Cartas com 35 a primeira e com 40 a segunda, que são os mesmos, ou menos do que regularmente se computam nas viagens diretas aos seus Portos"[37].

Para aumentar a frequência dos giros, o governador recomendava acrescer à frota dos Correios dois paquetes "de grande andar, e construídos propriamente para esse fim". Vale observar que essa medida estava em conformidade com uma série de ordens expedidas por seu irmão – D. Rodrigo de Sousa Coutinho, secretário de Estado da Marinha e Ultramar em 1797 –, relativas às reformas da infraestrutura portuária e incremento da indústria naval.

O plano de Francisco Maurício de Sousa Coutinho recomenda o aumento do número de paquetes e carregá-los de "tabuados de Louro, Cedro e pau amarelo, e ainda Pranchas destas e d'outras qualidades"[38] de forma a indenizar as despesas dos mercadores com madeiras que eram de Estanco real. Sua pronta execução dependia da disponibilidade e celeridade dos paquetes, bem como da regularidade dos giros, critérios sem os quais a concorrência com embarcações mercantes tornaria o Correio governamental empreendimento "pouco rendoso, a exceção de ocasiões extraordinárias". Reconhecia, porém, que novidades como essa encontrariam "sempre oposição, e embaraços, enquanto o Povo não sente as vantagens [...] para afoitamente as desfrutar", por isso sugeria parcimônia nos gastos: evitar "toda a superfluidade nas Embarcações" e que a tripulação das mesmas fosse "meramente a necessária para navegar"[39]. Somente assim o porte de uma carta simples poderia ser de 80 réis, valor considerado muito cômodo.

Os trechos terrestres de que trata o plano em questão são quatro: 1) do Pará para o Maranhão; 2) do Pará para Goiás; 3) do Pará para o Rio Negro; e 4) do Rio Negro para Mato Grosso. O governador ainda informava sobre a existência, nas margens dos mencionados rios, de "pequenas Povoações de Índios", as quais haviam sido por ele fixadas ao longo do trajeto em questão de forma a proporcionar maior comodidade aos viajantes: "nesses termos" dizia Sousa Coutinho, "se pode fazer [viagem] mui econômica, pagando-se aos Índios [...] somente os dias em que forem ocupados, ou em acompanhar o Córrego, ou em conduzirem eles mesmos as Bolsas das Cartas"[40].

---

37 Idem.

38 *Plano sobre o Estabelecimento de hum Correyo Maritimo para as Correspondências de Portugal com as suas Colonias da Parte Septentrional do Brasil*, cit.

39 Idem.

40 Idem.

Do Pará à capitania de Goiás os Correios tinham, por sua vez, três possibilidades de deslocamento: 1) pelo rio Tocantins, enfrentando, para isso, "um trajeto de terra de quase duzentas léguas"; 2) pelo rio Araguaia, trajeto que o autor afirmava ser "mais útil, e mais breve", porquanto a viagem fosse "mais cômoda e desembaraçada"; e 3) pelo rio Crixás, rota fluvial então recentemente descoberta, porém pouco rentável, dado que os arraiais ali estabelecidos fossem "mui pobres, e atrasados". Em contraste com suas afirmações sobre a periodicidade dos Correios marítimos, Francisco Mauricio de Sousa Coutinho considerava razoável a existência de um intervalo de dois meses nos giros para esse trecho: isso porque, segundo o autor, "o Comercio não toma esta direção, e também a não segue a correspondência do Reino, que por ora toda corre pela Bahia e Rio de Janeiro". Essa justificativa também valia para o trecho entre as capitanias do Rio Negro e Mato Grosso.

Como os *brancos* que habitavam o Rio Negro eram "poucos, e espalhados por seus sítios", ele estimava que as correspondências expedidas do Pará para aquela capitania vizinha não mobilizassem "mais que os Diretores e Párocos das Povoações dos Índios". Não por acaso, foi ele um dos proponentes da carta régia de D. Maria I que aboliu o Diretório dos Índios, em 12 de maio de 1798[41]. Dirigida ao governador do Pará, a carta régia determinava a disponibilidade da mão de obra indígena para integrar as tropas de milícias e para o serviço da coroa em obras públicas ou mediante contratação de particulares. Ficavam livres para trabalhar como remadores, pescadores, condutores de madeira ou portadores de correspondência. Conforme o Diretório dos Índios de 1755, o acesso à mão de obra indígena deveria ser mediado pelos diretores dos aldeamentos; e, agora, a carta de 1798 facultava a "contratação" direta da população nativa, reavivando dessa maneira os "descimentos" forçados. Na prática, como assinalou Rita Heloisa de Almeida, institucionalizava-se uma prática de menoridade e tutela dos trabalhadores indígenas, ou conforme o texto original: "para o que hei por bem a conceder estes índios os privilégios de órfãos"[42]. Ao fim e ao cabo, a carta régia implicou a precarização das sesmarias concedidas às vilas indígenas[43].

Em conexão com a expansão das redes comunicacionais, a reformulação da política indigenista visava fomentar a abertura de estradas, o povoamento, formação ranchos e pastos para o gado. Tais povoações deveriam fornecer apoio de víveres

---

[41] Francisco de Sousa Coutinho, "Informação sobre a civilização dos índios do Pará", 2 ago. 1797, Instituto Histórico e Geográfico Brasileiro, lata 343, doc. 29.

[42] "Carta régia circular, 12 de maio de 1798", em Rita Heloisa de Almeida, "A Carta Régia de 12 de maio de 1798 e outros documentos sobre índios no Códice 807", *Revista do Instituto Histórico e Geográfico Brasileiro*, n. 416, 2002, p. 171-180.

[43] Ver Patrícia Melo Sampaio, *Espelhos partidos: etnia, legislação e desigualdade na colônia* (Manaus, EDUA, 2012); Márcia Maria Menendes Motta, *Direito à terra no Brasil: a gestação do conflito (1795-1823)*, cit.

aos navegantes do rio Madeira, facilitando a travessia entre Mato Grosso e Pará. Aos primeiros povoadores brancos seriam oferecidos casais de africanos escravizados, enquanto aos indígenas concedia-se direito de *livre trânsito* para trabalhar.

A implantação dos correios terrestres, fluviais e marítimos era parte de um ousado programa de reordenamento da administração territorial e de integração dos fluxos mercantis no interior do continente, proposto por D. Rodrigo de Sousa Coutinho em 1798. Nas cartas régias determinava-se o emprego de canoas capazes de transportar carregamentos de duas mil arrobas em viagens de seis em seis meses, partindo do Pará até Vila Bela. Os pilotos deveriam também realizar averiguações topográficas e hidrográficas sobre os caminhos percorridos. O plano de navegação dos rios Tocantins, Madeira e Amazonas fazia parte também da estratégia de defesa da fronteira externa. As estradas fluviais fixavam a soberania comercial e geopolítica.

Não por acaso, como já foi assinalado, naquele mesmo ano em Lisboa fundou-se a Sociedade Real Marítima e Militar para confecção de cartas geográficas e roteiros náuticos. De modo que os planos de estabelecimento de um sistema postal eram parte de uma reforma mais ampla dos fluxos mercantis que conectavam as diferentes capitanias da América portuguesa. D. Francisco Mauricio de Sousa Coutinho julgava também importante estimular abreviar a circulação entre o Reino e as ilhas dos Açores e da Madeira, "e talvez também com as Capitanias Meridionais do Brazil", se a estrada da Bahia para o Rio de Janeiro pudesse ser percorrida "sem grande demora"[44].

Tabela 1 – Valor dos portes das cartas para ultramar, 1798

Peso (em oitavas)	Valor (em réis)
Até 4	$80
4 a 6	$120
6 a 8	$160
Acima de 8	$160 por oitava

Fonte: Elaboração das autoras com base no "Alvará de 20 de janeiro de 1798", em Antonio Delgado da Silva (org.), *Collecção da legislação portugueza desde a ultima compilação das ordenações*, v. 4: *Legislação de 1791 a 1801* (Lisboa, Typografia Maigrense, 1828), p. 479-82.

O texto das *Instruções* revela a ampliação da infraestrutura imperial de comunicações, ao determinar que se estabelecessem agências de Correios em todas as vilas capitais do Brasil (artigo 1º). Em cada um desses estabelecimentos haveria dois oficiais (artigo 2º), podendo-se aumentar esse número de acordo com a "afluência das cartas" no local (artigo 3º). Os administradores dos Correios deveriam ser "pessoas de notória honra e verdade [...] abonadas e bem esclarecidas" (artigo 4º); também se recomendava que suas moradias fossem "no centro da povoação e em

[44] *Plano sobre o Estabelecimento de hum Correyo Maritimo para as Correspondências de Portugal com as suas Colonias da Parte Septentrional do Brasil*, cit.

lugar público", visto que nelas estabelecer-se-iam as referidas agências (artigo 5º). Ademais, "a casa do laboratório do correio se abrirá e fechará às horas competentes, segundo a estação, e os Oficiais concorrerão exatamente para que o público não padeça demora" (artigo 20º).

O método de distribuição da correspondência era o das listas nominativas: após extrair as cartas dos malotes e conferir-lhes o porte, o administrador e demais empregados deveriam pô-las "umas depois das outras por um alfabeto exato", unindo "com um fio" as que fossem do mesmo destinatário (artigo 12º). Papéis endereçados aos governadores de capitania e aos magistrados não seriam relacionados, devendo ser entregues com prioridade (artigo 13º). As listas nominativas eram públicas e ficavam disponíveis para consulta na agência dos Correios; já as pessoas que quisessem receber suas correspondências em casa pagariam "o estipêndio devido ao condutor" cujo valor seria "sempre moderado" (artigo 24º).

Além desse regulamento, o alvará dos Correios Marítimos de 1798 continha instruções detalhadas aos agentes dos Correios para ajustarem seus expedientes de acordo com as datas de partida dos navios mercantes para o Brasil. Como o subtítulo do regulamento indica, os Correios ainda se encontravam, naquele momento, sob a administração provisória do Correio-Mor que, mesmo sem ter jurisdição direta sobre os serviços postais de além-mar, auferia 20% sob o total arrecadado na repartição (artigo 12º)[45].

Os comandantes dos paquetes deviam dar orientações à tripulação das embarcações sobre como proceder com os malotes postais: estes seriam recolhidos na véspera da partida (artigo 2º), acompanhados de um recibo no qual constassem informações tais como o nome da embarcação, destino etc. (artigo 3º). Os malotes deveriam ser ademais transportados "no sítio mais bem resguardado da mesma [embarcação], mas sempre lestes para serem lançadas ao mar em tempo de guerra" (artigo 4º), curiosamente.

O teor desse regulamento era complementado, por sua vez, pela *Instrução para a remessa de encomendas pelos paquetes marítimos*. De sua leitura percebe-se que os Correios Marítimos eram responsáveis pela recolha/gestão de uma gama variada de fluxos materiais e informacionais, os quais não se resumiam a cartas, ofícios e gazetas noticiosas. Se alguém desejasse despachar para o Brasil uma remessa de cera, por exemplo, este deveria se dirigir àquela repartição a fim de pesar o embrulho e pagar o frete (artigo 4º), o qual seria calculado em 800 réis por arroba (artigo 7º). Para os gêneros que costumassem ser pagos por volume, valia o frete determinado para os navios mercantes pelo alvará de 20 de novembro de 1756.

---

45 *Instrução para os Correios do Reino do modo como hão de haver-se com as Cartas para o Brasil e Ilhas, depois de estabelecidos os Paquetes Marítimos e Sistema de Arrecadação de Fazenda, enquanto o Correio estiver por conta do Correio-Mor; e Sistema de Arrecadação de Fazenda, enquanto o Correio estiver por conta do Correio-Mor*. 26 fev. 1798.

Na *Instrução para as Juntas de Fazenda dos Estados do Brasil sobre os Correios*, que completa esse corpo regulamentar, os órgãos fazendários locais eram incumbidos da "direção, governo e criação dos correios nos ditos Estados [e] [d]a nomeação provisional dos seus Oficiais e empregados" (artigo 1º). As Juntas se responsabilizavam ademais pela conexão "com o interior do país" (artigo 2º) e por estabelecer novos laboratórios segundo determinadas condições (artigo 9º):

> Os projetos de estabelecimento de correios novos de umas para outras terras, deve calcular-se sobre as suas mútuas precisões de comunicação e relações mercantis. Estes projetos principiam-se com pequenos ensaios. Eles raras vezes falham sendo bem dirigidos. Enquanto o produto das cartas não chega, as Câmaras podem licitamente ser convidadas para ajudar as primeiras despesas.

Como essas normas foram recebidas pelos agentes coloniais e por eles adaptadas à realidade socioespacial da América portuguesa? Teria o translado da corte para o Rio de Janeiro alterado significativamente a infraestrutura e a dinâmica das comunicações postais no Brasil? Em que medida o *Regulamento da Administração Geral dos Correios* (1829) descontinuou ou preservou a ambígua lógica fiscal dos serviços postais típica do Reformismo? Para melhor respondermos a essas perguntas, vale analisarmos discriminadamente a implantação de Correios entre as capitanias litorâneas para, em seguida, ver como se deu o estabelecimento de rotas, giros e portes no eixo Rio de Janeiro - Minas Gerais - Goiás - Mato Grosso.

A complementariedade entre as rotas terrestres e marítimas

Em abril de 1798, pouco tempo após receber cópia do alvará sobre os Correios Marítimos, D. Tomás José de Melo se dirigiu à Secretaria de Estado da Marinha e Ultramar. Em seu ofício, o governador da capitania de Pernambuco fazia críticas contundentes à escolha de um dos portos para a ancoragem das embarcações:

> Nunca pode o Correio Marítimo, vindo de Lisboa, fazer comodamente a primeira escala no Porto do Assú [sic], que como já se disse, é terra de Sertão, falsa de mantimentos, distante muitas léguas da Vila Nova da Princesa, a quem pertence; pousada só de pescadores, e de palhoças para recolher o Sal nativo, sem que ali mote pessoa capaz de quem se confie guardar o depósito das provisões, e gêneros, de que pode precisar o Bergantim, e menos que seja hábil para a expedição das Cartas, que se houverem de remeter para as Capitanias da Paraíba, Pernambuco, e Bahia, e das que delas vierem a entregar ao Correio Marítimo.[46]

[46] "Ofício do governador da capitania de Pernambuco, D. Tomás José de Melo, ao secretário de estado da Marinha e Ultramar, D. Rodrigo de Sousa Coutinho", 17 abr. 1798, Arquivo Histórico Ultramarino (AHU)_ACL_CU_015, cx. 201, doc. 13762.

Recife, "centro das Negociações das outras Capitanias Subalternas", era, com efeito, o lugar que aquela autoridade considerava como o mais conveniente para ser o referido ponto de escala – e isso por um motivo oposto à realidade do Açu: ali se achavam "prontas todas, e quaisquer provisões" de que as embarcações pudessem precisar[47]. Para que seu esquema logístico pudesse funcionar, D. Tomás José de Melo propunha uma solução semelhante à de D. Francisco Maurício de Sousa Coutinho: nomear uma autoridade administrativa de segundo escalão – chamada por ele de "Correio Geral" – a qual seria responsável por recolher as cartas vindas do Reino e remetê-las "por Caminheiros de pé pagos pelo rendimento do Correio a tanto por légua, ou por dia de Vila em Vila, até chegar a Bahia". Esse mesmo oficial também receberia as cartas vindas da Paraíba, do Rio Grande e do Ceará, onde haveriam, por sua vez, "outros Correios menores ou particulares encarregados de fazer a remessa das Cartas que houvessem de ir ao Correio Marítimo".

Uma das singularidades do plano em questão era sugerir tarifas mais cômodas tanto para os Correios interiores como para aquelas correspondências que vinham, por mar, de outras capitanias do Brasil. Apresentava o governador de Pernambuco, para isso, um argumento que colocava em relação de complementaridade rotas marítimas e terrestres:

> E porque uma vez estabelecidos os Caminheiros se facilitará muito mais a Comunicação de Capitania a Capitania, e se conduzirão muitas Cartas nas bolsas do Correio, que não pertençam ao Correio Marítimo, sim ao tráfico do País, parece que a benefício do novo estabelecimento deveriam pagar semelhantes Cartas a metade do porte taxado [40 réis], visto que o Correio Marítimo obriga por dependência a que haja outro Correio de terra.[48]

Mesmo discordando de alguns pontos fundamentais da política metropolitana de fomento às comunicações, D. Tomás José de Melo oficiou aos presidentes das Juntas de Fazenda da Bahia e do Rio de Janeiro, a fim de informar-lhes sobre a nomeação de Maximiano Francisco Duarte para o cargo de administrador dos Correios daquela capitania. Ficaria, a partir de então, esse funcionário responsável por estabelecer "mala para os Portos, que ficam fora deste Governo" e por corresponder "com os Administradores dos Correios dos mesmos"[49]. Por meio de um ofício enviado pelo referido administrador a D. Rodrigo de Sousa Coutinho, sabemos que nos primeiros meses

---

[47] "Ofício do governador da capitania de Pernambuco, D. Tomás José de Melo, ao secretário de estado da Marinha e Ultramar, D. Rodrigo de Sousa Coutinho", 17 abr. 1798, Arquivo Histórico Ultramarino (AHU)_ACL_CU_015, cx. 201, doc. 13785.

[48] *Plano sobre o Estabelecimento de hum Correyo Maritimo para as Correspondências de Portugal com as suas Colonias da Parte Septentrional do Brasil,* cit.

[49] "Ofício (1ª via) do governador da capitania de Pernambuco, D. Tomás José de Melo, ao secretário da Marinha e Ultramar, D. Rodrigo de Sousa Coutinho", 8 ago. 1798, Arquivo Histórico Ultramarino (AHU)_ACL_CU_015, cx. 203, doc. 13858.

de exercício ele já havia tomado as seguintes providências previstas em lei: estabelecimento da agência postal em um dos cômodos de sua casa e instituição de portes com valores iguais aos que então se praticavam "em quase todos os portos da América"[50].

A uniformização dos portes cobrados pelos correios marítimos foi, desde a instituição desse serviço, uma das principais preocupações das autoridades administrativas coloniais. Fazia-se necessário integrar as partes que compunham o Império português sem, contudo, renunciar de todo à recolha fiscal.

Sendo assim, o conde de Resende, vice-rei do Estado do Brasil, solicitou à Junta da Fazenda de Pernambuco que comunicasse ao administrador dos Correios da cidade do Rio de Janeiro caso concordasse em remeter para determinados lugares – Espírito Santo e localidades como Campos, Cabo Frio, Ilha Grande, Paraty, Ilha de Santa Catarina e Rio Grande – cartas "notadas com porte igual, e correspondente ao seu peso sem atenção a maior ou menor distância dos mesmos Portos". Argumentava essa autoridade que a adoção de outro critério de tarifação que não a pesagem em oitavas "causaria confusão aos Administradores dos Correios dos mesmos Portos e cairiam em erros sempre prejudiciais na arrecadação da Real Fazenda".

Mesmo havendo uniformidade dos portes, a distância do Rio de Janeiro em relação aos portos setentrionais era fator que prejudicava as comunicações dessa capitania com aqueles territórios da América portuguesa: em ofício à Secretaria de Estado da Marinha e Ultramar, o vice-rei do Rio de Janeiro informara que nem sempre era possível expedir Correios Marítimos com a periodicidade e da forma desejadas, visto que os comandantes das embarcações particulares julgassem "ser mais conveniente irem tomá-la [meia carga] na Bahia, por serem ali os fretes maiores e, por consequência de mais utilidade à Fazenda Real"[51]. Quanto às embarcações de guerra, essas ficavam ancoradas no porto da cidade por meses, motivo pelo qual o vice-rei havia decidido reenviar uma delas à corte, a fim de ser utilizada pela Marinha Real[52]. Nesse sentido, também foi estudada a possibilidade de se estabelecer um Correio Marítimo mensal entre aquela cidade e o porto de Benguela (Angola)[53].

---

[50] "Ofício do primeiro escriturário contador da Junta da Fazenda Real e administrador dos Correios da capitania de Pernambuco, Maximiano Francisco Duarte, ao secretário de Estado da Marinha e Ultramar, D. Rodrigo de Sousa Coutinho", 9 fev. 1799, Arquivo Histórico Ultramarino (AHU)_ACL_CU_015, cx. 206, doc. 14039.

[51] "Ofício do vice-rei do Estado do Brasil, conde de Resende, D. José Luís de Castro, ao secretário de estado da Marinha e Ultramar, D. Rodrigo de Sousa Coutinho", 13 set. 1798, Arquivo Histórico Ultramarino (AHU)_ACL_CU_017, cx. 166, doc. 12341.

[52] "Ofício do vice-rei do Estado do Brasil, conde de Resende, D. José Luís de Castro, ao secretário de estado da Marinha e Ultramar, D. Rodrigo de Sousa Coutinho", 30 nov. 1798, Arquivo Histórico Ultramarino (AHU)_ACL_CU_017, cx. 168, doc. 12484.

[53] "Ofício do vice-rei do Estado do Brasil, conde de Resende, D. José Luís de Castro, ao secretário de estado da Marinha e Ultramar, D. Rodrigo de Sousa Coutinho", 27 maio 1799, Arquivo Histórico Ultramarino (AHU)_ACL_CU_017, cx. 171, doc. 12691.

As comunicações postais entre os portos de Angola e Pernambuco, Bahia e Rio de Janeiro foram objeto de nova regulamentação pelo governador e capitão general de Angola, D. Miguel Antonio. Nestas instruções, estão previstas o envio de cartas particulares para quase todas as cidades e lugares do Brasil[54]. Vale a pena destacar que as atividades negreiras balizavam a sustentabilidade financeira do estabelecimento de correios marítimos em Luanda e Benguela. Em carta para o vice-rei no Rio de Janeiro, o governador de Angola observava: "as correspondências que se desejam amiudadas são as diretas entre Portugal e Angola, ou vice versa, mas como o gênero de maior exportação de Angola consiste nos escravos, e estes não se levam para Portugal por isso a comunicação direta desde Reino com a Metrópole he impossível e a de Portugal com Angola não pode ser frequente a não virem os Navios quase em Lastro. Portanto não vejo utilidade alguma possa seguir-se do estabelecimento de Paquetes"[55]. O governador deixava claro que o correio marítimo naquela porção do Império era dependente do mercado americano.

A fixação da corte portuguesa no Rio de Janeiro alterou significativamente a geografia política das comunicações imperiais: a partir de então, a nova capital tornara-se ponto de convergência das decisões econômicas, diplomáticas e administrativas. A reforma das infraestruturas de comunicação e transporte terrestre e flúvio-marítimo era, portanto, parte do processo de interiorização da metrópole[56] que absorveu a elite dirigente nas primeiras décadas do século XIX.

Escrito com o intuito de "fazer imediatamente comunicáveis, as maiores cidades do Estado do Brasil", o *Plano econômico e provisional para o estabelecimento do correio da Côrte para a cidade da Bahia por terra*[57], de Luís Thomaz Navarro de Campos, foi fruto da viagem que por terra fizera esse desembargador, a mando da coroa Portuguesa, em 1808[58]. Após discorrer sobre os procedimentos de expedição das malas e escrituração das correspondências, Navarro de Campos traça um itinerário de 25 dias para o giro dos caminheiros. Para desonerar o Erário Régio, o

[54] "Bando por que se estabeleceo o Correyo, 7 de Dezembro de 1798", *Arquivos de Angola*, v. 3, n. 13 e 14, Luanda, 1946, p. 155.

[55] "Ofício de D. Miguel Antonio de Melo, governador e Capitao general de Angola para o Conde de Resende, vice Rei e capital general do Brasil, sobre a carga de correios em Luanda e em Benguela e compra de Navios para servirem de correios, 8 de Novembro de 1799", *Arquivos de Angola*, v. 3, n. 13 e 14, Luanda, 1946, p. 185

[56] Ver Maria Odila Leite da Silva Dias, *A interiorização da metrópole e outros estudos*, cit.

[57] "Plano econômico e provisional para o estabelecimento do correio da corte para a cidade da Bahia por terra", 28 ago. 1808, Arquivo Biblioteca Nacional do Rio de Janeiro, Manuscritos, I-32,09,002.

[58] Ver Luís Thomas Navarro de Campos, "Itinerário da viagem que fez por terra, da Bahia ao Rio de Janeiro por ordem do Príncipe Regente em 1808, o desembargador Luís Tomás Navarro de Campos", *Revista do Instituto Histórico e Geográfico Brasileiro*, t. 7, 1845, p. 433-68.

autor propunha que as despesas fossem feitas pelas Câmaras municipais, sem que, no entanto, houvesse igualdade na concorrência: "conforme o seu estado de renda, será a exigência". Algumas municipalidades teriam, ademais, funções específicas nesse empreendimento. Esse era o caso da Vila de Iguaripe, que deveria mandar construir às suas expensas um pequeno escaler – de nome "o Estafeta da Costa" – para auxiliar nos trajetos fluviais.

O documento em questão ainda dispunha sobre os deveres das autoridades locais em relação ao bom andamento do serviço postal: em "lugares sujeitos a perseguição do Gentio bárbaro", os juízes ordinários deveriam enviar "uma escolta dos mesmos Índios armados em guarda do Estafeta". Também os estafetas tinham suas responsabilidades: sempre que passassem por uma vila ou povoado, eles deveriam tocar "uma trombeta, para notícia dos povos".

Embora não haja pistas de que o plano de Navarro de Campos tenha fundamentado alguma medida legal, é certo que, entre os anos de 1812 e 1820, estabeleceram-se diversas rotas terrestres entre Pernambuco, Ceará, Maranhão, Mato Grosso, Goiás e Bahia[59]. As comunicações dessa última capitania com a corte do Rio de Janeiro continuaram sendo feitas preferencialmente pela navegação de cabotagem, sobretudo em tempos de paz, quando as embarcações bélicas estavam ociosas[60]. Todas essas iniciativas de comunicação, a despeito dos meios utilizados, devem ser vistas, portanto, não apenas como fruto da ação dos governos e autoridades locais, mas também dos interesses econômicos e administrativos da metrópole enraizada no Centro-Sul do Brasil.

Pelo sertão: rotas, giros, portes... e as dificuldades de se manter o monopólio

Em Minas Gerais, Mato Grosso e Goiás, as diretrizes regulamentares de 1798 relativas a rotas postais, itinerários dos giros, porte das cartas etc. tiveram de ser complementadas por deliberações de autoridades locais, visto que somente elas conhecessem as singularidades naturais, econômicas, sociais e logísticas dos terri-

---

[59] Os instrumentos legais dessas iniciativas são principalmente: "Decisão nº 29 [Guerra] de 29 de agosto de 1812, que aprovou o estabelecimento de correios entre as principais vilas da capitania do Ceará e a de Pernambuco", em *Coleção das decisões do governo do Brasil de 1812* (Rio de Janeiro, Imprensa Nacional, 1891), p. 40; e a "Decisão nº 22 [Guerra] de 28 de junho de 1813, que aprovou o estabelecimento de correios entre as capitanias do Maranhão, do Ceará e da Bahia", em *Coleção das decisões do governo do Brasil de 1813* (Rio de Janeiro, Imprensa Nacional, 1890), p. 27.

[60] "Carta do Infante Almirante General D. Pedro Carlos ao Conde dos Arcos, sobre a utilização de Barcas Artilheiras para o trabalho de Correios entre a corte e a Bahia", 25 fev. 1812, Arquivo da Biblioteca Nacional do Rio de Janeiro, II – docs. 34, 3, 19.

tórios sob suas respectivas jurisdições. Em ofício ao governador daquela primeira capitania, o conde de Resende e a Junta da Real Fazenda da cidade do Rio de Janeiro reconheciam essa necessidade, ao declarar:

> Esperamos que Vossa Excelência [Bernardo José de Lorena], e mais Senhores [governadores de Goiás e Mato Grosso], fazendo averiguar esta matéria, nos participem o que lhes parece mais próprio e útil, e se desta Cidade [Rio de Janeiro] para essa Capitania [Minas], ou vice versa, se pague Porte geral do Reino para o Brasil [80 réis], ou se lhes parece que o Porte deve ser alguma coisa maior, como v.g. cem réis, ou cento e vinte réis por quatro oitavas, e daí para cima a proporção, atendendo aos maiores preços dos gêneros dessa Vila [Rica].[61]

Sobre a condução das malas de Vila Rica para a cidade do Rio de Janeiro, as autoridades cariocas afirmavam ser necessário estabelecer dias fixos, para que a correspondência seja regular como é em Lisboa, e em todo o Reino, e igualmente em todos países civilizados da Europa. Para isso, o governo de Minas deveria informá-las sobre a periodicidade mais conveniente: "Se sair o Correio todas as semanas em um dia determinado, como se pratica em toda a Europa, se posto que ainda não tenham chegado as respostas remetidas pelo Correio da Semana antecedente, [...] ou se de quinze em quinze dias". Ademais, em face do "incerto rendimento" que esse serviço pudesse apresentar, a referida Junta fazia uma sugestão que nos evidencia a importância do tropeirismo na integração do território colonial:

> É certo que na Condução dos efeitos desta Cidade [Rio de Janeiro] para essa Capitania [Minas], ou dela para esta Cidade, andam no Caminho muitos Tropeiros, talvez que entre eles se ache algum mais abastado, que gratuitamente, e por algum honesto privilégio, se encarregue da Condução das Malas, fazendo-se-lhe [sic] o partido, de que ele privativamente seja o que conduza, ou faça conduzir os gêneros da Fazenda Real, que vão desta Cidade para essa Capitania, ou vice versa, como é ouro em pó, Barras, etc.[62]

Percebe-se certo esforço das autoridades coloniais em evidenciar à metrópole as singularidades dos territórios sob sua jurisdição, tal como o fez o governador e capitão-general de Mato Grosso, Caetano Pinto de Miranda Montenegro:

> A posição geográfica desta Capitania exige que nela hajam dois Correios, um por Terra e outro por via dos Rios que descem à Cidade do Pará. As suas relações por Terra são com as Cidades da Bahia, do Rio de Janeiro e de São Paulo, mas

[61] "Ofício do vice-rei do Estado do Brasil, conde de Resende, e da Junta da Real Fazenda da Cidade do Rio de Janeiro ao governador e capitão general de Minas Gerais, Bernardo José de Lorena", 4 jun. 1798, Arquivo Histórico Ultramarino (AHU)_ACL_CU, cx. 36, doc. 1844.

[62] "Ofício do vice-rei do Estado do Brasil, conde de Resende, e da Junta da Real Fazenda da Cidade do Rio de Janeiro ao governador e capitão general de Minas Gerais, Bernardo José de Lorena", 4 jun. 1798, Arquivo Histórico Ultramarino (AHU)_ACL_CU, cx. 36, doc. 1844.

como todos estes três caminhos se vem ajuntar em Vila Boa de Goiás, deverão vir todas as Cartas juntas sem as daquela Capitania, até a referida Vila.[63]

O governador Miranda Montenegro falava ainda da necessidade de se haver, em Vila Boa de Goiás, "uma pessoa encarregada de receber as Cartas do Mato Grosso, sem que estas ali paguem Porte algum", visto que, em sua opinião, o local correto dessa operação fosse "no País a que pertencem e aonde hão de ser distribuídas"[64].

A implementação dos serviços postais na América portuguesa deu-se em duas frentes: a marítima, mais rentável e bem organizada, e a terrestre, cujo desenvolvimento apenas teve início em finais do século XVIII com a política reformista de D. Rodrigo de Sousa Coutinho[65]. A transferência da corte para o Rio de Janeiro, em 1808, não alterou esse arranjo, apenas tornou-o mais centralizado: nas províncias, os Correios tanto de mar como de terra ficaram cada vez mais sujeitos às estâncias fazendárias locais, enquanto na corte eles passaram a ser competência da Administração Geral do Correio.

A preocupação do governo joanino com as rotas postais do interior traduziu-se em uma série de regulamentos que tinham por objetivo ligar ao novo centro administrativo algumas regiões consideradas estratégicas para a manutenção da soberania imperial. Dentre essas regiões destacam-se Minas Gerais, importante núcleo abastecedor da corte e porta de entrada para as capitanias do interior.

Em maio de 1809, a Junta de Fazenda da capitania mineira recebeu uma série de instruções que visavam estabelecer linhas terrestres; essas poderiam funcionar de duas maneiras: "ou empregando Pedestres na condução das malas, ou procedendo a arrematação"[66]. Determinou-se que os escrivães de diversas municipalidades fossem nomeados para o serviço de contabilidade das agências postais. Era uma forma de aumentar a fiscalização sobre os Correios, submetendo-os aos parâmetros de racionalização administrativa característicos do reformismo ilustrado português. Em contrapartida, essa política tinha como resultado a sobrecarga de trabalho denunciada por diversos funcionários nos anos subsequentes à implementação da reforma.

A transferência da corte para o Rio de Janeiro também tornou necessário retificar os portes de forma a garantir o monopólio da coroa sobre a remessa de correspondências para o interior. Nesse momento, houve significativa mudança na política de tarifação, que passou a se orientar em função de uma nova variável: *a*

---

[63] "Ofício do governador e capitão general da capitania de Mato Grosso Caetano Pinto de Miranda Montenegro ao secretário de estado da Marinha e Ultramar Rodrigo de Sousa Coutinho", 5 jul. 1798, Arquivo Histórico Ultramarino (AHU)_ACL_CU, cx. 35, doc. 1796.

[64] Idem.

[65] Ver Mayra Calandrini Guapindaia, *O controle do fluxo das cartas e as reformas de Correio na América portuguesa (1796-1821)*, cit., p. 195-302

[66] "Instruções para a Junta da Fazenda da Capitania de Minas Gerais relativas ao Correio", em *Coleção das Leis do Brasil de 1809* (Rio de Janeiro, Imprensa Nacional, 1891), p. 10.

distância em relação à corte ou a importantes centros regionais, como Vila Rica e São João del Rey. Com efeito, para a maioria das localidades, os portes de quatro oitavas sofreram decréscimo se comparados aos 150 réis (4 vinténs) cobrados desde 1798[67].

Data também de 1810 um manuscrito do administrador dos Correios da Corte contendo as datas de partida dos condutores responsáveis pelas três principais linhas do interior (Tabela 2). Por meio delas, de dez em dez dias, os habitantes da capital do Império poderiam se corresponder com as províncias de Espírito Santo, Minas Gerais, São Paulo, Goiás, Mato Grosso e Pará.

Tabela 2 – "Dias de partidas dos Correios destinados para a interior comunicação desta Corte, e Cidade do Rio de Janeiro com a Vila dos Campos dos Goitacazes, e com a Capitania do Espírito Santo, Minas Gerais, São Paulo, Goiás, Mato Grosso e Pará no presente ano de 1810, e seguintes"

	Partida dos Correios do Rio de Janeiro, Vila Rica e São João del Rey	Partida dos Correios do Rio de Janeiro e da cidade de São Paulo	Partida dos Correios do Rio de Janeiro e da Vila de S. Salvador dos Campos de Goitacazes
Janeiro	1; 11; 21; 31	2; 12; 22	3; 13; 23
Fevereiro	10; 20	1; 11; 21	2; 12; 22
Março	2; 12; 22	3; 13; 23	4; 14; 24
Abril	1; 11; 21	2; 12; 22	3; 13; 23
	E assim por diante em todos os dias 1, 11 e 21 dos outros meses	E assim em diante com todos os dias 2, 12, e 22 dos outros meses	E assim por diante em todos os dias 3, 13 e 23 dos outros meses

Fonte: Biblioteca Nacional do Rio de Janeiro, Seção de Manuscritos, Documento I-9, 12, 4.

Esses são, pois, os principais dispositivos do período joanino concernentes à tarifação postal. Vistos em conjunto, eles refletem não apenas o processo de interiorização da metrópole na América[68], mas também a incapacidade da coroa de impor um monopólio sobre a remessa de correspondências, quer fossem cartas, gazetas, papéis oficiais etc. Com algumas alterações, essa legislação continuou vigorando no Brasil após a Independência.

A comissão parlamentar encarregada de analisar esse dispositivo legal fez diversas críticas à maneira como o governo imperial organizara os serviços postais no país. Uma delas dizia respeito ao custeamento dos ensaios: vimos que o regulamento de 1829 determinava que todas as cidades e vilas do Império tivessem Correios, sendo que, em agências de pequena receita, as câmaras municipais deveriam encarregar pessoas de confiança pública para o serviço. Os encargos municipais eram complementados pelo artigo 25º, que se referia ao estabelecimento de linhas postais:

---

67 "Aviso de 8 de maio de 1809", em *Coleção das decisões do governo do Brasil* (Rio de Janeiro, Tipografia Nacional, 1891), p. 14.

68 Ver Maria Odila Leite da Silva Dias, *A interiorização da metrópole e outros estudos*, cit.

> Os [ensaios] que forem gerais de alguma Província, ou de umas para outras, serão promovidos pelos Presidentes, ouvindo o Conselho do Governo, com a aprovação de sua Majestade o Imperador. *Os que porém forem particulares de uma ou mais vilas ficam encarregadas às Câmaras Municipais, que darão principio a essas tentativas, estabelecendo três Correios mensais de umas para outras, cujas despesas fará cada uma, dentro dos respectivos distritos, à custa das suas rendas,* durante o primeiro ano, dando logo parte do novo estabelecimento aos Administradores das Províncias respectivas, que farão as competentes comunicações aos Presidentes, e ao Diretor Geral.[69]

Em contrapartida a essas disposições, os parlamentares simplificavam o processo de incorporação de linhas secundárias ao aparelho do Estado, transferindo para a Fazenda Pública os custos iniciais dessa empresa. Tal medida foi uma forma de chamar para o governo a responsabilidade pela expansão e uniformização dos serviços postais, além de significar substantiva desoneração dos cofres municipais cujas receitas eram, muitas vezes, insuficientes para arcar com despesas dessa ordem.

A garantia de continuidade do processo de monopolização do Estado sobre a remessa de cartas era, com efeito, um dos aspectos mais sensíveis da reforma municipal (1828), visto que a mobilidade espacial característica dos serviços de transporte tornava aqueles que o desempenhavam menos sujeitos à fiscalização. Ademais, em uma sociedade escravista marcada por relações de violência racial, era comum que os homens livres pobres fossem recrutados como condutores de correspondências privadas, tal como relata ter visto Koster no início daquele século:

> Os camponeses são frequentemente enviados para tarefas que nada têm a ver com negócios públicos; por léguas e léguas esses pobres companheiros são levados a viajar, com o objetivo de levar uma carta particular do chefe, de seus capitães ou de seus tenentes, sem remuneração.[70]

O regulamento de 1829 foi bastante detalhado nesses pontos, determinando que, nas vilas e cidades onde houvesse Correios regularmente estabelecidos, fosse proibida toda e qualquer remessa de cartas que não se fizesse pelas malas da agência local. Segundo o artigo 81º desse documento, "às pessoas que forem encontradas com cartas se imporá uma multa de dez a trinta mil réis, aplicada metade para o agente, ou pessoa, que der a denuncia, e outra metade entrará no cofre do Correio respectivo"[71]. Vale observar que essa multa poderia ser imposta por requerimento de qualquer agente postal, o qual deveria comunicar às autoridades judiciais

[69] "Regulamento da Administração Geral dos Correios [Decreto de 5 de março de 1829]", em *Coleção das Leis do Brasil de 1809*, cit., p. 212.

[70] Henry Koster, *Travels in Brazil*, cit., p. 192.

[71] "Regulamento da Administração Geral dos Correios, Decreto de 5 de março de 1829", *Coleção das Leis do Brasil de* 1809, cit., p. 212.

o ocorrido. Excetuavam-se dessa infração a correspondência que algum escravizado conduzisse "sendo de seu senhor, ou o criado, ou caixeiro, de seu amo", bem como as que fossem portadas por "boiadeiros, e tropeiros, arreadores, ou arrais de barcos, pertencentes às pessoas"[72] a quem fossem dirigidos os objetos da sua condução.

As disposições do regulamento relativas à condução de cartas sofreram críticas contundentes na Câmara dos Deputados. Para Bernardo de Vasconcellos, seu conteúdo revogava não só leis existentes, mas também a Constituição, visto que o princípio "de que ninguém pode remeter suas cartas senão pelo correio" fosse contrário à liberdade dos cidadãos expressa no texto constitucional. Essa disposição também dava margem, segundo o deputado, ao estabelecimento de uma verdadeira monopolização do Estado sobre os serviços postais – fato que, na década de 1830, ainda era objeto de indefinição. E questionava, retoricamente: "Estará este monopólio estabelecido nas exceções da constituição? De certo que não"[73].

Assegurar as liberdades individuais de acordo com a cultura política da época e, ao mesmo tempo, coibir práticas ilegais constituiu objeto de amplo debate. Assim, ao substituir uma regulamentação proibitiva – "é proibido postar e conduzir cartas que não sejam pelos Correios" – por uma linguagem condizente com a retórica liberal da época – "ninguém será obrigado a postar cartas que não sejam conduzidas pelos Correios" –, os deputados talvez buscassem incentivar a população a utilizar o serviço oferecido pelo Estado, instruindo-a a postar adequadamente suas correspondências nas agências de correio e evitar meios de comunicação que estivessem fora dos circuitos oficiais.

A mitigação do conteúdo proibitivo da lei também valeu para o artigo 114º do regulamento, que tratava da condução de malas por navios de guerra e mercantes. Ao invés de impedir a tripulação ou os passageiros dessas embarcações de conduzir missivas, medida que era praticamente impossível de fiscalizar[74], a Comissão de Constituição propôs a seguinte resolução: "todo navio de guerra ou mercante será obrigado a entregar no correio logo que chegar ao porto todas as cartas que trouxer, recebendo 20% do valor de seus portes, debaixo da pena de 10$ a 30$. E estas cartas pagarão somente metade dos portes"[75]. Estratégico, esse artigo contrabalanceava

---

72 Idem.

73 "Sessão do 15 de maio de 1830", em *Annaes do Parlamento brasileiro*, t. 1 (Rio de Janeiro, Typographia de H.J. Pinto, 1878), p. 155.

74 A fiscalização das correspondências nos portos era tão difícil de ser feita que, em 31 de janeiro de 1825, o Ministério da Fazenda emitiu um aviso no qual autorizava que o agente do mar – cargo subordinado ao intendente geral da polícia – intimasse aos mestres de embarcações e passageiros que lhe entregassem todas as cartas que trouxessem, "sob a pena de pagarem o tresdobro das taxas correspondentes". ("Aviso nº 27 [Fazenda] de 31 de janeiro de 1825", em *Coleção das Decisões do governo do Império do Brasil*, Rio de Janeiro, Imprensa Nacional, 1885, p. 17.)

75 Idem.

o peso das multas do texto original com duas vantagens: comissão sobre os portes das correspondências para os mestres das embarcações e barateamento dos portes, no caso dos passageiros e demais membros da tripulação.

Enfim, o projeto de expansão dos Correios da coroa dependia de uma série de condições infraestruturais que garantissem sua plena viabilidade. As distâncias e dificuldades dos caminhos, fossem terrestres ou fluviais, deram lugar ao amplo mapeamento hidrográfico e portuário levado a cabo pela Sociedade Real Marítima e Militar até 1818, pelo menos. Em um edital lançado pela Sociedade em 1813, solicitava-se que o intendente da Marinha expedisse sumacas, lanças e oficiais hábeis que "deveriam ser acompanhados de espaço em espaço pelos respectivos práticos mais inteligentes; e levando consigo bons relógios de longitude, boas agulhas, bons circulares, bons óculos, bons teodolitos, e bons desenhadores, irão correndo, sondando, e marcando as Costas, cuja planta lhes tocasse levantar"[76].

Se as distâncias eram um problema para a gestão dos correios terrestres e fluviais, ao menos os engenheiros militares e navais foram instados a produzir cartas geográficas e roteiros náuticos que subsidiassem seus projetos de intervenção e controle local da mão de obra disponível, assim como os fluxos de informação dentro e fora do continente. O projeto de nacionalização dos Correios, como foi sugerido, caminhou *pari passu* com o avanço da exploração dos recursos naturais, deslocamento das populações indígenas e estabelecimento de núcleos urbanos em regiões distantes do centro político. Ao fim e ao cabo, podemos dizer que a cartografia e os itinerários dos Correios fabricaram um espaço político a ser devassado e explorado economicamente pelas elites dirigentes e dominantes nos pós-Independência.

Referências bibliográficas

ALENCASTRO, Luiz Felipe de. África, números do tráfico atlântico. In: GOMES, Flávio; SCHWARCZ, Lilia. (orgs.). *Dicionário da Escravidão e Liberdade*. São Paulo, Companhia das Letras, São Paulo, 2018.

______. Vida privada e ordem privada no Império. In: ______ (org.). *História da vida privada no Brasil*, v. 2: *Império:* a corte e a modernidade nacional. São Paulo, Companhia das Letras, 1997.

ALMEIDA, Rita Heloisa de. A Carta Régia de 12 de maio de 1798 e outros documentos sobre índios no Códice 807. Revista do Instituto Histórico e Geográfico Brasileiro, n. 416, 2002, p. 171-180.

BELLOTTO, Manoel Lelo. *Correio marítimo hispano-americano*: a carreira de Buenos Aires (1767-1779). Assis [Brasil], Faculdade de Filosofia, Ciências e Letras de Assis, 1971.

BOTTIN, Jacques. Négoce et circulation de l'information au début de l'époque moderne. In: LE ROUX, Muriel (org.). *Histoire de la poste*: de l'administration à l'entreprise. Paris, Rue d'Ulm, 2002.

BRASIL. *Annaes do Parlamento brasileiro*, t. 1. Rio de Janeiro, Typographia de H. J. Pinto, 1878.

[76] Jose Maria Dantas Pereira, *Escritos maritimos e academicos a bem do progresso dos conhecimentos uteis, e mormente da nossa marinha, industria e agricultura* (Lisboa, Impressão Regia, 1828).

______.*Coleção das decisões do governo do Brasil.* Rio de Janeiro, Tipografia Nacional, 1891.

______. *Coleção das decisões do governo do Brasil de 1812.* Rio de Janeiro, Imprensa Nacional, 1891.

______.*Coleção das decisões do governo do Brasil de 1813.* Rio de Janeiro, Imprensa Nacional, 1890.

______. *Coleção das Decisões do governo do Império do Brasil.* Rio de Janeiro, Imprensa Nacional, 1885.

______. *Coleção das Leis do Brasil de 1809.* Rio de Janeiro, Imprensa Nacional, 1891.

______. *Colleção das Leis do Brasil de 1810.* Rio de Janeiro, Imprensa Nacional, 1891.

CABANILLAS, Rocío Moreno. *Entre escrituras, cartas y rutas*: el servicio postal en la Nueva Granada durante el siglo XVIII. Madri, Comisión de Publicaciones de la Real Academia Hispánica de Filatelia e Historia Postal, 2019.

CAMPOS, Luís Thomas Navarro de. Itinerário da viagem que fez por terra, da Bahia ao Rio de Janeiro por ordem do Príncipe Regente em 1808, o desembargador Luís Tomás Navarro de Campos. *Revista do Instituto Histórico e Geográfico Brasileiro,* tomo 7, 1845, p. 433-68.

CANTARINO, Nelson; OLIVEIRA, Milena Fernandes de. The Treaties of 1810 and the Crisis of the Luso-Brazilian Empire. In: CUNHA, Alexandre Mendes; SUPRINYAK, Carlos Eduardo (orgs.). *The Political Economy of Latin American Independence*, v. 1. Londres, Routledge, 2016.

CAPLAN, Jay. Surveillance and Secrecy: the Black Cabinets. In: *Postal culture in Europe, 1500-1800.* Oxford, Voltaire Foundation, 2016.

CARDOSO, José Luís. Nas malhas do império: a economia política e a política colonial de D. Rodrigo de Sousa Coutinho. In: CARDOSO, José Luís (org.). *A economia política e os dilemas do império luso-brasileiro (1790-1822).* Lisboa, Comissão Nacional para a Comemoração dos Descobrimentos Portugueses, 2001.

CASTRO, Pérola Maria Goldfelder Borges de. *"Em torno do trono"*: a economia política das comunicações postais no Brasil do século XIX (1829-1865). Tese de doutorado, São Paulo, FFLCH-USP, 2021.

CLAVERÍA, Gloria. El léxico del correo en los diccionarios de la Academia Española de la segunda mitad del siglo XIX. *Estudi General: Revista de la Facultat de Lletres de la Universitat de Girona*, n. 21, 2001, p. 381-94.

COUTINHO, Rodrigo de Souza. *Textos políticos, económicos e financeiros*: 1783/1811. Lisboa, Banco de Portugal, 1993.

DIAS, Maria Odila Leite da Silva. *A interiorização da metrópole e outros estudos.* 2. ed., São Paulo, Alameda, 2005.

GUAPINDAIA, Mayra Calandrini. *O controle do fluxo das cartas e as reformas de Correio na América Portuguesa (1796-1821).* Tese de doutorado em história, Lisboa, ICS-Universidade de Lisboa, 2019.

JOHN, Richard R.; SILBERSTEIN-LOEB, Jonathan (orgs.). *Making News*: The Political Economy of Journalism in Britain and America from the Glorious Revolution to the Internet. Nova York, Oxford University Press, 2015.

KANTOR, Íris. Novas expressões da soberania portuguesa na América do Sul: impasses e repercussões do reformismo pombalino na segunda metade do século XVII. In: FRAGOSO, João; GOUVEIA, Maria de Fátima (orgs.). *O Brasil Colonial 1720-1821*, v. 3. Rio de Janeiro, Civilização Brasileira, 2014.

KOSTER, Henry. *Travels in Brazil.* Londres, Longman, Hurst, Rees, Orme and Brown, 1816.

LYRA, Maria de Lourdes Viana. *A utopia do poderoso Império*: Portugal e Brasil, bastidores da política (1798-1822). Rio de Janeiro: Sette Letras, 1994.

MARSON, Izabel Andrade. Feudalismo e escravidão: representações da sociedade pernambucana no Travels in Brazil de Henry Koster. *CLIO*, n. 16, 1996, p. 83-109.

MARTINS, Carlos Moura. A aplicação da ciência à política do território na transição do século XVIII para o século XIX. In: ARAÚJO, Ana Cristina; FONSECA, Fernando Taveira da (orgs.). *A universidade pombalina:* ciência, território e coleções científicas. Coimbra, Imprensa da Universidade, 2017.

MORAES, Carlos Robert de. Notas teóricas sobre fronteiras e territórios. In: KANTOR, Íris (org.). *Produzindo Fronteiras*: entrecruzando escalas, povos, e impérios na América portuguesa, v. 1. Belo Horizonte, Autêntica, 2020.

MORAES, Rubens Borba de. *Bibliographia Brasiliana*, v. 1. São Paulo, Edusp/Fapesp, 2010.

MOSCO, Vincent. *The Political Economy of Communication*. Londres, SAGE Publications, 1996.

MOTTA, Márcia Maria Menendes. *Direito à terra no Brasil*: a gestação do conflito (1795-1823). São Paulo, Alameda, 2009.

NETO, Margarida Sobral (org.). *As comunicações na Idade Moderna*. Lisboa, Fundação Portuguesa das Comunicações, 2005.

NEVES, Lúcia Maria Bastos Pereira das. Opinião pública. In: FERES JR., João (org.). *Léxico da história dos conceitos políticos no Brasil*. Belo Horizonte, UFMG, 2014.

PEREIRA, Jose Maria Dantas. *Escritos maritimos e academicos a bem do progresso dos conhecimentos uteis, e mormente da nossa marinha, industria e agricultura*. Lisboa, Impressão Regia, 1828.

POMBO, Nívia. Segredos coloniais sob o controle do rei. A reforma dos correios em Portugal e no ultramar em finais do século XVIII: modelos, resistências e limites. In: GAUDIN, Guillaume; STUMPF, Roberta (orgs.). *Las distancias en el gobierno de los imperios ibéricos*. Madri, Casa de Velázquez, 2022.

______. Unidade política e territorial nos projetos de D. Rodrigo de Sousa Coutinho. In: MOTTA, Márcia; SERRÃO, José Vicente; MACHADO, Marina (orgs.). *Em terras lusas:* conflitos e fronteiras no império português. Vinhedo, Horizonte, 2013.

PRADO JÚNIOR, Caio. *Formação do Brasil contemporâneo*: colônia. São Paulo, Brasiliense, 1957 [1942].

RAFFESTIN, Claude. *Por uma geografia do poder*. São Paulo, Ática, 1993.

SAMPAIO, Patrícia Melo. *Espelhos partidos:* etnia, legislação e desigualdade na colônia. Manaus, EDUA, 2012.

SANTOS, Milton. *A natureza do espaço*: técnica e tempo, razão e emoção. São Paulo, Hucitec, 1996.

SILVA, Andrée Mansuy-Diniz. *Portrait d'un homme d'État*: D. Rodrigo de Souza Coutinho, Comte de Linhares: 1755-1812, v. 2: *L'Homme d'État*. Paris: Centre Culturel Calouste Gulbenkian, 2006.

SILVA, Antonio Delgado da (org.). *Collecção da legislação portugueza desde a ultima compilação das ordenações*, v. 4: *Legislação de 1791 a 1801*. Lisboa, Typografia Maigrense, 1828.

SMITH, Adam. *A riqueza das nações*: investigação sobre sua natureza e suas causas. Trad. Luiz João Baraúna, São Paulo, Nova Cultural, 1966.

STEELE, Ian. *The English Atlantic 1675/1740*: An Exploration of Communication and Community. Nova York, Oxford University Press, 1986.

A Independência e os livros
uma história sobre o futuro

Marisa Midori Deaecto

O livro é o meio principal e insubstituível da difusão da cultura e transmissão do conhecimento, do fomento à pesquisa social e científica, da conservação do patrimônio nacional, da transformação e aperfeiçoamento social e da melhoria da qualidade de vida.

Art. II, Cap. 1, da Política Nacional do Livro – Lei 10753/03, sancionada pelo presidente Luiz Inácio Lula da Silva, em 30 de outubro de 2003.

Introdução

De 1808 a 1831 o Brasil conheceu os efeitos de três revoluções que demarcaram a história da cultura impressa no Ocidente: a revolução gutenberguiana, de meados do século XV, a Revolução Francesa, de 1789, e a Revolução Industrial, do último quartel do século XVIII, embora pareça exato afirmar que os dois últimos movimentos ainda estivessem em curso, àquela época.

A abertura da Impressão Régia, após a chegada da família real portuguesa no Rio de Janeiro, por decreto assinado em 13 de maio de 1808, situou esta porção da América em um evento mais amplo, iniciado por Gutenberg quando da invenção da tipografia. Uma revolução, como assinala a ampla historiografia sobre o tema[1], iniciada na Mogúncia (atual Mainz, na Alemanha), que conquistou em apenas meio século todo o continente europeu. Ou seja, enquanto os navegadores partiam para suas conquistas nos quatro cantos do mundo, os primeiros tipógrafos peregrinaram de cidade em cidade, de Mainz a Paris, de Bamberg a Veneza, ou ainda a Subiaco e alhures, para anunciar a boa nova. Os primeiros prelos americanos foram instalados na Cidade do México (1530), em Lima (1583), Juli (1610), Antigua Guatemala (1660) e Misiones (1700) – esta última, nas fronteiras quentes que hoje divisam a Argentina, o Paraguai e o Brasil[2]. Na porção oriental, destacam-se as tipografias

[1] Ver Frédéric Barbier, *A Europa de Gutenberg: o livro e a invenção da modernidade ocidental (séculos XIII-XVI)* (São Paulo, Edusp, 2018).

[2] Dados extraídos de Carlos Rizzini, *O livro, o jornal e a tipografia no Brasil (1500-1822)* (Rio de Janeiro, Kosmos, 1945).

instaladas na Índia, em Macau e no Japão, ainda no século XVI[3]. Embora a maior parte dessas iniciativas tenha sido motivada pela ação das ordens religiosas, nem o Estado espanhol, nem o português as demoveram de seus objetivos, ou seja, fazer imprimir livros e opúsculos como parte de um projeto maior de expansão do catolicismo e da civilização europeia. Apenas o Brasil se viu alheio a esse grande movimento de reprodução e difusão da letra de forma.

Passados três séculos, a Revolução Francesa impactou fortemente a produção e a recepção de impressos, concorrendo, inclusive, para a ampla difusão da literatura francesa na área geográfica atingida pelo Iluminismo[4]. Difícil traduzir, em breves linhas, seus efeitos sobre a cadeia produtiva do livro, noutros termos, sobre a organização do mercado e do trabalho por seus principais agentes, do autor ao leitor, do editor ao tipógrafo, sem olvidar a importância dos livreiros (varejistas e distribuidores). Como evento político que abalou as estruturas do Antigo Regime, a Revolução lançou luz sobre a importância do livro, do panfleto e do periodismo no processo de formação da opinião pública, quebrando, nesse sentido, os últimos grilhões que teimavam em restringir a matéria escrita a uma fração privilegiada da sociedade. Os livros e panfletos políticos que acenderam a chama revolucionária no Velho Mundo atravessaram o oceano e inspiraram a centelha revolucionária[5] dos movimentos de independência em toda a América. Leituras públicas de *Do contrato social*, de Rousseau, como as que realizava Marat, na Place de la Grève, devem ser interpretadas tanto por seu valor político, ou simbólico, quanto por seu efeito sobre a economia editorial.

Pois essa explosão de conteúdos impressos só poderia ser alavancada com a emergência de novos profissionais, suficientemente capitalizados para absorver as inovações técnicas e tecnológicas que a indústria do livro exigia, e para arregimentar

---

[3] Manuel Cadafaz de Matos, "A tipografia quinhentista de expressão cultural portuguesa no Oriente. Veículo de propagação dos ideais humanísticos (no quarto centenário da introdução da imprensa jesuítica no Japão)", *Humanitas*, Universidade de Coimbra, n. 43-4, 1991-1992, p. 153-72.

[4] Ver Franco Venturi, "Cronologia e geografia do Iluminismo", em *Utopia e reforma no Iluminismo* (trad. Modesto Florenzano, Bauru, Edusc, 2003), p. 217-46.

[5] Sobre o cônego Luís Vieira da Silva, escreve o autor: "Era um *afrancesado*? Pode-se admiti-lo. As idéias francesas contagiavam alguns brasileiros seletos daquele tempo. Constituíam, é claro, uma reduzida minoria, mas pode-se admitir, como se tem admitido, que tais ideias influíram no pensamento autonomista dos conjurados mineiros, junto com razões mais fortes, de ordem econômica e afetiva, como o grande receio da *derrama*, o sentimento nativista e a hostilidade ao português" (Eduardo Frieiro, *O diabo na livraria do cônego*, 2. ed., Belo Horizonte, Itatiaia, 1981 [1957], p. 51). Ver, ainda: Carlos Guilherme Mota, *A ideia de revolução no Brasil e outras ideias* (São Paulo, Editora Globo, 2008), p. 53; Kátia de Queirós Mattoso, *Presença francesa no movimento democrático baiano de 1798* (Salvador, Itapuã, 1969); Osvaldo Coggiola (org.), *A Revolução Francesa e seu impacto na América Latina* (São Paulo, Nova Stella/CNPQ/Edusp), 1990.

um exército de trabalhadores aptos a compor, revisar textos e a controlar as novas prensas, estas, movidas a vapor e alimentadas com pesadas bobinas de papel.

E se a velha prensa criada por Gutenberg, ou mesmo os antigos *ateliers* tipográficos sofreram poucas intervenções ou melhorias durante trezentos anos de atividades, a partir do final do século XVIII a indústria não cessa de se desenvolver, como demonstra o rol de patentes criadas, tanto da parte dos papeleiros, quanto dos desenvolvedores de impressoras mais eficientes e rápidas, capazes de suprir a fome de leitura do povo[6]. A partir de 1830, os efeitos da Revolução Industrial sobre o mundo do impresso serão estampados no jornal diário; no aparecimento do capitão de indústria, ou do *publisher*, que busca manter o monopólio sobre a indústria jornalística e editorial; na organização dos primeiros parques gráficos, que selam de uma vez por todas a divisão entre o trabalho editorial e o industrial no processo de criação e de reprodução do texto e de imagens; na emergência das brochuras populares[7]; na profusão de livrarias e de quiosques, que disponibilizam aos leitores, nas grandes cidades, edições nacionais e estrangeiras, coleções modernas direcionadas ao transeunte apressado e nem sempre exigente, movido pelo ritmo dos vapores (dos navios, certo, mas também dos trens que começam a cortar as antigas veias da Europa)[8].

Esse panorama é importante, pois dimensiona bem o estado de indigência a que a metrópole portuguesa abandonou sua colônia mais lucrativa no curso de três séculos. Tendo se iniciado tarde a produção tipográfica no Brasil – "desgraçadamente tarde"[9], no dizer de Hipólito da Costa (1774-1823) – parece natural que os

---

[6] Jean-Yves Mollier, *O dinheiro e as letras: história do capitalismo editorial* (São Paulo, Edusp, 2010).

[7] Entre 1838 e 1853, escreve Jean-Yves Mollier, "o preço das principais coleções caiu de 15 F para uma média de 1 F e, paralelamente, as tiragens se elevaram de 1.000 para 6.000 exemplares" (Jean-Yves Mollier (org.), *Où va le livre?* Paris, La Dispute/SNEDIT, 2002-2003, p. 27).

[8] De acordo com Georges Weill, "os elementos de uma transformação completa da imprensa periódica são reunidos entre 1830 e 1860. Os jornais não são mais reservados a uma classe pouco numerosa de eleitores censitários; eles querem se dirigir a todos os que sabem ler, e o número dos letrados está aumentando. Oferece-se a este público novo, em nada blasé, em nada delicado, o alimento que lhe convém, porém, sem negligenciar o público instruído que fornece ainda o grosso das assinaturas. O anúncio se torna uma fonte preciosa, embora ela não tenha ainda se desenvolvido por completo. O jornal vendido a dois *sous*, a um *cent*, ou a um *penny*, anuncia uma nova época. Mas, como afirmava Gladstone após a abolição do imposto sobre o papel, "para vermos os resultados completos desses desenvolvimentos, é preciso que nós, homens do século XIX, tenhamos desaparecido" (Georges Weill, *Le Journal: origines, évolution et rôle de la presse périodique,* Paris, La Renaissance du Livre, 1954, p. 217).

[9] Ao comentar o fim da censura à imprensa, após a Revolução do Porto (1820) – ou mais precisamente, por decreto assinado pelo regente D. Pedro, em 28 de agosto de 1821 –, escreve Caio Prado Júnior: "É graças a essa liberdade que existiu ampla e sem peias nessa época, que os brasileiros puderam ficar ao par do movimento democrático que surgia em Portugal, lutar

livros aqui circulantes fossem impressos n'além-mar. E a lembrança não é fortuita, bastando observar que esse ilustre brasileiro, perseguido e condenado como foi pela inquisição portuguesa por ser adepto da maçonaria, fugiu para Londres e, no período de 1808 a 1823, inaugurou o jornalismo com o *Correio Braziliense ou Armazém Literário*. Assim, o caráter singular da história da imprensa brasileira fez com que os mecanismos de circulação do impresso se antecipassem aos da produção. Da mesma forma que o célebre *Correio Braziliense* entrava sorrateiramente pelos portos brasileiros, driblando a censura vigente, outros tantos jornais, revistas e livros perfaziam o mesmo trajeto[10].

O livro surge, ou antes insurge, raro, caro e, acrescenta Nelson Werneck Sodré, herético no Brasil[11]. Até o final do século XVIII inexistiam as livrarias, sendo amiúde representadas pelas boticas e os armazéns de secos e molhados, senão, pela residência de algum letrado, que por isso já gozava de fama na comunidade em que vivia[12]. As bibliotecas religiosas, as quais detiveram notável prestígio durante todo o período colonial, foram pouco a pouco cedendo às mudanças do século, não raro em prejuízo de suas coleções, como aconteceu em São Paulo, no convento dos franciscanos, que perdeu parte de seus livros e de seu edifício para abrigar a Faculdade de Direito e sua hoje imponente biblioteca. Conforme veremos mais adiante, esta instituição, cravada no Largo de São Francisco, é um produto genuíno da Independência do Brasil[13]. As coleções particulares e laicas, por seu turno, mapeadas com certa exaustão para os séculos XVI, XVII e XVIII, apenas demonstram maior volume no último quartel do Setecentos, quando já se avultam os movimentos emancipacionistas e se depreendem delas a literatura de matrizes ilustradas[14].

---

contra o absolutismo e estabelecer uma política que lhe permitiu progredir rapidamente" (Caio Prado Júnior, "Introdução", em Rubens Borba de Moraes (org.), *O Tamoyo*, ed. fac-similar, Rio de Janeiro, Zelio Valverde, 1944, p. X). A batalha de opinião que se instaura na década de 1820 é muito bem recuperada por Isabel Lustosa em *Insultos impressos: a guerra dos jornalistas na imprensa* (São Paulo, Companhia das Letras, 2000).

10 Rubens Borba de Moraes, *Livros e bibliotecas no Brasil colonial* (São Paulo, Secretaria da Cultura, Ciência e Tecnologia do Estado de São Paulo, 1979).

11 Nelson Werneck Sodré, *História da imprensa no Brasil* (Rio de Janeiro, Civilização Brasileira, 1966).

12 Exemplo notável é o de Antônio Mariano de Azevedo Marques, figura muito conhecida e respeitada na pacata São Paulo, que atendia pela alcunha de Mestrinho. Sem paciência para esperar uma tipografia que nunca chegava, fundou, em 22 de setembro de 1823, *O Paulista*, jornal manuscrito e dirigido por ele (Antonio Barreto do Amaral, *Dicionário de História de São Paulo*, São Paulo, Governo do Estado, 1980).

13 Para uma análise mais acurada desta questão, ver Marisa Midori Deaecto, *O império dos livros: instituições e práticas de leituras na São Paulo oitocentista* (2. ed., São Paulo, Fapesp/Edusp, 2019).

14 Sobre o aumento das bibliotecas privadas, no final do século XVIII, adverte Jorge de Souza Araújo: "o que muda não é o perfil sociológico desse leitor, em geral um homem abastado ou de

Essas considerações nos motivam a propor uma reflexão centrada nas condições de acesso a esse bem raro, caro e amiúde tomado como herético na sociedade brasileira. Donde a pergunta: em que medida a Independência criou condições para a superação dessa ordem de coisas? Não se trata, portanto, de simplesmente reproduzir os conhecimentos já acumulados sobre o aparecimento das tipografias, das livrarias, das bibliotecas e a organização do mercado editorial na corte do Rio de Janeiro e nas capitais provinciais no período em tela. Tampouco, missão difícil de ser executada no espaço de um artigo, resgatar os livros fundamentais impressos no período que demarca o processo de emancipação do país, ou mesmo depois, nos duzentos anos de história que se seguem[15]. Em certo sentido, questões relacionadas a essa temática vieram à tona em 2008, quando da celebração do bicentenário da Impressão Régia, futura Imprensa Nacional[16]. Ocorre que de lá para cá muitas pedras rolaram e o retrato da leitura no Brasil tem se revelado cada vez mais sombrio, da mesma maneira que o mercado editorial, lançado à própria sorte, apresenta-se hoje incerto. Ninguém duvida que, a depender do estado de abandono em que se encontram a educação e a cultura – a bem dizer, o país, na sua totalidade – hoje, em 2022, o livro volte a se tornar um artigo raro, caro e, sobretudo, herético.

Portanto, dentre os muitos temas que poderiam ser privilegiados em uma exposição sobre o livro no bicentenário da Independência do Brasil, parece-nos que a noção que o toma como um artigo raro, porque caro, logo, destinado a uma fina camada da sociedade é a que mais resiste ao tempo e, mesmo, às tecnologias. Mas como abordá-la?

Nosso ponto de partida, a bem da verdade, é um documento que antecede ao período em tela, mas que diz muito sobre a relação que se busca estabelecer entre o Estado e a questão do acesso ao livro e à leitura. Em 1800, o governador-geral de São Paulo, Antonio Manoel de Melo Castro e Mendonça recebeu, por ordem de D. Rodrigo de Sousa Coutinho, então ministro e secretário da Marinha e Negócios Ultramarinos, uma remessa de livros que deveriam ser postos à venda em praça pública. O projeto não vingou, mas produziu uma série de missivas muito esclarecedoras sobre a relação que logo se estabeleceu entre literatura e público naquela

classe média, entre conservador e liberal, ainda preso ao limite da devoção religiosa e ao profissionalismo, seguramente curioso e interessado numa maior gama de interpretações do mundo à sua volta" (Jorge de Souza Araujo, *Perfil do leitor colonial*, Salvador/Ilhéus, Ed. Ufba/Ed. Uesc, 1999, p. 149).

15 O mapeamento dos livros impressos de 1808 a 1822 foi objeto de uma interessante bibliografia, que hoje constitui fonte incontornável para os estudiosos dos autores, títulos, gêneros literários, áreas do conhecimento e temas impressos na corte e que poderiam igualmente circular por todo o país nesse período (Ana Maria de Almeida Camargo e Rubens Borba de Moraes, *Bibliografia da Impressão Régia do Rio de Janeiro*, São Paulo, Edusp/Livraria Kosmos, 1992, 2 v.).

16 Ver, entre outros títulos, Aníbal Bragança e Márcia Abreu (org.), *Impresso no Brasil: dois séculos de livros brasileiros* (São Paulo/Rio de Janeiro, Ed. Unesp/FBN, 2010).

acanhada capitania. Os documentos relativos a esse evento foram analisados e parcialmente transcritos por Jorge de Souza Araújo em sua excelente análise sobre as bibliotecas coloniais. No entanto, sua leitura parece corroborar com a visão do governador-geral, que estimava serem os títulos impróprios para o estágio de formação ainda muito incipiente da população paulista. Teria mesmo soçobrado aquele projeto reconhecidamente ilustrado de D. Rodrigo de Sousa Coutinho por falta de público que merecesse os volumes à venda? Ou o governador-geral, por medo dos livros e de seus efeitos inesperados sobre a população, simplesmente sabotou a iniciativa?

Esse evento não apenas reitera o caráter herético, para retomar a ideia de Nelson Werneck Sodré, que se atribuía aos livros, justificando sua vigilância constante, mas também ilustra de modo eloquente a importância da Revolução do Porto (1820) e, logo, da Independência, como os últimos grilhões contra a censura multissecular praticada pela Igreja e o Estado português. Tal fato permitiu a expansão das tipografias, das livrarias e das bibliotecas, o que certamente facilitou uma maior exposição de impressos nas cidades brasileiras. Não podemos olvidar a importância dos gabinetes e clubes de leitura, instalados nas capitais de maior vulto, a exemplo de Salvador e do Rio de Janeiro, a partir das décadas de 1820-30[17]. Assim, a título de arremate, partiremos da pacata São Paulo para avaliar essas novas condições de acesso ao livro na vibrante corte.

Lancemos, portanto, luz aos livros, às bibliotecas, às livrarias e aos leitores que viviam no burgo paulistano há pouco mais de duzentos anos.

Livros a mancheia?

Voltemos à história brevemente narrada no tópico acima, em que o governador--geral de São Paulo se vê embaraçado diante da ordem recebida de um superior, justamente, do ministro e secretário da Marinha e Negócios Ultramarinos, que consistia em vender livros aos habitantes de sua capitania. De posse de tais livros e aparentemente sem meios de os fazer circular, ele redige ao ministro uma longa e muito esclarecedora missiva, na qual justifica o malogro do projeto, sugere não consentir com os títulos que lhe foram remetidos e se arrisca a apresentar, em linhas breves, aqueles considerados verdadeiramente úteis para a sua gente. É o que lemos no documento parcialmente transcrito nas linhas que se seguem:

> ILLmo E Ex.mo SNR. – Acompanhada do Avizo Nº 26 de 22 de 8br.º de 1800, recebo a relação dos impressos que em hum caixote me forão entregues com a importância de 165$120 rs. com ordem de a fazer vender pelos preços indicados na mesma relação, e de remeter o seu produto ao Official Maior da Secretaria, na forma do costume.

---

[17] Ver Nelson Schapochnik, *Os jardins das delícias: gabinetes literários, bibliotecas e figurações da leitura na corte imperial* (tese de doutorado em história social, São Paulo, FFLCH-USP, 1999).

> Eu já ponderei a V. Ex.ª nos officios Nº 13 e 15 a pouca extracção que actualmente tem nesta Capitania os ditos Impressos pelo nenhû gosto que há de se applicarem ao Estudo das Artes e Sciencias, de tal maneira q.' com muita difficuldade se pode conseguir que os Estudantes que se destinão à vida Ecclesiastica frequentem os Estudos de Philosophia e Rethorica.
> [...]
> He verdade q.' excelentes Memorias q.'nse achão vertidas de Ordem de sua Alteza augmentão a Massa geral dos conhecimentos da Nação; mas quem duvida, e V. Exª. melhor do que eu o sabe que estes conhecimentos devem ser transmitidos com tal economia, que eles não ceguem pelo seu deslumbre, quando se intenta illuminar os Povos, aos quaes no momento em que dão os prim.os passos fora do circulo da ignorancia em que tem jazido, hé precizo apropriar a Lição à sua capacidade, bem como a natureza pratica, destinando no leito dos animaes hum sustento já elaborado para a nutrição dos pequenos filhos, a quem outro alimento mais forte, qual o que nutre o animal adulto, lhes daria a morte, em lugar de lhes conservar a vida.
> [...]
> Nestes termos represento a V. Ex.ª se digne não enviar para esta Capitania mais remessa de Livros não sendo eles concebidos na fr.ª que tenho todos expressado e na que tenho de dirigir a Real Prezença, mandando uma relação dos que necessariam.te se devem enviar para esta Capitania, ou sejão compostos de novo, ou feitos vulgares pelas Traduçõens, ou pelas reimpressõens; compromettendo-me com tudo a ver se posso dar sahida aos que cá se achão por aquelles meios que me parecem mais próprios, e mais adequados a excitar a curiosidade dos compradores, e tendo-o praticado, immediatamente mandarei entregar ao mencionado Official Maior da Secretaria d'Estado a somma total do seu produto, na forma que V. Ex.ª me recommenda. D.s. g.e. V. Ex.ª S.m Paulo 22 de janeiro de 1801 – Illmo. e Ex.mo. Snr.' D. Rodrigo de Souza Coutinho. - Antonio Manuel de Mello e Castro.[18]

O desfecho da carta, transcrito no último bloco, expõe de modo cristalino a sua contrariedade: "represento a V. Ex.ª se digne não enviar para esta Capitania mais remessa de Livros não sendo eles concebidos na fr.ª que tenho todos expressado e na que tenho de dirigir a Real Prezença". Pois, se nem mesmo os "Estudantes que se destinão à vida Ecclesiastica" apresentam pendor para as leituras de filosofia e retórica, segundo argumenta logo no início da missiva, como esperar que tais "Memórias", em referência deveras genérica que faz aos títulos encaixotados, possam interessar a toda a gente? Antes o governo atenda à "relação dos [livros] que necessariamente se devem enviar para esta Capitania", ou seja, obras úteis e necessárias ao ensino elementar. Segundo argumenta noutra passagem:

> em lugar de muitas destas obras, antes se imprimissem todas as Elementares, principiando pelas que são necessarias para o uzo das Escollas de prim.rãs letras, e depois as que são indispensáveis a qualquer homem que não se destina a maiores Estudos,

[18] Citado em Jorge de Souza Araujo, *Perfil do leitor colonial*, cit., p. 153-4.

> como são Elementos de Historia, de Geographia, em fim, de todas as mais Artes, Sciencias, de maneira que iniciados os Povos nos conhecimentos geraes, e que devem ser comuns em toda classe de pessoas, possão depois pela lição destes preciozos impressos, fazer os maiores progressos, e tirarem della todas aquellas vantagens que S. A. R., se propoz quando se dignou mandar por em execução tão útil projeto [...].[19]

Na *Relação dos Livros q.' existem em ser*, conforme documento anexo em nova carta dirigida ao ministro, em 6 de fevereiro de 1802, constam 34 títulos, os quais perfazem 1094 exemplares, totalizando a soma de 729$160. Noutra lista, datada de 13 de agosto de 1803, a remessa é ainda maior: 48 títulos, 1356 volumes, no valor total de 871$860. Ou seja, uma soma muito superior ao enunciado no primeiro documento, o que sugere um número razoável de remessas para a capitania de São Paulo.

E de que tratam esses livros? As obras remetem claramente ao programa editorial desenvolvido pela célebre Tipografia do Arco do Cego, fundada em 1799, em Lisboa, e dirigida por Frei José Mariano da Conceição Veloso, sob os auspícios do conde de Linhares, o já citado ministro D. Rodrigo de Sousa Coutinho. O empreendimento se voltava para a edição de obras literárias e científicas, impressos com apuro gráfico e não raro ilustradas em água forte, com notável acento para os títulos de uso geral, com aplicação na agricultura, condizente com o princípio fisiocrático então em voga. Assim os tratados ou memórias, para adotar o termo usado na época, para a cultura do açúcar, da canela, da batata, do cravo, dentre os quais uma reedição de Antonil, *Cultura e opulência do Brasil*, livro censurado em 1711 justamente por seu atestado valor para o conhecimento das riquezas da terra e de suas formas de exploração. A essas memórias somam-se alguns tratados médicos, de botânica, de engenharia, medicina, além de obras religiosas, alguma poesia e o não menos celebrado *Fazendeiro do Brasil*, trabalho que certamente absorvera muita energia e muitos recursos daquele empreendimento tipográfico e editorial inspirado nas ideias ilustradas. Aliás, por esses tempos a empresa caiu em crise, o que explicaria, em parte, a insistência em fazer vender os livros na colônia, por ordem real e, também, o encerramento prematuro de suas atividades, em 1804. Cumpre ressaltar que o Arco do Cego era frequentado por brasileiros, de modo geral, jovens estudantes da Universidade de Coimbra, simpáticos aos esforços de driblar a proibição da imprensa e a censura na colônia, por meio da produção e remessa de livros diretamente da metrópole[20].

Fácil prever que nem a cidade, nem a capitania comportavam espaços para a devida divulgação dessas remessas. Afinal de contas, o trato com os livros requer

---

[19] Idem.

[20] Este breve resumo foi extraído das contribuições reunidas no excelente volume: Ermelinda Moutinho Pataca e Fernando José Luna (orgs.), *Frei Veloso e a tipografia do Arco do Cego* (São Paulo, Edusp, 2019).

todo um trabalho de esclarecimento que as autoridades pareciam estar muito longe de fazer junto ao público. Por outro lado, é difícil imaginar que tais edições fossem totalmente desprovidas de interesse para os leitores paulistas, como pretende sustentar o governador-geral. O preço dos livros, sem dúvida, estava longe de ser popular, mas, ainda assim, eles eram vendidos, desde que devidamente difundidos[21]. Talvez – e isso se torna patente nas críticas reincidentes, embora ligeiramente contidas, que faz o governador-geral aos conteúdos das memórias – a massa de volumes que D. Rodrigo fazia chegar na colônia, em um contexto de prevenção extremada contra os chamados livros defesos, que teimavam em entrar às carreiras, inviabilizando qualquer dispositivo legal para os fazer barrar nas alfândegas, estivesse no centro das preocupações daquele funcionário metropolitano[22]. De toda maneira, seu juízo faz ecoar uma crítica muito comum entre os conservadores de seu tempo, relativa à profusão de conhecimento despejada por livros que circulam em quantidade demasiada, quando, antes, para retomar seu próprio arrazoado, "devem ser transmitidos com tal economia, que eles não ceguem pelo seu deslumbre, quando se intenta illuminar os Povos".

A imagem do livro que ilumina e ofusca, em um jogo metonímico do conhecimento cuja luz cega os olhos – pensemos no mito da caverna, de Platão – foi muito recorrente no Setecentos –, não por acaso, *Siècle des Lumières*, ou *Aufklärung*, ou ainda *Enlightenment*. Afinal, era tênue a fronteira que se estabelecia entre os intelectuais confiantes no poder do livro e da leitura contra as trevas do irracionalismo e do misticismo, e aqueles que teimavam em ver na profusão de novos volumes um sinal de perigo contra a ordem vigente. Devemos recordar, à luz de Jürgen Habermas, que no final do século XVIII o público de classe média alemão passou a ter especial predileção pelas notícias e debates vindos da França e da Inglaterra[23]. Para Friedrich

---

[21] Pudemos verificar este fato em outro estudo, no qual demonstramos que, embora alguns volumes postos à venda em leilão em São Paulo em 1826 atingissem o valor compatível com o salário de um professor da Academia de Direito, dez anos mais tarde, na mesma cidade, todos foram arrematados e com lucro para o tesouro. Ver Marisa Midori Deaecto, *O império dos livros*, cit., p. 57-76.

[22] Desde a criação da Real Mesa Censória, por Marquês de Pombal, pela lei de 5 de abril de 1762, tornaram-se recorrentes as reformas dos mecanismos de censura no Estado português, demonstrando sua fragilidade em relação à dinâmica dos livros e impressos que não cessavam de aumentar e furar o cerco dos censores. Data de 5 de junho de 1777, já nos tempos de Dona Maria I, a criação da Real Mesa da Comissão sobre o Exame e Censura dos Livros. A lei foi, todavia, extinta, segundo o alvará de 17 de dezembro em 1794, por ter se tornado ineficaz. Por essa mesma representação o sistema voltou a ser tripartite, ou seja, a censura aos livros e impressos em geral era dirigida pela Inquisição, pelo Ordinário (ou seja, o bispo) e pelo Desembargo do Paço (burocracia estatal). Ver Laurence Hallewell, *O livro no Brasil: sua história* (trad. Maria da Penha Villalobos, Lólio Lourenço de Oliveira e Geraldo Gerson de Souza, 2. ed., São Paulo, Edusp, 2005), p. 95-6.

[23] Ver Jürgen Habermas, *Mudança estrutural da esfera pública: investigações sobre uma categoria da sociedade burguesa* (trad. Denilson Luís Werle, São Paulo, Unesp, 2014).

von Gentz, "esta obsessão pelos livros [*Bücherwuth*] já está se movendo de um país a outro e de uma classe da sociedade a outra"[24]. Na sua visão, o radicalismo que emanou da França e se espalhou por meio da literatura por toda a Europa, "destruiu o equilíbrio das ideias políticas"[25]. Soa, portanto, muito familiar a postura de nosso governador-geral em relação àquela expressa por um político prussiano antirrevolucionário, Gentz, frente ao aumento descontrolado da produção de livros e de impressos, que circulavam por todas as partes, encontrando guarida entre os leitores de sua região. Ambos pareciam concordar, segundo uma mentalidade profundamente enraizada no Antigo Regime, que o excesso de livros mais poderia cegar "pelo seu deslumbre, quando se intenta illuminar os Povos". Aquela profusão de livros sem dúvida contrastava com o deserto intelectual em que vivia a capitania às vésperas da Independência. E nosso bravo capitão não encontrava outra saída, senão a de reivindicar a remessa de manuais elementares para a educação escolar.

Faltavam às cidades coloniais bibliotecas, livrarias, tipografias – e até mesmo os cafés – enfim, espaços que iluminassem a vida de forma mais natural, sem o excesso da escuridão que aprisiona e da luz que ofusca. As bibliotecas coloniais brasileiras, já o afirmamos, eram majoritariamente de origem religiosa. As livrarias não existiam. E as tipografias eram proibidas. Como pensar em uma convivência familiar com os livros e a leitura, diante de tantos obstáculos?

Esse quadro muda substancialmente no início do século XIX e toma corpo no processo de organização do Estado brasileiro, de modo que a abertura da Biblioteca do Rio de Janeiro, ou Real Biblioteca, em 1811 – após a Independência, Imperial, Pública e, finalmente, Nacional[26] – figura como o marco de uma nova era: "termina a hegemonia dos conventos e se organiza o pensamento livre", escreve Antonio Candido sobre as condições de formação da literatura brasileira no final do século XVIII[27].

A Biblioteca Pública da Bahia seguiu-lhe os passos, vindo a ser inaugurada em 1811. "Seria formada pela cooperação de todos os cidadãos que desejassem dela fazer parte. A administração seria exercida pela sociedade e os fundos necessários

---

[24] Friedrich von Gentz, "Einleitung", em Edmund Burke e Friedrich von Gentz, *Betrachtungen über die französische Revolution, Nach dem Englischen des Hernn Burke, neu bearbeitet mit einer Einleitung, Anmerkungen und politischen Abhandlungen von Friedrich von Gentz* (3. ed., Braunschweig, Verlag von Friedrich Vieweg und Sohn, 1838), p. 3.

[25] Ibidem, p. 5-6.

[26] Também nesse aspecto, a Independência ajustou o compasso do tempo com os movimentos observados na Europa, a começar pela França revolucionária, que convertera as coleções da nobreza e do clero em bibliotecas do povo – tornadas municipais nos tempos de Napoleão – e a biblioteca real em nacional. Ver Fernando Guedes, *O livro e a leitura em Portugal: subsídios para a sua história, séculos XVIII e XIX* (Lisboa, Verbo, 1987), p. 165-208.

[27] Antonio Candido, *Formação da literatura brasileira: momentos decisivos*, v. 2 (São Paulo, Martins, 1959), p. 228.

viriam dos sócios. Castelo Branco nada pedia ao governo senão a indispensável aprovação de seu plano". Dentre as doações recebidas, a de maior relevância foi a do padre Francisco Agostinho Gomes, proprietário da "melhor e maior livraria particular existente no Brasil na passagem do século XVIII para o XIX"[28]. O caso da Biblioteca Paraíso, no Recife insurrecto de 1817, "instituição destinada ao povo, e cuja direção coube ao Padre João Ribeiro Pessoa de Mello Montenegro, outro entusiasta das doutrinas revolucionárias de França e das teorias de Condorcet"[29], testemunha um fato bastante singular e sem desdobramentos, a saber, a organização de bibliotecas populares – isso pelo menos até o último quartel do século. Eduardo Frieiro nos dá notícia de outra biblioteca pública, fundada em São João Del-Rei, em 1827, por iniciativa de Batista Caetano de Almeida, "com doação de sua valiosa livraria particular". Ele "a sustentou de livros e lhe pagou o bibliotecário até o ano de seu falecimento, em 1839"[30].

A primeira Biblioteca Pública de São Paulo foi inaugurada em 24 de abril de 1825, portanto, 25 anos após a contenda movida pelo governador-geral contra os livros do Arco do Cego. A cidade já havia sido palco, entre 1821 e 1822, de dois eventos capitais no processo de Independência: a Bernarda[31] e o grito do Ipiranga. Interessa observar que, simbolicamente, tanto a Bernarda quanto o 7 de Setembro conferiram à urbe um papel de relevo no espectro político do país[32]. Em 1822, a cidade se tornara sede administrativa da província. Em 1823, ela ganhou o título de Imperial. No mesmo ano, São Paulo figurava nos acalorados debates da Assembleia Constituinte como candidata a abrigar a primeira universidade da nação. O projeto de uma universidade

---

[28] Maria Beatriz Nizza da Silva, "A livraria pública da Bahia em 1818: obras de história", *Revista de História*, n. 87, 1971, p. 234-7.

[29] Donatello Grieco, *Napoleão e o Brasil* (2. ed., Rio de Janeiro, Biblioteca do Exército, 1995 [1939]), p. 18.

[30] Eduardo Frieiro, "Velhos livros do Caraça". *Livros do Caraça*. Exposição promovida sob os auspícios de "O Globo" de Belo Horizonte. Setembro, 1960, p. 46.

[31] Ver Augustin Wernet, "O processo de Independência em São Paulo", em Carlos Guilherme Mota (org.), *1822: dimensões* (São Paulo, Perspectiva, 1986), p. 340-54.

[32] Segundo Vieira Bueno, "os ecos da agitação liberal, que começou em Portugal pela revolução de 1820 e veio dar em resultado o regresso de D. João VI, deixando seu filho D. Pedro como regente do Brasil, não podia deixar de repercutir dentro da cidade de S. Paulo. Efetivamente repercutiu, sugerindo logo a aspiração separatista, que insuflou aqueles movimentos que precederam a proclamação da Independência, salientando tanto a cooperação dos paulistanos nesse grande acontecimento: cooperação que foi galardoada com a glória de terem ouvido o grito do Ipiranga; e de terem conquistado o predicamento de imperial cidade para a sua pequena, mas ínclita Paulicéia, logo nos pródromos da vida nacional" (Francisco de Assis Vieira Bueno, "A cidade de São Paulo. Recordações evocadas de memória", em Carlos Eugenio Marcondes de Moura (org.), *Vida cotidiana em São Paulo no século XIX: memórias, depoimentos, evocações*, São Paulo, Unesp/ Ateliê/Imesp, 1998, p. 170; a primeira edição da obra é de 1903).

não vingou, mas por lei aprovada em 11 de agosto de 1827, Olinda, ao norte, e São Paulo, ao sul, tornaram-se os dois centros de formação jurídica do país. Mesmo que todos esses fatos não tenham provocado, em curto prazo, alterações na vida material citadina, eles indicavam novos caminhos políticos e culturais.

E ainda que esses projetos vislumbrassem a formação de uma elite intelectual pronta a dirigir o jovem Estado brasileiro, a mudança de perspectiva em relação ao passado colonial é evidente, como se pode inferir da leitura do documento reproduzido em nota[33]. No mais, os livros lá estavam e as condições materiais de produção abriam novos horizontes para projetos futuros.

A Independência e o futuro dos livros

De 1808 a 1822 a Impressão Régia usufruiu de monopólio sobre a produção de toda sorte de impressos na praça carioca. Fez imprimir 1.429 títulos, entre jornais, opúsculos, folhetos e livros destinados a todas as áreas do conhecimento, gêneros literários e editoriais em voga naqueles tempos. Por se tratar de um órgão oficial, saíram igualmente de seus prelos leis, decretos, alvarás, além de cartas régias e escritos vários que perfaziam o intrincado tecido da administração régia, para os quais foram levantados 720 documentos[34].

E se o primeiro prelo e os primeiros tipos eram novos, encomendados pouco antes da fuga da corte portuguesa de Lisboa, apenas muito paulatinamente realizaram-se melhorias de ordem material: em 1809, uma prensa de madeira construída localmente passou a "gemer" na sala de impressão, segundo um jargão tipográfico;

---

[33] "Illustrissimo e Excellentissimo Senhor – Sendo certo que as Bibliotecas Publicas muito concorrem para os progressos das Artes, e Sciencias, de que dimanão tanto bem aos povos, e vendo a solicitude, com que Sua Magestade (sic) o Imperador Tem protegido a Instrucção, e Letteratura n'este Imperio, julguei, que obrando n'esta conformidade, satisfaria as Suas Beneficas Intençoens, e por isso assentei, de unanime accordo com a Junta da Fazenda, estabelecer n'esta Capital huma Bibliotheca (...) induzindo-me mais, para pôr em pratica esta medida, *a consideração de ser conveniente ir desde já facilitando os meios precisos para o Estabelecimento de huma Universidade n'esta Provincia*, como se tinha deliberado na Assembleia geral Legislativa, e *de haverem [sic] n'ella muitos homens estudiozos, e de talentos, que não os cultivão pela falta de boas obras, e ainda mais pela de meios, para as obterem*, inconveniente este que cessa com similante providencia (...) Rogo portanto á V. Exa. queira levar ao Conhecimento de Sua Magestade (sic) Imperial, quanto tenho ponderado, esperando da Beneficencia do Mesmo Augusto Senhor, que Haja de Approvar este procedimento, para o qual também tive em vista, que a multiplicação d'estes, e outros interessantes Estabelecimentos, alem *de fazerem avançar rapidamente a Civilização, e Instrucção Publica, dão credito á grande Nação Brazileira*. Deos guarde a Vossa Excellencia. São Paulo, 1º de setembro de 1824." – [assinado por Lucas Antonio Monteiro de Barros, presidente de província da cidade de São Paulo] (citado em Myriam Ellis, "Documentos sobre a primeira biblioteca oficial de São Paulo", *Revista de História*, n. 30, 1957, p. 400-401; grifos meus.).

[34] Ver Ana Maria de Almeida Camargo e Rubens Borba de Moraes, *Bibliografia da Impressão Régia do Rio de Janeiro*, cit.

em 1822, a instalação de onze prelos não dava conta das demandas recebidas, entre papeis oficiais, obras literárias[35], almanaques, jornais, revistas, enfim, os gêneros em voga[36]. Apenas em 1845 adquiriu-se a primeira impressora mecânica. Isso explica o fato de o volume da produção ter aumentado, particularmente a partir de 1817, na mesma medida em que cresciam as reclamações da clientela quanto aos prazos e as gralhas que tantos dissabores traziam aos leitores. Rubens Borba de Moraes assinala, igualmente, que embora a Impressão Régia tivesse sempre dificuldades financeiras, os preços praticados eram sempre muito salgados, a tal ponto que "os comerciantes mandavam imprimir na Bahia seus prospectos de leilões"[37].

Ocorre que foi somente em 1821 que a corte conheceu uma nova tipografia, montada em condições de concorrer com a Impressão Régia, por Silva Porto[38]. Em Salvador, o português Manoel Antonio da Silva Serva inaugurou sua tipografia em 1811, onde fez imprimir o jornal *Idade d'Ouro do Brasil* (1811-1823). Em vida, logrou constituir um catálogo portentoso de edições religiosas, políticas, históricas e literárias, que concorreria folgadamente com as obras publicadas pela Impressão Regia, chegando, inclusive, a anunciar seus livros nos jornais da capital carioca[39].

De 1822 a 1831, o quadro muda sensivelmente. De par com os desenvolvimentos da vida urbana, cultural e política, observa-se na corte o aumento de livrarias e tipografias, que contabilizam, respectivamente, nove e sete estabelecimentos, em 1829[40]. Na maior parte, investimentos de pequena monta, o que tornava a Imperial

---

[35] O maior cliente da Impressão Régia foi, sem dúvida, o livreiro Paulo Martin, que financiava a tradução de literatura francesa para as vender em seu estabelecimento na corte, segundo Rubens Borba de Moraes.

[36] Desempenhou papel fundamental na publicação de obras escolares, entre cartilhas e livros de leituras, mas, também, de obras destinadas às ciências, de par com o desenvolvimento das escolas superiores, inauguradas desde a chegada da família real, no Rio de Janeiro. Na corte, é o caso da Academia Real Militar, fundada em 1810, do Laboratorio Chimico-Pratico, de 1812 e do curso de cirurgia no Hospital da Santa Casa de Misericórdia. Mais tarde, em 1827, os primeiros compêndios de direito serão impressos após a apreciação das propostas dos professores por uma junta formada pelo Ministério do Interior para tratar dessas questões. Algumas obras sairão pela Impressão Régia, outras, no entanto, serão publicadas pelas tipografias locais. Este foi o caso do primeiro livro publicado em São Paulo, *Questões sobre presas marítimas. Offerecidas ao Cidadaõ Rafael Tobias de Aguiar,* do Conselheiro José Maria de Avelar Brotero, pela Typographia de Costa Silveira, em 1836.

[37] Ana Maria de Almeida Camargo e Rubens Borba de Moraes, *Bibliografia da Impressão Régia do Rio de Janeiro,* cit., p. xx.

[38] Cybelle de Ipanema e Marcello de Ipanema, *Silva Porto: livreiro na Corte de D. João, editor na Independência* (Rio de Janeiro, Editora Capivara, 2008).

[39] Pablo Antonio Iglesias Magalhães, "Adendo ao catálogo de livros impressos na tipografia de Manoel Antonio da Silva Serva (1811-1819): complemento ao livro *A primeira imprensa na Bahia e suas publicações,* de Renato Berbert de Castro (1969)". *Livro: Revista do Núcleo de Estudos do Livro e da Edição,* São Paulo, n. 6, 2016.

[40] Laurence Hallewell, *O livro no Brasil: sua história,* cit., p. 121.

Typographia de Plancher, estabelecida em 1824, na rua do Ouvidor, exemplo único de oficina voltada para a publicação periódica e editorial, com instalações e operários vindos de Paris. O *Jornal do Commercio*, sua produção mais longeva, apareceu em 1827[41]. Não se pode ignorar, todavia, o efeito multiplicador desses estabelecimentos, que faziam circular na corte e nas províncias periódicos de vária sorte, em geral de vida curta. De 1828 a 1831, momento em que a oposição entre o governo e os partidários do liberalismo constitucional atinge seu clímax, levando à abdicação de D. Pedro I em 7 de abril, assistiu-se a um crescimento vertiginoso de folhas oficiais, oficiosas, satíricas, caricatas, insultuosas, informativas, enfim, de uma imprensa muito heterogênea e, por que não dizer errática, que vai, pouco a pouco, invadindo as capitais de todo o país.

As tipografias se convertem, então, em espaços intelectuais e políticos densos. Mas não são apenas as ideias que se propagam, também um estilo, ou diferentes estilos dentro de um gênero que podemos doravante chamar de jornalístico. Além disso, as folhas impressas parecem reproduzir, em uníssono, um mesmo arranjo tipográfico, que se traduz nos títulos, intertítulos, cabeçalhos, rodapés, colunas, seções, anúncios, enfim, elementos que tornam esse gênero reconhecido por todas as partes e, a bem dizer, em todas as línguas. Os jornais concorrem igualmente para a difusão dos livros, por meio da publicação de excertos, resenhas, críticas e propagandas[42]. Outrossim, eles fazem emergir um tipo social totalmente novo, que não raro acumula as tarefas de escritor, mestre tipógrafo, redator de jornal, livreiro e homem público.

Malgrado o fato de termos aqui uma apreciação muito lacunar dos caminhos de acesso ao livro no Brasil na época da Independência, não é difícil identificar o caráter tumultuário da organização do setor editorial nesses primeiros tempos. Se, como temos visto, as bibliotecas, as livrarias e as tipografias tiveram papel preponderante na divulgação das ciências e da literatura, colocando à disposição do público uma quantidade e uma variedade de títulos e gêneros sem precedentes na história da jovem nação, por outro, esse mercado se apresentava muito distante de se tornar autônomo[43].

---

[41] Ver Marco Morel, *As transformações dos espaços públicos: imprensa, atores políticos e sociabilidades na cidade imperial* (São Paulo, Hucitec, 2005).

[42] "Entre 1808 e 1844, circularam pelos anúncios do *Correio Braziliense*, da *Gazeta do Rio de Janeiro* e do *Jornal do Commercio* cerca de mil títulos de romances. Foram cerca de vinte romances diferentes divulgados pelo *Correio Braziliense* entre 1808 e 1822; 127 títulos distintos propagandeados pela *Gazeta do Rio de Janeiro* entre 1808 e 1822 e 849 obras diversas divulgadas no *Jornal do Commercio* entre 1827 e 1844" (Regiane Mançano, "Albino Jordão: o comércio de alfarrábios e a circulação do romance", *Livro: Revista do Núcleo de Estudos do Livro e da Edição*, São Paulo, n. 2, 2012, p. 74).

[43] Como escreve Moraes: "Fundadas com mais entusiasmo do que capital, para defender os novos ideais constitucionais e a Independência, produziram uma quantidade de gazetas efêmeras, hinos patrióticos, proclamações, discursos, cartas e folhetos políticos. Só a de Silva Serva teria capacidade para lançar obras de maior vulto. Muitas desaparecerão em poucos anos ou serão absorvidas por

Livreiros, tipógrafos e, mais tarde, os primeiros editores que logram se afirmar no mercado, após as décadas de 1840-50, são muito amiúde de origem europeia. Pensemos na importância de Garnier, Leuzinger, Laemmert para a produção e comercialização de traduções de vária sorte, mas, também, da literatura nacional até o fim do século. Mesmo em São Paulo, cidade que demorou a conhecer editoras de vulto antes da entrada de Monteiro Lobato no setor, celebrou sua primeira e mais importante livraria na figura de um francês, Anatole Louis Garraux, cujo estabelecimento se manteve de 1859 a 1935[44].

De modo geral, o sucesso obtido pelos editores-livreiros de origem europeia se explica pela natureza de seus investimentos: a produção e comercialização de livros corresponde à crescente demanda de artigos literários por parte da sociedade brasileira; porém, apenas essa demanda não daria conta do capital necessário para manter suas empresas, pois a capilaridade das vendas é limitada; isso significa que boa parte dos lucros obtidos no Brasil se articula a uma rede de negócios mais ampla, o que torna as cidades brasileiras inscritas nesse circuito um porto seguro para o escoamento das brochuras produzidas em escala na Europa[45]. Esta dinâmica se torna crucial após o incremento da produção, nas primeiras décadas do século XIX, quando o mercado deve contar com a ampliação do público leitor, ao mesmo tempo em que é impelido a criar novas demandas, capazes de absorver o fluxo de altas tiragens. Os profissionais brasileiros estão longe de se inserir nesse circuito, pois lhes falta tanto a experiência acumulada pelos profissionais europeus durante séculos de organização dessas redes internacionais, quanto o

---

outras" (Rubens Borba de Moraes, "A Impressão Régia do Rio de Janeiro: origens e produção", em Ana Maria de Almeida Camargo e Rubens Borba de Moraes, *Bibliografia da Impressão Régia do Rio de Janeiro*, cit., p. XXI).

44 Ver Marisa Midori Deaecto, *O império dos livros*, cit., p. 265-379.

45 Notemos que os profissionais europeus não demoram a constituir suas entidades de classe, com a finalidade de criar mecanismos modernos de negociação nas redes internacionais, de atuar politicamente em seus países em prol de medidas protecionistas para o setor livreiro, mas, também, de garantir seu poder de fogo frente às organizações sindicais que se avolumam a partir dos anos de 1840. O *Cercle de la Librairie*, sindicato patronal francês, que agrega profissionais de vários setores da cadeia produtiva do livro, surge em 1842. Nos Estados germânicos uma organização de cariz nacional só será possível após a unificação da Alemanha, em 1871. No entanto, uma bolsa de livreiros, a *Buchhändler-Börse*, será organizada em Leipzig no final do século XVIII. A partir de 1826, ela toma um caráter mais institucional e visa a uma maior integração dos profissionais, sendo rebatizada como *Börsenverein*. A Inglaterra conheceu muito prematuramente essa forma de organização profissional, bastando lembrar da importante atuação da *Stationer's Company* junto ao Estado, desde o século XVI. Sobre a forma como o mercado brasileiro se insere nesse circuito mais amplo do capitalismo editorial europeu, ver Marisa Midori Deaecto, *História de um livro:* A democracia na França, *de François Guizot (1848-1849)* (Cotia, Ateliê Editorial, 2021).

capital necessário para transpor os limites do mercado local, inscrito na lógica do equilíbrio entre a oferta e a procura[46].

Esses aspectos nos permitem pensar, de modo retrospectivo, nas barreiras enfrentadas por Monteiro Lobato a partir de 1918. Na época do primeiro centenário da Independência, o editor pioneiro encarava dificuldades para a venda de livros em todo o país[47] e dependia sobremaneira das compras governamentais - o que não o livrou da falência em 1925[48]. Daí se depreende a fragilidade estrutural de um sistema que se inicia a reboque do capitalismo editorial europeu e que se constitui no seio de uma sociedade escravocrata[49] - e que não curou, longe disso!, suas feridas profundas após a abolição. Aliás, a produção nacional de livros superou as importações em quantidade de títulos somente na década de 1930, quando editores do porte de José Olympio, Octalles Marcondes Ferreira e tantos outros novos nomes finalmente mudaram o rumo dessa história. Devemos, ainda, assinalar a importância do Instituto Nacional do Livro, fundado em 1937, para o desenvolvimento da edição brasileira e como modelo de implementação de política pública em prol do livro e da leitura no país. Embora se tenham vencido etapas importantes do desenvolvimento do mercado e do crescimento do leitorado brasileiro, parece exato que o *déficit* de escolaridade e de leitura teimam em pesar sobre as camadas mais desfavorecidas da sociedade. Como pensar na expansão das livrarias, ou em uma maior capilaridade dos livros, o que concorreria para a produção de tiragens mais altas e a redução do preço de capa, em uma sociedade desigual e seletiva?[50]

---

[46] Exemplo patente dos limites do capitalismo brasileiro foi Paula Brito, autodidata, negro, de origem humilde. Inicia-se como tipógrafo independente nos anos de 1830. Em 1850, no auge da carreira, inaugura a Typographia Dous de Dezembro, a mais importante casa impressora e editorial que um brasileiro já conhecera na corte, sob os auspícios do Imperador D. Pedro II. Produz livros, jornais, revistas, ao mesmo tempo que compõe marchinhas, artigos e agremia uma fração importante de intelectuais, artistas e políticos cariocas. A empresa perde o fôlego e seus principais acionistas dez anos mais tarde. Em 1861, ano do falecimento dessa notável figura, o seu projeto editorial nada mais era que a sombra de um passado glorioso. Ver José de Paula Ramos Jr., Marisa Midori Deaecto e Plinio Martins Filho (orgs.), *Paula Brito: editor, poeta e artífice das letras* (São Paulo, Edusp/Com-Arte, 2010).

[47] Cilza Carla Bignotto, *Figuras de autor, figuras de editor: as práticas editoriais de Monteiro Lobato* (São Paulo, Editora Unesp, 2018).

[48] Ver Alice Mitika Koshiyama, *Monteiro Lobato: intelectual, empresário, editor* (2. ed., São Paulo, Edusp, 2006); Carmen Lucia Azevedo, Marcia Camargos e Vladimir Sacchetta, *Monteiro Lobato: Furacão da Botocúndia* (2. ed. São Paulo, Senac, 1997).

[49] Lembremos que o primeiro recenseamento brasileiro, de 1872, denunciava uma taxa de analfabetismo na ordem de 90% da população brasileira, ou seja, de 10 milhões de habitantes, dentre os quais perto de 80% eram livres e, deste percentual, apenas 3% eram reconhecidos como brancos. Dados apurados de Laurence Hallewell, *O livro no Brasil*, cit., p. 249.

[50] O número de livrarias instaladas no Brasil, hoje, é relativamente menor do que as estimativas apresentadas na década de 1970; e certamente menos do que no início do novo milênio. Em 2001,

Em 2022 o cenário não é mais otimista, embora as condições de acesso ao livro sejam mais sólidas do que em 1922 e, certamente, em 1822. Ocorre que nesses últimos quatro anos os ganhos acumulados em um passado não muito distante, a contar da Constituição de 1988 e da Lei do Livro, de 2003, estão em perigo. A imunidade ao livro garantida constitucionalmente vem sendo ameaçada pela reforma tributária proposta pelo atual ministro da economia. A Lei do Preço Fixo, ou Lei Cortez, cujo projeto tramita no Senado Federal, e que se nos apresenta tão importante para garantir a equidade das condições de vendas diante do avanço do *e-commerce*, em um país com dimensões continentais e tão desigual, não avança. Não há um debate aberto sobre o incremento das políticas públicas já existentes para o livro e a leitura, tampouco para a criação de novos mecanismos que atualizem as demandas e integrem a população nessa questão tão essencial[51].

Não nos espantemos, pois, quando algum cavaleiro do apocalipse defender que livros podem ser raros e caros, pois correspondem a um artigo de luxo, destinado às populações mais favorecidas. Para esse tipo de mentalidade, o livro continua a ser um artigo herético. São, enfim, sintomas de estruturas arcaicas que teimam em sobreviver no imaginário das gentes e em suas práticas políticas. Tudo isso, justamente, quase duzentos anos após o marco da Independência de nosso país. Que o tricentenário seja mais generoso com os livros e os leitores do Brasil.

Referências bibliográficas

AMARAL, Antonio Barreto do. *Dicionário de História de São Paulo*. São Paulo, Governo do Estado, 1980.

ARAUJO, Jorge de Souza. *Perfil do leitor colonial*. Salvador/Ilhéus, Ed. UFBA/Ed. Uesc, 1999.

AZEVEDO, Carmen Lucia; CAMARGOS, Marcia; SACCHETTA, Vladimir. *Monteiro Lobato:* Furacão da Botocúndia. 2. ed., São Paulo, Senac, 1997.

BARBIER, Frédéric Barbier. *A Europa de Gutenberg*: o livro e a invenção da modernidade ocidental (séculos XIII-XVI). São Paulo, Edusp, 2018.

BIGNOTTO, Cilza Carla. *Figuras de autor, figuras de editor*: as práticas editoriais de Monteiro Lobato. São Paulo, Editora Unesp, 2018.

2.374 municípios brasileiros (42,7% do total) contavam com pelo menos uma livraria. Em 2018, apenas 985 dos 5.570 municípios brasileiros (17,7%) tinham esse tipo de estabelecimento. Com o avanço do *e-commerce*, é possível que municípios brasileiros jamais conheçam esses espaços tão essenciais tanto para a sociabilidade mediada pelos livros como para a sua comercialização. Ver Marisa Midori Deaecto, *Do Estado editor ao Estado regulador: respostas políticas aos problemas econômicos (Brasil, século XXI)*, no prelo.

51 Essas questões foram recentemente abordadas por diferentes especialistas e reunidas em Marisa Midori Deaecto, Patricia Sorel, Livia Kalil (orgs.), *Bibliodiversidade e preço do livro* (Cotia, Ateliê Editorial, 2021).

BRAGANÇA, Aníbal; ABREU, Márcia (org.). *Impresso no Brasil*: dois séculos de livros brasileiros. São Paulo/Rio de Janeiro, Ed. Unesp/FBN, 2010.

BUENO, Francisco de Assis Vieira Bueno. A cidade de São Paulo. Recordações evocadas de memória. In: MOURA, Carlos Eugenio Marcondes (org.), *Vida cotidiana em São Paulo no século XIX*: memórias, depoimentos, evocações. São Paulo, Unesp/Ateliê/Imesp, 1998.

CAMARGO, Ana Maria de Almeida; MORAES, Rubens Borba de. *Bibliografia da Impressão Régia do Rio de Janeiro.* São Paulo, Edusp/Livraria Kosmos, 1992, 2 v.

CANDIDO, Antonio. *Formação da literatura brasileira*: momentos decisivos, v. 2. São Paulo, Martins, 1959.

COGGIOLA, Osvaldo (org.). *A Revolução Francesa e seu impacto na América Latina*. São Paulo, Nova Stella/CNPQ/Edusp, 1990.

DEAECTO, Marisa Midori. *História de um livro*: A democracia na França, de François Guizot (1848-1849). Cotia, Ateliê Editorial, 2021.

______. *O império dos livros*: instituições e práticas de leituras na São Paulo oitocentista. 2. ed., São Paulo, Fapesp/Edusp, 2019.

DEAECTO, Marisa Midori; SOREL, Patricia; KALIL, Livia (orgs.). *Bibliodiversidade e preço do livro*. Cotia, Ateliê Editorial, 2021.

FRIEIRO, Eduardo. *O diabo na livraria do cônego*. 2. ed., Belo Horizonte, Itatiaia, 1981 [1957].

GENTZ, Friedrich von. Einleitung. In: ______; BURKE, Edmund. *Betrachtungen über die französische Revolution, Nach dem Englischen des Hernn Burke, neu bearbeitet mit einer Einleitung, Anmerkungen und politischen Abhandlungen von Friedrich von Gentz*. 3. ed., Braunschweig, Verlag von Friedrich Vieweg und Sohn, 1838.

GUEDES, Fernando. *O livro e a leitura em Portugal*: subsídios para a sua história, séculos XVIII e XIX. Lisboa, Verbo, 1987.

GRIECO, Donatello. *Napoleão e o Brasil*. 2. ed., Rio de Janeiro, Biblioteca do Exército, 1995 [1939].

HABERMAS, Jürgen. *Mudança estrutural da esfera pública*: investigações sobre uma categoria da sociedade burguesa. Trad. Denilson Luís Werle, São Paulo, Unesp, 2014.

HALLEWELL, Laurence. *O livro no Brasil*: sua história. Trad. Maria da Penha Villalobos, Lólio Lourenço de Oliveira e Geraldo Gerson de Souza. 2. ed., São Paulo, Edusp, 2005.

IPANEMA, Cybelle de; IPANEMA, Marcello. *Silva Porto*: livreiro na Corte de D. João, editor na Independência. Rio de Janeiro, Editora Capivara, 2008.

KOSHIYAMA, Alice Mitika. *Monteiro Lobato*: intelectual, empresário, editor. 2. ed., São Paulo, Edusp, 2006.

LUSTOSA, Isabel. *Insultos impressos*: a guerra dos jornalistas na imprensa. São Paulo, Companhia das Letras, 2000.

MAGALHÃES, Pablo Antonio Iglesias. Adendo ao catálogo de livros impressos na tipografia de Manoel Antonio da Silva Serva (1811-1819): complemento ao livro *A primeira imprensa na Bahia e suas publicações*, de Renato Berbert de Castro (1969). *Livro: Revista do Núcleo de Estudos do Livro e da Edição*, São Paulo, v. 6, 2016.

MANÇANO, Regiane. Albino Jordão: o comércio de alfarrábios e a circulação do romance. *Livro: Revista do Núcleo de Estudos do Livro e da Edição*, São Paulo, n. 2, 2012.

MATOS, Manuel Cadafaz de. A tipografia quinhentista de expressão cultural portuguesa no Oriente. Veículo de propagação dos ideais humanísticos (no quarto centenário da introdução da imprensa jesuítica no Japão). *Humanitas*, Universidade de Coimbra, n. 43-44, 1991-1992, p. 153-72.

MATTOSO, Kátia de Queirós. *Presença francesa no movimento democrático baiano de 1798*. Salvador, Itapuã, 1969.

MOLLIER, Jean-Yves. *O dinheiro e as letras*: história do capitalismo editorial. São Paulo, Edusp, 2010.

MOLLIER, Jean-Yves (org.). *Où va le livre?* Paris, La Dispute/SNEDIT, 2002-2003.

MORAES, Rubens Borba de. *Livros e bibliotecas no Brasil colonial*. São Paulo, Secretaria da Cultura, Ciência e Tecnologia do Estado de São Paulo, 1979.

MOREL, Marco. *As transformações dos espaços públicos*: imprensa, atores políticos e sociabilidades na cidade imperial. São Paulo, Hucitec, 2005.

MOTA, Carlos Guilherme. *A ideia de revolução no Brasil e outras ideias*. São Paulo, Editora Globo, 2008.

PATACA, Ermelinda Moutinho; LUNA, Fernando José (orgs.). *Frei Veloso e a tipografia do Arco do Cego*. São Paulo, Edusp, 2019.

PRADO JÚNIOR, Caio. Introdução. In: Rubens Borba de Moraes (org.). *O Tamoyo*. Ed. fac-símilar, Rio de Janeiro, Zelio Valverde, 1944.

RAMOS JR., José de Paula; DEAECTO, Marisa Midori; FILHO, Plinio Martins (orgs.). *Paula Brito*: editor, poeta e artífice das letras. São Paulo, Edusp/Com-Arte, 2010.

RIZZINI, Carlos. *O livro, o jornal e a tipografia no Brasil (1500-1822)*. Rio de Janeiro, Kosmos, 1945.

SILVA, Maria Beatriz Nizza da. A livraria pública da Bahia em 1818: obras de história. *Revista de História*, n. 87, 1971.

SODRÉ, Nelson Werneck. *História da imprensa no Brasil*. Rio de Janeiro, Civilização Brasileira, 1966.

SCHAPOCHNIK, Nelson. *Os jardins das delícias*: gabinetes literários, bibliotecas e figurações da leitura na corte imperial. Tese de doutorado em história social, São Paulo, FFLCH-USP, 1999.

VENTURI, Franco. Cronologia e Geografia do Iluminismo. In: *Utopia e reforma no Iluminismo*. Trad. Modesto Florenzano, Bauru, Edusc, 2003.

WEILL, Georges. *Le Journal*: origines, évolution et rôle de la presse périodique. Paris, La Renaissance du Livre, 1954.

WERNET, Augustin. O processo de Independência em São Paulo. In: MOTA, Carlos Guilherme (org.). *1822*: dimensões. São Paulo, Perspectiva, 1986.

"Pouso de Jundiaí", desenho de Hercule Florence. Encontra-se no livro *Viagem fluvial do Tietê ao Amazonas de 1825 a 1829* (2. ed., trad. Visconde de Taunay, São Paulo, Melhoramentos, 1948), p. 47.

Tributar para seguir

fiscalidade e conflito no registro do Rio Negro a partir da Independência do Brasil

Camila Scacchetti, Guilherme Grandi e Luciana Suarez Galvão

Introdução

A partir da descoberta de ouro e pedras preciosas na região central do Brasil, a América lusitana passou a protagonizar uma nova dinâmica colonial. A intensificação dos fluxos comerciais internos engendrados pela atividade mineradora favoreceu o despontar do tráfego e comércio de muares, animais altamente demandados para a realização do transporte de mercadorias. Dessa maneira, o crescente movimento das tropas de bestas de carga estimulou a abertura de caminhos interligando o extremo sul do país à região central da colônia. Como consequência desse movimento, a coroa portuguesa promoveu a tributação sobre a circulação de pessoas e mercadorias, em especial aquelas que eram conduzidas às Minas Gerais. O "caminho das tropas", principal rota comercial interligando o Rio Grande do Sul a São Paulo, contou com postos fiscais, as barreiras e os registros, que se mostraram preciosas fontes de receita fiscal ao erário público.

Com a transferência da monarquia portuguesa para o Brasil em 1808, órgãos administrativos foram criados no espaço colonial, e em pouco tempo uma reforma fiscal foi realizada. Miranda[1] menciona a implantação no Rio de Janeiro nessa época da Mesa do Desembargo do Paço, da Mesa da Consciência e Ordens, da Casa da Suplicação e do Real Erário, além do Banco do Brasil, da Academia Real Militar e do Museu Nacional. Tais instituições tinham por finalidade criar as condições de viabilização da administração do Império luso na colônia, forjando assim uma nova relação entre os membros do governo português e as elites políticas e econômicas

[1] Márcia Eckert Miranda, "O sul do Império: fiscalidade, fronteira e a crise do Antigo Regime, 1808-1828" em Cecília Helena de Salles Oliveira, Vera Lúcia Nagib Bittencourt e Wilma Peres Costa (orgs.), *Soberania e conflito: configurações do Estado Nacional no Brasil do século XIX* (São Paulo, Hucitec/Fapesp, 2010), p. 395.

situadas em cada província. Por certo, esse conjunto de mudanças institucionais esteve permeado por diversas tensões e conflitos e, nesse sentido, marcaram a emergência de uma nova dinâmica política que levou à chamada crise do antigo regime colonial.

A propósito, Novais[2] é categórico ao afirmar que a instalação da corte portuguesa no Brasil assinalou "a primeira ruptura definitiva" do antigo sistema colonial. Essa "inversão" do pacto colonial, característica marcante da crise desse sistema segundo o historiador, se tornou definitiva com a consolidação do processo de emancipação política do Brasil. É nesse contexto que importantes reformas administrativas e fiscais foram realizadas durante os anos 1820 e a década seguinte no seio da nascente monarquia constitucional independente.

O movimento que levou à nossa Independência e que teve como marco o setembro de 1822 coincidiu com um processo de caráter mais amplo, que motivou a reformulação do conceito de Estado que até então vigorava no espaço europeu. Em contraposição ao Antigo Regime, surgia o Estado liberal, um Estado que, segundo Costa, propunha um tipo de governo que protegeria os cidadãos "contra os abusos da autoridade real, os privilégios do clero e da nobreza, os monopólios que inibiam a produção, a circulação o comércio e o trabalho livre" [3].

Se na Europa a luta era contra o regime absolutista, no Brasil confrontava o sistema colonial. Com o retorno da coroa para Portugal, havia incerteza sobre a nossa situação. Voltaríamos à condição subordinada de antes? Entre correr o risco de perder a autonomia comercial e administrativa e declarar a emancipação política, escolhemos a segunda opção.

Uma vez declarada a Independência, tornava-se necessário adotar um novo arranjo institucional que desse conta de conciliar interesses distintos de uma colônia com dimensões continentais e muito diversa. Nesse sentido, as discussões sobre centralização/descentralização e maior/menor autonomia das províncias ocuparam lugar de destaque. O prematuro fechamento da Assembleia Constituinte, ordenado por D. Pedro I, indicou o caminho que o Império tomava, e este encontrava-se bem distante dos ideais federalistas e liberais, tão presentes no discurso parlamentar. O Primeiro Reinado seria assim marcado pela centralização.

Segundo Ferreira[4], do ponto de vista político, a Carta estabelecia um sistema de quatro poderes: Judiciário; Executivo, sob a chefia do imperador; Legislativo, com Câmara temporária e Senado vitalício; e Moderador, destinado exclusivamente ao

---

2 Fernando A. Novais, *Portugal e Brasil na crise do Antigo Sistema Colonial (1777-1808)* (2. ed., São Paulo, Editora 34, 2019), p. 334.

3 Emília Viotti da Costa, *Da Monarquia à República*: *momentos decisivos* (São Paulo, Unesp, 1999), p. 133.

4 Gabriela Nunes Ferreira, *Centralização e descentralização no Império*: *o debate entre Tavares Bastos e visconde de Uruguai* (São Paulo, Editora 34, 1999), p. 23-4.

imperador. No plano administrativo, em cada província deveria haver um presidente, nomeado pelo próprio imperador, e um Conselho Geral, composto por representantes eleitos[5]. Os Conselhos Gerais possuíam atribuições meramente administrativas. Não havia autonomia fiscal nem tributária, sendo os orçamentos provinciais – previsão de arrecadação e despesas – elaborados a partir de proposta do presidente encaminhada pela Câmara dos Deputados ao Ministério da Fazenda para aprovação.

A tendência centralizadora dos primeiros anos imperiais seria amenizada com a abdicação e partida de D. Pedro I para Portugal. A ascensão dos liberais e o período de reformas inaugurado por eles promoveram profundas modificações na estrutura administrativa nacional, ainda que para alguns não tenham eliminado completamente o caráter unitário da Constituição. Dessa forma, a partir de 1831, foram elaboradas, discutidas e aprovadas leis com marcado caráter reformista, destacando-se a lei de 1831 que criou o Tesouro Público Nacional e das Tesourarias das Províncias; a de 1832 com o novo Código do Processo Criminal; o Ato Adicional de 1834; e, finalmente, a lei interpretativa do Ato Adicional de 1840.

O Ato determinou a extinção dos Conselhos Gerais, que foram substituídos pelas Assembleias Legislativas Provinciais. Diferentemente dos Conselhos, as Assembleias possuíam uma série de atribuições e prerrogativas, sendo a mais relevante para nós a de criar impostos, taxas e tributos, além de fixar receitas e despesas. Estabeleceu-se como norma geral que as rendas provinciais não poderiam comprometer as rendas gerais, ou seja, os impostos cobrados pelo governo central. As províncias poderiam apropriar-se de todos os impostos existentes naquele momento que não estivessem compreendidos na renda geral. Ademais, a autonomia financeira e administrativa conseguida por meio do Ato Adicional permitiu que as províncias fossem, na medida do possível, estabelecendo e ajustando suas estruturas tributárias às necessidades de gastos que tinham.

Tais ajustes ocorreram de forma concomitante ao processo de separação das rendas e definição das competências tributárias em curso desde a década de 1820 e que ganhou impulso com o Ato Adicional. Por meio da divisão de receitas fiscais entre centro e províncias, realizada ao longo da década de 1830, o Erário geral concentrou as fontes tributárias de maior expressividade e facilidade arrecadatória, em especial as receitas alfandegárias. Aos cofres provinciais foram destinadas as rendas internas, menos expressivas em seu poder arrecadatório e de administração mais difícil. Tal situação gerou alguns obstáculos e conflitos entre as províncias, cada qual alegando e defendendo seu direito de cobrar determinados tributos. Nesse contexto, o Brasil passou a testemunhar embates e guerras fiscais entre as unidades administrativas.

---

5 As eleições eram indiretas. Apenas aqueles cidadãos alfabetizados e com renda mínima eram classificados como votantes. Os votantes elegiam os eleitores, e esses por sua vez elegiam os representantes da população.

Em 1840, o movimento de descentralização iniciado em 1831 sofre certo retrocesso. Com a promulgação da Lei n. 105 de 12 de maio de 1840, mais conhecida como lei interpretativa do Ato Adicional, as províncias perdem a prerrogativa de criar/suprimir empregos municipais/públicos, de demitir ou suspender magistrados, e de controlar a polícia judiciária. A razão para a promulgação dessa lei interpretativa foi o fato de que algumas Assembleias estavam se valendo de uma interpretação muito abrangente do que estabelecia o Ato, e além de criar/extinguir empregos estavam também mudando as atribuições dos juízes de paz e dos juízes de direito, alterando a organização judiciária das províncias, o que não era permitido pelo código de processo[6].

Se a lei interpretativa retirou das províncias parte da autonomia conseguida por meio do Ato Adicional, essa perda de autonomia não atingiu a esfera tributária/financeira[7]. E é essa autonomia financeira/tributária que motivará o conflito que ora nos dedicamos a discutir. Para compreender esse contexto, é importante destacar que a receita fiscal proveniente do registro do Rio Negro, objeto de estudo privilegiado deste capítulo, passou a compor as rubricas recolhidas pela fazenda paulista. Inicialmente, os "direitos do Rio Negro" figuraram como a principal ferramenta tributária da província de São Paulo, assumindo o posto de segundo principal instrumento arrecadatório no decorrer das décadas vindouras, atrás apenas dos "dízimos", posteriormente denominados "direitos de saída", que incidiam sobre a exportação provincial.

Contudo, na década de 1850, a província paulista viu suas finanças ameaçadas com a criação da província do Paraná, uma vez que o mencionado registro do Rio Negro estava localizado em território que passaria a compor a nascente unidade administrativa. Como veremos no decorrer deste capítulo, a província de São Paulo, buscando defender seus interesses, se utilizou de medidas legislativas a fim de manter sob sua responsabilidade a arrecadação dos direitos tributários incidentes sobre a circulação do gado proveniente do Sul com destino à afamada feira de animais de Sorocaba.

Os caminhos e o comércio interno de animais

> Certo ou falso que "o caminho cria o tipo social", o fato é que no Brasil uma coisa é sem dúvida verdadeira: a influência considerável que as comunicações e transportes exercem sobre a formação do país.[8]

---

[6] Gabriela Nunes Ferreira, *Centralização e descentralização no Império*, cit., p. 32; Miriam Dolhnikoff, *O pacto imperial: origens do federalismo no Brasil* (São Paulo, Globo, 2005), p. 135.

[7] Miriam Dolhnikoff, *O pacto imperial*, cit., p. 153.

[8] Caio Prado Júnior, *Formação do Brasil contemporâneo: colônia* (São Paulo, Companhia das Letras, 2011), p. 251.

Tão importantes quanto a atividade econômica em si, os meios de locomoção e os serviços de logística e escoamento das mercadorias constituem fatores fundamentais para o bom, ou mau, desempenho da nação. No caso brasileiro, a preocupação com o estabelecimento de caminhos internos não se fazia presente no período inicial de sua colonização. No decorrer de quase dois séculos eram escassas, a bem dizer quase inexistentes, as vias de comunicação ao longo do vasto território brasileiro. Constituídas predominantemente por latifúndios açucareiros, as unidades produtoras, situadas em sua maioria nas regiões mais próximas da costa litorânea, procuravam suprir suas necessidades internas e promover sua autossuficiência. Decerto havia a preocupação com as vias de comunicação que interligassem tais unidades aos portos alfandegários, a fim de se promover a exportação da produção agrícola.

Esse cenário começa a se modificar em fins do século XVII e início do XVIII, com a descoberta das minas auríferas e diamantinas na região central da América portuguesa. Nesse ínterim, o território passa a testemunhar transformações em sua dinâmica econômica e populacional, além de um paulatino desenvolvimento do sistema interno de transporte. Intensos foram os fluxos migratórios para as Gerais, assim como os caminhos abertos para se chegar ao "Eldorado". Dessa maneira, a exploração de pedras e metais preciosos teve como consequência uma maior comunicação entre as vastas e longínquas regiões do Brasil, promovendo uma nova dinâmica econômica e favorecendo as transações comerciais no espaço colonial. Além daqueles que se aventuraram nas explorações minerais, havia também um contingente populacional cujo objetivo era o comércio de gêneros variados com a região mineradora. Nas palavras de Zemella:

> O aparecimento de um núcleo populacional denso, de alto poder aquisitivo, no sertão do Brasil, provocou uma verdadeira efervescência econômica, bem como o nascimento de correntes abastecedoras que, partindo das cidades, vilas e sertões do Brasil, convergiram para as minas gerais. Cada região procurou oferecer às populações mineradoras os artigos de que dispunha; em seguida, animadas com o ouro que tais fornecimentos propiciavam, aumentaram ao máximo sua capacidade produtiva.[9]

Nesse sentido, é plausível afirmarmos que, como desdobramento da atividade aurífera, o Brasil passou a experimentar uma nova realidade econômica, na qual tropeiros e comerciantes se empenharam em promover uma rede de negócios com a região extrativista. Dentre os bens altamente demandados pelas Gerais, destacavam-se os muares.

> Outra característica da economia mineira, de profundas consequências para as regiões vizinhas, radicava em seu sistema de transporte. Localizada a grande

[9] Mafalda P. Zemella, *O abastecimento da capitania das Minas Gerais no século XVIII* (São Paulo, Hucitec/Edusp, 1990), p. 29.

> distância do litoral, dispersa e em região montanhosa, a população mineira dependia para tudo de um complexo sistema de transporte. A tropa de mulas constitui autêntica infraestrutura de todo o sistema. A quase inexistência de abastecimento local de alimentos, a grande distância por terra que deviam percorrer todas as mercadorias importadas, a necessidade de vencer grandes caminhadas em região montanhosa para alcançar os locais de trabalho, tudo contribuía para que o sistema de transporte desempenhasse um papel básico no funcionamento da economia. Criou-se, assim, um grande mercado para animais de carga.[10]

Seja para transportar alimentos e mercadorias para a região aurífera e/ou para promover o escoamento dos metais e pedras preciosas até os portos, o gado muar tornou-se um dos principais protagonistas dessa nova realidade econômica da colônia. É importante acrescentarmos também que a demanda por animais de carga aumentou significativamente a partir da transferência da capital colonial da Bahia para o Rio de Janeiro em 1763, promovida pelo então secretário de Estado do Reino de Portugal, Sebastião José de Carvalho e Melo (o marquês de Pombal).

Outro dado relevante refere-se à abertura de novos trajetos, em geral mais curtos, entre a região das minas e a nova capital no decorrer da segunda década do século XIX. Exemplos desses caminhos, financiados pelos próprios fazendeiros do sul de Minas Gerais, são a estrada do Comércio e da Polícia, bem como a do Picu. Segundo Almeida[11], nos primeiros recenseamentos de 1770 e 1780 já há referências a lotes de animais cargueiros que eram remetidos a São Paulo e Rio de Janeiro, vindos dos criatórios do Sul do país, para serem empregados, fundamentalmente, no transporte da produção açucareira. Nesse sentido, negociantes de São Paulo se tornaram os principais responsáveis pelo comércio e fluxo de animais cargueiros na região centro-sul do país. A propósito, também, a partir de 1826, a Junta da Fazenda da Província de São Paulo passou a se responsabilizar integralmente pela cobrança dos impostos sobre esse tráfego de animais. Antes disso, os arrematantes de contratos de impostos costumavam acumular lucros, por vezes significativos, em relação ao preço prefixado a ser pago à Junta da Fazenda Real.

O Rio Grande do Sul, por sua vez, era o principal polo criatório e fornecedor de muares para o abastecimento das Minas Gerais. Tal condição favoreceu a integração dessa parte do território brasileiro aos centros econômicos mais dinâmicos da colônia.

> A região rio-grandense, onde a criação de mulas se desenvolveu em grande escala, foi, dessa forma, integrada no conjunto da economia brasileira. Cada ano subiam do Rio Grande do Sul dezenas de milhares de mulas, as quais constituíam a principal fonte de renda da região. Esses animais se concentravam na região de

---

[10] Celso Furtado, *Formação econômica do Brasil* (34. ed., São Paulo, Companhia das Letras, 2007), p. 122.

[11] Aluísio de Almeida, *O tropeirismo e a feira de Sorocaba* (Sorocaba, Luzes Gráfica e Editora, 1968), p. 10.

> São Paulo, onde, em grandes feiras, eram distribuídos aos compradores que provinham de diferentes regiões. Desse modo, a economia mineira, através de seus efeitos indiretos, permitiu que se articulassem as diferentes regiões do sul do país.[12]

Como bem observou Furtado, os animais eram conduzidos até as feiras de São Paulo, particularmente a de Sorocaba[13], e daí seguiam em direção aos mercados consumidores do Rio de Janeiro e Minas Gerais. Em consequência dessa dinâmica, caminhos foram abertos, como não poderia deixar de ser, interligando o extremo sul do país, conforme podemos observar no Mapa 1 a seguir.

Mapa 1 – Caminhos das tropas de animais

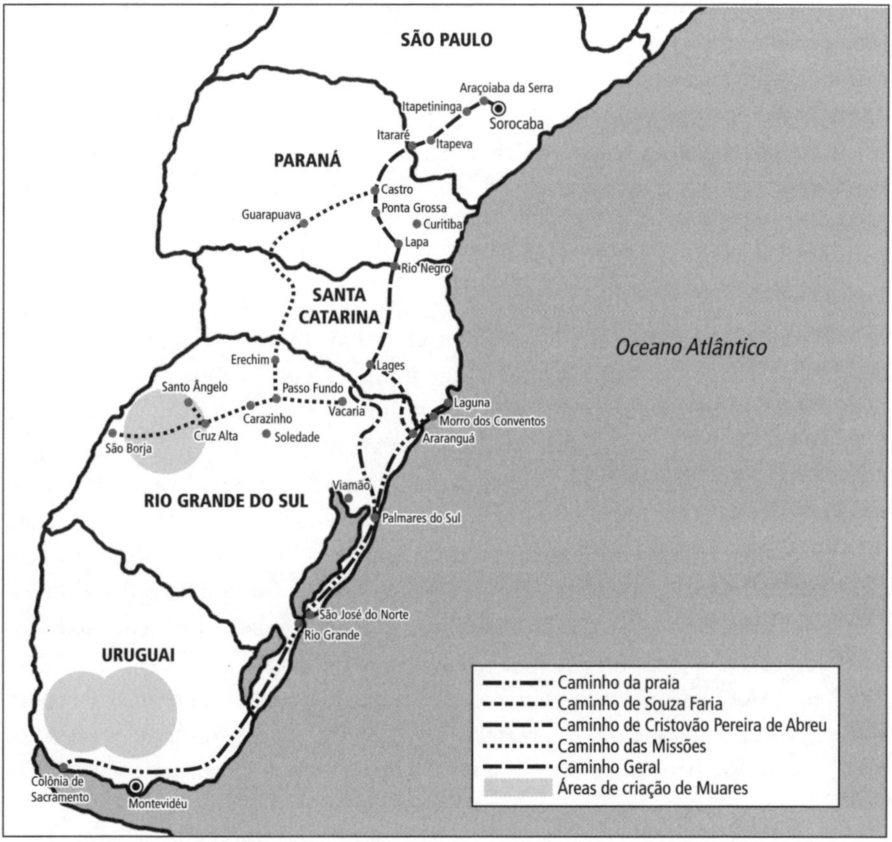

Fonte: Carlos Eduardo Suprinyak, *Tropas em marcha: o mercado de animais de carga no centro-sul do Brasil imperial* (São Paulo, Annablume/Fapesp, 2008), p. 21.

---

12 Celso Furtado, *Formação econômica do Brasil*, cit., p. 122.

13 A vila de Sorocaba foi elevada a cidade no ano de 1842, por meio da Lei provincial n. 5, de 5 de fevereiro de 1842. Nessa mesma lei, também foram elevadas à categoria de cidade as vilas de Taubaté, Itu, Curitiba, Paranaguá e São Carlos do Pinhal.

A principal rota de abastecimento de animais demandados por São Paulo, Rio de Janeiro e Minas Gerais, e provavelmente a mais antiga, aberta em 1731 por obra conjunta de Francisco de Sousa e Faria e Cristóvão Pereira de Abreu, denominava-se "caminho de Viamão". Dessa localidade, em território gaúcho, os tropeiros deixavam os campos de Viamão para subirem a Serra Geral a partir do atual município de Santo Antônio da Patrulha, também na capitania de São Pedro do Rio Grande (hoje estado do Rio Grande do Sul). O percurso até a feira de animais de Sorocaba apresentava trechos acidentados e de difícil penetração, representados pelas densas matas e serranias de Santa Catarina, além de trechos de mais fácil acesso, como os campos paranaenses, num percurso que compreendia cidades importantes: Vacaria, Lajes, Rio Negro, Lapa, Ponta Grossa, Itapetininga e Sorocaba. Sobre o trajeto, Prado Júnior o sintetiza da seguinte forma:

> Compõe-se de um único tronco que corre pelo planalto, paralelo ao litoral, e que, partindo de São Paulo, propriamente de Sorocaba, se interna pelos Campos Gerais do sul da capitania, hoje território paranaense, onde passa por Castro, Curitiba, Vila do Príncipe (Lapa); *cruza o Rio Negro*[14], onde depois se formou a atual cidade deste nome; alcança Santa Catarina, Curitibanos, então ainda um simples pouso, a via de Lages, e penetra o Rio Grande cruzando o rio Pelotas no registro de Santa Vitória, estendendo-se até a capital da capitania.[15]

Petrone[16] acrescenta que a partir de Lajes havia também uma segunda via em direção aos campos de Vacaria, já que muitos comboios buscavam atingir as pastagens do Viamão pelo chamado "Caminho Novo da Vacaria", em virtude da "campanha aberta e continuada planície", que facilitava a condução das tropas, fossem elas de mulas, reses ou cavalos. Uma terceira rota alternativa, a estrada das Missões, ou de Palmas, surgiria somente na década de 1840; em verdade, um ramal do tradicional caminho do Viamão, com acesso direto à região das antigas missões jesuíticas, principal polo de criação de muares no Rio Grande do Sul. Tal ramal partia de Ponta Grossa, no antigo caminho, e percorria cidades formadas ao longo do trajeto, como Palmeira, Belém de Guarapuava e Palmas.

A historiografia dedicada à temática dos caminhos terrestres no Brasil da época da Independência pontua que a maioria dos muares que passavam pelos registros provinha de Viamão, ao passo que a região dos Campos Gerais e de Curitiba se

---

[14] Grifo nosso. Conforme veremos adiante, o registro do Rio Negro, localizado na divisa entre os atuais estados de Santa Catarina e Paraná, foi palco de contendas entre as províncias de São Paulo e Paraná, quando da divisão do território, em 1853. Importante posto de incidência tributária, os paulistas não aceitaram ceder as receitas geradas por esse registro à nova província.

[15] Caio Prado Júnior, *Formação do Brasil contemporâneo*, cit., p. 267-8.

[16] Maria Thereza S. Petrone, *O barão de Iguape: um empresário da época da Independência* (São Paulo, Companhia Editora Nacional, 1976), p. 19.

especializara mais na criação dos vacuns. O rebanho cavalar também se associa mais à atividade criatória de Viamão e por possuir, ao lado dos muares, valor mais elevado, "justifica-se o comércio a mais longa distância do que os vacuns"[17]. Outro dado importante relacionado aos Campos Gerais diz respeito à atividade auxiliar de repouso e engorda dos animais que ocorria nas chamadas estações de invernagem. Suprinyak[18] comenta que era comum a locação dos campos e pastagens para as invernadas das tropas conduzidas pelos negociantes de animais, mas não foram raros também os casos em que grandes negociantes adquiriram propriedades para a invernagem exclusiva de seus rebanhos.

De todo modo, cabe ressaltarmos que essa atividade intermediária era parte fulcral do chamado ciclo do muar[19], e este, por sua vez, configurou, durante os séculos XVIII e XIX, a principal atividade dessa região que deu origem à província do Paraná. Alguns habitantes dos Campos Gerais se destacaram como grandes negociantes e condutores de animais, e não apenas como proprietários de pastagens que auferiam renda de aluguel, o que lhes permitiu açambarcar parte significativa da cadeia produtiva relacionada à criação, compra e venda de bestas, cavalos e reses. Como observa Petrone[20], São Paulo adquiriu uma posição destacada no país em relação à "indústria do transporte" desde a quarta década do século XVIII, em virtude desse tráfego regular de animais que vimos discutindo, que colocava vilas, a exemplo de Rio Negro, Itapetininga e Sorocaba, como passagens obrigatórias das bestas criadas no Rio Grande do Sul e dos bovinos dos Campos Gerais que seguiam rumo aos centros consumidores do Rio de Janeiro, Minas Gerais e, também, da própria capital paulista.

O fato é que a partir de meados do século XVIII a exploração aurífera começa a dar sinais de esgotamento. No entanto, ao contrário do que se poderia supor, a demanda por muares não cessa com o declínio da extração de ouro e diamantes. Em realidade, o "ciclo do muar", a partir de fins desse século até a década de 1860, vivenciou momentos profícuos. A explicação para esse dado consiste no renascimento agrícola presenciado em solos brasileiros no período. Nesse contexto, em fins do século XVIII, São Paulo se transformou em um importante centro produtor e exportador de açúcar. No decorrer do século seguinte, uma nova cultura passou a figurar em terras paulistas, o café e, desse modo, cresceu a demanda por muares,

---

[17] Renato Leite Marcondes e Carlos Eduardo Suprinyak, "Movimentação de tropas no Centro-Sul da Colônia: aspectos estruturais do mercado de animais na segunda metade do século XVIII", *Estudos Históricos*, Rio de Janeiro, n. 40, 2007, p. 59.

[18] Carlos Eduardo Suprinyak, *Tropas em marcha*, cit., p. 33-4.

[19] Ver Alfredo Ellis Jr., *A economia paulista no século XVIII: o ciclo do muar, o ciclo do açúcar* (São Paulo, Academia Paulista de Letras, 1979).

[20] Maria Thereza S. Petrone, *O barão de Iguape*, cit., p. 14-5.

uma vez que eram o principal meio de transporte utilizado para o escoamento da produção agrícola antes do advento das estradas de ferro.

Feito esse conjunto de considerações, seguimos nossa narrativa histórica acerca da abertura dos caminhos ocorrida na primeira metade do século XVIII, mas agora sob a óptica fiscal. Diante dessa nova realidade econômica acima caracterizada, o Erário Régio também identificou uma oportunidade ímpar de promover a ampliação da sua capacidade arrecadatória por meio da tributação da circulação de pessoas, animais e mercadorias destinadas às Gerais. Assim, a administração régia estabeleceu diversos postos fiscais ao longo dos caminhos, os chamados registros e barreiras.

Registros, barreiras e a sistemática da cobrança dos direitos sobre a circulação

A história do estabelecimento dos registros e barreiras se entrelaça com a própria história dos caminhos abertos no território nacional, em especial aqueles que conduziam às minas. Na medida em que os caminhos se viabilizavam, postos fiscais eram estabelecidos com o intuito de promover a tributação sobre todas as pessoas, animais e mercadorias que passassem pelo posto. Via de regra, locais estratégicos eram escolhidos para a construção dos ditos postos de recolhimento fiscal, tais como pontes e regiões limítrofes entre os territórios, sejam vilas, municípios ou capitanias. O propósito era evitar, ou dificultar ao máximo, o desvio das tropas por caminhos alternativos, ou os "descaminhos".

A respeito dos órgãos arrecadatórios, havia diferenças entre os registros e as barreiras, mesmo quando ambos estavam instalados no mesmo ponto da estrada. Os primeiros tributavam as mercadorias que adentrassem o território, e para isso cobravam as taxas denominadas entradas. Já as barreiras taxavam as passagens que incidiam sobre a circulação de pessoas, livres ou escravizadas, e animais que transportavam mercadorias. Ressaltamos que os muares advindos do Sul eram as próprias mercadorias em si e, devido a essa característica, eram tributados pelos registros e não pelas barreiras. Acerca da relevância dos registros para a construção fiscal brasileira, Ellis salienta que:

> Os "registros", estabelecimentos fiscais, verdadeiras alfândegas que, postadas à beira das vias terrestres ou fluviais, para os territórios auríferos do país, tinham por fim arrecadar os direitos de entradas naquelas regiões, direitos pertencentes à coroa, ora administrados pela Fazenda Real, ora arrematados por contratadores[21].

---

[21] No início da colonização do Brasil, a coroa promoveu o recolhimento tributário por meio de agentes particulares, os *contratadores/rendeiros*, também conhecidos como *dizimeiros* (por ser o dízimo incidente sobre a produção o tributo mais importante do período e que mais interesse gerava nesses verdadeiros homens de negócios). Quando o recolhimento fiscal estava sob contrato, dizia-se que o tributo estava arrematado, ou contratado. Em momentos nos quais não havia

Tiveram estes "registros", sem dúvida, importante função na história tributária do Brasil.[22]

A fim de compreendermos a abrangência alcançada pelas barreiras e registros, analisemos o Quadro 1. Por meio de consulta à documentação histórica do Ministério da Fazenda, localizamos a relação de todos os tributos existentes no Brasil no ano de 1828. A partir disso, nos foi possível construir o Quadro 1, que relaciona as barreiras, registros e tributos existentes no referido ano, incidentes sobre a circulação de pessoas e mercadorias[23].

Quadro 1 – Relação dos tributos incidentes sobre a circulação, 1828

Tributo	Lei da sua fundação	Província	Quotização (%, moeda corrente e/ou base de incidência)
Contribuição de 80 réis por Cabeça de Gado	Portaria de 18 de novembro de 1801	SP	80 réis por cada cabeça de gado vacum que passe pela Vila de Lorena.
Contribuição Voluntária para a Fatura da Estrada de Santos	Aviso da Marinha de 4 de novembro de 1799 e reduzida pela Lei de 20 de setembro de 1828	SP	Percebe-se o seguinte: 120 réis por animal de transporte; 120 réis por porco; 240 réis em rês que descer ou subir a Serra pela estrada referida.
Direitos dos Animais que passam pelo Registro de Santa Victória	Portaria de 25 de outubro de 1739	RS	Neste Registro se arrecada o mesmo que nos demais, como se diz no Art. – Dízimos – porém, as bestas muares espanholas pagam 2$000 réis, e as da Província 1$000 réis.
Direitos dos Escravos que vão para as Terras Minerais	Ordem do Conselho Ultramarino de 27 de março de 1714	RJ	4$500 réis por escravo que passa pela primeira vez para terras minerais.
Emolumentos dos Viajantes que vão para Terras Minerais	Provisão do Conselho Ultramarino de 24 de fevereiro de 1680	RJ	240 réis que paga a pessoa que transita para terra minerais.
Entradas	Carta Régia de 9 de novembro de 1709 e 24 de julho de 1711; estabelecida em 1795 (GO); estabelecida no ano de 1775 e regulada pela Provisão de 9 de agosto de 1826 (MT)	MG, GO, MT	MG – Por arroba de gênero seco que entra na Província, 1$125 réis; por carga de gêneros molhados pesando 2 arrobas, 750 réis; por escravo pela primeira vez, 3$000 réis; por besta ou cavalo, 3$000 réis; por cabeça de gado, 1$500 réis. N.B – o Direito do gado foi extinto por Provisão do Tesouro de 2 de setembro de 1808; o do sal pelo Decreto de 29 de abril de 1821; GO – por arroba de fazenda seca e drogas de botica, 1$125 réis; 1/2 carga de uma besta de molhados, 750 réis; escravo novo, 3$000 réis; de cada besta solta, 3$000 réis; MT – Vide Goiás e Minas.

um agente particular promovendo o recolhimento tributário, dizia-se que o tributo estava sob administração da coroa. Para maiores detalhes a esse respeito, ver Caio Prado Júnior, *Formação do Brasil contemporâneo*, cit.

22 Myriam Ellis, "Contribuição ao estudo do abastecimento das zonas mineradoras do Brasil no século XVIII", *Revista de História*, São Paulo, v. 17, n. 36, 1958, p. 436.

23 Não relacionamos no referido Quadro 1 os tributos alfandegários. Para uma consulta acerca da relação completa de todos os tributos existentes em solos brasileiros no ano de 1828, ver Camila Scacchetti, *"Dai a César o que é de César": do dízimo ao ICMS – raízes da tributação sobre o consumo* (mestrado em história econômica, São Paulo, FFLCH-USP, 2019).

Tributo	Lei da sua fundação	Província	Quotização (%, moeda corrente e/ou base de incidência)
Meios Direitos de Animais Denominados Casa Doada	Pertenciam a Thomé Joaquim por Alvará de 18 de fevereiro de 1760; reverteram para a massa Geral das Rendas por Provisão de 5 de setembro de 1808	SP	As cotas são as que constam do artigo retro Meios Direitos e Direitos inteiros de Animais, com o único aumento de 240 réis por cada besta muar.
Meios Direitos e Direitos Inteiros de Animais	Portaria de 16 de outubro de 1805	SP	Consiste na Entrada dos animais que vêm do Sul pelo Registro de Curitiba, a saber: 1/2 direitos 1$250 réis por besta muar ou burro; 1$000 réis por cavalo e $480 réis por égua, que produzem as fazendas de São Pedro até a Serra do Viamão e entram no dito Registro. Direitos inteiros sendo os ditos animais produzidos nesta Província até o mesmo Registro.
Passagens de Rios e Registros / Passagens das Barras e Rios (AL)	Ord. do Livro 2º, Título 26, §8; Instituída pelos extintos Donatários (AL / PE); Carta Régia de 14 de novembro de 1654 (PE); Carta Régia de 29 de abril de 1711 (MG); Portaria da Junta de 1810 (PB)	RJ, ES, BA, AL, PE, PB, RN, PI, SP, SC, RS, MG, GO, MT	A quota diversifica geralmente em todas as Províncias; BA – 3 oitavas de ouro por Entrada de cada carga, 1 oitava de ouro por cabeça de gado e 2 oitavas de ouro por cada escravo; PE – São dos seguintes Rios: de Pernambuco, do Cabradó, S. Francisco e Itamaracá; PB – Do rio Sonhoâ: consiste em 20 réis que paga cada um passageiro; PI – Passagem do Rio Parnaíba – 40 réis por viajante, 40 réis por carga, 40 réis por cabeça de gado vacum e 160 réis por cavalar; SP – Cobra-se nas seguintes Passagens: do Porto do Meira, Boqueira e Jagary; Registro de Curitiba, Parnapanema, Apiahy, Itapitininga e Jaguary; Caminho de Goyaz, Pindemenhangeba e Picacuama, a saber: por pessoa, 40 réis; por animal, 80 réis; de cada porco, carneiro ou cabra, 20 réis. Do Cubatão para Santos e vice-versa: por pessoa, 120 réis; por arroba de qualquer gênero (exceto feijão, farinha, milho, toucinho, que se paga 10 réis), 20 réis; por animal cavalar, 240 réis; dito vacum, 240 réis; dito morto, ou cria, 120 réis; SC – Procede do Direito que se arrecada dos Rios do Embaú, Barra da Laguna, Rio Massambú e Cubatão; RS – Arrecadam-se de diversos rios do interior da Província, estabelecidos em 1797; e as dos três rios da Praia denominados Tramandahy, Mampahiba e Aramigena em 1763; MG – Consiste no seguinte, a saber: da Comarca do Rio das Mortes – Rio Grande, dito das Mortes, dito Verde, Sapocahy, Piedade, Pomba, Parahiba – 80 réis por pessoa; 160 réis por animal; 160 réis por gado vacum; 300 réis por carro. Da Comarca do Sabará, Paracatú e Serro do Frio – Rios São Francisco, Arassuahi e Jequitinhonha – 80 réis por pessoa; 120 réis por animal; 80 réis por carga; 160 réis por gado. Regimento do mar da Espanha, do Porto do Cunha, barra da Pomba – 200 réis por pessoa; 360 réis por animal, com carga ou sem ela; 80 réis por porco; GO – procede do rendimento de diversos rios de Canoa, a saber: de cada pessoa, 40 réis; de cavalo, 80 réis; de carga, 20 réis; de cangalha, 10 réis; MT – São dos rios Cuiabá e Paraguai em 40 de prata por pessoa, 20 por carga e o mesmo por animal; sendo este embarcado em balsa, 450 réis.

Fonte: Relatório do Ministério da Fazenda, 1828.

Por meio da relação dos tributos apresentada no Quadro 1, torna-se possível verificar a prática fiscal erigida no momento histórico que ora nos ocupa, de dinamismo econômico interno impulsionado pela atividade mineradora. Os tributos diretamente ligados à nossa discussão são os que incidiam sobre animais vindos do Sul, ou seja, os "meio direitos de animais denominados casa doada" e os "meio direitos e direitos inteiros de animais", ambos cobrados em São Paulo. Vejamos como se deu a construção dessa estrutura fiscal.

Os animais oriundos do Rio Grande faziam, costumeiramente, uma parada para engorda e recuperação nos Campos Gerais, localizados nos arredores de Curitiba.

Diante disso, e atendendo aos propósitos do fisco, no ano de 1731 foi criado o registro de Curitiba. A sistemática de cobrança foi organizada da seguinte maneira:

> Por meio das instruções fornecidas em 1731 pelo então governador da capitania de São Paulo, Antônio da Silva Caldeira Pimentel, ficou estabelecida a cobrança dos direitos em duas etapas: primeiramente, ao passar uma tropa pelo registro de Curitiba, emitia-se uma guia onde constavam informações sobre a tropa, tais como tamanho, composição, nome do condutor e valor do imposto devido; de posse desta guia, os condutores estavam livres para seguir viagem até Sorocaba, onde deviam se reportar a uma autoridade competente para realizar o pagamento dos direitos.[24]

No entanto, havia aqueles que, objetivando evitar a incidência tributária, se desviavam do caminho que conduzia a Curitiba. Buscando solucionar o impasse, um novo registro foi criado, desta vez na região fronteiriça entre os atuais estados do Paraná e Santa Catarina, nas margens do Rio Negro. Em seus levantamentos sobre a província de São Paulo, Daniel Pedro Müller oferece informações acerca deste novo registro:

> Direitos do Rio Negro – Foi estabelecido este direito para aumento das rendas públicas desta província em 1747. Consiste em pagar 2$500 rs. cada burro ou besta; 2$000 rs. cada cavalo e $960 rs. cada égua que se cria aquém dos limites desta província até o registro.[25]

A sistemática de cobrança desse novo posto fiscal funcionava como no registro de Curitiba, ou seja, guias eram emitidas e o pagamento dos direitos era efetuado em Sorocaba. No ano de 1750, um novo registro foi criado, dessa vez em Sorocaba. Assim, os tropeiros, ao chegarem na dita localidade, deveriam se locomover a esse registro a fim de cumprir com suas obrigações fiscais.

No decorrer desse período, os direitos fiscais pertenciam à coroa. Todavia raras foram as vezes nas quais os direitos ficaram sob administração do Erário Régio. Toda a fiscalização e cobrança era desempenhada com frequência pelos já mencionados *contratadores*. Tal estrutura adentrou o século XIX até meados da década de 1830. Contudo, durante a Regência (1831-1840), por meio de reformas administrativas e fiscais[26] realizadas no Brasil, ocorreu a separação das receitas entre os cofres geral e provincial. No ano de 1834, com a criação das Assembleias Legislativas Provinciais e a consequente definição de suas rendas, os "direitos do registro do Rio Negro"

---

24 Carlos Eduardo Suprinyak, *Tropas em marcha*, cit., p. 24.

25 Daniel Pedro Müller, *Ensaio d'um quadro estatístico da província de São Paulo* (São Paulo, Governo do Estado, 1978), p. 211.

26 No período regencial, o Brasil presenciou importantes reformas em seu território. Dentre elas, destacamos a separação das receitas fiscais entre os cofres geral e provincial. Para mais detalhes acerca dos debates ocorridos no período e aprofundamento da questão, sob a óptica da fiscalidade, ver Wilma Peres Costa, *Cidadãos e contribuintes: estudos de história fiscal* (São Paulo, Alameda, 2020).

passaram a compor a receita fiscal da província de São Paulo, sendo do ano financeiro de 1835-1836[27] a elaboração da primeira lei orçamentária da província.

Uma observação acerca da destinação dos recursos recolhidos pelos registros e barreiras: os registros, como já observado, lançavam a tributação sobre as mercadorias e, sendo assim, a receita daí proveniente compunha a receita comum da província. Já os recursos recolhidos pelas barreiras tinham como destinação a manutenção e construção de novas estradas. Dessa maneira, as rubricas recolhidas pelas barreiras se inseriam na renda das estradas.

Retomando os levantamentos efetuados pelo marechal Daniel Pedro Müller, temos que, no primeiro balanço apresentado pela província de São Paulo, os "direitos do Rio Negro" representaram a principal fonte de renda fiscal paulista, perfazendo 28% do recolhimento tributário, conforme podemos observar no Quadro 2.

Quadro 2 – Resumo do balanço da receita de São Paulo, 1835-1836

Receita	Valor	%
Animais do Rio Negro	81:869$950	27,00%
Dízimos	31:351$648	10,70%
Décima dos legados	28:010$910	9,60%
Novo imposto dos animais em Sorocaba	22:074$216	7,50%
Décima dos prédios urbanos	19:053$703	6,50%
Carne verde e subsídio literário	19:170$442	6,50%
Meia sisa dos escravos	16:475$977	5,60%
Contribuição de Guarapuava	9:595$140	3,30%
20% da aguardente	9:331$440	3,20%
Passagens e rios	7:476$635	2,60%
Imposto para o banco	1:926$921	0,70%
Multas a mestres de barcos	1:816$282	0,60%
Dita não classificada	1:495$069	0,50%
Novos e velhos direitos	1:251$066	0,40%
Foros e arrendamentos	778$354	0,30%
Despachos de embarcações	551$990	0,20%
Tipografia	690$250	0,20%
Emolumentos da secretaria	154$120	0,10%
Selo	212$856	0,10%
Casa de prisão com trabalho	225$699	0,10%
Aldeamento de Guarapuava	249$960	0,10%
Casas de leilão	40$000	0,00%
Receita eventual	38:898$731	13,30%
Total	292:701$359	100,00%

Fonte: Daniel Pedro Müller, *Ensaio d'um quadro estatístico da província de São Paulo*, cit., p. 215.

[27] No decorrer de todo o período imperial, o ano financeiro se iniciava no dia 1 de julho do ano presente e se estendia a 30 de junho do ano subsequente.

De acordo com os números apresentados para o ano financeiro 1835-1836, notamos que os "direitos do registro do Rio Negro" promoveram um recolhimento tributário quase três vezes superior à segunda fonte de renda, os "dízimos"[28].

Infelizmente, não possuímos os balanços financeiros para os anos vindouros, no entanto, como meio de sanar essa lacuna, nos utilizamos dos orçamentos elaborados anualmente pela Assembleia Legislativa Provincial de São Paulo. Por meio do Quadro 3, procuramos demonstrar que os "direitos do Rio Negro" compunham uma importante fatia da expectativa arrecadatória da província. Aliás, sua receita chegou a figurar como a principal ferramenta tributária em alguns anos da análise.

Quadro 3 – A composição dos "direitos do Rio Negro" na receita orçada, 1835-1851

Lei orçamentária	Direitos do Rio Negro	Receita comum	%	Renda das estradas (Barreiras)	Soma receita comum e estradas
N. 17, de 11/04/1835	66:000$000	175:500$000	37,61%	68:200$000	243:700$000
N. 40, de 18/03/1836	96:000$000	216:090$000	44,43%	71:600$000	287:690$000
N. 14, de 10/03/1837	85:000$000	244:398$252	34,77%	70:800$000	315:198$252
N. 22, de 30/03/1838	80:000$000	313:284$960	25,54%	62:600$000	375:884$960
N. 11, de 23/03/1839	120:000$000	354:375$602	33,86%	77:000$000	431:375$602
N. 17, de 26/03/1840	80:738$000	290:848$000	27,76%	74:800$000	365:648$000
N. 25, de 23/03/1841	80:000$000	351:260$000	22,77%	80:500$000	431:760$000
N. 40, de 23/03/1844	80:000$000	365:910$000	21,86%	83:650$000	449:560$000
N. 10, de 19/02/1845	80:000$000	314:410$000	25,44%	94:050$000	408:460$000
N. 35, de 16/03/1846	70:000$000	319:660$000	21,89%	102:500$000	422:160$000
N. 28, de 16/03/1847	85:000$000	357:360$000	23,79%	102:000$000	459:360$000
N. 12, de 18/09/1848	90:000$000	386:160$000	23,30%	111:000$000	497:160$000
N. 27, de 23/04/1849	80:000$000	290:150$000	27,57%	112:000$000	402:150$000
N. 24, de 02/07/1850	80:000$000	364:950$000	21,92%	121:500$000	486:450$000
N. 10, de 07/05/1851	-	285:550$000	-	197:500$000	483:050$000

Fonte: Leis orçamentárias paulistas.

Em alguns períodos da amostra, podemos notar que a expectativa arrecadatória com os "diretos do Rio Negro" era, inclusive, maior que o somatório das diversas barreiras instaladas no território paulista. Tal dado evidencia a importância desse único posto fiscal. Ademais, em média, os "diretos do Rio Negro" representaram 28,04% da expectativa de arrecadação paulista no período

[28] Em estudo anterior, analisamos o comportamento dos "dízimos", posteriormente denominados "direitos de saída" nas leis orçamentárias da província de São Paulo. Nesse ensaio, demonstramos a ascensão da importância relativa dos "direitos de saída" à medida que o café passou a figurar como principal mercadoria exportada pela província paulista, passando os "direitos do Rio Negro" a figurar como a segunda mais importante fonte de expectativa de recolhimento fiscal (Camila Scacchetti e Luciana Suarez Galvão, "Sobre os 'dízimos' e os 'direitos de saída' na São Paulo provincial", *Revista Maracanan*, v. 26, 2021, p. 147-93).

analisado, excluindo-se deste cômputo as rendas das estradas. Indubitavelmente, tratava-se de uma importante ferramenta geradora de recursos financeiros para os cofres paulistas.

Entretanto, conforme apontado no Quadro 3, a partir do ano de 1851 os "direitos do Rio Negro" deixaram de figurar no orçamento da província de São Paulo. A explicação disso consiste no fato de, em 1853, ter ocorrido o desmembramento do território que atualmente constitui o estado do Paraná. Como vimos, o registro do Rio Negro estava instalado na região limítrofe entre os atuais estados do Paraná e Santa Catarina, em terras paranaenses. Seria de se supor, em decorrência da autonomia administrativa da recém-criada província do Paraná, a transferência desse recurso financeiro para a nascente unidade territorial. Mas a história não se deu exatamente assim.

Como discutiremos na próxima seção do capítulo, embora São Paulo tenha perdido o território, não perdeu a renda. Pela análise das leis orçamentárias paulistas e das falas dos presidentes das províncias de São Paulo e Paraná, temos como objetivo demonstrar que, ao contrário do que se poderia supor, São Paulo não foi impactado negativamente, em termos fiscais, com a criação da província do Paraná. Por meio de recursos legislativos, os paulistas defenderam seus interesses e mantiveram essa importante fonte de receita fiscal, os "direitos do Rio Negro", em sua base de arrecadação tributária; porém, sob outra nomenclatura.

A contenda

No ano de 1843 se iniciaram na Câmara dos Deputados os debates acerca da emancipação da 5ª Comarca de São Paulo, a Comarca de Curitiba e Paranaguá. O cerne da questão era o descontentamento das elites econômicas da 5ª Comarca com relação ao pouco zelo que julgavam receber do corpo administrativo e político da província de São Paulo. Os produtores de erva-mate consideravam que o governo provincial não lhes oferecia a atenção e os cuidados de que a região necessitava, defendendo que a autonomia administrativa lhes traria um governo mais próximo e ativo. Nas palavras de Gregório, a emancipação

> [...] se justificava no caso de territórios cuja riqueza e demografia lhes conferia o direito de dirigir os próprios negócios tendo em vista seus interesses específicos, sem se submeter a um governo distante e voltado para outras prioridades como era o caso de São Paulo – cuja administração estaria mais comprometida com a expansão da agricultura de exportação do que com a produção de erva-mate de Curitiba.[29]

[29] Vitor Marcos Gregório, "As moedas e o mapa: fiscalidade e representação política no processo de criação de províncias no Brasil Império, primeira metade do século XIX", *Antíteses*, v. 9, n. 18, jul.-dez. 2016, p. 399.

A autonomia financeira estava entre os pontos discutidos para a criação da nova província, que deveria ser capaz de gerar suas próprias receitas fiscais a fim de suprir suas despesas. Desse modo, estavam dadas as balizas de uma longa disputa que se estenderia por dez anos, até a emancipação da 5ª Comarca e criação da província do Paraná, em dezembro de 1853. Não temos como objetivo analisar todos os pontos levantados no debate. Centrar-nos-emos nas reflexões acerca da barreira do Rio Negro, posto de recolhimento fiscal que, como já demonstramos, representava uma considerável parcela de recolhimento fiscal para as finanças paulistas. Sobre as considerações acerca da autonomia financeira da nova província, Gregório elucida:

> Era preciso dotar a elite local de meios para captar os recursos disponíveis na comarca e investi-los "em favor da ordem pública", o que significava criar uma força policial, fortalecer a guarda nacional e realizar obras públicas capazes de facilitar o aproveitamento do solo fértil da região, impulsionando as virtualidades de crescimento econômico que a comarca possuía. Para que esses objetivos fossem alcançados, a emancipação surgia como condição necessária, já que daria origem à Assembleia Legislativa que, de acordo com as determinações do Ato Adicional [1834 - C.S], teria a autonomia necessária para tributar e aplicar os frutos dessa arrecadação no desenvolvimento da província.[30]

Procurando argumentar em favor da autonomia financeira da nova unidade administrativa, o deputado Joaquim José Pacheco analisou a questão sob a óptica de importantes fontes de receita fiscal já existentes no território da 5ª Comarca.

> Persuado-me que todos nós sabemos qual é a renda geral e provincial arrecadada na Comarca de Curitiba; a renda geral arrecadada na alfândega de Paranaguá regula uns anos por outros a 60:000$000 para mais, e a renda provincial não pode ser ignorada por nenhum dos ilustres deputados por São Paulo que impugnam o projeto, (...) eles portanto hão de ter visto que a Comarca de Curitiba tem rendido anualmente em direitos provenientes de animais de 100 a 120 contos de réis, e que mesmo agora, com as desordens do Rio Grande do Sul, nunca este imposto dos animais tem sido menor de 70 a 80 contos de réis; esta é a renda principal da Comarca, e portanto podemos considerar a Comarca atualmente rendendo 100 a 120 contos, com esperança de render muito mais.[31]

Diante dessa retórica apresentada pelo deputado Pacheco, podemos constatar que os defensores da emancipação da 5ª Comarca contavam com as rendas provenientes do registro do Rio Negro a fim de promoverem sua autonomia financeira e suprir os gastos que se fariam necessários para aparelhar a nascente província.

---

[30] Vitor Marcos Gregório, *Dividindo as províncias do Império*: *a emancipação do Amazonas e do Paraná e o sistema representativo na construção do Estado nacional brasileiro (1826-1854)* (doutorado em história econômica, São Paulo, FFLCH-USP, 2012), p. 295-6.

[31] Ibidem, p. 300.

Contudo, tal fonte de receita fiscal também foi usada como argumento pelos que defendiam a manutenção do território paulista da forma como se apresentava no ano de 1843. Pois, de acordo com o que se alegava, São Paulo não teria condições de manter sua saúde financeira na ausência dos recursos provenientes do tráfego e comércio de animais.

> [...] as rendas provinciais mostravam-se superavitárias unicamente por conta dos valores recolhidos na barreira do Rio Negro, localizada na divisa entre a Comarca de Curitiba e a província de Santa Catarina. Neste sentido, retirar dos paulistas esta fonte de rendimento seria desastroso, uma vez que a arrecadação provincial estava diminuindo continuamente, o que obrigava sua administração a fazer uso constante do capital de reserva. Emancipar Curitiba, desta forma, significaria reduzir São Paulo [...] a uma "província mendicante".[32]

De fato, perder a receita proveniente do registro do Rio Negro representaria um profundo golpe para as finanças paulistas. De acordo com o nosso levantamento, podemos inferir que tais rubricas representavam uma importante parcela da expectativa arrecadatória de São Paulo. Gregório contribui com essa reflexão ao tecer as seguintes considerações:

> É sempre muito difícil saber ao certo quanto dos discursos proferidos correspondia efetivamente à realidade e quanto era devido a recursos retóricos destinados a enfatizar uma determinada posição política. Mas o fato é que os números apresentados pela historiografia até o momento permitem concluir com razoável grau de certeza que a província tinha muito a perder com a medida proposta. Perderia o repasse da renda provincial gerada com o recolhimento dos direitos sobre o transporte de gado muar do Rio Grande do Sul a Sorocaba, realizado na barreira do Rio Negro; perderia parte de sua participação na renda geral, já que não teria mais a posse sobre a alfândega de Paranaguá.[33]

Seja como for, os parlamentares contrários ao desmembramento da 5ª Comarca conquistaram uma importante vitória na Câmara dos Deputados ao promoverem o arquivamento das discussões por sete anos. Em 1850, com a retomada dos debates, mas dessa vez no Senado, os defensores da manutenção do território apresentaram argumentos persuasivos para o desfecho do imbróglio. Peguemos como exemplo a explanação realizada por Nicolau Vergueiro, senador pela província de Minas Gerais, mas que possuía atividades econômicas em São Paulo. Discursando sobre a autonomia financeira da nova província do Paraná, Vergueiro expôs suas considerações acerca da receita fiscal proveniente do registro do Rio Negro:

---

32 Ibidem, p. 301.

33 Ibidem, p. 301-2.

> Quanto à sua renda, também não a considero com a renda necessária para sustentar-se como província. Falam em grande renda porque tomam a si uma renda que foi dada à província de São Paulo, e se cobra naquele lugar. Na repartição da renda geral e provincial deu-se esse imposto à província de São Paulo, e eu creio que não se lhe pode agora tirar para dá-lo por inteiro à nova província, isso não é praticável. [...] a importância dos direitos que pagam os animais que transitam por ali, ou devem continuar a pertencer à província a que a Assembleia Geral a deu, ou tais direitos não devem existir; e tirados esses direitos, a nova província não tem de onde lhe venha renda.[34]

O argumento apresentado por Vergueiro era exatamente aquele que a província de São Paulo necessitava para promover uma importante alteração em sua estrutura tributária. Conforme demonstrado no Quadro 3, a partir do ano financeiro de 1851-1852, os "direitos do Rio Negro" deixaram de figurar nas leis orçamentárias paulistas. Todavia a supressão dessa fonte de renda não implicou, necessariamente, o fim da cobrança. No referido ano, procurando se antecipar ao desmembramento da Comarca de Curitiba e Paranaguá, São Paulo promulgou, por meio da própria lei orçamentária, a supressão da fonte de receita dos "direitos dos animais no registro do Rio Negro", substituindo-a por uma barreira, a ser colocada no local mais apropriado, conforme consta na lei a seguir.

> Art. 20 - Ficam suprimidos os impostos denominados dos animais no registro do Rio Negro e contribuição para Guarapuava, e criada uma barreira, em que se cobrarão os seguintes impostos:
> § 1º - Os animais soltos, pela forma seguinte: 2$500 por uma besta, 2$000 por um cavalo, 1$000 por uma égua e $240 por cabeça de gado. Os referidos animais que assim tiverem pago o imposto, não serão mais obrigados a ele, quando tenham de passar de novo pela barreira.
> § 2º - Os animais que passarem montados, ou carregados, ou que forem destinados a esse uso, pagarão a mesma taxa, e pela mesma forma, porque se cobra na barreira do Cubatão segundo a lei respectiva.
> Art. 25 - O governo mandando proceder a todos os exames que forem necessários, e ouvindo a tesouraria, fará colocar a barreira na estrada desde Sorocaba até Castro, no lugar que for mais conveniente; e bem assim estabelecerá as agências que forem precisas para acautelar extravios, dando tanto à barreira como às referidas agências os regulamentos necessários para a fiscalização e boa arrecadação desta renda.[35]

De acordo com as informações apresentadas acima, temos que a província paulista, por meio de instrumentais legislativos, procurou defender e manter sua segunda principal fonte de recursos fiscais. Ao suprimir os "direitos dos animais

---

[34] Ibidem, p. 302.

[35] Lei n. 10, de 7 de maio de 1851.

no registro do Rio Negro" e criar uma barreia, os paulistas procuraram instalar um novo posto de recolhimento fiscal em uma região que não seria cedida à nova província do Paraná. A fim de compreendermos as decisões concernentes ao local onde a nova barreira viria a ser instalada, analisemos o Mapa 2.

Mapa 2 – A nova barreira

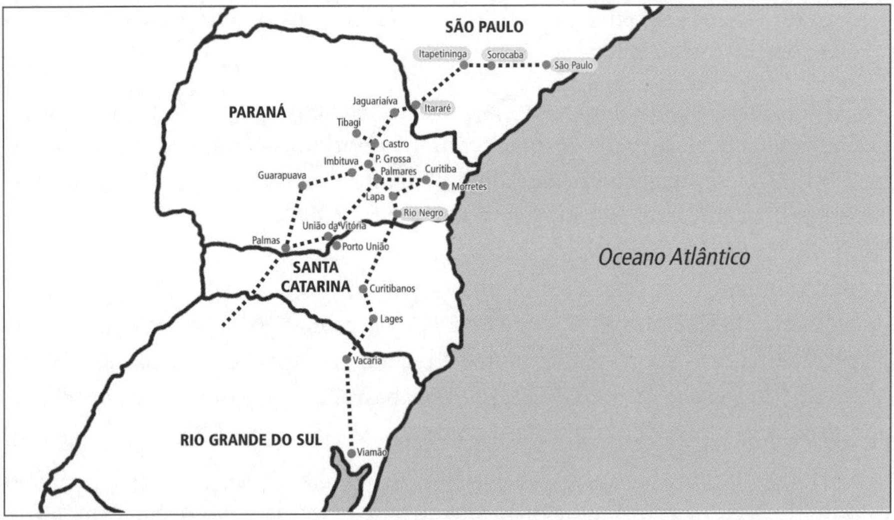

Fonte: Carlos Eduardo Suprinyak, *Comércio de animais de carga no Brasil imperial: uma análise quantitativa das tropas negociadas nas províncias do Paraná e São Paulo* (mestrado em economia, Araraquara, FCLAR-Unesp, 2006), p. 7.

Como é possível observar, o registro do Rio Negro situava-se na região fronteiriça entre Santa Catarina e o atual Paraná. Ou seja, os muares provenientes do Rio Grande atravessavam toda a província de Santa Catarina para então serem tributados pelo Erário paulista. Por meio da elevação da 5ª Comarca de Curitiba e Paranaguá à categoria de província, e não conhecendo de antemão qual seria exatamente a região limítrofe entre as províncias, o governo de São Paulo não poderia antecipar qual seria a localidade da nova barreira, conforme exposto na lei orçamentária n. 10 de 7 de maio de 1851, art. 25. Assim, ficou estabelecido por precaução, visando à garantia do recolhimento por parte da fazenda paulista da referida receita fiscal, que a nova barreira seria instalada entre Sorocaba e Castro.

De acordo com o Mapa 2, podemos visualizar que Itararé, pertencente ao território paulista, marca a fronteira entre as províncias. Sendo assim, no ano seguinte, em 1852, a nova fonte fiscal passou a ser denominada "barreira nova de Itararé". Em 1854, uma nova, e definitiva, alteração na nomenclatura ocorreu com a criação da "barreira de Itapetininga". As informações estão sumarizadas no Quadro 4.

Quadro 4 – São Paulo: as alterações nos "direitos dos animais do Rio Negro", 1850-1857

Lei	Denominação na lei orçamentária	Valor orçado
N. 24, de 02/07/1850	Direitos dos animais nos registros do Rio Negro e Guarapuava	80:000$000
N. 10, de 07/05/1851	Nova barreira em conformidade desta lei	80:000$000
N. 14, de 19/07/1852	Barreira nova de Itararé	80:000$000
N. 18, de 02/05/1853	Taxa da barreira de Itararé	100:000$000
N. 30, de 10/05/1854	Barreira de Itapetininga	60:000$000
N. 31, de 25/04/1855	Barreira de Itapetininga	130:000$000
N. 31, de 07/05/1856	Barreira de Itapetininga	120:000$000
N. 47, de 07/05/1857	Barreira de Itapetininga	140:000$000

Fonte: Leis orçamentárias paulistas.

Portanto, a partir do ano de 1851, uma nova nomenclatura passou a ser designada nas leis orçamentárias paulistas a fim de especificar a antiga fonte de receita "direito dos animais no registro do Rio Negro". Em 1854, ao promover o estabelecimento da nova barreira em Itapetininga, a província paulista deixou de tributar os animais assim que adentravam seu território e passou a promover a incidência tributária nas proximidades do município de Sorocaba. Por um curto período, São Paulo obteve certa tranquilidade com tal alteração, mas, a partir do ano de 1854, se iniciaram os conflitos entre a nova província do Paraná e as autoridades paulistas. Procurando amenizar os embates, São Paulo especificou na lei orçamentária do ano de 1854 a redução pela metade do orçamento da receita da, agora, barreira de Itapetininga.

> Disposições permanentes:
> Art. 52 - Ficam reduzidas à metade as taxas impostas na barreira de Itapetininga, pelo *Art. 20 §§ 1º e 2º da lei nº 10, de 07 de maio de 1851.*
> Art. 53 - Fica desde já definitivamente transferida para o rio de Itapetininga a barreira do Itararé, e o governo autorizado a fazer a despesa necessária com a construção da casa para a mesma barreira.[36]

As motivações que levaram o governo paulista a essa tomada de decisão - reduzir pela metade as taxas - estão claramente expostas na fala do presidente da província, Josino do Nascimento Silva. Em seu relatório anual, apresentado em 16 de fevereiro de 1854, verifica-se o seguinte:

> Concordo com o orçamento da Receita organizado pela Contadoria, menos no cálculo que faz da barreira do Itararé, que não deve render 90:000$000. [...] Querer conservar por parte da Província de São Paulo a totalidade do imposto, é sem dúvida sobrecarregar demasiado o comércio de bestas, e fazer pesar definitivamente

[36] Lei nº 30, de 10 de maio de 1854.

sobre a lavoura desta Província o excesso da imposição. A minha opinião foi sempre, e tive o prazer de vê-la adotada como disse, pelo Inspetor da Tesouraria, que o imposto pago na barreira do Itararé se deveria dividir a meio, sendo uma metade a favor da província de São Paulo e a outra em proveito da do Paraná. Assim, nem se aumenta o imposto, nem as duas províncias interessadas ficarão privadas da renda que com justiça devem tirar daí. Penso que a província do Paraná seguirá este mesmo arbítrio [...].[37]

Todavia não foi exatamente essa a postura adotada pelo presidente da recém--criada província do Paraná. Ao contrário do ansiado pelo dr. Josino do Nascimento Silva, o conselheiro Zacarias de Góes e Vasconcellos seguiu um parecer muito distinto. O presidente da província do Paraná, discursando sobre o orçamento deficitário que lhe foi apresentado, em 15 de julho de 1854, proferiu:

> E esses expedientes, porém, nem outros de iguais proporções, serão capazes de dar à receita e despesa da província o equilíbrio de que acham-se tão afastadas, *sem o restabelecimento dos impostos do Registro do Rio Negro suprimidos pelo artigo 20 da lei da assembleia provincial de São Paulo, sob n. 10 e data de 7 de maio de 1851.* [...] Essa supressão, parece, foi puramente nominal, porque os impostos de baixo de outra denominação, mas na essência precisamente os mesmos, ficaram subsistindo só com a diferença de não pertencerem ao Rio Negro, nem ao território que com ele fosse elevado à província. [...] E, todavia, não saiu do Rio Negro o registro até que, afinal, aos 12 de dezembro do ano próximo passado, a saber – 7 dias antes da instalação desta província – estabeleceu-se a barreira, criada em 1851, não em Itararé como declaravam as leis mencionadas, mas em Itapetininga. Consta (não o sei se autenticamente) que a assembleia provincial de São Paulo reduziu este ano à metade a imposição da nova barreira, como deixando a outra metade aos cofres desta província. Se a notícia é certa, há injustiça na partilha.[38]

De acordo com o observado nas falas presidenciais, o presidente da província de São Paulo, procurando remediar a questão, deliberou em favor da redução pela metade da receita proveniente dos "direitos do registro do Rio Negro" para os cofres paulistas, intencionando que Paraná ficasse com a outra metade. Todavia o presidente da nova província do Paraná foi enfático ao afirmar que julgava a partilha da receita injusta, uma vez que o registro, e a fonte geradora do ônus tributário, estavam situados em terras paranaenses. Nesse sentido, e diante desse posicionamento do

---

[37] *Relatório com que o ilustríssimo e excelentíssimo senhor Dr. Josino do Nascimento Silva, presidente da Província de São Paulo, abriu a Assembleia Legislativa Provincial no dia 16 de fevereiro de 1854* (São Paulo, Typographia 2 de dezembro, de Antonio Louzada Antunes, 1854), p. 36-7.

[38] *Relatório do Presidente da Província do Paraná, o Conselheiro Zacarias de Góes e Vasconcellos, na abertura da Assembleia Legislativa Provincial em 15 de julho de 1854* (Curitiba, Typ. Paranaense de Candido Martins Lopes, 1854), p. 105-7.

presidente do Paraná, São Paulo revogou, por meio da lei orçamentária de 1855, a decisão de cobrar pela metade as taxas da barreira de Itapetininga.

> Art. 33 – Fica revogado o Art. 52 do orçamento vigente, e estabelecidas as taxas da Barreira de Itapetininga, em conformidade do *Art. 20 §§ 1º da lei nº 10, de 07 de maio de 1851.* Esta disposição, porém, não importa aumento algum na taxa relativa aos animais que passam carregados e montados na Barreira de Itapetininga.[39]

Conforme ilustrado no Quadro 4, no ano financeiro 1855-1856 o orçamento para a barreira de Itapetininga correspondeu a 130:000$000. No ano anterior, tal rubrica orçada alcançou 60:000$000. Dessa maneira, e baseando-se nas recomendações proferidas por parlamentares que, por mais que representassem outras províncias no Senado, possuíam atividades econômicas em São Paulo, a província paulista defendeu assiduamente seus interesses fiscais. Por meio de instrumentais legislativos, suprimiu os "direitos do Rio Negro" e criou a barreira de Itapetininga. Ao contrário do que poderíamos imaginar, São Paulo não perdeu a renda proveniente do antigo registro do Rio Negro, tão somente alterou a nomenclatura em sua lei orçamentária e deslocou o posto fiscal para uma área mais próxima da feira de animais de Sorocaba. Diante da análise efetuada, da consulta às leis provinciais paulistas e às falas presidenciais e debates parlamentares, verificamos que São Paulo continuou a manter sob seu Erário esse importante instrumento tributário.

Também buscando defender seus interesses, no ano de 1854 a nascente província paranaense restabeleceu o registro do Rio Negro. Conforme dizeres registrados no *Relatório do Presidente de Província*, temos a manifestação do inspetor João Caetano da Silva:

> [...] por convir ao serviço da província, me dirigi, acompanhado de um escriturário, ao Rio Negro. [...] E porque havia direito e necessidade de restabelecer o imposto dos animais, que a província de São Paulo arrecadava no Rio Negro, e assim teria de haver naquele lugar uma administração para cobrança desse imposto, e era de rigorosa necessidade dar todos os cômodos e segurança para a passagem das tropas [...].[40]

Assim, tanto Paraná quanto São Paulo mantiveram a receita tributária incidente sobre o comércio de muares. Para a primeira, as rubricas provenientes dessa atividade representaram a principal fonte de arrecadação.

Em fins da década de 1860 e início de 1870, com uma maior difusão das estradas de ferro, os muares passaram a figurar como coadjuvantes no sistema de transpor-

---

[39] Lei nº 31, de 25 de abril de 1855.

[40] *Relatório do Presidente da Província do Paraná, o Conselheiro Zacarias de Góes e Vasconcellos, na abertura da Assembleia Legislativa Provincial em 8 de fevereiro de 1855* (Curitiba, Typ. Paranaense de Candido Martins Lopes, 1855), p. 149.

tes que unia a região Sul ao território paulista. Consequentemente, os registros e barreiras também perderam sua relevância nas finanças públicas. Em 1872, a província de São Paulo criou o "imposto do trânsito", incidente sobre as pessoas e mercadorias transportadas nas linhas férreas. Findava-se o "ciclo do muar" e as vultosas somas fiscais provenientes dessa atividade econômica. Já os registros e barreiras continuaram a existir em território nacional, mas perderam a importância e representatividade econômica de antes, sendo completamente extintos pela Constituição de 1891.

Considerações finais

Como vimos, a Independência deu início a um processo de reformulação institucional no Brasil. Nesse contexto, os debates em torno da centralização ou descentralização foram prematuramente interrompidos pelo fechamento da Assembleia Constituinte. Sendo assim, o Primeiro Reinado foi marcado pelo caráter centralizador ditado pelo imperador. A partir da abdicação de D. Pedro I, a ascensão dos liberais permitiu a retomada do movimento descentralizador, sendo um marco nesse contexto o Ato Adicional de 1834. A autonomia tributária e financeira conseguida com o Ato não foi atingida pela lei interpretativa de 1840, o que permitiu a disputa entre São Paulo e Paraná da qual nos ocupamos neste capítulo.

A renda proveniente do registro do Rio Negro foi durante muito tempo uma das principais fontes de renda da província de São Paulo. Desse fato deriva nossa *contenda*. O comércio interno de animais, assim como a atividade de tropeiros e negociantes pelos caminhos terrestres que vinham do Sul, abasteciam São Paulo, Minas Gerais e Rio de Janeiro. Nesse sentido, não podemos dissociar o transporte da tributação, sendo ambos aspectos importantes para se compreender a importância do registro analisado e a disputa em torno de sua renda.

Desde 1843, as discussões sobre a possível separação dos territórios de São Paulo e Paraná preocupavam os paulistas. Conforme a divisão territorial sugerida, o registro do Rio Negro ficaria em território paranaense, e não paulista. Sem a renda do Rio Negro, a situação financeira de São Paulo tendia a deteriorar-se. Antecipando-se à separação dos territórios, e usando de sua autonomia legislativa e tributária, a província de São Paulo mudou o lugar de cobrança dos direitos do Rio Negro, criando um novo posto de recolhimento fiscal, denominado "barreira nova de Itararé" e posteriormente "barreira de Itapetininga". Alterava-se assim a composição orçamentária paulista, sem que isso de fato significasse a supressão da cobrança sobre o fluxo de pessoas, mercadorias e animais vindos por via terrestre desde o Sul. Buscando defender seus interesses e exercendo sua autonomia legislativa e tributária, em 1854 a já província do Paraná restabeleceu o registro do Rio Negro. Sendo assim, ambas as províncias mantiveram a cobrança.

Tal estrutura permaneceu sem grandes alterações até a década de 1870, quando as estradas de ferro substituem em definitivo o transporte por muar. No caso do registro do Rio Negro, há a sobreposição de vários aspectos importantes. Como pano de fundo temos a Independência e as discussões em torno da centralização ou descentralização do Império. Num segundo plano, o fortalecimento do poder provincial por meio do Ato Adicional, bem como e a manutenção da autonomia financeira/tributária mesmo após a lei de 1840. Sobressai, por fim, a importância do mercado interno de abastecimento, assim como dos caminhos que interligavam as diversas partes de nosso território. Em suma, Independência, transporte e fiscalidade: tributar para seguir.

Referências bibliográficas

ALMEIDA, Aluísio de. *O tropeirismo e a feira de Sorocaba*. Sorocaba, Luzes Gráfica e Editora, 1968.

COSTA, Emília Viotti da. *Da Monarquia à República*: momentos decisivos. São Paulo, Editora Unesp, 1999.

COSTA, Wilma Peres. *Cidadãos e contribuintes:* estudos de história fiscal. São Paulo, Alameda, 2020.

DOLHNIKOFF, Miriam. *O pacto imperial*: origens do federalismo no Brasil. São Paulo, Globo, 2005.

ELLIS, Myriam. Contribuição ao estudo do abastecimento das zonas mineradoras do Brasil no século XVIII. *Revista de História*, São Paulo, v. 17, n. 36, 1958, p. 429-68.

ELLIS JR., Alfredo. *A economia paulista no século XVIII*: o ciclo do muar, o ciclo do açúcar. São Paulo, Academia Paulista de Letras, 1979.

FERREIRA, Gabriela Nunes. *Centralização e descentralização no Império*: o debate entre Tavares Bastos e visconde de Uruguai. São Paulo, Editora 34, 1999.

FURTADO, Celso. *Formação econômica do Brasil*. 34. ed., São Paulo, Companhia das Letras, 2007.

GREGÓRIO, Vitor Marcos. As moedas e o mapa: fiscalidade e representação política no processo de criação de províncias no Brasil Império, primeira metade do século XIX. *Antíteses*, v. 9, n. 18, jul.-dez. 2016, p. 378-406.

______. *Dividindo as províncias do Império*: a emancipação do Amazonas e do Paraná e o sistema representativo na construção do Estado nacional brasileiro (1826-1854). Doutorado em história econômica, São Paulo, FFLCH-USP, 2012.

MARCONDES, Renato Leite; SUPRINYAK, Carlos Eduardo. Movimentação de tropas no Centro-Sul da Colônia: aspectos estruturais do mercado de animais na segunda metade do século XVIII. *Estudos Históricos*, Rio de Janeiro, n. 40, 2007, p. 47-69.

MIRANDA, Márcia Eckert. O sul do Império: fiscalidade, fronteira e a crise do Antigo Regime, 1808-1828. In: OLIVEIRA, Cecília Helena de Salles; BITTENCOURT, Vera Lúcia Nagib; COSTA, Wilma Peres (orgs.). *Soberania e conflito:* configurações do Estado Nacional no Brasil do século XIX. São Paulo, Hucitec/Fapesp, 2010.

MÜLLER, Daniel Pedro. *Ensaio d'um quadro estatístico da província de São Paulo*. São Paulo, Governo do Estado, 1978.

NOVAIS, Fernando A. *Portugal e Brasil na crise do Antigo Sistema Colonial (1777-1808)*. 2. ed., São Paulo, Editora 34, 2019.

PETRONE, Maria Thereza S. *O barão de Iguape*: um empresário da época da Independência. São Paulo, Companhia Editora Nacional, 1976.

PRADO JÚNIOR, Caio. *Formação do Brasil contemporâneo*: colônia. 8ª reimpressão, São Paulo, Companhia das Letras, 2011.

SCACCHETTI, Camila. *"Dai a César o que é de César"*: do dízimo ao ICMS – raízes da tributação sobre o consumo. Mestrado em história econômica, São Paulo, FFLCH-USP, 2019.

______; GALVÃO, Luciana Suarez. Sobre os "dízimos" e os "direitos de saída" na São Paulo provincial. *Revista Maracanan*, v. 26, 2021, p. 147-93.

SUPRINYAK, Carlos Eduardo. *Comércio de animais de carga no Brasil imperial*: uma análise quantitativa das tropas negociadas nas províncias do Paraná e São Paulo. Mestrado em economia, Araraquara, FCLAR-Unesp, 2006.

______. *Tropas em marcha*: o mercado de animais de carga no centro-sul do Brasil imperial. São Paulo: Annablume/Fapesp, 2008.

ZEMELLA, Mafalda P. *O abastecimento da capitania das Minas Gerais no século XVIII*. São Paulo, Hucitec/Edusp, 1990.

Caio Prado Júnior e a Independência

Lincoln Secco

Em 1932, pouco depois de ingressar no Partido Comunista, Caio Prado Júnior escreveu "que nas condições do Brasil não há lugar para uma revolução burguesa, porque o nosso regímen já é aqui burguês"[1]. Desde então, reformulou e enriqueceu essa afirmação com estudos históricos, algumas vezes hesitando sobre as alianças necessárias para a revolução brasileira.

A concepção de *revolução* em Caio Prado Júnior guardou coerência[2] ao longo dos anos e derivou da noção de que havia uma persistência de traços coloniais em nossa economia. Por isso, ela sempre compôs um par com o tema da Independência. Em sentido estrito e localizado no tempo, o processo de emancipação política foi produto da própria evolução das contradições entre colônia e metrópole; sob outros ângulos, no entanto, especialmente o econômico, Caio Prado Júnior o vê como inacabado. A revolução brasileira a ser realizada teria, por isso, uma inescapável dimensão anticolonial (ou anti-imperialista). Assim, embora o autor nem sempre estivesse se referindo à independência política propriamente dita, sempre abordava as permanências daquele processo datado do início do século XIX. Na obra *Evolução política do Brasil*, de 1933, o autor atingiu o ponto alto de sua narrativa na apresentação da independência política e das lutas que se seguiram.

Depois, em *Formação do Brasil contemporâneo: colônia*, Caio Prado Júnior situou seu posto de observação na viragem do século XIX para o XX, uma época de crise do sistema colonial, na qual as nações latino-americanas se constituíram.

---

1 "Carta de Caio Prado Júnior ao comitê regional do Partido Comunista do Brasil (PCB)", 30 nov. 1932. Acervo Caio Prado Júnior do Instituto de Estudos Brasileiros da Universidade de São Paulo (IEB-USP), CPJ-CA114, cx. 051 (Sala 1).

2 Ver Luiz Bernardo Pericás, *Caio Prado Júnior: uma biografia política* (São Paulo, Boitempo, 2016).

É dali que ele narra a formação do Brasil contemporâneo, ou seja, do Brasil *nação*, mesmo que submergido em novos laços de dependência econômica.

Embora pareça antecipar o final do processo, com a ideia de uma Independência que não se completa, a noção de *Brasil contemporâneo* confere à obra outro significado: estamos diante de um livro cujo final o autor desconhece. Voltarei a este ponto quando tratar da acusação de que haveria uma teleologia orientando a narrativa de Caio Prado Júnior. Por ora, posso afirmar que a sua conclusão estaria fora do texto, numa revolução em marcha, imprevisível e não nomeada senão como *brasileira* e que será objeto de sua última obra de impacto, como veremos: *A Revolução Brasileira*. Talvez por isso o autor nunca tenha escrito o volume seguinte de *Formação do Brasil contemporâneo*, abandonando o projeto original em favor de outro livro que foi sendo reescrito e tendo capítulos acrescentados: *História econômica do Brasil* (1945).

Há nessas obras diferenças específicas que revelam como Caio Prado Júnior aquilatou as relações entre estrutura e superestrutura, ideias e ações, personagens e classes sociais, economia e política. E que demonstram também como as modificações de avaliação e ângulos de análise responderam às conjunturas em que escreveu.

Observa-se em *Formação do Brasil contemporâneo* o papel dos estudos geográficos feitos pelo autor na Universidade de São Paulo e da sua reflexão sobre as revoluções frustradas de 1930-1935. A forma obedece a ritmos mais lentos; as fontes fornecem registros das culturas e dos espaços; as descrições estabelecem contornos e limites às ações humanas; a desarticulação do território, da economia e da sociedade ganham corpo em suas análises; e a geografia desenha o sentido da exposição histórica.

Contudo, a primeira aproximação do tema da Independência foi feita na obra *Evolução política do Brasil*, quando o autor acabara de sair do Partido Democrático[3] e apostava numa revolução historicamente densa, concentrada e radical, o que impactou a própria forma de exposição de seu texto.

A Independência

A emancipação política do Brasil não teve, em si, significado decisivo para Caio Prado Júnior; o tráfico de escravizados persistiu e só foi abolido em 1850; e a escravidão perdurou até 1888. E entre os elementos fundamentais do sistema colonial, um se manteve até o século XXI: a grande propriedade fundiária como eixo fundante da economia exportadora.

É o ano de 1808 que guarda, assim, um significado profundo para a América portuguesa. Além da transferência da corte para o Rio de Janeiro sob o comando do príncipe regente, deu-se a abertura dos portos às "nações amigas" (leia-se Inglaterra),

[3] Dissidência da oligarquia paulista, o Partido Democrático foi fundado em 24 de fevereiro de 1926 pelo conselheiro Antônio da Silva Prado, tio-avô de Caio.

verdadeira ruptura do pacto colonial[4]. O significado foi tão profundo que Capistrano de Abreu tomou o início do século XIX como um marco divisório. Caio Prado Júnior considerou a data histórica o limiar de nossa "Revolução da Independência", a qual se daria entre 1808 e 1831 (ano da abdicação de D. Pedro I). Ele, porém, abarca as revoltas da Regência e até mesmo os primeiros anos da Maioridade como período de incertezas revolucionárias. Embora tenha sido pioneiro ao realçar o papel dessas insurreições no processo de Independência, posteriormente reorientou seu foco para as estruturas da sociedade brasileira, deixando em segundo plano a narrativa dos acontecimentos políticos. Questão de ênfase expositiva e não metodológica, posto que em todas as suas obras a contradição entre forças materiais da produção e relações de produção (incluindo sua expressão jurídica, as relações de propriedade) esteve no cerne da análise.

Em *Evolução política do Brasil*, Caio Prado Júnior observou o processo de Independência à luz dos acontecimentos de 1930, ainda que respeitando procedimentos de pesquisa que ele mais tarde aperfeiçoou. Não se compreende o seu "1822" sem sua leitura da Revolução de 1930, na qual teve amiudada participação como membro do Partido Democrático de São Paulo.

Foi um período de rotação intelectual e política decisivo em sua vida. Dir-se-ia até mesmo existencial. O filho da aristocracia do café e rebento do Largo de São Francisco tinha tudo para se acomodar no leito calmo da carreira profissional ou mesmo na política estabelecida, vendo-se nas trincheiras de 1932, no futuro Partido Constitucionalista etc. Mas em 1931 ingressou no Partido Comunista do Brasil e travou polêmicas com uma direção obreirista; suportou a ruptura com familiares e colegas do meio social; em 1933, viajou à União Soviética e, de volta, propagou o modelo socialista em conferências no Clube dos Artistas Modernos e no livro *URSS: um novo mundo* (1934).

Tanto a Revolução da Independência quanto a Revolução de 1930 foram lidas por ele como obra mais de uma classe do que da nação. À nossa Independência teria faltado a massa de violência que se observou na América espanhola (as dificuldades viriam depois da transição política). A Revolução de 1930 também evitou a batalha de Itararé, cidade paulista em que se aguardava o grande confronto entre as tropas "revolucionárias" e as governistas. Houve um acordo e registraram-se apenas algumas escaramuças.

A era das revoluções americanas abre uma transição, definida por Caio Prado Júnior como carente de um estatuto jurídico universalmente aceito: desde 1808 não éramos uma nação autônoma, mas também não mais uma colônia.

Como se disse, a revolução foi lida como resultado de uma contradição entre a evolução econômica e o estatuto colonial. Já a forma da revolução foi um "arranjo

[4] Caio Prado Júnior, *Evolução política do Brasil: ensaio de interpretação materialista da história brasileira* (São Paulo, Revista dos Tribunais, 1933).

político" tanto em 1822 como em 1930. Igualmente, em ambos os casos "o poder é todo absorvido pelas classes superiores"[5], sem a participação das massas no processo, pois faltavam movimentos populares, segundo nosso autor. No entanto, ele descreverá ações nitidamente populares suscitadas pelas incertezas da fase aberta pela abdicação de Pedro I, que se prolonga até alguns anos depois do golpe da Maioridade.

O príncipe regente teve um "papel todo ocasional", mas as circunstâncias determinaram que fosse em torno dele o desenrolar da luta para afastá-lo da influência das cortes portuguesas. Lembremos que Dom Pedro I, segundo Oliveira Martins, queria ser um Washington, sem, contudo, deixar de ser um monarca. Para o imperador, "a liberdade era um presente, e não o reconhecimento de um direito popular"[6].

A Revolução do Porto, preparada "espiritualmente" no Sinédrio (o grupo de radicais que discutiam, à sombra de Manoel Fernandes Tomás, uma nova administração para Portugal), adotou uma constituição segundo o exemplo de Cadiz (1812), que previa unicameralismo e recusa de direito de veto ao monarca. Os deputados não se estabeleceriam por ordens, mas por voto popular (povo entendido aqui enquanto um círculo restrito de eleitores). Com o retorno de Dom João VI do Brasil para Portugal em julho de 1821, solicitou-se que o monarca jurasse a Constituição, o que ele efetivamente fez.

Para Caio Prado Júnior, todavia, o Brasil formava-se por meio de uma revolução que vinha com sinal contrário: era uma contrarrevolução de ímpeto recolonizador. Aqui se desvela a especial propensão dialética do autor para perceber e incorporar as contradições do processo histórico. Quando ele se volta ao tema da Assembleia Constituinte, nota que também ela terá um papel invertido se cotejada com a da antiga metrópole[7]. O modelo principal copiado pelos constituintes de 1823 foi o francês. Mas as normas que lá exprimiam os interesses do Terceiro Estado contra a nobreza, uma vez transplantadas para cá, representaram os anseios dos proprietários rurais contra a burguesia mercantil. Meios coincidentes foram empregados para fins opostos. A obra da Independência era a liberdade econômica e a soberania nacional, dentro de um projeto de "caráter classista". Por isso, a Independência é produto de uma classe e não da nação, como vimos.

O episódio de outubro de 1930 foi frustrante para Caio Prado, um acontecimento que apenas produziu uma mudança de superfície. Diria ele, apenas quatro anos após a publicação de *Evolução política*...:

---

[5] Caio Prado Júnior, *Evolução política do Brasil*, cit, p. 137.

[6] Joaquim Pedro Oliveira Martins, *Portugal contemporâneo* (Lisboa, Guimarães, 1952), p. 46.

[7] Lembremos que a obra *Evolução política do Brasil* foi publicada no ano seguinte à guerra civil de 1932, cujo lema oficial era o constitucionalismo. Para Caio Prado, que dela não participou e a ela se opôs ainda que passivamente, a Constituição traduz em normas jurídicas o equilíbrio de forças políticas da sociedade. Ideia que seria retomada em texto redigido em Paris, em 1937: "A fórmula final de apaziguamento e reorganização foi dada pela Constituição de 1934".

> A revolução de 30, prematura se a olhamos pelo lado da preparação ideológica, não trouxera senão destruição, permitindo quando muito o desabrochar de tendências e programas ainda confusos e mal compreendidos e sentidos. Mas já era muito: tratava-se apenas, depois disto, em favorecer aquele processo de maturação política iniciada. A Constituição de 34 nas suas linhas gerais, completada pelo Código Eleitoral, parece-me que resolviam cabalmente esse problema.[8]

No entanto, a Revolução de 1930 integrava um processo que se iniciou antes e ainda estava aberto a uma conclusão revolucionária, na qual Caio Prado Júnior se engajou como dirigente da Aliança Nacional Libertadora em 1935.

Já em 1942, o ciclo revolucionário se completara numa trajetória reacionária, e isso produziu ressonâncias em sua *Formação do Brasil contemporâneo*. No manuscrito de 1937 consta: "Mas aconteceu com a revolução de 30, depois de vitoriosa, o que tinha que acontecer com um movimento quase espontâneo, que traduzia não uma orientação e objetivos definidos, mas resulta, sobretudo, da profunda decadência em que caíra a política do país"[9].

Essa espontaneidade que ele acreditava vivenciar na década de 1930 era também encontrada nas insuficiências que observou na "agitação democrática e popular" após 1822. A Cabanagem foi considerada por ele "o mais notável movimento popular do Brasil. O primeiro em que as camadas inferiores da população conseguiram ocupar o poder de toda uma província com certa estabilidade"[10], mas foi marcada pela "desorientação".

Os artífices da Balaiada não souberam ligar seu movimento ao dos escravizados; os elementos moderados tudo faziam para deter a revolução; faltou unidade, houve traições de lideranças apesar do intenso movimento popular. A Revolução foi "incapaz de realizar seu ciclo completo, inábil para propagar a centelha revolucionária através de todas as camadas revolucionárias da sociedade"[11]. Já no caso da chamada Revolução Praieira, Caio Prado constatou a existência de um programa político que faltou às outras revoltas[12]. O tratamento dado por ele à Independência foi inovador na definição do objeto e na periodização. O livro possui uma parte denominada "Revolução", mas não há nenhum capítulo sobre a Independência propriamente dita. A "revolução" se inicia em 1808 porque ela não se estriba "unicamente nos

---

[8] Caio Prado Júnior, "1937", manuscrito, Paris, dez. 1937. Acervo Caio Prado Júnior do Instituto de Estudos Brasileiros da Universidade de São Paulo (IEB-USP), CPJ004-286, cx. 034 (Sala 1).

[9] Idem.

[10] Caio Prado Júnior, *Evolução política do Brasil*, cit, p. 137.

[11] Ibidem, p. 143.

[12] Paulo Henrique Martinez, *A dinâmica de um pensamento crítico: Caio Prado Jr. (1928-1935)* (São Paulo, Edusp, 2008), p. 141.

caráteres externos e formais dos fatos"[13] e sim na sua "significação íntima"[14]. O objeto, portanto, é a ruptura do pacto colonial. A Revolução deriva do desenvolvimento econômico, incompatível com o regime colonial. A superestrutura já não correspondia ao estado das forças produtivas. Isso não significa que os processos narrados não deságuem em acontecimentos: a Noite das Garrafadas, por exemplo, é um fato a partir do qual as "coisas se precipitam"[15].

O ano de 1808 marcou ainda "a era do liberalismo", título de uma seção de seu livro *História econômica do Brasil*. Mas na própria obra de 1933 Prado Júnior definiu o tipo de liberalismo de que se tratava:

> Assim a ideologia da Assembleia de 1823 – que era a da classe dominante, por ela representada em grande maioria – reflete perfeitamente seus interesses. Isto explica porque, apesar de todo o seu tão apregoado liberalismo, não se embaraça com a questão dos escravos, adaptando-lhes a situação às exigências da filosofia *rousseauista*, de que fazia timbre em não se afastar, com a eufêmica disposição do art. 265 do projeto: "A constituição reconhece os contratos (!) entre os senhores e escravos; o governo vigiará sobre sua manutenção". É este o mais perfeito retrato do liberalismo burguês.[16]

Note-se que é pela adaptação dos ideais iluministas a uma situação que os negava que encontramos o seu "mais perfeito retrato".

Caio Prado Júnior vinculou-se à Aliança Nacional Libertadora no início de 1935, tendo contribuído para sua formação desde o final do ano anterior. Ele passou a visualizar a mudança da estrutura econômica e o fim da condição de feitoria como o conteúdo do processo revolucionário. Sua ideia de revolução tornou-se fundamentalmente anti-imperialista. A revolução não era vista como uma mudança de homens no poder, mas como um conjunto de reformas profundas (entre elas a ruptura com o imperialismo e a conquista da democracia). A vitória da ANL, dizia ele num artigo do jornal oposicionista *A Platéia*, seria a do país[17]. No entanto, derrotada a insurreição comunista de 1935, para Caio Prado o regionalismo da República Velha, combalido em 1930, renascia na campanha de Armando de Salles Oliveira à presidência da República, e ele indagava:

> Como explicar esse renascimento de um sistema que parecia abolido, e que estava em flagrante contradição com as novas condições políticas do país? Uma das causas já foi apontada: não se extirpam velhos costumes e uma tradição antiga do dia

[13] Caio Prado Júnior, *Evolução política do Brasil*, cit., p. 84.

[14] Ibidem, p. 91.

[15] Ibidem, p. 113.

[16] Ibidem, p. 101.

[17] Caio Prado Júnior, "O programa da Aliança Nacional Libertadora", *A Platéia*, 3 ago. 1935. O artigo é parte de uma série publicada de 25 de julho a 30 de agosto de 1935.

> para a noite. As condições objetivas tinham-se modificado profundamente; mas a ela não corresponde a maturação política do país. Esta ficou em atraso, e os 4 anos de agitação e desorganização que se seguem à revolução de 30 não bastaram para reformar a consciência política brasileira.[18]

Uma vez mais o instrumental dialético o distanciava de qualquer determinação unilateral. Ele percebe que a "economia", ao intrometer-se diretamente, sem mediações, na explanação histórica, atua como um universal abstrato que viola os acontecimentos; ou melhor, um particular que se "disfarça" de universal e torna os sujeitos históricos os seus títeres. Numa história assim, só haveria dois patamares: a história universal (do espírito ou da matéria, tanto faz) ou o mar caótico das singularidades empíricas. Quando muito, estas seriam exemplos de uma história já sabida. Em nenhum momento o universal se revelaria no particular.

Caio Prado Júnior fazia notar a dessintonia entre as condições objetivas e a imaturidade subjetiva das classes sociais. Uma vez mais ele se voltou às impossibilidades das elites regionais face à tentativa de dois agrupamentos nacionais:

> Mas há outra causa, que talvez seja a mais importante. O primeiro sintoma de uma verdadeira transformação política, de acordo com as novas condições, deveria ter sido a formação, ou pelo menos o delineamento de correntes e partidos nacionais. O que vemos neste setor? Duas organizações: o integralismo e a Aliança Nacional Libertadora, ambas extremadas nos seus propósitos e radicais nos seus processos. O radicalismo integralista não estava nos seus chefes, que sempre se mostraram moderados e timoratos. Mas está evidentemente no espírito do movimento e na vontade e tendências da massa que os acompanhava. Aliás uma das causas da debilidade do movimento integralista foi sem dúvida a insuficiência dos chefes que não compreenderam nunca muito bem a causa que encabeçavam. O integralismo oscilou sempre entre o espírito profundamente conservador e prudente dos seus chefes, e as tendências revolucionárias da grande maioria de seus componentes. Quanto à Aliança, o seu radicalismo transparece desde o primeiro instante; e embrionária ainda, sem organização alguma, ela já agitava o país de Norte a Sul, ininterruptamente, durante os poucos meses de sua existência. A sua vida tumultuosa é um suceder de ações violentas, de que os levantes militares de Novembro de 1935 representam um desenlace fatal.[19]

A burguesia e as oligarquias estavam menos amadurecidas politicamente que a pequena burguesia e a classe operária. Mas estas duas não possuíam força material para liderar o processo revolucionário. Com a derrota da ANL, Caio Prado Júnior, em ampla medida desenganado, refletiu acerca da Revolução de 1930 como um lento processo, a exemplo da Independência. No manuscrito de 1937 ele escreveu:

---

[18] Idem, "1937", cit.

[19] Idem.

> Em cada Estado, uma pequena oligarquia assume o poder. Há em regra um outro grupo na oposição que o disputa. Mas situação e oposição não se distinguem senão pela característica de estarem ou não na direção da coisa pública. O conteúdo de ambas é o mesmo: composição social, programa - ou falta de programa - finalidades. Uma tal situação correspondia ao estado embrionário da nossa formação política no alvorecer da República. Os quarenta anos que se seguem modificam, e sobretudo complicam a simplicidade anterior. O aumento da população; o amadurecimento de novas classes sociais que o Império ignorara ou de que conheceu apenas o alvorecer - classes médias, o proletariado; a diversificação maior de interesses, sobretudo econômicos; um novo equilíbrio social e econômico que aos poucos se organiza e estabelece em oposição ao anterior, profundamente abalado pela abolição e pela reorganização do trabalho na base da liberdade jurídica do trabalhador, e em grandes setores do país, na do trabalhador imigrado; todos estes e outros mais fatores tornam o sistema político do país obsoleto. Ele representa apenas uma transição entre o passado e o futuro. Com o passar do tempo ele aparece cada vez mais anacrônico e insustentável. Também aí, os nossos dirigentes foram incapazes de compreender a situação; e nenhum passo se deu, senão no sentido de reformas profundas, o que evidentemente não seria possível realizar de chofre, pelo menos no sentido de permitir a evolução política do país por meio de um sistema menos rígido e não imobilizado em formas cristalizadas e incapazes de modificação. Tais são, em suma, os problemas fundamentais do país nas vésperas da revolução de 30. A sua incompreensão gera no país um mal-estar generalizado que vai ganhando aos poucos todas as classes sociais.[20]

A Revolução de 1935, única com potencial de completar o ciclo iniciado na década de 1920, havia sido derrotada:

> A opinião geral do país, refletindo as condições econômicas e sociais brasileiras, não estava madura para nenhum movimento extremo, fosse da direita, fosse da esquerda. Quanto a esse último faltava aos grupos e classes sociais capazes de levá-lo adiante maturidade e eficiência - sobretudo eficiência - para impô-lo ao país; já não digo trazer-lhe a vitória, mas apenas mantê-lo em vida. O pavor do comunista, que todos viam por detrás da bandeira da Aliança, mobilizou contra ela todas as forças conservadoras e moderadas do país; e não foi possível, pelas razões apontadas, organizar a resistência: a Aliança desapareceu sem um ai. O levante de novembro de 1935, simples conspirata de quartel, foi o seu último espasmo; e mesmo esse levante reflete muito mais o heroísmo e desassombro de um punhado de oficiais que o resultado de um largo movimento coletivo.[21]

Depreende-se, portanto, que para Caio Prado, o conceito de revolução não é redutível ao de insurreição.

---

[20] Idem.

[21] Idem.

Formação

Em 1934, quando ingressou na primeira turma de alunos da seção de História e Geografia da Universidade de São Paulo, Caio Prado Júnior já tinha escrito sua interpretação materialista (na segunda edição ele trocou o termo por "interpretação dialética") da história brasileira. Viajara à União Soviética, defendera o seu tipo de revolução e o modelo econômico soviético em palestras no Clube de Artistas Modernos de São Paulo. Além disso, era reconhecido como o aristocrata subversivo e *enragé* da capital paulista.

Entre os professores que ele conheceu estavam Jean Maugüé, Pierre Monbeig, Pierre Deffontaines, Lévi-Strauss e Fernand Braudel, que anos depois escreveu uma resenha crítica de sua obra historiográfica[22]. Caio Prado Júnior leu grande número de relatos de viajantes que percorreram o "Brasil colonial". Mas ao lado de sua recente formação geográfica é preciso destacar que ele sempre teve uma inclinação para a observação empírica, a experiência prática e as viagens pelo mundo e, particularmente, pelo Brasil. Como destacou Iumatti:

> Caio Prado Jr. tinha tanto facilidade para o mais abstrato raciocínio matemático como sensibilidade para a literatura e certo gosto pelas coisas concretas e práticas. Este último, aliás, é de longe sua característica mais significativa, e relaciona-se com uma formação pessoal bem peculiar: nas fazendas de sua família, e como filho do sexo masculino, ele vinha, desde muito cedo, entrando em contato com as especificidades da exploração da natureza, da produção agrícola e pecuária – os diferentes tipos de gado e métodos de plantação.[23]

Se houve uma mudança estrutural entre a obra de 1933 e a de 1942 foi a atenção dada ao espaço geográfico. Mas não enquanto palco inerte no qual se desenrolaria uma história, e sim como produção humana de economias, caminhos, extrativismos, plantios, esgotamento de solos e o próprio desenho de linhas de povoamentos diversas na América portuguesa.

Em *Formação do Brasil contemporâneo* pode-se notar, portanto, as marcas da Universidade de São Paulo e das lições dos geógrafos franceses: uma preocupação com os espaços enquanto construções humanas ou espaços-movimentos; a identificação de diferentes ritmos segundo a diversidade regional; os ciclos da economia colonial, porém subsumidos a uma estrutura de longa duração: o vínculo colonial.

Para Nelson Werneck Sodré, em *Formação do Brasil contemporâneo* Caio Prado afastou-se do método empregado em *Evolução política do Brasil*. O que se deduz é

---

[22] Fernand Braudel, "No Brasil: dois livros de Caio Prado Jr.", *Revista Praga: estudos marxistas*, n. 8, 1999, p. 133-7.

[23] Paulo Teixeira Iumatti, "Caio Prado Jr. e as ciências naturais: sua apreensão das transformações epistemológicas da virada do século XIX", *Estudos Sociedade e Agricultura*, n. 14, abr. 2000, p. 103-28.

que, em 1933, apesar do caráter incipiente da obra, o autor adotou o método marxista; no segundo, conquanto houvesse um "acabamento muito superior", o autor "aplicou critérios ecléticos", "perdendo o conjunto aquilo que o trabalho ganha nos detalhes"[24]. Werneck Sodré não deixou de considerar *Formação do Brasil contemporâneo*, apesar das críticas, "o melhor trabalho já escrito sobre a fase colonial do Brasil". Em síntese, para Werneck Sodré, o método empregado em 1933 trouxe a lume uma obra incipiente, enquanto o ecletismo, adotado em 1942, e visto mais tarde como marca da produção acadêmica uspiana, produziu um livro muito superior em amplitude e detalhamento. Em ambas as obras o problema de fundo não era apenas a crise de um sistema, que Caio Prado identificou também na própria época em que escrevia, mas principalmente o da Revolução que, na ausência de uma definição apta a antecipar-se aos fatos, poderia ser entendida como a da independência em relação ao vínculo colonial e, depois, ao imperialismo.

Para ele, toda a nossa estruturação econômica, as formas de ocupação e produção, a devastação da natureza, as relações sociais, os ciclos do pau-brasil, do ouro, do café ou da borracha, a grande propriedade fundiária e o trabalho forçado foram determinados pela necessidade de produzir gêneros tropicais demandados pela economia europeia. Esse foi o sentido da colonização.

Duas críticas mais importantes foram dirigidas a ele. A primeira, a de que não partiu de um estudo do modo de produção e sim da circulação; a segunda, a de que impôs uma finalidade teleológica à reconstituição histórica.

José Roberto do Amaral Lapa disse que o sentido da colonização implicava considerar na colônia apenas "uma economia de autoconsumo, desvaliosa sequer como objeto de estudo". As colônias para Caio Prado Júnior seriam "uma massa amorfa, sem qualquer sentido próprio, uma vez que o sentido só lhe era conferido pelo núcleo do qual e para o qual viviam"[25].

A ênfase na circulação coincidiu e mesmo antecipou aquela que marcou depois a obra de Fernand Braudel, embora seja possível que na gênese estivesse a leitura comum da geografia de Vidal de La Blache[26]. De qualquer maneira, no próprio âmbito marxista não faria sentido para ele partir da produção numa área colonial, posto que o cerne dinâmico do sistema era o capitalismo europeu. Sendo assim, o exclusivo colonial só pode ser entendido na esfera da circulação e da dominância do capitalismo comercial. Isso não significa deslocar a centralidade do modo de

---

[24] Nelson Werneck Sodré, *O que se deve ler para conhecer o Brasil* (Rio de Janeiro, Inep, 1960), p. 207 e 213.

[25] José Roberto do Amaral Lapa, *O antigo sistema colonial* (São Paulo, Brasiliense, 1982), p. 39.

[26] "Disse-me certa vez um professor estrangeiro que invejava os historiadores brasileiros que podiam assistir pessoalmente às cenas vivas do seu passado"; Caio Prado Júnior, *Formação do Brasil contemporâneo* (São Paulo, Livraria Martins, 1942), p. 8. Muito provavelmente o professor citado é Braudel, embora Caio Prado tenha sido aluno também de Émile Coornaert.

produção na explicação histórica. Afinal, no antigo sistema colonial, o alfa e o ômega do processo estavam no capitalismo. Para Caio Prado, sem compreender que a América surgiu como um capítulo da história do comércio europeu, não podemos estudar verdadeiramente qualquer dinâmica interna. A economia e a sociedade lentamente se estruturaram na América em função do exterior. As pessoas que ingressaram em relações escravistas de produção obviamente o fizeram compulsoriamente. E porque atendiam a interesses forâneos, determinados pela reprodução do capital comercial europeu. O capital criou a história mundial. Do ponto de vista da totalidade não faz nenhum sentido, portanto, criticar Caio Prado Júnior como circulacionista. Exceto se o posto de observação do crítico for o de uma economia nacional que jamais existiu.

Num texto redigido em Paris em 16 de abril de 1938, escreveu a respeito do fim do pacto colonial:

> O sistema do comércio no pacto colonial é óbvio. O objetivo do pacto não é senão reservar para a metrópole o comércio de suas colônias. São assim os comerciantes da metrópole os beneficiados em prejuízo dos concorrentes estrangeiros. E por isso o pacto se mantém enquanto o comércio domina, isto é, enquanto o capitalismo comercial controla a economia do país. Para o industrial, sem interesse no comércio, e cujo único objetivo é colocar seus produtos, a situação criada pelo pacto não se apresenta sob um ângulo favorável. O monopólio comercial, de que não participou porque não é comerciante, não lhe traz benefício algum; pelo contrário, restringindo as relações comerciais, efeito necessário de qualquer monopólio, dificulta seu acesso aos mercados, único objetivo que tem em vista.[27]

Sobre a teleologia, cabe ponderar que o sentido da colonização é definido nas primeiras páginas do livro, mas é evidentemente um resultado da pesquisa. Ele não foi dado de antemão, mas resultou do tipo de colonização de exploração que foi se estabelecendo no Brasil.

A História não expõe o passado como algo que tinha que ter acontecido. Depois que a independência política foi realizada, não se pode remodelá-la de acordo com o que sucedeu ou a favor da consciência dos que venceram. Houve projetos diversos, acasos, cruzamentos de várias temporalidades em cada acontecimento. Além disso, toda história é historiografia e cada época indaga aspectos diferentes do seu passado.

Marx e Engels criticaram o procedimento idealista pelo qual se escolhe um conceito como base da história, para depois demonstrar que a história é o desdobramento do próprio conceito[28]. Este deve ser um ponto de chegada, uma síntese.

---

27 Caio Prado Júnior, "Decadência do pacto colonial", manuscrito, Paris, abr. 1938. Acervo Caio Prado Júnior do Instituto de Estudos Brasileiros da Universidade de São Paulo (IEB-USP).

28 Karl Marx e Friedrich Engels, *A ideologia alemã* (trad. Rubens Enderle, Nélio Schneider e Luciano Cavini Martorano, São Paulo, Boitempo, 2007), p. 170.

Mas adverte Marx: "o observador pode ter a impressão de se encontrar diante de uma construção a priori"[29].

A história não tem finalidade lógica. Seus agentes não são um sujeito autoconsciente. Toda a história da sociedade de classes é ainda uma pré-história da humanidade. Isso não significa que a forma de exposição não tenha uma racionalidade. A diferença é que ela não é aquilo que os indivíduos isoladamente concebem sobre o que fizeram, mas resulta das forças produtivas materiais que eles desenvolveram, em larga medida, coletiva e inconscientemente; e das relações de produção nas quais ingressaram involuntariamente.

O sentido da colonização não é um conceito apriorístico que remodela a história acontecida, nem o projeto consciente de quem quer que seja. É a expressão teórica do desenvolvimento impessoal e objetivo da colônia sob os imperativos da acumulação do capital comercial europeu. Exprime, assim, as contradições entre forças produtivas e relações de produção, entre desenvolvimento econômico e estatuto colonial.

Embora sejam escassas as citações de Marx no conjunto de sua obra, pode-se dizer que Caio Prado Júnior antecipou preocupações que marxistas europeus desenvolveram depois. Sua insistência na totalidade articulada pela formação do mercado mundial é um exemplo. Para ele, "todos os momentos e aspectos não são senão partes, por si só incompletas, de um todo que deve ser sempre o objetivo último do historiador" e "é por ela [a totalidade] que se define, tanto no tempo como no espaço, a individualidade da parcela de humanidade que interessa ao pesquisador"[30]. Isso se explica porque ele viu o sistema a partir de sua periferia, tomando como objeto a relação centro e periferia, que pouco interessou aos europeus.

Maria Odila Dias ressaltou que pelo "grau de elaboração do processo dialético" Prado Júnior atingiu "um nível de concretude e de sofisticação que somente 20 anos depois começou a encontrar similares nas obras de Pierre Vilar, Albert Soboul, Eric Hobsbawm e outros"[31]. De fato, Caio Prado apreendeu seu objeto superpondo sucessivas determinações. Ou seja, seu ponto de partida aparece como indeterminado, mas uma vez pesquisado, reaparece inteiramente determinado e, por isso, temos a sensação de que foi elaborado antes da pesquisa.

Por visar à apreensão do todo é que Caio Prado Júnior encontrou o problema crucial do país: o desencontro entre sociedade, economia e nação. Ele não poderia ter chegado a isso sem captar o elo de dependência de longa duração, afinal é o

---

[29] Karl Marx, *O capital: crítica da economia política*, v. 1: *O processo de produção do capital* (trad. Rubens Enderle, São Paulo, Boitempo, 2013), p. 90.

[30] Caio Prado Júnior, *Formação do Brasil contemporâneo*, cit., p. 13.

[31] Maria Odila Dias, "Os impasses do inorgânico", em Maria Angela D'Incao (org.), *História e ideal: ensaios sobre Caio Prado Júnior* (São Paulo, Editora da Unesp, Secretaria de Estado da Cultura, Brasiliense, 1989), p. 379.

vínculo colonial que explica "o processo de formação da nacionalidade como marginal ao processo produtivo"[32]: uma produção extrovertida e um mercado interno subordinados aos ritmos da economia dos países centrais.

O sistema colonial é uma urdidura de teias em que se entrosam o trabalho compulsório, a grande lavoura e a dominação política pela metrópole. Dois desses fatores sofreram mudanças de forma, mas não de conteúdo: o trabalho assalariado substituiu o escravizado, mas manteve-se a superexploração da força de trabalho; o país tornou-se politicamente independente, porém submetido ao imperialismo; já a grande propriedade fundiária manteve-se como padrão de ocupação do campo.

O tema da Revolução se inscreve na transformação de colônia em nação e, no todo, na própria época das revoluções burguesas. Nossa particularidade é que o lema da Revolução Francesa foi deformado no Brasil porque não tocou nos maiores interessados, os escravizados, que "não precisaram de roupagens ideológicas"[33].

Não fazia sentido buscar a separação da metrópole formalizada entre 1822 e 1825 na ideia de independência. As várias concepções, desde as mais moderadas que preconizavam a monarquia dual até os extremos revolucionários que se resumiam à "supressão das barreiras de cor e de classe", "não eram mais que reflexos, no pensamento dos indivíduos, de situações objetivas, exteriores a qualquer cérebro; que estão nos fatos, nas relações e oposições dos indivíduos entre si"[34]. Cada classe (fazendeiros, comerciantes portugueses, escravizados, os pés descalços etc.) forjará alguma ideia para seu uso próprio "que justifique sua posição e suas pretensões"[35].

A negação do sistema colonial brota dele mesmo e também a síntese dos conflitos que se expressarão num novo sistema. Essa é a revolução da Independência. Seus acontecimentos decisivos, tanto na obra de 1933 quanto em 1942, iniciam-se com a transferência da corte portuguesa ao Brasil em 1808. Ela é a desagregação do antigo sistema colonial expressa na superfície dos fatos.

Mas se há uma forma comum dos conflitos sociais, no sentido de que são expressão de uma crise, o conteúdo é variado e não há um "dualismo rígido" entre campos opostos. Cada grupo social se une ou se separa de outros de acordo com necessidades momentâneas. A diversidade empírica que o historiador colhe tem a "aparência ilógica e incongruente dos fatos". Os fatos só depois se tornam "claros em seu conjunto, e definidos". Inútil procurar sua lógica antes, "torcendo os acontecimentos ao gosto particular do observador"[36]. O processo se completa inteiramente com a solução de todas as contradições; para se repetir e se renovar noutras.

---

32 Maria Odila Dias, "Os impasses do inorgânico", cit, p. 385.

33 Caio Prado Júnior, *Formação do Brasil contemporâneo*, cit., p. 377.

34 Ibidem, p. 364.

35 Ibidem, p. 365.

36 Ibidem, p. 368.

O movimento da história é apreendido com os instrumentos de compreensão e expressão que possuímos e que não dão conta de "reproduzir senão numa parcela ínfima, cortes desajeitados numa realidade que não se define estática, mas dinamicamente"[37]. Para Caio Prado "o que nos cumpre apanhar na história não são situações, mesmo que se as considerem em evolução e transformação; e muito menos encadeamentos de causas e efeitos"[38]. Para ele, as "situações" são recortes arbitrários operados pelo analista. Todavia, o que importa não são os cortes transversais e sim a própria história. Uma situação em si é mera transição, vazia de conteúdo próprio.

História econômica

Nelson Werneck Sodré considerou *História econômica do Brasil* (1945) o melhor dos livros de Caio Prado, por dar à história um sentido objetivo, renovar métodos de interpretação, conferir unidade à exposição e fazer exame importante da economia após a Independência. Em 1945, Caio Prado Júnior manteve o ano de 1808 como marco fundador da emancipação. Mas, diferentemente do que fizera em 1933 e 1942, abandonou o papel interno das classes sociais no período da Independência. A Grã-Bretanha assumiu a função de sujeito principal da narrativa, os traficantes e políticos brasileiros apenas reagiam e tentavam contornar as imposições britânicas. As preocupações do autor com o estudo do imperialismo se avolumaram. Como ele mesmo informa em vários momentos, fê-lo em função do escopo do livro: uma história econômica encomendada pelo Fondo de Cultura Económica do México. Agora, a emancipação se completa entre a abertura dos portos e o fim do tráfico:

> Com a abolição do tráfico de escravos encerra-se a fase de transição que se estende desde a transferência da corte portuguesa para o Brasil em 1808. Ela será o último toque desta série de reformas consideráveis que se sucedem desde aquele momento e que modificariam tão profundamente o país, tornando-o de colônia inteiramente submetida ao exclusivismo mercantil da metrópole portuguesa, em Estado soberano, aberto à livre concorrência internacional. Embora aquelas reformas econômicas políticas e sociais se escalonem numa série ininterrupta que cobre todo esse quase meio século de evolução, é somente a partir de 1850 que elas se completam e ajustam plenamente, integrando o país na nova etapa do seu desenvolvimento. Circunstâncias políticas e sociais – como são Independência e o que segue – bem como econômicas – a convulsão provocada pelo rompimento do equilíbrio colonial – fazem desse período que vai até a metade do século, uma época revolucionária, de bruscos saltos e transformações violentas. É somente pelo fim dela que se ajusta de novo a vida do país, embora em outro plano, e serenam em consequência as agitações sociais e políticas anteriores. O Brasil encon-

---

[37] Ibidem, p. 369.

[38] Caio Prado Júnior, *História econômica do Brasil* (São Paulo, Brasiliense, 1949), p. 14. A citação é do prefácio retirado em edições posteriores.

> trara outro equilíbrio dentro do qual toma um novo ritmo evolutivo. A questão do tráfico africano terá representado naquela fase de desajustamento um papel de primeira ordem. Ela afetará o mais profundo do sistema colonial, a própria estrutura de base que nos legara o regime de colônia; e põe em cheque o conjunto daquela estrutura assente na produção extensiva de gêneros tropicais destinados ao comércio internacional. O processo de decomposição de tal sistema, iniciado pelo elo mais fraco, o tráfico africano, continuará depois em seu curso e ainda não se completou em nossos dias. Mas chega-se com a interrupção da corrente escravista a uma etapa decisiva. O sistema econômico colonial conseguirá ainda adaptar-se momentaneamente, através de ajustamentos e compromissos mais ou menos felizes, à nova situação criada pelo estancamento da fonte africana de trabalhadores escravos. Acompanharemos adiante aqueles ajustamentos que permitiriam estabilizar provisoriamente a vida econômica e, em consequência, a social e política do país. Mas o sistema estava desde aquele momento definitivamente comprometido e condenado ao desaparecimento.[39]

O movimento de 1930, agora, não é percebido pelos acontecimentos políticos, senão subsidiariamente. Ele é a culminância de um sistema, o colonial e o início de sua prolongada decadência. Uma transição em si e por si mesma destituída de conteúdo significativo. O problema para o autor é que o Brasil integrou-se ao moderno desenvolvimento através do imperialismo. Caio Prado observou a incompatibilidade entre o nível material alcançado pelo país e a base estreita que o sustentava: uma modesta e instável produção de matérias-primas exportáveis sem as quais o país não podia obter divisas para importar bens industrializados. A larga extensão da cultura cafeeira cedo desaguou em crises periódicas de superprodução.

Foram quatro séculos de "hegemonia de um sistema econômico" que nem 1822 nem 1930 modificaram. Mas sua desagregação estaria em marcha. E sua substituição por uma economia nacional exigiria uma revolução que solucionasse a questão agrária, que promovesse a ruptura com o imperialismo e um crescimento industrial ordenado, estruturado e fundamentado. Os diferentes setores do parque industrial brasileiro deveriam se desenvolver em função um do outro, "ajustando-se mutuamente para formarem um conjunto harmônico"[40].

Rumo à Independência brasileira

Em 1946 Caio Prado Júnior era um dos líderes do PCB em São Paulo, deputado estadual e partícipe de instituições como a Associação Brasileira dos Escritores. Era também editor e colaborador de órgãos do partido. Abria-se em sua vida uma nova fase de intervenção pública.

---

[39] Caio Prado Júnior, *História econômica do Brasil* (São Paulo, Círculo do Livro, 1986), p. 162.

[40] Ibidem, p. 324.

Ele tinha um leque de relações muito amplo, desde a USP até a imprensa e a intelectualidade em geral. Dedicou-se ainda aos estudos filosóficos. Em 1955 fundou e editou a *Revista Brasiliense,* de teor nacionalista, que existiu até o golpe de 1964. O periódico reuniu comunistas mais próximos ao editor, mas também muitos intelectuais não comunistas, entre eles doze professores universitários[41].

Vários dos fundadores da revista, ou dos que nela escreveram, foram alunos ou docentes uspianos: Alice Canabrava, Fernando de Azevedo, Florestan Fernandes, João Cruz Costa, Omar Catunda, Sérgio Buarque de Holanda, Maria Isaura Pereira de Queiroz, José de Souza Martins, José Chasin e Michael Löwy.

Recordemos que em 1943 Caio Prado tinha se tornado empresário do ramo editorial e cofundador da editora Brasiliense, juntamente com José Bento Monteiro Lobato, Arthur Neves (editor vinculado ao PCB) e a escritora Maria José Dupré, autora do best-seller *Éramos seis*. Em 1962, Caio Prado Júnior assumiu a liderança da empresa devido à saída de Arthur Neves, que fora chefiar a editora da Universidade de Brasília. Prado dividiu seu tempo entre viagens, artigos sobre a questão agrária e os negócios.

Ele nunca abandonou o PCB porque, ao contrário do que uma mitologia uspiana poderia sugerir, não foi o único marxista criativo e importante de sua geração, e nem mesmo do PCB; e nele tinha um ambiente rico de debate de ideias; em segundo lugar, possuía mais pontos de aproximação que de repulsa com o partido. Compartilhava a fé laica no modelo soviético e também num tipo de revolução não insurrecional preconizado pelo partido a partir da Declaração de Março de 1958.

As reformas que interessavam à organização deveriam ser exatamente as que constituiriam um programa revolucionário. Até meados dos anos 1950, Caio Prado Júnior propugnava alianças de classes que incluíam a "burguesia industrial e comercial livre de compromissos para com o imperialismo e o capital financeiro internacional"[42]. Posteriormente, ele desenvolveu a ideia de que a burguesia "não tem interesses próprios e específicos, como classe, que a levem a se opor ao imperialismo. (...) Em suma não se poderá contar com a burguesia brasileira como força propulsora da revolução agrária e nacional"[43]. Ele não defendia uma Revolução da burguesia com apoio operário, e sim um "capitalismo brasileiro" sob a direção das forças de esquerda.

---

[41] Sobre a revista ver o estudo de Sérgio Montalvão, "Histórias cruzadas: uma prosopografia dos fundadores da Revista Brasiliense (São Paulo, 1955)", *História (São Paulo)*, v. 36, 2017.

[42] Caio Prado Júnior, *Diretrizes para uma política econômica brasileira* (São Paulo, Urupês, 1954), p. 236.

[43] Foi o que ele escreveu na crítica às Teses do V Congresso do PCB, uma série de cinco artigos na Tribuna de Debates aberta pelo Partido Comunista em 1960 para redefinir sua linha política. Ver Caio Prado Júnior, "As Teses e a Revolução Brasileira", *Novos Rumos*, 22 a 28 jul. 1960.

A Independência e a Revolução Industrial

As atividades acessórias da colônia, voltadas para dentro, deveriam se tornar o setor principal. Já tive oportunidade de tratar das críticas a uma suposta ausência de preocupação de Caio Prado Júnior com a dinâmica interna da economia colonial[44]. Não é preciso lembrar que qualquer atividade voltada ao mercado exterior teria que desenvolver sua própria periferia interna. Por exemplo, o açúcar e o algodão geraram o complemento da pecuária, como argumentou André Gunder Frank. Esta atividade forneceu a carne, animais de tração, couro e gordura para lubrificar as engrenagens do engenho[45].

Ainda assim, para Caio Prado Júnior o sistema econômico permaneceu colonial. Vocacionado à exportação de produtos primários, até gerava demanda de manufaturados que, casualmente, não podia ser abastecida com as importações. A indústria foi, assim, uma solução eventual para a impossibilidade de pagar com as exportações os débitos no exterior.

Na década de 1950, Caio Prado Júnior escreveu que entre nós não havia mais que uma "débil indústria leve baseada na indústria estrangeira"[46]. Sua instalação não gerava desenvolvimento; antes, provocava demanda nova que o país não podia satisfazer, o que suscitava novas importações e agravava o problema da dívida. Isso dizia respeito tanto à procura intersetorial da própria indústria quanto ao consumo derivado do aumento da renda da população.

O processo de industrialização não se deu por decisão de Estado. As tarifas alfandegárias, no passado, favoreceram ocasionalmente a indústria porque visavam equilibrar as contas públicas e não porque objetivavam desenvolver empreendimentos nacionais. Caio Prado Júnior louvava o papel estatal na siderurgia nos anos 1940 e no petróleo nos anos 1950, uma vez vencido o projeto antinacional do presidente Dutra: "Infelizmente, como foi notado, ainda se está longe no Brasil de dar à iniciativa estatal o papel que lhe cabe nas atividades econômicas, em face das exigências da atual fase de nosso desenvolvimento". A industrialização era "tenazmente combatida por interesses financeiros privados e sobretudo por aqueles ligados ao imperialismo para o qual a iniciativa estatal constitui, dentro do país, o único adversário temível"[47].

Caio Prado Júnior continuava a ver em vários setores da indústria o seu papel colonial de "atividades acessórias". Lamentava-se que a

---

44 Lincoln Secco, *Caio Prado Júnior: o sentido da revolução* (São Paulo, Boitempo Editorial, 2008).

45 Ronald Chilcote, *Transição capitalista e a classe dominante no nordeste* (São Paulo, Edusp, 1990), p. 240.

46 Caio Prado Júnior, *Diretrizes para uma política econômica brasileira*, cit., p. 133.

47 Caio Prado Júnior, *História econômica do Brasil*, cit., 1986, p. 347.

> iniciativa estatal em vez de objetivar o fim que realmente lhe compete, que é de contribuir para a estruturação de uma economia efetivamente nacional, se põe a serviço de empreendimentos imperialistas, como se tem verificado no caso da energia elétrica, e mais recentemente (dezembro de 1968) neste setor econômico essencial e básico que é a petroquímica em cuja exploração o Estado vem aceitando a posição de impulsionador, auxiliar ou de sócio menor daqueles empreendimentos. Em suma, embora a iniciativa estatal já tenha alcançado lugar destacado na vida econômica brasileira, ela ainda está longe de assumir integralmente a responsabilidade da grande tarefa que lhe compete em nossa atual fase de evolução econômica e que vem a ser a de operar como fator e elemento decisivo na correção dos vícios e deformações de que padece o processo brasileiro de industrialização.[48]

A Revolução Industrial, em qualquer lugar, não se resumiu ao aumento da produção fabril. Houve incremento da produtividade em múltiplos setores da economia. Para o historiador argentino Milcíades Peña, o que define uma Revolução Industrial é o fato de as empresas produtoras de meios de produção se desenvolverem mais que as outras. A industrialização é a produção para a produção. Já a "pseudoindustrialização" consiste no crescimento fabril sem subversão do atraso[49]. Não há definição de uma revolução na indústria que não leve em conta a emergência de novas classes e um estado disposto a subordinar toda a política externa a objetivos econômicos.

Há uma aproximação entre a leitura de Peña e a de Caio Prado, embora provavelmente não se conhecessem[50]. Além disso, eram de orientações políticas opostas dentro da esquerda. Peña e Caio Prado concordavam que não existe nenhuma contradição fundamental entre latifundiários e burguesia industrial. Para Peña, a coexistência da técnica avançada em poucos setores com a ineficácia geral da economia advinha do que Trótski denominou "desenvolvimento desigual e combinado".

Nos países capitalistas centrais a produção, de forma geral, criou o consumo – em oposição ao processo latino-americano. Lá, o capital industrial e sua força de trabalho assalariada constituíram demanda para as matérias-primas coloniais. De modo que, pelo comércio entre as colônias e as metrópoles é que se podia apanhar, teoricamente, a natureza de cada uma dessas economias.

O importante, do ponto de vista latino-americano, é entender o nexo colonial, pois ele estruturou a atividade econômica brasileira. E organizou até mesmo a sua diferenciação produtiva interna, a sua "falsa industrialização", que pode ser interrompida pela crise dos mercados centrais, uma queda da demanda externa

---

[48] Idem.

[49] *Fichas de investigación económica y social*, t. 1 (ed. fac-similar, Buenos Aires, Biblioteca Nacional, 2014), p. 62.

[50] Peña conheceu indiretamente a obra de Caio Prado via Sergio Bagú, e pode ser que a tenha lido diretamente também.

ou pela mudança de paradigma, como a fragmentação de plantas fabris, financeirização do capital etc.

As atividades acessórias internas são o elo fraco de um sistema internacional. É delas que deveria partir a Revolução Brasileira, cujo significado seria internacional, mas cujas tarefas seriam nacionais. É o desenvolvimento interno que deve colidir com o sistema imperialista, afinal "é por intermédio das causas internas que atuam as causas externas"[51], como declarou um revolucionário de um país que Caio Prado Júnior fez questão de visitar. Mesmo o tráfico de escravizados, que era feito também diretamente entre negociantes do Brasil e da África, não podia ser alternativa de acumulação endógena de capital capaz de mudar o sistema, já que só existia para abastecer a produção principal, que era agroexportadora. A própria indústria era uma atividade secundária, produzida por circunstâncias externas, mas esta sim com algum potencial transformador interno, pois contou com iniciativa empresarial privada e estatal brasileira.

Sobretudo esta última seria a fundamental para o autor, pois mais do que mera substitutiva de importações, abrangeria o planejamento das necessidades da economia nacional. Ainda assim, em geral o Estado se restringiu a impulsionar uma indústria complementar do capital estrangeiro, fazendo uma substituição preventiva de importações. Ou seja, o estímulo às rodovias exigiria a instalação de empresas estrangeiras para a montagem interna de automóveis. O que causou reação em cadeia "para trás e para a frente" na indústria nacional, embora estivesse longe de se assemelhar a uma revolução[52].

Caio Prado Júnior foi questionado por dar pouco relevo ao papel da indústria. Ocorre que a industrialização não era, para ele, um fenômeno espontâneo no Brasil. Exigia o concurso do Estado e, portanto, de mudanças revolucionárias no âmbito político. As críticas pareciam ajustar-se ao espírito da época, quando o Brasil tinha atingido o pico de sua industrialização e vivido a maior fase de crescimento econômico de sua história. Era fácil imaginar que Prado Júnior subestimava as

---

[51] Mao Tsé-tung, *Obras Escolhidas de Mao Tsé-tung*, tomo 1 (Pequim, Edições em Línguas Estrangeiras, 1975), p. 533.

[52] Vide a historiadora britânica Phyllis Mary Deane, *The First Industrial Revolution* (2. ed., Cambridge, Cambridge University Press, 1986). Também Paul Mantoux, *La Révolution industrielle au XVIIIe siècle: essai sur les commencements de la grande industrie moderne en Angleterre* (Paris, Genin, 1959), p. 3; e Eric Hobsbawm, *Da revolução industrial inglesa ao imperialismo* (trad. Donaldson Magalhães Garschagen, Rio de Janeiro, Forense, 1979), p. 46. Não é à toa que Delmiro Gouveia e Mauá sejam exemplos do descaso estatal brasileiro. Mesmo São Paulo, caso muito particular de industrialização na América Latina, contou com medidas *ad hoc* ou involuntárias do Estado a seu favor. Quando um paulista chamado Engelberg inventou uma eficientíssima máquina de beneficiar café, em 1880, ele vendeu os direitos mundiais a uma companhia de Nova York que a produziu e a exportou para o próprio Brasil; Warren Dean, *A industrialização de São Paulo (1880-1945)* (São Paulo, Difel/Editora da Universidade de São Paulo, 1971), p. 18.

mudanças no desenvolvimento do capitalismo em escala mundial e o processo endógeno de acumulação de capital. Ou que não teria se dado conta de que, mesmo marginalizando uma parte da população, o capitalismo no Brasil desenvolveu-se, criando tanto um mercado interno nas faixas superiores de renda e uma demanda intersetorial capitalista.

Prado Júnior não era estagnacionista. Ele não negava que o capital (mesmo industrial) se desenvolveu. Mas a desindustrialização que se seguiu voltou a lhe dar razão. Embora haja divergências nas séries históricas, devido ao novo sistema de contas nacionais, a participação da indústria brasileira de transformação no PIB atingiu seu zênite em 1985, sofrendo em seguida uma queda precoce[53].

A Revolução

Caio Prado Júnior publicou em 1966 *A revolução brasileira,* seu último livro que teve impacto no debate político e historiográfico. Obra de difícil classificação para a esquerda naquele momento, pois se recusava a predefinir um rumo, propor uma tática. Para ele importava definir o processo, ocupando-se do que acontece e não do que é; o ser é o acontecer. Ele retomou algumas formulações do prefácio à *História econômica do Brasil,* de 1945, inspiradas no que julgava serem os avanços metodológicos proporcionados pela história das ciências, nomeadamente a física.

Ele já era reconhecido como um dos historiadores mais importantes do Brasil. Contudo, suas ideias se tornavam clássicas sem serem dominantes. Ainda vicejavam as explicações dualistas que opunham um país feudal e do latifúndio ao país capitalista e da burguesia nacional.

Ao repisar em *A revolução brasileira* que a nossa história se desenrolava no sistema capitalista internacional desde o início, ele definiu a lógica interna da economia de acordo com fatores externos. Mas isso não era novidade: estava amplamente presente em seus livros anteriores.

Nosso autor jamais deixou de manifestar suas discordâncias com o PCB. Ele o fazia na *Revista Brasiliense* e nos seus livros, mesmo os filosóficos, como *Dialética do conhecimento.* Ao historiar o pensamento filosófico com notável erudição para

---

[53] Nos países centrais a diminuição de força de trabalho industrial esteve associada ao aumento da produtividade geral da economia; no Brasil associa-se também à deterioração da balança comercial de industrializados e à baixa intensidade tecnológica das exportações. Naturalmente, o empresariado culpa os trabalhadores pelo "descolamento dos salários reais da produtividade da mão de obra". Como a produtividade pode ser a relação entre o que o operário custa e o que ele produz, é óbvio que o empresariado busca compensar a sua própria ineficiência com a diminuição do salário direto e indireto. Ver Departamento de Estudos e Pesquisas Econômicas, "Perda de participação da indústria de transformação no PIB", São Paulo, Fiesp/Ciesp, maio 2015, p. 21. Apesar da diminuição da participação da indústria no PIB mundial, vários países lançaram programas de "renascimento" industrial.

o meio intelectual brasileiro da época, chegou a conclusões que, de certa maneira, eram a expressão teórica de sua obra historiográfica, desafeita a conceitos apriorísticos e categorias fixas. Ele expunha processos e relações[54], não objetos. Estes só tinham validade científica de forma relacional.

Sua crítica ao último Engels estava no mesmo ritmo daquelas feitas na Europa. Não nos surpreendamos com o fato de que Astrojildo Pereira o acusou de querer "parecer mais marxista do que Engels (e até mesmo do que Marx...)"[55], quando na verdade seria revisionista e "antimarxista". Mas para Prado Júnior a dialética não pode estar na natureza, muito menos ser teorizada como saber positivo[56]. Embora se possa dizer que a encontremos muito mais nas suas obras historiográficas do que em seus livros de filosofia.

Prado Júnior também se envolveu no debate sobre o modo de produção, questionando qualquer resquício feudal na economia brasileira. Não se deveria introduzir no estudo de nossa história "categorias históricas preconfiguradas em situações distintas das nossas"[57].Notemos desde logo que essa opinião o contrapunha a Carlos Marighela, Alberto Passos Guimarães e Nelson Werneck Sodré, por exemplo. Ele também utilizou a Tribuna de Debates do V Congresso do PCB (1960) para expor suas divergências. O fato de em *A revolução brasileira* citar mais os seus próprios artigos anteriores mostra o caráter de reafirmação de ideias lançadas vários anos antes.

O golpe de 1964 tirou Caio Prado Júnior da marginalidade política no interior da esquerda, dando mais respaldo às suas teses[58]. Ele foi escolhido o intelectual do ano de 1966 pela União Brasileira de Escritores (Prêmio Juca Pato).

No PCB sua obra recebeu críticas, embora não houvesse uma distância abissal entre ele e os dirigentes partidários. E embora alguns procurassem em *A revolução brasileira* mais do que um contencioso político e historiográfico, não havia ali uma receita para ação imediata. A revolução seria processual e, no máximo, podia-se deduzir que deveria envolver amplas massas populares interessadas no teor das reformas estruturais que ela comportaria. No mais, o autor não rompeu com o

---

54 Caio Prado Júnior, *Dialética do conhecimento*, t. I (São Paulo, Brasiliense, 1969), p. 13.

55 Astrojildo Pereira, "Notas à margem de um livro de Caio Prado Junior", Acervo do Centro de Documentação e Memória da Unesp, Arq. A 2, 6 (1)-13.

56 Rafael Padial, *Sobre a passagem de Marx ao comunismo* (doutorado em filosofia, Campinas, IFCH-Unicamp, 2022), p. 543.

57 Carta de Caio Prado Junior ao Dr. Alberto Calvo (de Caracas). São Paulo, dez. 1960, Fundo CPJ, IEB-USP.

58 Marco A. Garcia, "Um ajuste de contas com a tradição", em Maria Angela D'Incao (org.), *História e ideal: ensaios sobre Caio Prado Júnior* (São Paulo, Editora da Unesp/Secretaria de Estado da Cultura/ Brasiliense, 1989), p. 273.

partido, não aderiu à luta armada e manteve uma fé inabalada no modelo soviético de socialismo. Isso foi a base do seu vínculo permanente com o PCB.

Independência e desenvolvimento

Em *História e desenvolvimento*, tese apresentada à USP em 1968, Caio Prado Júnior voltou-se aos efeitos da Independência com o objetivo de refutar as teorias do desenvolvimento então em voga. Seu fito era defender o papel imprescindível da historiografia na explicação econômica. Para ele a historiografia é simultaneamente "fonte informativa e explicativa"[59]. A história é trama complexa de variados fatos que devem ser informados e teorizados. São dois procedimentos diferentes que se unem na exposição teórica da história (a narrativa).

Assim, a historiografia é a "expressão teórico-conceptual" da história. Caio Prado Júnior não despreza o conhecimento não científico, mas considera este diferente pelo seu nível de elaboração teórica e sistematização. A historiografia tem como horizonte a totalidade porque é uma disciplina científica por meio da qual o ser humano integra o conhecimento do meio físico, social e de si mesmo[60].

Retomando suas teses de 1942, ele afirma que o açúcar produzido na colônia é uma mercadoria e nada mais. Sua produção visa a um lucro monetário, enquanto outras atividades, como o corte de carne bovina, embora voltadas para o mercado interno, servem para apoiar a atividade principal exportadora. O senhor de engenho é um empresário que opera um negócio e objetiva lucro.

Na Europa o comércio se insere numa economia agrária preexistente, ainda não mercantilizada. Isso significa que há uma estrutura organizada que começa a se transformar. Na América portuguesa é um objetivo comercial que estrutura a produção. Isso terá inúmeras consequências, particularmente geográficas: a falta de organicidade interna da economia, a grande propriedade, as escassas vias de transporte internas, a densidade demográfica, a evolução das cidades etc. Aliás, nas anotações que Jacob Gorender fez à margem de *História econômica do Brasil* de Caio Prado Júnior, ele escreveu algumas vezes "geografismo", "determinismo geográfico", além de considerá-lo reformista[61].

A Independência foi o produto de um novo enquadramento internacional (Revolução Industrial e fim do exclusivo colonial). Antes, o exclusivismo exportador provocava o crescimento econômico do país, agora tornara-se obstáculo ao desenvolvimento[62].

---

59 Caio Prado Júnior, *História e desenvolvimento* (São Paulo, Boitempo, 2021), p. 20.

60 Ibidem, p. 30-1.

61 Anotações de Jacob Gorender em exemplar de *História econômica do Brasil*, acervo do autor.

62 Caio Prado Júnior, *História e desenvolvimento*, cit., p. 81.

O complemento econômico da Independência, para Caio Prado, é a cafeicultura. Gorender, sempre mordaz e acerbo na marginália supracitada, escreveu que a Independência manteve inalterada a estrutura produtiva e que o café apenas atenuou um pouco o processo.

Para Caio Prado Júnior o café criou o "espaço geográfico necessário" que "a montanhosa região da bacia do Paraíba, engastada na Mantiqueira e Serra do Mar, com seus vales apertados entre elevações abruptas e terrenos desunidos, não podia oferecer"[63]. A instalação de ferrovias que acompanharam o povoamento conferiu até as designações das regiões: paulista, mogiana, alta paulista, sorocabana, noroeste etc.: "fato talvez único em toda a toponímia universal"[64].

Os argumentos que Caio Prado Júnior enumera são os seguintes: a expressão quantitativa e a escala de produção do café assumem vulto muito superior a atividades anteriores; ele estimulou as forças econômicas; a terra roxa propiciou lavouras rentáveis de alta produtividade; o produto era de fácil transporte, mesmo na fase do lombo de burro; ele gerou acumulação e concentração de capital; provocou ampliação geral da demanda e consumo em São Paulo, mas também em outras regiões, por exemplo de açúcar e algodão; houve abertura de oportunidades de negócios acessórios, especialmente a indústria manufatureira.

O café dispensa o arado e seu beneficiamento e tratamento exigem máquinas relativamente simples, que ainda podem ser vistas em museus do interior, como no campus da Unesp de Botucatu (Fazenda Lajeado). De qualquer forma, o café criou "nossa primeira grande indústria têxtil moderna, a da fiação e tecelagem da juta, empregada na sacaria em que o café é acondicionado para exportação"[65]. Portanto, o café gerou um mercado interno para a indústria, bem como capitais para a sua instalação e o espírito empresarial que lhe era necessário. Para Caio Prado a melhor comprovação disso é que São Paulo tornou-se o centro da indústria já na Primeira República, embora, no Império, sua produção industrial fosse menor que a do Maranhão.

A economia cafeeira exigiu a participação de capital e tecnologia estrangeiros nas ferrovias e no comércio de exportação, cujo sistema articulou produtores, comissários e exportadores. Entretanto, o café permitiu, pela primeira vez, o concurso apreciável de empresários e capitais locais na produção, manejamento e direção técnica da produção. Os fazendeiros do oeste paulista são nacionais, o que assinala "traços distintivos que nos singularizam (se bem que não sejamos o único caso) entre a maior parte dos países que formam o mundo periférico do sistema internacional do capitalismo"[66] do século XIX. Particularmente, nos distinguimos da Ásia e da

---

63 Idem.

64 Ibidem, p. 84.

65 Ibidem, p. 88.

66 Ibidem, p.83.

África, cujos países eram colônias ou semicolônias com largas e enraizadas estruturas políticas e econômicas que resistiram à integração no sentido da colonização.

Ao aludir àquelas áreas do globo, Caio Prado Júnior decerto tinha em mente o processo de lutas anticoloniais da década de 1960, dentre as quais algumas assumiram caráter revolucionário. Mas suas afirmações eram imprecisas. Ele anotou a resistência brasileira das "ralas populações indígenas" do oeste paulista, porém apenas para dizer que era frágil, o que impediu seu aproveitamento como mão de obra na cafeicultura. Por outro lado, ao se referir aos obstáculos na África e na Ásia, ele pensou a resistência daqueles povos como derivação da infraestrutura econômica, que não estava predisposta por séculos à mera função exportadora, como a do território em que se constituiu a nação brasileira.

Para ele, o fim do "trabalho servil" transformou 700 mil pessoas, numa população total de 10 milhões, em livres vendedores de força de trabalho e compradores de mercadorias; e os imigrantes, embora de regiões pobres da Europa, também aumentaram a demanda e trouxeram exigências maiores de consumo. Ainda assim, a indústria surgiu como substituto da importação onde ela se tornava impossível. Seu desenvolvimento será frágil, dada a exiguidade de um mercado nacional.

Para Caio Prado a emancipação política e a amplitude da economia cafeeira, embora esta fosse resultante da mesma função exportadora colonial, determinaram modificações que comprometeram a "estabilidade e permanência" de uma economia exportadora.

Não é casual esse enfoque em 1968. O golpe de 1964 foi também a vitória da perspectiva ortodoxa da economia que, segundo ele, equipara mercado interno e externo como meras subdivisões semelhantes do mercado em geral. Para Caio Prado Júnior, embora analiticamente separados, na história concreta o mercado interno aparece como função do externo. A esfera externa é o "sistema" e a interna são as condições específicas do Brasil. O consumo internacional foi a condição para a própria instalação, "no território que constituiria o Brasil", das "coletividades humanas que evoluiriam para uma nacionalidade"[67].

Conclusão

Tanto em 1968 quanto em ocasiões anteriores Caio Prado Júnior tentou ingressar na Universidade de São Paulo e em outras, sendo impedido por motivos políticos. Foi como editor que fez uma síntese do intelectual, do comunista e do profissional. Ele superou, assim, o seu permanente deslocamento das instituições que moldaram a intelectualidade brasileira como grupo social (instituições culturais e educacionais do Estado, imprensa e partido comunista), sem que deixasse de ser um marxista militante.

[67] Ibidem, p. 115.

Sua condição de comunista interditou seu ingresso na academia brasileira; mas, ao mesmo tempo, sua leitura heterodoxa da história, que se tornou influente na Universidade de São Paulo por alguns decênios, fechou-lhe o acesso à direção do Partido Comunista. Como editor ele sustentou sua independência política. Por meio da *Revista Brasiliense,* manteve um restrito círculo de intelectuais e de afinidades ideológicas para continuar intervindo no debate público.

Em sua trajetória intelectual, Caio Prado Júnior formulou seu problema essencial em termos de uma independência frustrada e que estaria por ser feita. Tanto a nação quanto as classes que deveriam realizá-la formaram-se, em parte, nas franjas do vínculo econômico fundamental do sistema. As próprias formas industriais se desenvolviam "à margem do sistema produtivo fundamental do país"[68].

A forma das nossas tentativas de independência foi uma revolução processual; seu conteúdo foi a construção interrompida de uma economia nacional; seu sujeito deveria ser uma aliança das classes orgânicas do núcleo do processo econômico com uma imensa massa informal de trabalhadores. A Revolução Brasileira continua em compasso de espera. Assim como a independência econômica do Brasil.

Referências bibliográficas

CHILCOTE, Ronald. *Transição capitalista e a classe dominante no nordeste.* São Paulo, Edusp, 1990.

DEAN, Warren. *A industrialização de São Paulo (1880-1945).* Trad. Octávio Mendes Cajado, São Paulo, Difel/Editora da Universidade de S. Paulo, 1971.

DEANE, Phyllis. *The First Industrial Revolution.* 2. ed., Cambridge, Cambridge University Press, 1986.

DEPARTAMENTO de estudos e pesquisas econômicas. *Perda de participação da indústria de transformação no PIB.* São Paulo, Fiesp/Ciesp, maio 2015.

DIAS, Maria Odila. Os impasses do inorgânico. In: INCAO, Maria Angela D' (org.), *História e ideal:* ensaios sobre Caio Prado Júnior. São Paulo, Editora da Unesp/Secretaria de Estado da Cultura/Brasiliense, 1989.

FICHAS DE INVESTIGACIÓN ECONÓMICA Y SOCIAL, tomo 1. Ed. fac-similar, Buenos Aires, Biblioteca Nacional, 2014.

GARCIA, Marco A. Um ajuste de contas com a tradição. In: INCAO, Maria Angela D' (org.), *História e ideal:* ensaios sobre Caio Prado Júnior. São Paulo, Editora da Unesp/Secretaria de Estado da Cultura/Brasiliense, 1989.

HOBSBAWM, Eric. *Da revolução industrial inglesa ao imperialismo.* Trad. Donaldson Magalhães Garschagen, 2. ed., Rio de Janeiro, Forense, 1979.

IUMATTI, Paulo Teixeira. Caio Prado Jr. e as ciências naturais: sua apreensão das transformações epistemológicas da virada do século XIX. *Estudos Sociedade e Agricultura,* n. 14, abr. 2000, p. 103-28.

[68] Caio Prado Júnior, *História econômica do Brasil,* cit., 1986, p. 312.

LAPA, José Roberto do Amaral. *O antigo sistema colonial*. São Paulo, Brasiliense, 1982.

MANTOUX, Paul. *La Révolution industrielle au XVIIIe siècle*: essai sur les commencements de la grande industrie moderne en Angleterre. Paris, Genin, 1959.

MAO TSÉ-TUNG. *Obras Escolhidas de Mao Tsé-tung*, tomo I. Pequim, Edições em Línguas Estrangeiras, 1975. MARTINEZ, Paulo Henrique. *A dinâmica de um pensamento crítico:* Caio Prado Jr. (1928-1935). São Paulo, Edusp, 2008.

MARX, Karl. *O capital: crítica da economia política*, v. 1: *O processo de produção do capital*. Trad. Regis Barbosa e Flávio R. Kothe, São Paulo, Abril Cultural, 1983.

______; ENGELS, Friedrich. *A ideologia alemã*: crítica da mais recente filosofia alemã em seus representantes Feuerbach, B. Bauer e Stirner, e do socialismo alemão em seus diferentes profetas, 1845-1846. Trad. Rubens Enderle, Nélio Schneider e Luciano Cavini Martorano, São Paulo, Boitempo, 2007.

MONTALVÃO, Sérgio. Histórias cruzadas: uma prosopografia dos fundadores da Revista Brasiliense (São Paulo, 1955). *História (São Paulo)*, v. 36, 2017.

OLIVEIRA MARTINS, Joaquim Pedro. *Portugal contemporâneo*. Lisboa, Guimarães, 1952.

PADIAL, Rafael. *Sobre a passagem de Marx ao comunismo*. Tese de doutorado, Campinas, IFCH-Unicamp, 2022.

PERICÁS, Luiz Bernardo. *Caio Prado Júnior:* uma biografia política. São Paulo, Boitempo, 2016.

PRADO JÚNIOR. Caio. *História e desenvolvimento*. São Paulo, Boitempo, 2021.

______. *História econômica do Brasil*. São Paulo, Círculo do Livro, 1986.

______. *Dialética do conhecimento*, tomo 1. São Paulo, Brasiliense, 1969.

______. As Teses e a Revolução Brasileira. *Novos Rumos*, 22 a 28 jul. 1960.

______. *Diretrizes para uma política econômica brasileira*. São Paulo, Urupês, 1954.

______. *História econômica do Brasil*. São Paulo, Brasiliense, 1949.

______. *Formação do Brasil contemporâneo*. São Paulo, Livraria Martins, 1942.

______. *Evolução política do Brasil:* ensaio de interpretação materialista da história brasileira. São Paulo, Revista dos Tribunais, 1933.

SECCO, Lincoln. *Caio Prado Júnior:* o sentido da revolução. São Paulo, Boitempo, 2008.

SODRÉ, Nelson Werneck. *O que se deve ler para conhecer o* Brasil. Rio de Janeiro, Inep, 1960.

Celso Furtado e a (In)dependência do Brasil

Alexandre de Freitas Barbosa, Roberto Pereira Silva[1] *e Alexandre Macchione Saes*

Introdução

Intelectual comprometido com a superação do subdesenvolvimento brasileiro, Celso Furtado defendeu, ao longo da segunda metade do século XX, a construção de um projeto nacional e democrático de desenvolvimento. Reconhecendo os limites econômicos de um país periférico, entendia que o Estado era um ator decisivo na promoção de uma política de transformação econômica e social.

Sua preocupação com o papel do Estado não se restringia ao terreno da política econômica: concebeu-o tanto como espaço de disputas entre grupos sociais, quanto como arena decisiva para forjar consensos políticos democráticos – em que haveria, para além dos acordos intra-elites, uma ampla participação da sociedade.

Nesse sentido, qualquer projeto de desenvolvimento nacional deveria partir da montagem de um aparato institucional estatal democrático e eficiente que desfrutasse de autonomia decisória. Apenas assim as demandas da sociedade em transformação poderiam ser atendidas por meio de reformas de base, fundamentais para deslocar os interesses das elites retrógradas e direcionar a industrialização para o processo de construção nacional.

Essa é a conexão fundamental entre o sentido da Independência em Celso Furtado, que transcende o evento político de 1822, e a criação de estruturas institucionais como instrumentos para a formação da nação– processo que o intelectual vê se acelerar nos anos 1950 e 1960, devido à maior possibilidade de convergência entre as estruturas econômicas, sociais e políticas, apesar das contradições que caracterizam os países subdesenvolvidos.

[1] O autor agradece o apoio da Fundação de Amparo à Pesquisa do Estado de Minas Gerais (FAPEMIG).

Os quase 150 anos que separam a Independência e o lançamento de *Formação econômica do Brasil* são acompanhados em sua obra por um grande afresco que permite situar os dilemas colocados por mecanismos políticos, econômicos e sociais que agem a favor da manutenção do sistema centro-periferia, tanto aqui como lá, respaldados que são por suas respectivas estruturas sociais.

Na historiografia da Independência do Brasil, portanto, Celso Furtado se aproxima da perspectiva que entende o evento político de 1822 como parte de um processo mais amplo de formação da nação. Ainda que sua concretização dependa de outras variáveis - econômicas, sociais e culturais- do ponto de vista de Furtado, é decisiva a noção de emancipação como um marco de descontinuidade em relação ao passado colonial e à conformação das estruturas subdesenvolvidas ao longo do século XIX.

Wilma Peres Costa, nesse sentido, aponta a convergência entre as interpretações de Celso Furtado e Caio Prado Júnior quanto ao sentido da colônia brasileira, cujas balizas são o "caráter extrovertido e dependente da economia colonial" e a "incapacidade de gestar uma ordem econômica movida de dentro". Mas, ressalta a autora, diversamente do olhar para a luta de classe presente na perspectiva pradiana sobre a Independência, a ênfase de Furtado recai sobre a formação social escravista e econômica extensiva, incapaz de fomentar a formação de um mercado interno e mecanismos sustentados de desenvolvimento econômico. Na síntese de Peres Costa, "a importância da análise de Furtado para a historiografia da Independência é a interface que ele propõe entre o entendimento da dinâmica econômica e a construção do Estado nacional"[2].

A centralidade da questão do Estado não passou despercebida pelos intérpretes da obra de Furtado. Para Francisco de Oliveira, "o lugar do Estado na obra de Furtado constitui, sem favor, uma das *clés de voûte* de sua vasta e importante obra"[3]. Segundo Oliveira, a grande reflexão sobre o tema encontra-se no livro *Formação econômica do Brasil*, sobretudo em sua análise da resposta à crise de 1929. Uma das grandes inovações de Celso Furtado para a historiografia brasileira, a interpretação da política econômica cafeeira após o *crash* da bolsa norte-americana, demonstra como a releitura keynesiana da história econômica brasileira permitiu a Furtado deslindar "a autonomia do Estado Brasileiro para realizar as ações intervencionistas a partir da Revolução de 1930"[4].

São muitos os autores que seguem essa interpretação. Sem contradizê-la, queremos destacar neste texto que a análise de Celso Furtado sobre a Independência

[2] Wilma Peres Costa, "A Independência na historiografia brasileira", em István Jancsó (org.), *Independência: história e historiografia* (São Paulo, Hucitec, Fapesp, 2005), p. 81-2.

[3] Francisco de Oliveira, *A navegação venturosa: ensaios sobre Celso Furtado* (São Paulo, Boitempo, 2003), p. 59.

[4] Ibidem, p. 86.

do Brasil – mesmo que o autor não coloque 1822 no centro dos acontecimentos, pois o seu foco é a longa duração – nos permite captar elementos importantes de sua reflexão sobre o Estado, na mesma direção apontada por Oliveira.

Seu clássico *Formação econômica do Brasil*, uma das mais relevantes sínteses sobre a economia brasileira, fornece elementos para discutirmos o processo de emancipação para além da formação de um Estado (in)dependente. Importa destacar que se trata de livro escrito em uma conjuntura muito específica, que combinou intenso desenvolvimento econômico com estabilidade política, costurados pela promessa de Juscelino Kubitscheck de crescer "50 anos em 5".

Como declara Luiz Felipe de Alencastro, nesse período "o governo federal e o Estado empresarial afirmavam sua presença na administração pública e na economia. [...] Questões nacionais que marcariam as décadas seguintes – as desigualdades regionais e sociais, a industrialização, o papel do Estado na economia, a atuação dos sindicatos, a hegemonia americana na América Latina – ocupavam os debates"[5]. Nessa conjuntura, as propostas apresentadas no livro "prepara[m] a intervenção nos centros decisórios do Estado"[6]. Dito de outra forma, a reflexão sobre o intenso papel do Estado na direção do desenvolvimento econômico na década de 1950 ressoou fortemente na análise da história econômica brasileira e nas condições e constrições presentes na formação do Estado e sua marca intervencionista.

Por outro lado, e como não poderia deixar de ser no caso de um intelectual fortemente comprometido com os problemas do seu tempo, em obras posteriores, ele realizou revisões sobre a autonomia decisória do Estado, considerada cada vez mais relativa.

Dessa forma, compreender a (In)dependência na obra de Celso Furtado só é possível quando se parte da conjuntura na qual foram escritas suas obras, em que a soberania nacional aparece sempre recolocada. Especialmente na sua produção intelectual do final dos anos 1960 em diante, o quadro histórico se amplia e se redefine para fazer ecoar novas formas de dependência.

Para dar conta desses vários momentos da produção furtadiana, este artigo se concentra inicialmente na visão do autor sobre a Independência, alargando a perspectiva temporal para além de 1822, seguindo *Formação econômica do Brasil*, com destaque para o contraponto entre Brasil e Estados Unidos.

A segunda parte do texto se detém na ampliação de foco analítico nos livros *Subdesenvolvimento e estagnação na América Latina* e *Formação econômica da América Latina*, escrito dez anos depois de *Formação econômica do Brasil*. Aqui o autor coloca o Brasil em perspectiva no contexto da região. Ao mesmo tempo, os

---

5 Luiz Felipe de Alencastro, "Introdução", em Celso Furtado, *Formação econômica do Brasil* (São Paulo, Companhia das Letras, 2009), p. 24

6 Ibidem, p. 26.

problemas estruturais já se afiguram mais enraizados do que no clássico de 1959, uma vez que o próprio sistema internacional passa por rupturas e reacomodações.

Por fim, procuramos apontar como a discussão sobre a Independência e a autonomia nacional deslizou para o estudo da dependência, primeiro econômica, depois social e cultural, reflexão que ganha força na década de 1970, com a constatação de que a industrialização periférica não leva à formação de sistemas econômicos nacionais.

Essa última virada da sua obra, em conexão com a realidade que busca capturar, permite antever com maior distanciamento histórico o processo de emancipação nacional, situado na longa duração – e não restrito a 1822, 1888/1889, 1930 ou 1988 e seus efeitos imediatos –, como uma tarefa extremamente difícil, se não irrealizável. Mas Furtado não entrega os pontos, reavaliando cada conjuntura e apontando caminhos para a superação do subdesenvolvimento, como revelam seus escritos dos anos 1990.

Celso Furtado e a Independência

A interpretação da Independência do Brasil feita por Celso Furtado deixa ver a confluência de aspectos econômicos, políticos e sociais – uma das características mais marcantes de sua obra, que o destaca entre os economistas e cientistas sociais brasileiros. Sendo a História peça central do movimento das estruturas das várias "economias brasileiras", encontramos em *Formação econômica do Brasil* as bases de sua análise sobre o processo de Independência, embora ele seja revisitado em obras posteriores.

Esse evento fundador da autonomia política não deve ser lido isoladamente, mas à luz da indissociabilidade entre fenômenos políticos, sociais e culturais, necessários à compreensão da história econômica brasileira. Dessa forma, examinar e reinterpretar a Independência é fundamental para que se compreenda a natureza do Estado brasileiro, as condições de formação das elites econômicas e as possibilidades de implementação de uma ideologia do desenvolvimento.

A complexidade da análise sobre a Independência presente em *Formação econômica do Brasil* manifesta-se na própria cronologia proposta. Para Furtado, a emancipação política é parte de um processo cujas raízes e consequências estendem-se, aproximadamente, de 1780 a 1830 do ponto de vista político, e de 1780 a 1850 na perspectiva econômica. Dados esses marcos, a Independência política não representa, imediatamente, o fim da economia colonial. Esta última é compreendida como um sistema exportador de produtos primários, organizado com trabalho escravo e, por consequência, carente de um mercado interno dinâmico capaz de impulsionar o desenvolvimento econômico. As condições para a superação da condição colonial apresentaram-se apenas no final do século XIX, com a abolição da escravidão, a transição para o "trabalho assalariado"[7].

[7] Celso Furtado, *Formação econômica do Brasil* (São Paulo, Companhia das Letras, 2007), p. 71.

Esse lento processo teria outro momento importante na crise econômica de 1929, que abalou a produção e o comércio do principal produto de exportação, o café, e teve como efeito o "deslocamento do centro dinâmico" da economia para o mercado interno de produtos alimentícios e industriais. Tal movimento criou, assim, um novo polo irradiador de desenvolvimento econômico, por meio da transição para o sistema industrial.

Em termos econômicos, desde as décadas de 1780, com o declínio da produção aurífera, a coroa portuguesa assiste à diminuição das receitas oriundas de sua principal colônia. A situação reverte-se momentaneamente com a expansão das exportações de açúcar e algodão nas décadas finais do século XVIII, mas a situação se deteriora novamente em torno de 1800 e assim permanece até a década de 1850. É aí que o café toma a dianteira na pauta de exportações da nova nação. Os altos e baixos da conjuntura econômica, por sua vez, são explicados por fatores políticos de ordem internacional. A Guerra da Independência dos Estados Unidos (1776), a Revolução Francesa (1789) e a Revolução Haitiana (1791) desorganizaram o mercado de artigos tropicais na Europa. Sem poder contar com o açúcar antilhano e o algodão do Sul dos Estados Unidos, os países europeus recorreram à colônia portuguesa. Mas, ao mesmo tempo que estimularam as exportações das colônias, esses conflitos políticos internacionais aceleraram a ruptura dos pactos coloniais no continente americano[8].

A fuga da família real portuguesa para o Brasil, em 1808, encerra o pacto colonial, com o fim do entreposto lusitano e a promulgação da Abertura dos Portos, mas sem resolver os problemas econômicos de fundo. Uma vez que a principal receita do Estado vinha das importações, os tratados comerciais de 1810 e 1827 com a Inglaterra, os quais concediam tarifas privilegiadas às mercadorias britânicas, acentuaram a adversidade econômica, tanto mais depois que, com a Independência *de facto*, em 1822, a nova nação assumiu parte do passivo português frente aos ingleses. As dificuldades econômicas, decorrentes do endividamento estatal, da queda das receitas, do incremento dos compromissos financeiros e dos novos gastos para reorganizar o Estado somente seriam revertidos na década de 1850, com a ascensão do café como principal produto de exportação.

---

[8] Celso Furtado compreende essa retomada das exportações brasileiras em decorrência dos diversos conflitos políticos que atingiram metrópoles e colônias no Atlântico como uma "falsa euforia" (ibidem, p. 137-41). A mesma percepção teve Caio Prado Júnior em sua *História econômica do Brasil* (1945). Para uma visão crítica, que percebe na expansão das exportações o resultado de uma política consciente da metrópole para diversificar as atividades agrícolas na colônia, tanto de alimentos como de matérias-primas para as manufaturas reinóis, ver José Jobson de Andrade Arruda, "A época dos vice-reis fluminenses: o novo padrão de colonização, diversificação e integração econômica" em Aline Montenegro Magalhães e Rafael Zamorano Bezerra (orgs.), *Os vice-reis no Rio de Janeiro: 250 anos* (Rio de Janeiro, Museu Histórico Nacional, 2015).

No que tange à perspectiva política, Celso Furtado reconhece o ano de 1822 como o da "separação definitiva de Portugal". No entanto, essa separação somente teria se consolidado em 1831, com a abdicação de Dom Pedro I e a "ascensão definitiva ao poder da classe dominante formada pelos senhores da grande agricultura de exportação"[9]. Percebe-se, portanto, que o autor identifica uma ruptura entre os interesses comerciais portugueses e aqueles das elites agrárias brasileiras, que queriam se ver livres do papel de entreposto comercial exercido pela metrópole. Contudo, tais elites tiveram dificuldades em impor a unidade nacional sobre regiões rebeladas e pouco dinâmicas em termos econômicos, algo que durou até o final dos anos 1840.

O melhor exemplo de como Celso Furtado aborda a manifestação dos interesses econômicos das classes sociais é o confronto entre, de um lado, os "interesses brasileiros" e, de outro, os da Inglaterra. De início, é em decorrência dos tratados de 1808 e 1810 que as condições econômicas do Brasil se complicam, pois "o privilégio aduaneiro concedido à Inglaterra e a posterior uniformização da tarifa em 15% *ad valorem*, numa etapa de estagnação do comércio exterior, criaram sérias dificuldades financeiras ao governo brasileiro"[10]. Depois da Independência, o novo Tratado de Aliança, Comércio e Amizade, assinado em 1827 e ratificado no ano seguinte, mantém tarifas preferenciais aos produtos ingleses (15%) e, ademais, prevê a extinção do tráfico de escravizados dali a três anos.

Dos termos desse tratado e de suas consequências econômicas e políticas é que se origina o conflito entre o Estado brasileiro e a Inglaterra. As tarifas preferenciais diminuíam as receitas do novo governo. Por sua vez, a potência britânica não abriu seu mercado aos produtos brasileiros, como seria de se esperar, preferindo, em uma clara recusa do livre-comércio, proteger os artigos de suas colônias nas Antilhas. Agravando o quadro de divergências, a pressão para o fim do tráfico negreiro era vista pela elite agrária brasileira como uma ameaça à viabilidade econômica do país.

As diferenças com a Inglaterra e a presença da monarquia no país acabaram sendo centrais para unificar as elites e preservar a unidade territorial, garantindo que a independência se processasse "sem maiores desgastes de recursos". Do contrário, uma luta prolongada teria tido resultado idêntico ao das ex-colônias hispânicas, pois "nenhuma das regiões do país dispunha de suficiente ascendência sobre as demais para impor a unidade". De fato, a unidade nacional "só começou realmente a existir quando se transferiu para o Rio de Janeiro o governo português"[11].

A situação de crise econômica, decorrente da queda da arrecadação, perdura até a década de 1850, quando a expansão da produção cafeeira no Vale do Paraíba fluminense garante a reorganização da produção em conexão com o mercado inter-

---

9 Celso Furtado, *Formação econômica do Brasil*, cit., p. 143.

10 Ibidem, p. 146.

11 Ibidem, p. 143-4.

nacional, a retomada das finanças e a consolidação da organização política do país. Furtado ressalta que, nesse momento de reconstrução, o Estado consolidado após a Independência foi uma instância fundamental para resolver as pressões políticas internas e externas e encontrar formas de garantir a unidade nacional das províncias e, ao mesmo tempo, promover a expansão da economia cafeeira. Nesse sentido, o fim do acordo com a Inglaterra em 1844 e a aprovação da Tarifa Alves Branco no mesmo ano abrem novas possibilidades de transformação econômica e social.

É desse quadro mais amplo que podemos examinar as consequências políticas da Independência. A um só tempo, a ruptura com a metrópole acentuou no curto prazo a crise econômica, mas abriu possibilidades de mudança das estruturas econômicas e sociais, o que apenas se efetivou na segunda metade do século XIX, e de forma bastante diferente entre as várias regiões do país. Se até então a política econômica fora decidida em Portugal, agora a interiorização do centro de comando tornava o país, por meio do Estado, capaz de orientar suas decisões para atender aos interesses da nova elite econômica e política, os proprietários agrários, especialmente aqueles ligados às regiões cafeeiras em ascensão.

A importância do Estado forjado após a Independência repousa, portanto, em dois elementos: 1) a despeito da exigência inglesa de extinção do tráfico de escravizados, prevista para 1831, o Brasil conseguiu amortecer essas imposições e manter o infame comércio até 1850, garantindo o abastecimento de mão de obra escrava enquanto buscava uma resposta definitiva para a questão da força de trabalho. Nesse aspecto, a unidade dos interesses "nacionais" em torno da classe agrária demonstra a importância da Independência; 2) A Lei de Terras de 1850 que, ao impor a exigência de registro prévio das terras e a necessidade de cercá-las, teve por consequência o controle pelos grandes proprietários das áreas de maior valor e com melhores condições de serem transformadas em grandes unidades de produção para exportação.

Assim, o Estado nacional se afirmou interna e externamente ao manter dois pilares institucionais da economia colonial: o monopólio do acesso à terra e o trabalho escravo. O principal resultado dessas medidas foi impulsionar a expansão da produção cafeeira, principal móbil da economia nacional da época.

Essa interpretação da Independência, no quadro mais geral da crise econômica iniciada em 1780 e acentuada pelas dificuldades políticas na primeira metade do XIX, ganha maior força explicativa quando comparada com a história dos Estados Unidos.

O contraponto norte-americano

Ora, o exame da Independência do Brasil é peça central na elucidação da problemática proposta em *Formação econômica do Brasil*: por que razões o país manteve uma economia subdesenvolvida enquanto os Estados Unidos, já no século XIX, puderam avançar no processo de industrialização? Ou, como o autor formularia mais tarde, em *Os ares do mundo*: "nenhuma questão me obcecou tanto como esta: por que eles [EUA] encontraram o caminho certo, o do desenvolvimento, e nós [Brasil] o errado, o do subdesenvolvimento?"[12].

Nesse sentido, é importante destacarmos que, para a plena compreensão da Independência, o contraponto norte-americano é um recurso analítico fundamental. Como lembra Ricardo Bielschowsky, a obra de Furtado está organizada em três linhas de argumentação, uma delas sendo o "feliz artifício de confronto do subdesenvolvimento brasileiro com o desenvolvimento norte-americano, a que o autor é levado por sua preocupação em esclarecer os determinantes históricos da formação de distintas estruturas econômicas"[13].

Para captar a diferença entre esses dois processos e melhor avaliar as peculiaridades brasileiras, retomamos o trajeto da Independência das Treze Colônias. De início, Celso Furtado descarta a tese de que os Estados Unidos se industrializaram por adotar um conjunto de políticas protecionistas e de fomento à indústria. Para ele, o desenvolvimento desse país foi "um capítulo integrante do desenvolvimento da própria economia europeia, sendo em muito menor grau o resultado de medidas internas protecionistas adotadas por essa nação"[14]. Assim, as causas para o sucesso dos EUA remontam ao século XVIII e estão ligadas à integração econômica com as Antilhas e o Caribe como fornecedor de alimentos, produtos manufaturados, escravizados e serviços de transporte e importação de artigos primários como açúcar, melaço de cana e tabaco[15].

No que se refere à estrutura social, as diferenças entre as duas ex-colônias são maiores. Enquanto no Brasil "a classe dominante era o grupo dos grandes agricultores escravistas, nos EUA uma classe de pequenos agricultores e um grupo de grandes comerciantes urbanos dominava o país"[16]. Nesse sentido, Furtado aponta a diversificação social existente no Norte, orientada para um amplo leque

---

[12] Idem, "Os ares do mundo", em *Obra autobiográfica*, t. 3 (Rio de Janeiro, Paz & Terra, 1997), p. 144.

[13] Ricardo Bielschowsky, *Pensamento econômico brasileiro: o ciclo ideológico do desenvolvimentismo* (Rio de Janeiro, Contraponto, 2004), p. 166. A segunda linha é "a determinação dos obstáculos à expansão da renda, à formação do mercado interno e à diversificação da estrutura produtiva ao longo dos diversos períodos da história brasileira"; e a terceira, "a gestão da heterogeneidade da economia brasileira" (idem). Sobre a importância da comparação entre os dois países em termos políticos, ver Mauro Boianovsky, "A formação política do Brasil segundo Furtado", *Revista brasileira de economia política*, v. 34, 2014. Para uma análise da importância do método comparativo na obra de Celso Furtado, com especial atenção à sua tese de doutorado, ver Roberto Pereira Silva, *O jovem Celso Furtado: história, política e economia (1941-1948)* (Bauru, Edusc, 2011), p. 174-201.

[14] Celso Furtado, *Formação econômica do Brasil*, cit., p. 152.

[15] Ibidem, p. 52-62.

[16] Ibidem, p. 152.

de atividades econômicas. Essa diferença traduz-se nas distintas interpretações da teoria econômica de Adam Smith empreendidas por Alexander Hamilton e José da Silva Lisboa.

Enquanto o primeiro, compreendendo a heterogeneidade social e econômica que compunha a nova nação, propõe uma ação determinada do Estado no sentido da industrialização, o Visconde de Cairu segue a cartilha estrita da mão invisível, aspiração da única classe econômica da colônia, oprimida pelo exclusivo metropolitano[17]. Dessa forma, não escapa a Celso Furtado que as ideias, por mais que estejam disponíveis em determinado contexto histórico, são assimiladas de modo a responder a problemas específicos de um sistema social a partir dos interesses dos grupos dirigentes.

Embora as condições para que o protecionismo se transformasse em industrialização na nova nação brasileira não encontrassem obstáculos objetivos – pois a grande desvalorização cambial gerava, na prática, um mecanismo indireto de proteção de maior magnitude que a oneração das importações –, sua defesa no plano ideológico também não encontrava chão pois "uma política inteligente de industrialização seria impraticável num país dirigido por uma classe de grandes proprietários agrícolas escravistas"[18].

Ademais, Celso Furtado insiste no fato de que a política de exclusivo metropolitano da Inglaterra sobre a América setentrional não teve a mesma rigidez encontrada nas colônias de exploração, permitindo a ampliação de manufaturas que não concorressem com a metrópole em seus mercados interno e externo. Assim, ao longo do século XVIII as manufaturas locais puderam se desenvolver, inclusive praticando o protecionismo entre as próprias colônias, com grande destaque para o vertiginoso crescimento da indústria naval.

A despeito desse estímulo dado à produção interna e ao comércio atlântico, as Treze Colônias dependiam, em grande medida, das exportações para crescer[19]. Foi o algodão que conectou os Estados Unidos à Revolução Industrial. Segundo Furtado, esse país foi responsável por fornecer "quantidades imensas de algodão que permitiram, em alguns decênios, transformar a fisionomia da oferta de tecidos

---

[17] É importante notar que a visão de Celso Furtado sobre o liberalismo estrito do Visconde de Cairu impactou profundamente a interpretação da obra deste até algumas décadas atrás. Para uma reflexão historiográfica sobre o legado do primeiro ocupante da cadeira de economia política ver José Jobson de Andrade Arruda, "José da Silva Lisboa: texto e contexto" em *Historiografia: teoria e prática* (São Paulo, Alameda Editorial, 2014), p. 309.

[18] Celso Furtado, *Formação econômica do Brasil*, cit., p. 160.

[19] A interpretação de que o desenvolvimento dos Estados Unidos é consequência do seu setor exportador vinha ganhando espaço entre historiadores econômicos na década de 1950. Uma comparação entre a interpretação de Furtado e a de Douglass North foi feita por Mauro Boianovsky (2021).

em todo o mundo"[20]. Essa forte ligação com o comércio de exportação "constitui o principal fator dinâmico do desenvolvimento da economia norte-americana na primeira metade do século XIX"[21]. Ainda assim, a balança comercial estadunidense foi frequentemente deficitária ao longo da passagem do século XVIII para o XIX, mas, ao contrário do que ocorreu no Brasil, esses déficits foram financiados com emissão de títulos de dívida pelos governos centrais e estaduais, contendo o impacto na taxa de câmbio.

Por último, importante lembrar que Celso Furtado tinha plena consciência da impossibilidade de desenvolvimento do mercado interno *per se* na virada de 1850, marco decisivo para a sua interpretação sobre o Brasil. Com isso, a comparação entre o desenvolvimento brasileiro e o estadunidense adquire todo o relevo explicativo. Nos EUA, a diversificação produtiva – com os setores de serviços de transporte, manufaturas e agricultura mercantil integrados às economias antilhanas e europeias – aliada a uma forte expansão das exportações de algodão garantiu aos Estados Unidos uma inserção no comércio internacional e a capacidade de reter parcela importante dos lucros econômicos e reinvesti-los internamente. A pluralidade dos interesses econômicos garantiu a base social sem a qual a política protecionista e o fortalecimento do Estado jamais aconteceriam. A ex-colônia britânica atravessou a primeira metade do século XIX com todos os seus setores econômicos em expansão, ao mesmo tempo que era dotada de uma dinâmica social que, a princípio unificada pelo crescimento das atividades internas e externas, logo se encaminharia para a oposição que desencadeou a Guerra de Secessão.

Já o Brasil, acometido por uma longa crise econômica originada pelo declínio da mineração e intensificada pelos conflitos europeus cada vez mais custosos para a metrópole, vivenciou entre 1808 e 1850 um período de "transição política" que levou à separação de Portugal. Isso permitiu que a elite política, unida em torno da agricultura escravista de exportação, enfrentasse décadas de dificuldades políticas e econômicas para formar o Estado Nacional que criaria as bases para a reinserção do Brasil no comércio internacional por meio do café.

Ao justapor as duas trajetórias e observar o desenvolvimento posterior do Brasil, liderado pelo café, Furtado constatará que o atraso relativo da economia nacional frente aos Estados Unidos "tem sua causa não no ritmo de desenvolvimento dos últimos cem anos [1850-1950], o qual parece haver sido razoavelmente intenso, mas no retrocesso ocorrido nos três quartos de século anteriores"[22]. Daí que, do ponto de vista das estruturas econômicas, sociais e políticas, a superação da estagnação exigiria uma "reintegração nas linhas em expansão do comércio

[20] Celso Furtado, *Formação econômica do Brasil*, cit., p. 156.

[21] Ibidem, p. 157.

[22] Ibidem, p. 216.

internacional", uma vez que o "desenvolvimento com base em mercado interno só se torna possível quando o organismo econômico alcança um determinado grau de complexidade"[23].

Crise econômica, crise política, estrutura social, conjuntura internacional e comparação com os Estados Unidos são componentes indissociáveis para localizar o atraso relativo da economia brasileira, identificar as forças sociais que ditarão os rumos da política econômica e compreender as potencialidades e os constrangimentos da nova nação. Ela nasce mantendo a escravidão e o monopólio da elite agrária sobre a terra, o que delineia a estrutura institucional do único império latino-americano do século XIX.

Eis a abordagem analítica de Celso Furtado, que integra as dimensões social, política e econômica em sua historicidade.

A Independência nas obras da década de 1960

A Independência, fenômeno fundamental por detonar o processo de formação do Estado Nacional, foi examinada em *Formação econômica do Brasil* em toda a sua complexidade, extrapolando a agitação política de superfície, e conectando-a com um processo de longa duração cuja resolução parece se consumar adiante. Isso fica evidente em *A pré-revolução brasileira*, panfleto político de 1962 no qual Furtado se dirige à nação para propor reformas e um planejamento democrático, no momento em que lidera a Sudene e está prestes a assumir o Ministério Extraordinário do Planejamento.

Mas o processo também pode ser encarado como interrompido ou desviado por interesses alheios ao desenvolvimento autônomo nacional, como se depreende das obras de Celso Furtado escritas no exílio que lhe fora imposto após o golpe militar de 1964.

Em um período de revisão das teses cepalinas e de compreensão das forças sociais que possibilitaram a virada autoritária no Brasil, Celso Furtado relê o passado brasileiro à luz dos acontecimentos contemporâneos: as forças sociais presentes na Independência são novamente discutidas no livro *Subdesenvolvimento e estagnação na América Latina*, de 1965[24].

Para Mauricio Coutinho, trata-se de "uma das principais obras de Celso Furtado", entre outros fatores por apresentar "uma meditada revisão e reexposição do modelo básico de análise histórico-estrutural na visão de seu principal formulador"[25].

---

[23] Ibidem, p. 165.

[24] Publicado em 1965, o livro reúne artigos escritos logo após o golpe militar, durante o exílio de Celso Furtado primeiro no Chile e, em seguida, nos Estados Unidos. O capítulo que nos interessa apareceu em inglês nos *Studies in Comparative International Development*.

[25] Mauricio C. Coutinho, "Subdesenvolvimento e estagnação na América Latina, de Celso Furtado", *Revista de Economia Contemporânea*, v. 19, 2015, p. 450.

Embora os marcos econômicos discutidos em *Formação econômica do Brasil*, de 1959, se mantenham, a análise político-social foi repensada, sobretudo no que se refere aos grupos de poder e às classes sociais que se digladiavam pelo controle do Estado no período.

De fato, ao revisar os condicionantes histórico-estruturais que balizam o funcionamento das economias latino-americanas, Furtado destaca que o desenvolvimento econômico da América Latina ocorre a partir da integração dos mercados da região às grandes correntes do comércio internacional na segunda metade do século XIX. Como já adiantado em 1959, o autor insiste que a dinâmica econômica não pode ser compreendida sem levar em consideração também os elementos sociais e políticos. Isso porque "se bem as variáveis econômicas possam ser definidas com base em conceitos derivados de princípios gerais de economia, o comportamento dessas variáveis está condicionado por parâmetros institucionais, cujo conhecimento exige um estudo específico da realidade social"[26].

Furtado detecta, na formação social latino-americana, a existência de uma classe dirigente dividida em dois grupos, "com interesses distintos, mas não necessariamente conflitantes"[27]. De um lado, um setor urbano representante do poder metropolitano, formado por aqueles que controlavam os principais fatores de produção de uma economia exportadora, a terra e a mão de obra; de outro, um grupo ligado às atividades comerciais, com interesses enraizados na economia interna, o que dá origem a um poder econômico que não passa pelo controle metropolitano, diferentemente do que ocorrera com o setor aurífero.

Os conflitos entre as classes dirigentes se tornaram mais visíveis após a ruptura com Portugal, quando estas passaram a disputar o controle do Estado burocratizado e centralizador, herança metropolitana. Ademais, o próprio desenvolvimento desse Estado daria origem a "um novo segmento social de classe média" que, por sua vez, se transformaria em "elemento essencial constitutivo do sistema de poder"[28]. Dessa forma, essa nova classe média, em aliança com os setores ligados ao comércio, foi responsável pela integração do subcontinente nas correntes do comércio internacional, representando, no plano ideológico, o liberalismo econômico.

Em sua nova análise, Furtado destaca, mais uma vez, a estrutura social presente na América Latina como um elemento fundamental para o entendimento da resolução política da crise da primeira metade do século XIX. Há que se observar ainda que, enquanto em *Formação econômica do Brasil* a resolução do problema da transição política se deu em oposição tanto a Portugal quanto à Inglaterra, a

---

[26] Celso Furtado, *Subdesenvolvimento e estagnação na América Latina* (Rio de Janeiro, Civilização Brasileira, 1966), p. 52.

[27] Ibidem, p. 53.

[28] Ibidem, p. 54.

conexão com o mercado internacional foi resultado do próprio aparato institucional criado pelo Estado independente, que garantiu, com a manutenção do tráfico de escravizados até 1850, e da escravidão até 1888, a expansão da economia cafeeira, além de ter criado um mercado de terras com barreiras à entrada de pequenos proprietários e imigrantes.

Em 1966, contudo, a visão sobre a forma de integração latino-americana com o comércio internacional se modifica, uma vez que as causas dessa participação "devem ser buscadas no próprio dinamismo das economias capitalistas avançadas da época"[29], pois se trata, de fato, de um "deslocamento da fronteira econômica europeia", cuja rápida resposta estadunidense só pode ser explicada pela existência das divisões na elite econômica.

Nessa interpretação, as elites agrárias tinham sua reprodução social garantida pela expansão e incorporação de novas terras e pela coleta de "recursos da população que nelas se ia instalando", enquanto a burguesia urbana, de mentalidade liberal e ligada ao comércio, "dependia essencialmente das relações econômicas exteriores para sobreviver"[30]. Essa parcela da elite teria sido a responsável pela integração econômica, pelos investimentos no interior do território e mesmo por "introduzir culturas exóticas na região"[31].

Portanto, emerge agora a visão de que ocorreu um processo de alinhamento dos grupos liberais ligados ao comércio com os "elementos mais dinâmicos do setor agrário", dentro de um quadro no qual o Estado teve papel fundamental ao instalar a infraestrutura institucional para o crescimento *hacia afuera*. Não por acaso, Furtado conclui o parágrafo apontando que "um exemplo típico dessa ação estatal foi o financiamento pelo governo brasileiro da grande imigração europeia que tornou possível o desenvolvimento da cultura do café no último quartel do século passado"[32].

A compreensão dessa revisão dos processos de Independência, no que diz respeito à inserção econômica das ex-colônias no comércio internacional, teve uma interpretação diversa daquela de *Formação econômica do Brasil*. Sem abandonar a análise integradora das esferas econômicas, sociais e políticas típicas do estruturalismo furtadiano, pode-se explicar essa mudança de ênfase pela interpretação da dinâmica social das economias latino-americanas, e sobretudo brasileira, que Furtado vem observando na década de 1960.

Assim, enfatizar a ausência de conflitos diretos entre a elite agroexportadora modernizante e uma elite agrária arcaica, de um lado, e os setores dinâmicos ligados

[29] Idem.

[30] Idem.

[31] Ibidem, p. 54-5.

[32] Ibidem, p. 55.

ao comércio e aos serviços urbanos, de outro, é fundamental para o autor explicar como, ao longo do século XX, o processo de substituição de importações não foi capaz de promover uma modificação na estrutura social capaz de implementar o desenvolvimento econômico com homogeneização social[33].

Ou seja, desde a Independência, em razão do predomínio de uma elite agrária cujo poder econômico vinha perdendo força mas que manteve o controle do poder político, aproveitando-se de conjunturas econômicas favoráveis, não ocorreu o tipo de conflito típico das "revoluções clássicas" do século XIX. Essa predominância se perpetuou no tempo pois, como assinala, a partir de 1930, "as classes que dirigem o país são, no essencial, as mesmas do período anterior"[34].

Assim, a interpretação da crise da economia brasileira na década de 1960 leva a uma releitura da transição da economia colonial para a industrial, na qual a análise das classes sociais torna-se um "parâmetro institucional" fundamental. Isso porque os problemas coetâneos decorrem da inexistência de um conflito aberto entre a elite agrária colonial e a nova elite industrial, surgida em 1930 não por meio de um projeto econômico autônomo, mas como resultado dos próprios mecanismos de defesa do setor agroexportador frente à crise de 1929.

Já em seu livro *Formação econômica da América Latina*, de 1969, Celso Furtado retoma, ainda uma vez, a análise da Independência política brasileira. Nesse texto, escrito na perspectiva da compreensão sintética do desenvolvimento econômico do subcontinente, a experiência brasileira é examinada em comparação com as ex-colônias espanholas. Alterando a cronologia apresentada dez anos antes, Furtado localiza o início da transição para a Independência brasileira no tratado de Methuen, de 1703, que abriu, indiretamente, o mercado consumidor da colônia aos produtos ingleses, cujas importações crescentes foram compensadas pela extração aurífera. Esse tratado garantiu a sobrevivência do reino lusitano como potência colonial, mas minou o exclusivo metropolitano, ao transferir para a Inglaterra o mercado consumidor de seu maior território de além-mar.

No que tange ao processo político das independências das ex-colônias espanholas, a interpretação de 1966 é mantida: a ruptura com a metrópole foi lograda pelas elites regionais, divididas entre proprietários de terra e os setores urbanos ligados ao comércio e à estrutura do Estado. A penetração inglesa no subcontinente, por sua vez, foi fundamental para forçar a ruptura metropolitana e consolidar os interesses das elites mercantis pelo livre acesso aos mercados internacionais.

---

[33] Esse diagnóstico é feito por Celso Furtado desde 1964, em seu livro *Dialética do desenvolvimento*, onde afirma: "não houve no Brasil, durante a transição da economia colonial para a industrial, o deslocamento de uma superestrutura arcaica como consequência de um processo de desenvolvimento de novas forças produtivas, cujos interesses procurassem afirmação no plano político" (Celso Furtado, *Dialética do desenvolvimento* Rio de Janeiro, Fundo de Cultura, 1964, p. 116).

[34] Ibidem, p. 117.

Contudo, à medida que as casas importadoras inglesas difundiam os produtos da Revolução Industrial, cresciam os problemas do balanço de pagamentos, levando à emissão monetária e à elevação da dívida externa. Essa situação fez com que a primeira metade do século XIX tenha sido um período de grande instabilidade econômica para a América Latina, cuja elite comercial teve dificuldades para encontrar produtos de exportação que não concorressem com as colônias inglesas e os Estados Unidos, principais fornecedores das matérias-primas e alimentos consumidos pelos britânicos.

Ao examinar a experiência brasileira, Celso Furtado reforça a relação direta entre a consolidação do Estado Nacional e a expansão cafeeira na delimitação do quadro econômico, social e político da primeira metade do XIX. Ao contrário da maioria dos vizinhos, que tiveram que consolidar sua independência sem bases econômicas fixas, o Estado criado no 7 de setembro pôde se valer do surgimento de "um novo núcleo econômico". Sem aproveitar-se de antigos sistemas econômicos e sem a continuidade de uma elite colonial preexistente,

> o café se desenvolveu fora das estruturas latifundiárias estabelecidas em fases anteriores, pela iniciativa de indivíduos de mentalidade mercantil. Assim, a atividade econômica que foi o ponto de apoio do Estado brasileiro em sua fase de formação e consolidação, surgiu diretamente como uma atividade agrícola-exportadora, o que lhe facultou apresentar uma frente perfeitamente consolidada de interesses agrários e mercantis".[35]

Nesse sentido, e caminhando para esse novo arranjo socioeconômico, no qual a agricultura de exportação está conjugada ao controle do comércio e, mesmo, da política econômica, "formou-se entre ela [a agricultura cafeeira] e os velhos latifúndios uma solidariedade fundamental, que possibilitou a estes conservar o controle do poder local nas regiões respectivas, cabendo àquela o controle hegemônico do poder nacional"[36].

Dessa forma, embora Celso Furtado tenha dilatado o início da ruptura e da crise econômica que atingiu Portugal e sua colônia, o viés da estrutura social que se formou com a Independência, sem uma forte oposição entre as elites, permanece como importante categoria explicativa das características da economia latino-americana

---

[35] O reconhecimento de que a classe cafeicultora tinha características diversas das outras elites agrárias do Brasil já está presente em *Formação econômica do Brasil*, em uma descrição que enfatiza o caráter dinâmico desses agricultores que comandaram esse novo sistema econômico: "sua vanguarda esteve formada por homens com experiência comercial. Em toda a etapa da gestação os interesses da produção e do comércio estiveram entrelaçados. A nova classe dirigente formou-se numa luta que se estende em uma frente ampla: aquisição de terras, recrutamento de mão de obra, organização e direção da produção, transporte interno, comercialização nos portos, contatos oficiais, interferência na política financeira e econômica" (Celso Furtado, *Formação econômica do Brasil*, cit., p. 171-2).

[36] Idem, p. 51.

e, sobretudo, brasileira. A inteligibilidade do processo de Independência, para além de um processo de modificação política e de crise econômica mais ampla, colocou as forças sociais como um elemento explicativo incontornável.

Ao ampliar, repensar e modelar essas inquietações, Celso Furtado recoloca seu pensamento como exemplo de junção de fatores econômicos, sociais e políticos na compreensão da formação do subdesenvolvimento no Brasil. De um lado, não podemos deixar de perceber a importância do contraponto norte-americano em sua análise. Por outro lado, para Celso Furtado, o Estado não é uma instância neutra, e o papel fundamental que exerce na moldagem da estrutura institucional de uma nação depende do grupo social que o dirige.

Estado, autonomia dos centros de decisão e a entronização da dependência

A interpretação de *Formação econômica do Brasil*, assentada na análise histórico-estrutural, constituiu os pilares que sustentariam a produção intelectual de Celso Furtado. Por mais que o tema da Independência do Brasil tenha sido revisitado – não na mesma escala de atenção – em outras obras, o sentido da Independência, como fenômeno que não se esgota em sua dimensão exclusivamente política e deve ser apreendido também no campo econômico, social e cultural, é decisivo na construção do projeto de desenvolvimento nacional de Furtado.

Mas existe também em sua obra um sentido da Independência que encontra o seu ápice nos anos 1958-1964, quando ele ocupa a posição de "intelectual estadista"[37], parecendo auscultar o processo coletivo e seus dilemas estruturais do país. Assim, da interpretação de um processo político nos quadros da longa duração, buscando rastrear a formação de um arcabouço institucional como condição para a política econômica e para a promoção do desenvolvimento, Celso Furtado passa a refletir as condições da Independência em confronto com seu presente vivido. O livro *A pré-revolução brasileira* é a síntese deste Furtado que encara o "futuro como opção" para superar, não de vez, mas em bloco, as permanências do passado.

Se o tom do livro é o de um manifesto à nação, político até a medula – dedicando capítulos inteiros à objetividade e à independência do pensamento nos países subdesenvolvidos –, o autor não deixa de colocar o dedo na ferida: "abriremos uma nova fase de transformações qualitativas em nossa formação de nação continental, ou caminharemos para uma cristalização da estrutura já estabelecida?"[38].

[37] Alexandre de Freitas Barbosa, *O Brasil desenvolvimentista e a trajetória de Rômulo Almeida: projeto, interpretação e utopia* (São Paulo, Alameda, 2021), p. 234-5, 332-3.

[38] Celso Furtado, *A pré-revolução brasileira* (Rio de Janeiro, Fundo de Cultura, 1962), p. 107, 115.

Dessa forma, o período da Independência aparece inserido num quadro histórico mais amplo, que avança até o fim da terceira década do século XX, quando se inaugura nos três decênios seguintes (de 1930 a 1960) "uma etapa decisiva da desagregação da economia colonial"[39]. Até então, apesar de transformações importantes processadas entre 1822 e 1930, predominou o "desenvolvimento extensivo", induzido por "forças externas", uma vez que o seu "centro dinâmico" se situava fora do país. A prosperidade e a depressão se apresentaram como "decorrência de forças imperscrutáveis e inevitáveis", ou seja, sem que a sociedade pudesse intervir diretamente nessas forças externas[40].

O período pós-1930 acena com a possibilidade de uma "descontinuidade do módulo histórico", processo que não possui nada de espontâneo e que deve ser conduzido por meio do Estado empurrado por um conjunto de forças sociais. Mas um fato novo é digno de nota na interpretação de Furtado do início dos anos 1960: o "impulso industrial" traz para dentro do país o centro dinâmico, integrando suas regiões. Enfim, criam-se as condições para que o país ultrapasse a estrutura colonial – constelação de ilhas econômicas ligadas diretamente aos mercados externos – para conformar um "sistema nacional progressivamente integrado"[41].

Assim, a superação do subdesenvolvimento, em Furtado, é a condição para a plena independência política em face das potências tradicionais, mas também para assegurar a plena participação dos segmentos da base da pirâmide social nos ganhos de produtividade e nos destinos do projeto nacional com reforma democrática das instituições.

Isso fica evidente quando o autor afirma que "uma política deliberada de desenvolvimento" apenas se faz possível a partir de "uma lúcida tomada de consciência do problema do subdesenvolvimento"[42]. Existe, portanto, um descompasso entre as potencialidades do real e a sua compreensão ("consciência do subdesenvolvimento") que precisa ser compartilhada.

Como vimos, Furtado destaca o grau de diferenciação da economia brasileira, no sentido de ter internalizado "os principais centros de decisão de sua vida econômica". Neste sentido, a "conquista da autoderminação" parece menos uma questão de ordem econômica, mas essencialmente de ordem política e cultural[43].

Percebe-se assim que o problema central não reside propriamente na economia, que dispõe dos recursos reais ou em potencial para o desenvolvimento, mas na rigidez das estruturas sociais e políticas. Em vez de assumir uma posição

---

[39] Ibidem, p. 64.

[40] Ibidem, p. 107-8.

[41] Ibidem, p. 110.

[42] Ibidem, p. 30-1, 68-9, 72.

[43] Ibidem, p. 9.

de neutralidade em face do contexto histórico, Furtado *é capaz de explicitar, com simplicidade retórica* e de forma efetiva, a dimensão dos desafios a ser enfrentados: "o mais importante não é que podemos autodirigir-nos, e sim que não nos resta outra saída senão fazê-lo"[44].

O sentido de Independência é traduzido com nova força cognitiva e crítica para o século XX, englobandoas transformações do sistema internacional, das relações de poder internas e o contexto de industrialização – e afirma-se a possibilidade de protagonismo de novos agentes sociais. Essa operação só pode ser concebida como uma transformação dos termos do debate da maneira como estavam colocados no seculo XIX e, também, em relação ao debate sobre o desenvolvimento proposto no centro capitalista.

Qual o problema? Se a noção de nação passa a ter suas possibilidades concretas somente a partir da internalização dos "centros de decisão", o cenário com que Furtado – agora exilado e professor de universidades de prestígio do centro do capitalismo – se depara no pós-1964 é totalmente outro. Não se trata mais de uma total inversão rumo à independência, mas de uma "cristalização da estrutura já estabelecida", cenário que sempre esteve no horizonte, agora com novas forças em operação em escala internacional, que alteram dramaticamente as coordenadas da industrialização periférica e as condições de autonomia. Enfim, um salto adiante que prefigura novas formas de dependência.

Essa interpretação já aparecia em *Dialética do desenvolvimento,* de 1964, antes de mudarem as configurações de forças internas e externas. No seu entender, o contexto de atuação crescente das classes trabalhadoras e de extensão dos conflitos para o campo teria contribuído para ofuscar ainda mais as "contradições dentro da própria classe capitalista" e para manter "formas ideológicas superadas". A postura tímida dos industriais se fazia sentir, desde os anos 1950, por meio de sua resistência a mudanças fiscais mais profundas que permitissem uma melhor orientação dos investimentos; ou pela falta de percepção sobre a "parasitagem do setor agrário semifeudal", que gerava uma "esclerose no processo de industrialização". Essa atitude também se manifesta no modo como se associaram ao capital externo para solucionar seus problemas ocasionais, adotando a linha de menor resistência, por "falta de experiência e de maior profundidade de visão"[45]. A Independência e a manutenção do território nacional, obtidas pelo processo de ruptura com a metrópole sem conflitos internos de grande expressão, cobravam o seu preço um século depois, transformando o que fora progresso e independência em regresso social e dependência ao capital estrangeiro.

[44] Ibidem, p. 10.

[45] Celso Furtado, *Dialética do desenvolvimento* (Rio de Janeiro, Fundo de Cultura, 1964), p. 131-8.

Impactado pelo solapamento do projeto nacional de desenvolvimento pelo qual lutara até o fim, Furtado passa a compreender a incompletude da Independência não somente em sua dimensão econômica ou política, mas enfatizando também os aspectos culturais. A dependência – tal como incorporada ao seu arcabouço metodológico durante seu exílio – se aprofunda inclusive por meio da cooptação cultural das elites[46]. Ao se beneficiarem da apropriação do excedente, mimetizando para poucos o padrão de consumo dos países centrais, as elites aprofundavam as disparidades econômicas e sociais do país, reiterando a condição do subdesenvolvimento[47].

Assim, a superação do subdesenvolvimento já não encontra sustentação no plano econômico, pois a industrialização se mostra insuficiente para garantir a autonomia nacional. Na síntese de Furtado em *O mito do desenvolvimento econômico*: "a transição do subdesenvolvimento para o desenvolvimento é dificilmente concebível, no quadro de dependência"[48].

Ao longo dos anos 1970, observando as transformações de um capitalismo cada dia mais regido pelos interesses das empresas transnacionais – categoria que deu consistência teórica nesse período –, Celso Furtado identifica que as "opções dos países periféricos" para conquistar sua autodeterminação se tornavam ainda mais limitadas: "Se dificuldades de coordenação interna existem nos países cêntricos (...), o problema assume muito maior complexidade na periferia"[49].

Nesse sentido, em vez de romper com a tendência de "modernização" – típica das economias periféricas do século XIX, em que a utilização do excedente prioriza a adoção de padrões de consumo sofisticados para as elites –, a industrialização brasileira, mesmo tendo chegado além das suas congêneres latino-americanas, é incapaz de levar a um sistema industrial integrado, na medida em que a diversificação da demanda tem precedência sobre a acumulação reprodutiva de capital[50]. A desarticulação da estrutura produtiva vem associada à heterogeneidade estrutural e a uma sociedade mais complexa e desigual.

Antecipando em quase vinte anos a análise sobre a dinâmica econômica neoliberal que marcaria as décadas finais do século XX, Furtado indicava como o impasse da formação nacional, da autodeterminação dos países, se distanciava como

---

[46] Para Manzatto e Saes, o termo "dependência" passaria a ser integrado ao vocábulo de Furtado, seguindo uma tendência do pensamento social brasileiro, tornando-o um dos intérpretes da "dependência" com uma visão bastante original. Ver Rômulo Manzatto e Alexandre Saes, "Celso Furtado: intérprete da dependência", *Revista do Instituto de Estudos Brasileiros*, n. 78, abr. 2021, p. 182-205.

[47] Celso Furtado, *O mito do desenvolvimento econômico* (Rio de Janeiro, Paz e Terra, 1974), p. 82.

[48] Ibidem, p. 87.

[49] Ibidem, p. 61.

[50] Ibidem, p. 80-5.

condição objetiva. A prevalência dos critérios econômicos do mercado em relação aos critérios políticos da sociedade tornava mais distantes a homogeneização social e a construção do devir humano, objetivos de um efetivo projeto nacional. "Um sistema econômico nacional não é outra coisa senão a prevalência de critérios políticos que permitem superar a rigidez da lógica econômica na busca do bem-estar coletivo"[51].

Para Furtado, numa interpretação inovadora da "globalização", a perda de governabilidade dos Estados se acentuava como tendência tanto em países periféricos como nos países centrais. A política macroeconômica deixava seus objetivos de longo prazo, com o planejamento viabilizando as políticas de desenvolvimento, para privilegiar os indicadores de curto prazo pautados pelas lentes das transnacionais.

Às portas do século XXI, Furtado reitera o caráter da incompletude da formação nacional, em que "a predominância da lógica das empresas transnacionais na ordenação das atividades econômicas" inviabiliza o país como projeto nacional[52].

Mas cabe aqui uma pergunta: se o leite foi derramado na solução encontrada de forma violenta a partir do golpe de 1964 – que gerou novas estruturas econômicas e sociais, deformando o conteúdo "nacional" do processo, especialmente por conta do fechamento do espaço político – como falar de um "país ainda em formação"? Nesse sentido, a "construção" parece ter sido mais do que "interrompida", uma vez que não se pode mais voltar atrás e recuperar a história perdida anterior à avalanche.

A modernização mimética, ao entronizar a dependência, assume novas conformações a partir da década de 1990. Partindo de Renato Ortiz[53], podemos dizer que a modernidade se realizou, ou ao menos certo projeto de modernização, o que está implícito na crítica furtadiana. Mas é possível projetar um novo "futuro" à nação, se os condicionantes econômicos, sociais e culturais parecem reforçar a estrutura dependente e imersa em novas formas de subdesenvolvimento? Pensar a nação não implicaria superar a noção de "país ainda em formação" – cara a Furtado e à sua geração – para analisá-la a partir de suas estruturas deformadas, inclusive partindo do seu método histórico-estrutural?

Em anotação de fevereiro de 1985 no seu diário, Furtado fornece elementos importantes para a nossa reflexão:

> A complexidade do sistema econômico, suas múltiplas formas de vinculação internacional e a maior espessura do tecido social já não permitem pensar em projetos de engenharia social. O simples voluntarismo, se exacerbado, não produzirá mais do que tragédias sociais. O problema essencial está em encontrar formas de convivência entre forças sociais com visões diferentes de sociedade. Se se caminha para uma sociedade efetivamente aberta, os despossuídos encontrarão o caminho

[51] Celso Furtado, *Brasil: a construção interrompida* (São Paulo, Paz e Terra, 1992), p. 30.

[52] Ibidem, p. 35.

[53] Renato Ortiz, *Universalismo e diversidade* (São Paulo, Boitempo, 2015), p. 149-52.

> para produzir recursos de poder. A luta não se dará apenas no sistema produtivo (velho conceito de luta de classes) mas também no sistema social.[54]

Quer nos parecer que essa afirmação sinaliza uma mudança da chave para se compreender a nação no contexto contemporâneo. Para além do território, do sistema produtivo e da participação no sistema internacional, a nação passa a ser concebida no terreno do social e da sociedade, adjetivo e substantivo capazes de gerar novas dinâmicas de organização no sentido da democracia, atacando pelos flancos, até se chegar ao núcleo de nossa estrutura e consciência entronizadas na dependência.

Recuperando a máxima de Furtado de que "nunca estivemos tão longe do país com que sonhamos um dia..." e colocando-a sob o pano de fundo da efeméride celebrada em 2022, é possível dizer que, hoje, a Independência, não apenas política, nunca esteve tão distante de cumprir seus plenos objetivos. Apesar de completarmos 200 anos como país independente, o que nos caracteriza, conforme a síntese de Francisco de Oliveira, discípulo de Furtado, é a "acumulação truncada e uma sociedade desigualitária sem remissão"[55], componentes hoje acrescidos por um Estado autoritário e opressor.

Ainda assim, o trecho dos diários citado acima nos propicia, em meio ao mar revolto, novas possibilidades de encaminhar em termos teóricos e políticos a temática da questão nacional, tal como antevista pelo último Furtado, a partir da nossa historicidade e partindo do seu legado.

Considerações finais

Neste texto, procuramos apontar como a data de 1822 revela mudanças políticas com desdobramentos importantes para a formação do Estado nacional na interpretação de Celso Furtado. A Independência, para o autor, possui um sentido amplo e pleno de consequências. Em *Formação econômica do Brasil* e nos textos da década de 1960, ela aparece na confluência de aspectos políticos, econômicos e sociais, quando o Estado figura como um ponto de fuga para a soberania nacional e o controle do destino econômico.

A sua reflexão sobre a maior autonomia do Estado nas decisões de política econômica, atuando conforme os diferentes grupos de pressão, permite compreender as transformações da economia brasileira no século XIX. Entretanto, é apenas em meados do século XX que se reúnem as condições que viabilizam a associação

---

[54] Celso Furtado, *Diários intermitentes, 1937-2002* (organização, apresentação e notas de Rosa Freire D'Aguiar, São Paulo, Companhia das Letras, 2019), p. 322.

[55] Francisco de Oliveira, *Crítica à razão dualista/O ornitorrinco* (São Paulo, Boitempo, 2003), p. 150.

entre uma consciência (teoria) do subdesenvolvimento e uma política efetiva de desenvolvimento nacional.

As transformações do capitalismo em escala internacional e a reduzida capacidade do Estado nacional nas décadas finais do século XX, desfigurada pela estrutura de poder e pela dependência entronizada, foram tornando o projeto de plena autodeterminação dos desígnios nacionais cada vez mais distante. Nesse sentido, pode-se dizer que a questão da Independência nacional em sentido amplo, político, social, econômico e cultural está no cerne da reflexão de Celso Furtado e alimenta sua obra, na busca constante da *formação* e da *construção* da nação.

Qual o nosso desafio contemporâneo? Não está em defendê-la como algo imaginário e distante, mas em criar as condições para minar as recentes conformações da estrutura social marcada pelo subdesenvolvimento, apenas compreendida nos marcos de um sistema econômico dependente enraizado no território brasileiro. Isso implica atuar de modo a desestruturar as relações de poder geradoras de subalternidade que extravasam o Estado e as fronteiras nacionais – as quais, apesar de reforçadas no período pós-2016, estiveram presentes em maior ou menor medida durante todo o período da Nova República (1985-2016).

Trata-se assim de assegurar novas condições de afirmação da soberania nacional. Como em cada um das obras do mestre, compreensão e ação são os dois lados de uma mesma motivação para agir sobre o mundo no sentido da sua transformação.

Referências bibliográficas

ALENCASTRO, Luiz Felipe de. Introdução. In: FURTADO, Celso. *Formação econômica do Brasil.* Edição Comemorativa dos 50 Anos, organizada por Rosa Freire d'Aguiar Furtado. São Paulo, Companhia das Letras, 2009.

ARRUDA, José Jobson de Andrade. A época dos vice-reis fluminenses: o Novo Padrão de Colonização, Diversificação e Integração Econômica. In: MAGALHÃES, Aline; BEZERRA, Rafael (orgs.). *Os vice-reis no Rio de Janeiro:* 250 anos. Rio de Janeiro, Museu Histórico Nacional, 2015, p. 189-228.

______. José da Silva Lisboa: texto e contexto. In: *Historiografia*: teoria e prática. São Paulo, Alameda Editorial, 2014, p. 305-49.

BARBOSA, Alexandre de Freitas. *O Brasil desenvolvimentista e a trajetória de Rômulo Almeida:* projeto, interpretação e utopia. São Paulo, Alameda, 2021.

BIANCONI, Renata. Estagnação latino-americana e estratégia brasileira de desenvolvimento: análises do início do exílio de Celso Furtado. *História Econômica & História de Empresas*, v. 19, n. 1, 2016.

BIELSCHOWSKY, Ricardo. *Pensamento econômico brasileiro:* o ciclo ideológico do desenvolvimentismo. Rio de Janeiro, Contraponto Editora, 2004.

BOIANOVSKY, Mauro. Celso Furtado, Douglass North e a nova história econômica. In: SAES, Alexandre; BARBOSA, Alexandre (orgs.). *Celso Furtado e os 60 anos de* Formação econômica do Brasil. São Paulo, SESC-BBM, 2021, p. 197-221.

______. A formação política do Brasil segundo Furtado. *Revista Brasileira de Economia Política*, v. 34, 2014, p. 198-211.

COUTINHO, Mauricio C. Subdesenvolvimento e estagnação na América Latina, de Celso Furtado. *Revista de Economia Contemporânea*, v. 19, 2015, p. 448-474.

COSTA, Wilma Peres. A Independência na historiografia brasileira. In: JANCSÓ, István (org.). *Independência:* história e historiografia. São Paulo, Hucitec, Fapesp, 2005.

FURTADO, Celso. *Diários intermitentes, 1937-2002.* Organização, apresentação e notas de Rosa Freire D'Aguiar. São Paulo, Companhia das Letras, 2019.

______. *Formação econômica do Brasil.* São Paulo, Companhia das Letras, 2007 [1959].

______. O fator político na formação nacional. *Estudos avançados*, v. 14, n. 40, 2000, p. 7-12.

______. Os ares do mundo. In: *Obra autobiográfica*, t. 3. Rio de Janeiro, Paz & Terra, 1997.

______. *Brasil: a construção interrompida.* São Paulo, Paz e Terra, 1992.

______. *O mito do desenvolvimento econômico.* Rio de Janeiro, Paz e Terra, 1974.

______. *Formação econômica da América Latina.* Rio de Janeiro, Lia Editor, 1969.

______. *Subdesenvolvimento e estagnação na América Latina.* Rio de Janeiro, Civilização Brasileira, 1966.

______. *Dialética do desenvolvimento.* Rio de Janeiro, Fundo de Cultura, 1964.

______. *A pré-revolução brasileira.* Rio de Janeiro, Fundo de Cultura, 1962.

______. *A economia brasileira:* contribuição à análise de seu desenvolvimento. Rio de Janeiro, A noite, 1954.

MANZATTO, Rômulo; SAES, Alexandre. Celso Furtado: intérprete da dependência. *Revista do Instituto de Estudos Brasileiros*, n. 78, abr. 2021, p. 182-205.

OLIVEIRA, Francisco de. *Crítica da razão dualista/O Ornitorrinco*. São Paulo, Boitempo, 2003.

______. *A navegação venturosa*: ensaios sobre Celso Furtado. São Paulo, Boitempo, 2003.

ORTIZ, Renato. *Universalismo e diversidade.* São Paulo, Boitempo, 2015.

SAES, Alexandre; BARBOSA, Alexandre. *Celso Furtado e os 60 anos de formação econômica do Brasil.* São Paulo, SESC-BBM, 2021.

SILVA, Roberto Pereira. *O jovem Celso Furtado*: história, política e economia (1941-1948). Bauru, Edusc, 2011.

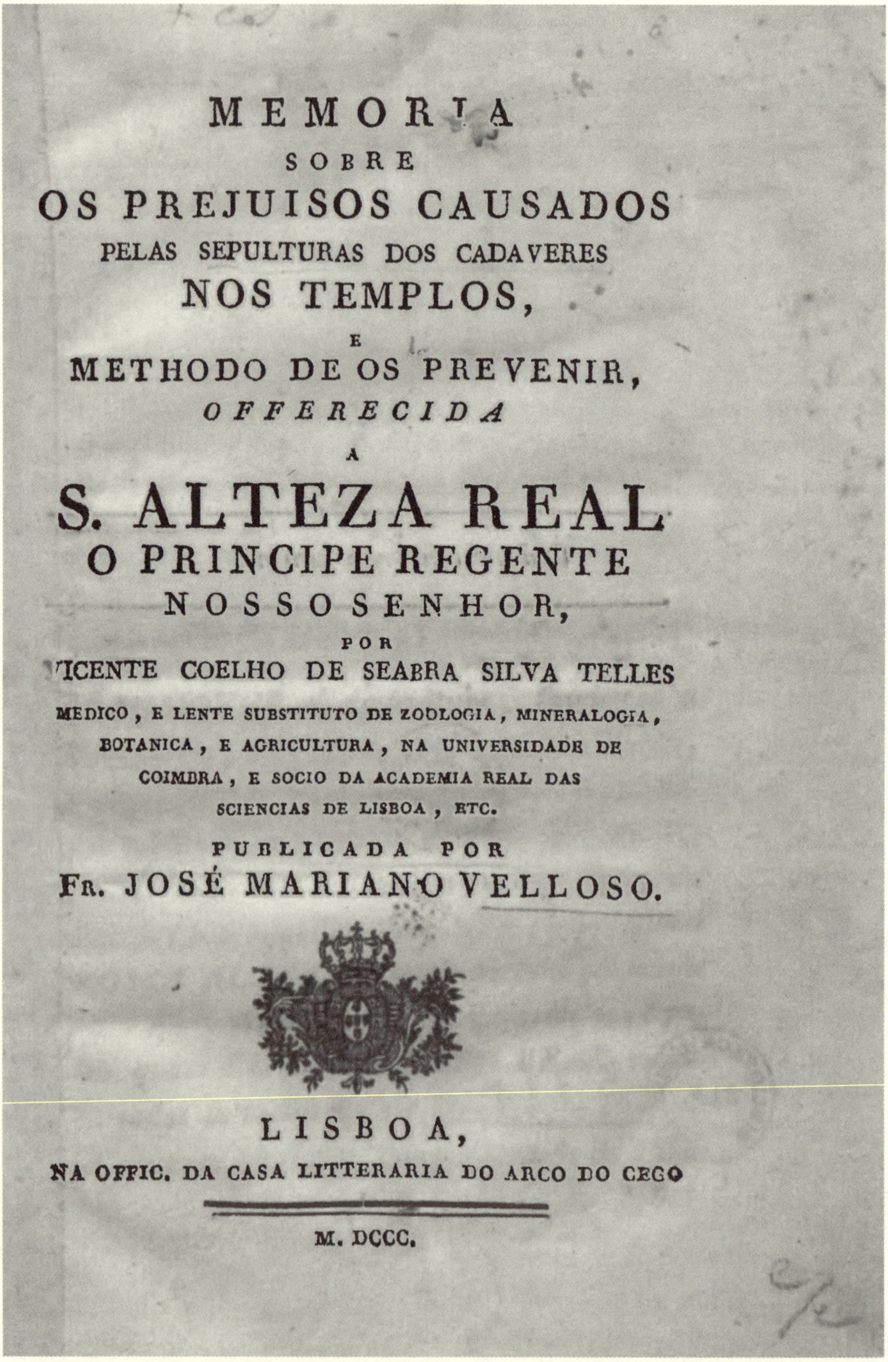

MEMORIA
SOBRE
OS PREJUISOS CAUSADOS
PELAS SEPULTURAS DOS CADAVERES
NOS TEMPLOS,
E
METHODO DE OS PREVENIR,
OFFERECIDA
A
S. ALTEZA REAL
O PRINCIPE REGENTE
NOSSO SENHOR,
POR
VICENTE COELHO DE SEABRA SILVA TELLES
MEDICO, E LENTE SUBSTITUTO DE ZOOLOGIA, MINERALOGIA, BOTANICA, E AGRICULTURA, NA UNIVERSIDADE DE COIMBRA, E SOCIO DA ACADEMIA REAL DAS SCIENCIAS DE LISBOA, ETC.
PUBLICADA POR
FR. JOSÉ MARIANO VELLOSO.

LISBOA,
NA OFFIC. DA CASA LITTERARIA DO ARCO DO CEGO
M. DCCC.

Folha de rosto de obra impressa no ano de 1800 na Oficina da Casa Literária do Arco Cego, em Portugal. Os títulos ali produzidos eram encaminhados para o Brasil, como uma forma de compensar os colonos pela proibição de tipografias por parte da metrópole.

Sobre os autores

Alexandre de Freitas Barbosa – professor livre-docente de história econômica e economia brasileira do Instituto de Estudos Brasileiros da Universidade de São Paulo (IEB-USP). É bolsista produtividade do CNPq e coordenador do núcleo Repensando o Desenvolvimento, do LabIEB. Publicou, entre outros, *O Brasil desenvolvimentista e a trajetória de Rômulo Almeida: projeto, interpretação e utopia* (2021).

Alexandre Macchione Saes – professor de história econômica do Departamento de Economia da Faculdade de Economia e Administração da Universidade de São Paulo (FEA-USP) e diretor da Biblioteca Brasiliana Guita e José Mindlin (BBM--USP). É autor de *Conflitos do Capital* (2010) e de *História Econômica do Brasil* (2013), em coautoria com Flávio Saes.

Antonio Carlos Mazzeo – doutor em história econômica pela Universidade de São Paulo, pós-doutor em filosofia política pela Università Degli Studi Roma-Tre e livre-docente em Ciência Política pela Universidade Estadual Paulista. É professor dos programas de pós-graduação em história econômica (FFLCH-USP) e serviço social (PUC-SP). Publicou entre outros, *Estado e burguesia no Brasil: origens da autocracia burguesa* (2015).

Camila Scacchetti – mestra e doutoranda em história econômica pela Universidade de São Paulo (FFLCH-USP). É autora do livro *Do dízimo ao ICMS: raízes da tributação sobre o consumo* (2021) e integrante do Hermes & Clio – Grupo de Estudos e Pesquisa em História Econômica.

Fernando A. Novais – professor emérito de história moderna e contemporânea da Universidade de São Paulo (FFLCH-USP), lecionou também na Universidade Estadual de Campinas (Unicamp) e nas Faculdades de Campinas (FACAMP). É autor, entre outros, de *Portugal e Brasil na crise do antigo sistema colonial (1777-1808)* (1979).

Francisco Vidal Luna – professor aposentado da Faculdade de Economia da Universidade de São Paulo (FEA-USP) e pesquisador da Fundação Instituto de Pesquisas Econômicas (Fipe). É autor de vários estudos sobre a economia e a sociedade brasileiras, tais como *História social do Brasil moderno* (2020) em co-autoria com Herbert S. Klein.

Guilherme Grandi – professor do departamento de economia da Universidade de São Paulo e dos programas de pós-graduação em economia (FEA-USP) e história econômica (FFLCH-USP). É autor de *Estado e capital ferroviário em São Paulo* (2013) e membro-líder do Hermes & Clio – Grupo de Estudos e Pesquisa em História Econômica.

Herbert S. Klein – professor emérito de história da Universidade de Columbia, foi diretor do Centro de Estudos Latino-Americanos (CLAS) da Universidade de Stanford e, nessa mesma universidade, é pesquisador e curador do Instituto Hoover. Publicou, entre outros, *A imigração espanhola no Brasil* (1994), e, em coautoria com Francisco Luna, *The Economic and Social History of Brazil Since 1889* (2014).

Íris Kantor – professora de história ibérica, história da historiografia colonial brasileira e história da cartografia ibero-americana na Universidade de São Paulo (FFLCH-USP). Bolsista de produtividade do CNPq, participa do comitê executivo do *E-Journal of Portuguese History* da Universidade de Brown e coordena o Laboratório de Estudos de Cartografia Histórica da Cátedra Jaime Cortesão (FFLCH-USP) e do LabIEB. Publicou *Esquecidos e renascidos: historiografia acadêmica luso-americana (1724-1759)* (2004).

Lincoln Secco – professor livre-docente de história contemporânea da Universidade de São Paulo (FFLCH-USP), onde desenvolve pesquisas sobre historiografia econômica, história do Brasil republicano e política brasileira. É membro do Grupo de Estudos de História e Economia Política (GMarx-USP) e autor, entre outros, de *Caio Prado Júnior: o sentido da revolução* (2008) e *História do PT* (2011).

Luciana Suarez Galvão – professora livre-docente do Instituto de Estudos Brasileiros da Universidade de São Paulo e dos programas de pós-graduação em culturas e identidades brasileiras (IEB-USP) e história econômica (FFLCH-USP). É autora de *Nas contas do tempo: orçamentos e balanços municipais na província de São Paulo, 1834-1850* (2020) e líder do Hermes & Clio – Grupo de Estudos e Pesquisa em História Econômica.

Luiz Bernardo Pericás – formado em história pela George Washington University (GW) e doutor em história econômica pela Universidade de São Paulo (FFLCH-USP), onde é professor de história contemporânea. Lecionou em universidades nos Estados Unidos, no México e na Austrália. Publicou, entre outros, *Caio Prado Júnior: uma biografia política* (2016), vencedor dos prêmios Juca Pato e Jabuti de melhor biografia.

Marisa Midori Deaecto – professora livre-docente da Escola de Comunicações e Artes da Universidade de São Paulo (ECA-USP) e doutora Honoris Causa pela Universidade Eszterházy Károly, Eger (Hungria). Coordenou em 2021 a edição bilíngue *Bibliodiversidade e preço do livro. Da Lei Lang à Lei Cortez. Experiências e expectativas em torno da regulação do mercado editorial* (1981-2021).

Osvaldo Coggiola – doutor em história comparada das sociedades contemporâneas pela Escola de Altos Estudos em Ciência Sociais de Paris (EHESS), é professor titular de história contemporânea na Universidade de São Paulo (FFLCH-USP). *Teoria econômica marxista: uma introdução* (2021) e *Contemporaneidade e história: aspectos metodológicos* (2022) são seus livros mais recentes.

Pablo Oller Mont Serrath – professor de história moderna da Universidade de São Paulo (FFLCH-USP) e pesquisador da Cátedra Jaime Cortesão (FFLCH-USP). É autor de *São Paulo restaurada: administração, economia e sociedade numa capitania colonial (1765-1802)* (2017).

Pérola Maria Goldfeder Borges de Castro – professora de história na Universidade Federal de Ouro Preto (UFOP) e na Universidade do Estado de Minas Gerais (UEMG). Foi ganhadora do Prêmio Arquivo Nacional de Pesquisa 2021, com a monografia *"Em torno do trono": a economia política das comunicações postais no Brasil do século XIX.*

Roberto Pereira Silva – professor do Instituto de Ciências Sociais Aplicadas e do programa de pós-graduação em economia da Universidade Federal de Alfenas (UNIFAL-MG). É autor de *O jovem Celso Furtado: história, política e economia (1941-1948)* (2011).

Sergio Armando Diniz Guerra Filho – doutor em história social pela Universidade Federal da Bahia (UFBA), é professor da Universidade Federal do Recôncavo da Bahia (UFRB). Autor de diversos artigos e capítulos sobre a Independência na Bahia.

Vera Lucia Amaral Ferlini – professora de história ibérica e história econômica na Universidade de São Paulo (FFLCH-USP) e presidente da comissão gestora da Cátedra Jaime Cortesão (FFLCH-USP). É autora, dentre outros, de *Terra, trabalho e poder: o mundo dos engenhos no nordeste colonial* (2003) e *A civilização do açúcar* (2017).

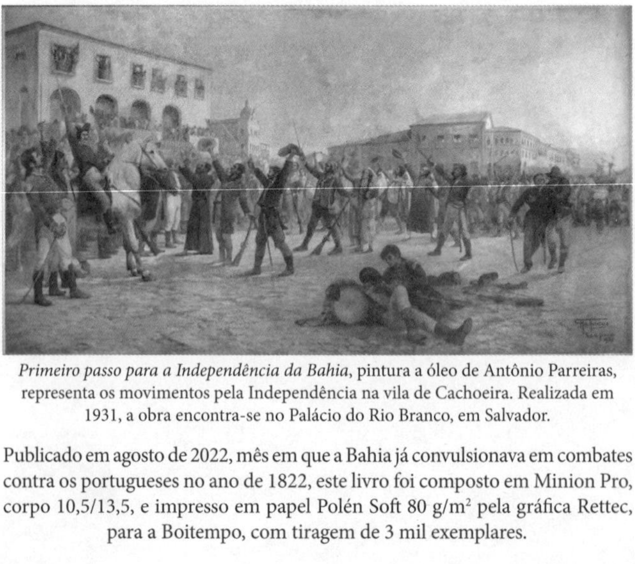

Primeiro passo para a Independência da Bahia, pintura a óleo de Antônio Parreiras, representa os movimentos pela Independência na vila de Cachoeira. Realizada em 1931, a obra encontra-se no Palácio do Rio Branco, em Salvador.

Publicado em agosto de 2022, mês em que a Bahia já convulsionava em combates contra os portugueses no ano de 1822, este livro foi composto em Minion Pro, corpo 10,5/13,5, e impresso em papel Polén Soft 80 g/m² pela gráfica Rettec, para a Boitempo, com tiragem de 3 mil exemplares.